Bibliografische Information der Deutschen Nationalbibliothek
Die Deutsche Nationalbibliothek verzeichnet diese Publikation in der Deutschen Nationalbibliografie; detaillierte bibliografische Daten sind im Internet über http://dnb.ddb.de abrufbar.

Holger Schramm / Johannes Knoll (Hrsg.)
Innovation der Persuasion.
Die Qualität der Werbe- und Markenkommunikation in neuen Medienwelten
Köln: Halem, 2014

ISBN 978-3-86962-087-9

Den Herbert von Halem Verlag erreichen Sie auch im Internet unter http://www.halem-verlag.de
E-Mail: info@halem-verlag.de

SATZ: Herbert von Halem Verlag
DRUCK: docupoint GmbH, Magdeburg
GESTALTUNG: Claudia Ott Grafischer Entwurf, Düsseldorf
Copyright Lexicon ©1992 by The Enschedé Font Foundry.
Lexicon® is a Registered Trademark of The Enschedé Font Foundry.

Holger Schramm / Johannes Knoll (Hrsg.)

Innovation der Persuasion

Die Qualität der Werbe- und Markenkommunikation in neuen Medienwelten

HERBERT VON HALEM VERLAG

INHALT

HOLGER SCHRAMM / JOHANNES KNOLL

Vorwort

Innovation der Persuasion – Die Qualität der Werbe- und Markenkommunikation in neuen Medienwelten – dieser Titel verspricht sowohl Innovatives als auch Neues. Aber wie innovativ ist die aktuelle Entwicklung in der Werbebranche? Wie innovativ ist – es handelt sich bei diesem Band ja um einen Forschungsband, der aus einer wissenschaftlichen Fachtagung hervorgegangen ist – vor allem die akademische Forschung und wissenschaftliche Reflexion über aktuelle Felder, Formen und Wirkungen der Werbe- und Markenkommunikation? Nicht selten wird der Wissenschaft ja vorgeworfen, der Entwicklung in der Werbepraxis ein paar Jahre hinterherzuhinken. Wie ›neu‹ sind die angeblich neuen Medienwelten tatsächlich – und für wen? Handelt es sich nicht – zumindest in Teilen – eher um alten Wein in neuen Schläuchen? Unzweifelhaft haben die zunehmende Digitalisierung und der fortschreitende Einbezug von Computertechnologie in die Gestaltung und Produktion von Medienangeboten die Medienlandschaft gerade im letzten Jahrzehnt rasant verändert. Die Folge sind vermehrt intelligente interaktive Medienanwendungen, die einen aktiv handelnden, kommunizierenden oder gar produzierenden Medien-User (Stichwort ›User-Generated Content‹) voraussetzen, wie z. B. Web 2.0-Anwendungen, Social Networks, aber auch Computerspiele und virtuelle Medienumgebungen/3D-Welten. Diese neuen Medienwelten üben insbesondere auf die Digital Natives einen hohen Reiz aus und werden daher von ihnen stark nachgefragt. Da zudem die Digital Natives mittlerweile einen Großteil der sogenannten ›werberelevanten Zielgruppe der 14 bis 49-Jährigen‹ ausmachen, stellt sich für die werbetreibende Industrie die Frage nach den Optionen und vor allem nach der Qualität von Werbe- und Markenkommunikation in diesen neuen Umgebungen. Branchenführer wie Facebook und Google verdienen Milliarden Dollar mit dem Schalten individualisierter und personalisierter Werbung, die die Streuverluste für die werbenden Unternehmen minimiert. Unternehmen haben nun die Möglichkeit, in realisierte Werbekontakte (Cost per Click) und nicht nur in Werbekontaktwahrscheinlichkeiten (Cost per Impression) zu investieren – ein strategischer und geldwerter Vorteil im Vergleich zur klassischen Werbung über Print, Radio und Fernsehen. Auch das zielgenaue Einbinden von Werbung in Computerspielen (In-Game-Advertising) und virtuellen Medienumgebungen eröffnet neue kreative und gewinnbringende Wege der Zielgruppenansprache.

Während die Medien- und Werbebranche seit Jahren diese neuen Möglichkeiten intensiv umsetzt und untereinander diskutiert, ist der Forschungsstand hierzu noch defizitär. Die meisten wissenschaftlichen Studien und auch das erste und einzige umfassende Handbuch zu dieser Thematik (EASTIN/DAUGHERTY/BURNS 2011) entstammen dem US-amerikanischen Raum. Dies verwundert selbstverständlich kaum vor dem Hintergrund, dass die US-Amerikaner nahezu alle sozialwissenschaftlichen und vor allem medien- und kommunikationswissenschaftlichen Disziplinen dominieren. Der Umstand, dass die Medienentwicklung in den USA derjenigen in Deutschland in vielen Fällen circa fünf Jahre voraus ist, trägt zusätzlich dazu bei, dass gerade die US-amerikanische Werbeforschung vergleichsweise umfangreich und auf aktuelle Entwicklungen fokussiert betrieben wird, was u. a. die Annahmewahrscheinlichkeit in den einschlägigen Advertising-Journals und damit die internationale Visibilität dieser Forschung erhöht. Es muss jedoch ausdrücklich betont werden, dass europäische Werbeforschung – und hier vor allem Forschung aus Deutschland, Österreich und der Schweiz – in den letzten Jahren stark an Bedeutung gewonnen hat und sich national wie international zunehmend bemerkbar macht. Auch die Gründungen der Temporary Working Group ›Advertising Research‹ innerhalb der European Communication Research and Education Association (ECREA) sowie der Ad-hoc-Gruppe ›Werbekommunikation‹ innerhalb der Deutschen Gesellschaft für Publizistik- und Kommunikationswissenschaft (DGPuK) trägt dieser Entwicklung Rechnung.

Dieser Forschungsband geht auf die Jahrestagung 2012 der Ad-hoc-Gruppe ›Werbekommunikation‹ zurück, die sich zum Ziel gesetzt hatte, die in Deutschland, Österreich und der Schweiz betriebene aktuelle wissenschaftliche Forschung zur Werbe- und Markenkommunikation in neuen und digitalen Medienumgebungen zu versammeln, zu bündeln und zu diskutieren. Mit 80 Teilnehmer/innen und 29 Vortragseinreichungen war die Resonanz unerwartet hoch und vergleichbar mit einer der großen und etablierten Fachgruppen. Alle Vortragseinreichungen wurden in einem anonymisierten Review-Verfahren begutachtet. 25 gut bis sehr gut evaluierte Einreichungen konnten sich schließlich auf der Tagung präsentieren (SCHRAMM/KNOLL 2012). 16 ausgewählte Beiträge finden sich nun in diesem Band wieder, der sich thematisch in vier Abschnitte gliedert.

Abschnitt 1 widmet sich der programmintegrierten Werbung bzw. der Werbung, die in redaktionelle Umfelder eingebettet ist. Nun ist diese Werbeform keineswegs neu. Bereits in den 1930er-Jahren punktuell zur Senkung von Filmproduktionskosten eingesetzt, explodierte der Einsatz von Product und Brand Placements in den 1980er- und 1990er-Jahren und entwickelte sich auch in den letzten zehn bis 15 Jahren zunehmend weiter (SCHRAMM/SCHMID-PETRI/LORKOWSKI 2013). Der Dokumentarfilm *The Greatest Movie Ever Sold* (2011) beispielsweise trieb das Prinzip auf die Spitze und finanzierte sich komplett über Produktplatzierungen. Am 1. April 2010 trat die 13. Änderung des Rundfunkstaatsvertrages in Kraft, in der Produktplatzierungen an bestimmte Bedingungen geknüpft und damit für zulässig erklärt wurden. Seit 2011 wird der ›Product Placement Award‹ in Deutschland für besonders kreative programmintegrierte Werbung vergeben. Alles dies lässt Fragen nach neuen Möglichkeiten der Einbettung, Wahrnehmung und Wirkung von Produktplatzierungen umso aktueller und relevanter erscheinen. Die drei Beiträge in diesem Abschnitt nehmen sich genau diesen Fragen an: CHRISTIANA SCHALLHORN, JOHANNES KNOLL und HOLGER SCHRAMM (Universität Würzburg) untersuchen, ob und wie ein Alkohol-Placement – kreativ in eine Schlüsselszene einer aktuellen US-amerikanischen Serie eingebunden – auf die anvisierte Zielgruppe der Erwachsenen wirkt. SABINE GRUSCHWITZ und JUTTA EMES (Bauhaus-Universität Weimar) hingegen nehmen sich der weniger beforschten Gruppe der Jugendlichen an und hinterfragen die Wahrnehmung eines Parfum-Placements in einer für Mädchenzeitschriften typischen Fotolovestory. JÖRG MATTHES und BRIGITTE NADERER (Universität Wien) schließlich widmen sich in ihrer Studie der mindestens ebenso defizitär beforschten Gruppe der Kinder und zeigen, inwieweit sich Platzierungen von Nahrungsmitteln (in diesem Fall sogenannte ›Käse-Cracker-Bällchen‹) in unterhaltenden Kinderfilmen auf das Essverhalten und die Einstellungen zu der beworbenen Nahrungsmittelmarke auswirken.

Abschnitt 2 umfasst die Beiträge zu aktuellen Themen der Persuasion und Werbung in Online-Welten, vor allem mit Fokus auf Werbeformen und -wirkungen im Web 2.0 bzw. im Bereich der Social Media. JOHANNES KNOLL (Universität Würzburg) eröffnet das Ganze mit einer Synopse bzw. einem aktuellen Forschungsüberblick über die Wirkungen speziell derjenigen Online-Werbung, die von User-Generated Content bzw. nutzergenerierten Kommentaren flankiert und dadurch in ihrer Wirkung modifiziert wird. SARAH KOHLER, JOHANNES SCHULTE und VOLKER GEHRAU (Universität Münster) untersuchen mittels eines kreativen Studiendesigns, das mehrere Datenquellen miteinander verbindet, die Verbreitung und Rezeption von Werbespots im Fernsehen und auf YouTube, um zu klären, ob unterschiedliche Muster der Online- und Offline-Rezeption von Werbespots die Wirkung (Gefallen und Kommunikation über die Spots) beeinflussen. JULIA SCHMIDT, JULIA EBERT und MONIKA SUCKFÜLL (Universität der Künste Berlin) entwickeln in ihrem Beitrag ein Modell zur Wirkung von Furchtappellen in Sozialen Netzwerken, das die Besonderheiten dieser sozialen Kommunikation für die persuasive Wirkung von beispielsweise Gesundheitsappellen herausarbeitet. Mit der Wahrnehmung und Wirkung personalisierter Werbebotschaften im Web 2.0 beschäftigen sich CHRISTINA PETER und THOMAS KOCH (Universität München). Und beide Autoren gehen in diesem Abschnitt abschließend zusammen mit MAGDALENA OBERMAIER (ebenfalls Universität München) der Frage nach, wie sich die Wiederholungsanzahl und die Größe von Online-Werbebannern auf die Beurteilung (speziell: die Glaubwürdigkeit) der beworbenen Marke auswirken.

Abschnitt 3 ist mit seinen Themen wohl am unmittelbarsten an der aktuellen Werbe- und Medienentwicklung dran: Hier werden neueste und alternative Werbeträger dargestellt und hinsichtlich ihrer Wirkung diskutiert und untersucht. BASTIAN DINTER (Fachhochschule Düsseldorf) und SVEN PAGEL (Fachhochschule Mainz) fokussieren die neuesten Entwicklungen im Bereich des digitalen Fernsehens und beschäftigen sich mit den Implikationen von Hybrid TV und Social TV für aktuelle und zukünftige innovative Formen der Werbekommunikation. INGO KNUTH, LISA-CHARLOTTE WOLTER und MICHAEL JENDRIK SCHULZ (Hamburg Media School und Universität Hamburg) testen in einem realen Werbeumfeld (zwei hochfrequentierte strukturähnliche Shoppingcenter), inwieweit Konsumgüterwerbung über neueste digitale Flatscreen-Netzwerke wirkungsvoller ist als über klassische City Light Plakate. Der nachfolgende Beitrag widmet sich einer weiteren Alternative für klassische Werbeträger, und zwar den Ambient-Medien, die in vielfältiger, innovativer und kreativer Art und Weise an zahllosen Orten im direkten Lebensumfeld der Zielgruppe eingesetzt werden können. Doch wie passend oder unpassend muss der Werbeträger und -ort mit Blick auf die beworbene Marke ausgewählt werden, um noch die gewünschte Wirkung zu erzielen? PATRICK WEBER (Universität Hohenheim), SIMONE BUCHMANN und WERNER WIRTH (beide Universität Zürich) gehen dieser Frage differenziert nach. ANDREAS BAETZGEN (Hochschule der Medien Stuttgart) und JÖRG TROPP (Hochschule Pforzheim) beschließen diesen Abschnitt und präsentieren die Ergebnisse einer Delphi-Studie mit Marken- und Medienexperten aus Praxis und Wissenschaft, die sich diskursiv über die Entwicklung und Zukunft von Markenmedien verständigt haben. Der Hintergrund: Marken (Beispiel: Red Bull) werden zunehmend selbst zu Medien bzw. zu Initiatoren und Betreibern eigenständiger medialer Angebote (Beispiel: *The Red Bulletin. Das Magazin abseits des Alltäglichen*), die als innovative Werbeträger eine Alternative zu den klassischen Medien bilden.

Der letzte Abschnitt eröffnet unterschiedlichste Perspektiven – und dies nicht nur mit Blick auf die Frage nach der aktuellen Innovation, sondern auch der Zukunft der Werbe- und Markenkommunikation. JÖRG TROPP, SIMONE HUCK-SANDHU und ROBERT FRANZKE (Hochschule Pforzheim) nehmen einleitend zunächst die übergeordnete Perspektive der Forschenden ein und analysieren, wie sich die Persuasionsforschung insbesondere unter dem zunehmenden Einbezug des Forschungsgegenstandes des Internets bzw. der Online-Medien vom Jahr 2000 bis heute entwickelt hat, welche Themen dabei an Bedeutung gewonnen haben, welche an Relevanz verloren haben. MAREN KLEPPER und BURKARD MICHEL (Hochschule der Medien Stuttgart) nehmen die Konsumentenperspektive ein und fragen sich, wie vor dem Hintergrund der zunehmenden Digitalisierung und Vernetzung von werbender Kommunikation die Gattung ›Werbung‹ im Alltag wahrgenommen und bewertet wird: Stehen Konsumenten unterschiedlicher Alterskohorten (Schüler, Studierende, Berufstätige, Ruheständler) ihr eher kritisch, gleichgültig oder positiv gegenüber? SILKE FÜRST (Universität Fribourg, Schweiz) begibt sich anlässlich der in den letzten Jahren viel diskutierten ›Krise‹ des Pressesektors in die Perspektive der Printmedien und diskutiert vor dem Hintergrund des Medien- und Kommunikationswandels mögliche Strategien, die Printmedien einschlagen konnten, um sich zu inszenieren und unentbehrlich zu machen. Ein Weg aus der Krise?

Den Schlusspunkt setzen FRANK SCHWAB und ASTRID CAROLUS (Universität Würzburg). »Alles neu und doch immer das Alte?« Auf Basis einer evolutionären Perspektive argumentieren die Autoren dafür, die Evolutionstheorie nicht nur als Erklärung für kommunikative Phänomene der Eigenwerbung im Kontext der Partnerwahl, sondern auch für konkrete aktuelle Formen und Wirkungen der Werbe- und Markenkommunikation, z. B. den Konsum prestigeträchtiger (Marken-)Artikel, heranzuziehen.

Insgesamt schlägt der Band damit einen Bogen, der die ›Innovation‹ der Werbe- und Markenkommunikation in vielfältiger Hinsicht thematisiert und dimensional aufbricht (vgl. hierzu das Innovationskonzept von ROTH 2009): Auf der objektbezogenen Ebene werden innovative Werbekanäle, -träger, -mittel, -formen und -strategien behandelt, auf der sozialen Ebene wird beispielsweise danach gefragt, für wen bestimmte Formen der Werbe- und Markenkommunikation wie innovativ sind, wer durch die Innovationen primär adressiert wird, wer sie nutzt und wer von ihnen überhaupt profitiert. Und zuletzt durchzieht viele Beiträge eine zeitliche Ebene: Wie lange wird eine bestimmte Form der Werbe- und Markenkommunikation als innovativ wahrgenommen? Wie schnell muss sich Werbung an den medialen und gesellschaftlichen Wandel anpassen, um ›zeitgemäß‹ zu sein? Wie schnell diffundieren neue Medienwelten – und damit auch neue Werbe- und Markenwelten – in verschiedenen Bevölkerungssegmenten und wie schnell werden diese neuen Welten im Alltag der Menschen relevant? Der Band umspannt damit zahlreiche Aspekte und Fragen, die nicht nur für Medien- und Kommunikationswissenschaftler spannend sind, sondern die auch für die Werbe- und Medienbranche ihre Relevanz und Aktualität noch nicht eingebüßt haben dürften. Um hier zum Zeitpunkt des Erscheinens nicht schon wieder ›veraltet‹ zu sein, war unser Anliegen, den Band möglichst zeitnah nach der Tagung auf den Markt zu bringen. Für das Einhalten des ambitionierten Zeitplans möchten wir den Autorinnen und Autoren sowie dem Herbert von Halem Verlag ganz herzlich danken. Zuletzt gilt unser ausdrücklicher Dank der Vogel Stiftung Dr. Eckernkamp (Würzburg) für die finanzielle Unterstützung der Tagung.

Würzburg, im September 2013
Holger Schramm / Johannes Knoll

Literatur

EASTIN, M. S.; T. DAUGHERTY; N. M. BURNS (Hrsg.): *Handbook of Research on Digital Media and Advertising. User Generated Content Consumption.* Hershey, PA [Information Science Reference] 2011

ROTH, S.: New for Whom? Initial Images from the Social Dimension of Innovation. In: *International Journal of Innovation and Sustainable Development*, 4(4), 2009, S. 231-252

SCHRAMM, H.; J. KNOLL (Hrsg.): *Innovation der Persuasion – Die Qualität der Werbe- und Markenkommunikation in neuen Medienwelten.* Abstracts der Fachtagung der Ad-hoc-Gruppe Werbekommunikation in der Deutschen Gesellschaft für Publizistik- und Kommunikationswissenschaft. Würzburg (Produktion: Herbert von Halem) 2012

SCHRAMM, H.; H. SCHMID-PETRI; M. LORKOWSKI: Der Wert programmintegrierter Werbung: Zur Wahrnehmung und Akzeptanz von Product Placement in Filmen. In: TROPP, J.; T. SCHIERL (Hrsg.): *Wert und Werte der Marketing-Kommunikation.* Köln [Herbert von Halem] 2013, S. 191-210

CHRISTIANA SCHALLHORN / JOHANNES KNOLL / HOLGER SCHRAMM

Die Bedeutung der parasozialen Interaktion (PSI) für die Wirkung von Product Placements auf Erwachsene

Waren Product Placements früher einmal eine Art Tauschgeschäft zwischen Werbetreibenden und kleinen Filmproduktionen, die durch die Integration bestimmter Markenprodukte ihre Produktionskosten senken konnten, steckt heute ein Millionengeschäft in Product Placements (KARRH/MCKEE/PARDUN 2003). Die Werbeindustrie sieht im Product Placement die Fernsehwerbung der Zukunft (SMIT/VAN REIJMERSDAL/NEIJENS 2009). Ein Grund dafür ist sicherlich, dass programmintegrierte Produktplatzierungen bei den Rezipienten beliebter als klassische Unterbrecherwerbungen sind und sich hoher Akzeptanz erfreuen (BERND/UEBELHART 2006). Insbesondere gesundheitsbezogene oder neutrale, moralisch unbedenkliche Produkte wie Computer, Autos oder Kameras werden als Placements akzeptiert (GUIDO/PELUSO/TEDESCHI/NICOLE/LAURETTI/CACIULA 2010; EISEND 2009; GUPTA/GOULD 1997). Auch im aktuellen James Bond-Film *Skyfall* wurden wieder zahlreiche Marken platziert, die mehr oder weniger sichtbar gewesen sind. Doch wann profitieren Placements vom Erfolg eines charismatischen Darstellers wie 007? Dieser Frage will der Beitrag nachgehen. Im Fokus steht dabei die Bedeutung der parasozialen Interaktion (PSI) von Rezipienten zu Medienakteuren für die Wirkung von Product Placements.

1. Die parasoziale Komponente als Erklärungsfaktor zur Wirkung von Product Placements

Die parasoziale Beziehung zwischen Rezipient und Mediencharakter wurde in der Product-Placement-Forschung lange Zeit eher vernachlässigt (KARRH 1998; BALASUBRAMANIAN/KARRH/PATWARDHAN 2006; VAN REIJMERSDAL/NEIJENS/SMIT 2009). Ein Blick auf den Forschungsstand offenbart vor allem zwei Schwachpunkte: Einerseits wurde die Beziehung zwischen Rezipient und Mediencharakter oftmals unzureichend konzeptualisiert und gemessen, obwohl bereits differenzierte Skalen zur Verfügung standen (z.B. RUBIN/PERSE/POWELL 1985). Andererseits wurde die Rezipient-Mediencharakter-Beziehung als ausschließlich positiv valenziert betrachtet (RUSSEL/STERN 2006; SCOTT/CRAIG-LEES 2010). Letzteres lässt sich damit erklären, dass bisher davon ausgegangen wurde, dass eine parasoziale Beziehung eher mit Mediencharakteren zustande kommt, wenn diese als attraktiv wahrgenommen werden (SCHIAPPA/ALLEN/GREGG 2007). Eine genaue Betrachtung der Wirkungsmechanismen in der Rezipient-Medienpersona-Beziehung und deren Bedeutung für die Product-Placement-Forschung blieb jedoch weitgehend aus. Russel und Stern (2006) unternehmen in einer Studie den ersten Versuch, diese Forschungslücke zu schließen, indem sie die Wirkungen von Product Placements auf Heiders Balance-Modell anwenden, das hier zunächst kurz skizziert werden soll.

Heider (1946; 1967) geht davon aus, dass Menschen nach konsistenten, ›balancierten‹ Strukturen in ihren Kognitionen streben, da diese als spannungsärmer und angenehmer empfunden werden (HERKNER 1991; KLAUER 2006). Er erklärt dieses Streben nach interner Konsistenz für eine Triade von Kognitionen, die aus a) der Kognition der eigenen Person selbst (Rezipient), b) der Kognition über eine andere Person (Mediencharakter), die mit dem Rezipient in Beziehung steht und c) einem Objekt (Product Placement), das mit beiden Personen verbunden ist, besteht. Auf Product Placements in Filmen übertragen, ist ein balancierter Zustand gegeben, wenn beispielsweise ein Rezipient sowohl James Bond als auch das Auto, das er fährt, gut findet und sich James Bond zusätzlich positiv gegenüber dem Auto eingestellt zeigt. Würde James Bond sich negativ äußern, stünde seine Beziehung im Widerspruch zu den beiden anderen positiv valenzierten Beziehungen. Die Triade wäre inkonsistent und würde zu einem kognitiven Konflikt beim Rezipienten führen.

Russel und Stern (2006) untersuchen diese triadische Verbindung in einer Feldstudie, bei der sie Rezipienten verschiedene Fernsehserien zeigen und anschließend die einzelnen Elemente der Triade bewerten lassen. Die Ergebnisse bestätigen ihre Hypothese, dass die Einstellung zu einem Product Placement von der positiven Wahrnehmung eines Mediencharakters (*parasocial attachement*) und dessen Assoziation mit dem präsentierten Produkt beeinflusst wird (Abb. 1). Russel und Stern unterstreichen damit nicht nur, wie wichtig der Einfluss von Mediencharakteren auf die Bewertung von Produkten ist, sondern tragen auch zu einem besseren Verständnis für die Entstehung von Wirkungen durch Product Placements bei.

ABBILDUNG 1
Balance Model of Product Placement Effects

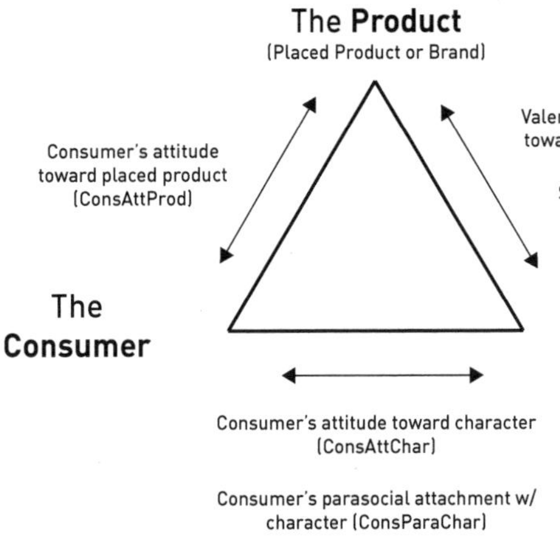

Quelle: Russel/Stern 2006: 8

Ein weiterer Ansatz, der die Beziehung zwischen Mediencharakter und Rezipienten näher in den Mittelpunkt stellt, ist das Zwei-Ebenen-Modell parasozialer Interaktionen (HARTMANN/SCHRAMM/KLIMMT 2004). Ausgangspunkt ist zunächst die Annahme, dass sich PSI in perzeptiv-kognitive, affektive und konative Teilprozesse unterscheiden lassen. Ihre Intensität hängt dabei einerseits von Eigenschaften des Medienangebots (z. B. Obtrusivität, Persistenz, Adressierung und äußere Merkmale der Persona) und andererseits von Rezipientenmerkmalen (z. B. Motivation, Nutzereigenschaften) ab. Die Autoren sprechen von einer High-Level-PSI, wenn sich der Rezipient intensiv und stark mit einem Mediencharakter auseinandersetzt. Im Umkehrschluss definieren sie eine oberflächlich-schwache Auseinandersetzung mit dem Medienakteur als Low-Level-PSI.

Begünstigend für eine High-Level-PSI wirkt aufseiten des Medienangebots die Attraktivität des Mediencharakters. Wird dieser als attraktiv, sympathisch und menschlich wahrgenommen, sollte auch die Motivation, sich tiefergehend mit der Medienpersona zu beschäftigen, steigen. Dabei muss sich die Attraktivität keinesfalls auf das physische Erscheinungsbild beschränken, vielmehr wirkt auch die wahrgenommene Attraktivität in Hinblick auf die dargestellte Rolle, die Charakterattraktivität und die Handlung im PSI-Prozess mit (MCCROSKEY/MCCAIN 1974). Das heißt, eine Person kann unabhängig von ihrem äußeren Erscheinungsbild als attraktiv bewertet werden, wenn sie beispielsweise ein sozial wünschenswertes Verhalten zeigt oder in einer Art und Weise agiert, die der eigenen sehr ähnlich oder zumindest aus eigener Sicht erstrebenswert ist (HOFFNER/CANTOR 1991). Je attraktiver folglich im Auge des Betrachters der Mediencharakter ist, desto höher sollte auch die Motivation auf Rezipientenseite sein, sich mit der Medienfigur auseinanderzusetzen. Eine intensive mentale Beschäftigung mit dem Akteur fördert dann wiederum eine High-Level-PSI (HARTMANN/SCHRAMM/KLIMMT 2004).

Neben der Attraktivität des Mediencharakters hat sich in der PSI-Forschung gezeigt, dass insbesondere das Involvement in die Medienhandlung zum Aufbau einer intensiven PSI führen kann. Entscheidend ist, ob sich der Zuschauer tiefergehend mit der Medienperson auseinander setzen möchte. Dies ist unter anderem dann gegeben, wenn der Rezipient im Handeln oder im dargestellten Kontext eine persönliche Relevanz erkennt. Spielt beispielsweise die Handlung im Film in einem Berufsfeld, in dem der Rezipient selbst arbeitet oder in dem er eigene Erfahrungen gemacht hat, gewinnt die Handlung des Protagonisten zusätzlich an persönlicher Bedeutung (HARTMANN/SCHRAMM/KLIMMT 2004). Es ist anzunehmen, dass diese intensivere Beschäftigung mit einem Mediencharakter – hervorgerufen durch z.B. hohe Attraktivität des Mediencharakters oder starkes Involvement des Rezipienten – die Bewertung eines Product Placements beeinflusst, sofern dieses im Zusammenhang mit dem Mediencharakter steht. Entsprechend konnten verschiedene Studien zur Wirkung von Product Placements zeigen, dass Marken dann besser bewertet werden, wenn sie zusammen mit einem sympathischen, attraktiven Hauptdarsteller gezeigt wurden (D'ASTOUS/CHARTIER 2000; YANG/ROSKOS-EWOLDSEN 2007).

Die Rolle des Involvements mit der jeweiligen Medienhandlung wurde hierbei jedoch nicht explizit untersucht.

Ausgehend vom Balance Model von Russell und Stern (2006) und unter Einbezug des Zwei-Ebenen-Modells parasozialer Interaktionen (HARTMANN/SCHRAMM/KLIMMT 2004) wurde von Schramm und Knoll (2013) ein differenzierterer Ansatz zur Wirkung von Product Placements entworfen, welcher insbesondere die Rezipient-Mediencharakter-Beziehung fokussiert. Eine erste empirische Annäherung an diesen Ansatz wurde bereits mit der Studie von Schramm, Knoll und Wynistorf (eingereicht) vollzogen: Dabei handelte es sich um ein Experiment (1x2-between-subject Design) mit 87 Studenten, die einen unbekannten Film mit unterschiedlich gegebenem Hintergrundwissen anschauten. In einer Variante wurde Lolo, der Hauptakteur, als Computerhacker beschrieben, der Server von Banken knackt und sich so illegal Zugang zu den Daten verschafft (›bad guy‹). In einer zweiten Version wurde Lolo als Undercover-Agent dargestellt, der durch seinen Job als Computerspezialist kriminelle Machenschaften der russischen Mafia vereitelt (›good guy‹). Auch wenn die physische Attraktivität Lolos durch den gleichen Filmausschnitt unverändert blieb, wurde er in der ›good-guy‹-Variante durch sein als ›heldenhaft‹ beschriebenes Handeln attraktiver wahrgenommen. Das Besondere war, dass Lolo auf seinem T-Shirt einen unbekannten Markennamen trug, der später von den Rezipienten anhand verschiedener Kriterien bewertet werden sollte. In der Auswertung konnte gezeigt werden, dass die PSI-Subprozesse in der ›good-guy‹-Gruppe intensiver und positiver ausfielen und dass in der Folge die Marke auf dem T-Shirt besser bewertet wurde als von der ›bad-guy‹-Gruppe. Mit der Studie konnten Schramm, Knoll und Wynisdorf bestätigen, dass die PSI eine vermittelnde Wirkung von attraktiven Mediencharakteren im Werbewirkungsprozess einnehmen. Jedoch wurden die vermittelnden PSI in der Studie von Schramm, Knoll und Wynistorf (eingereicht) mit Blick auf die potenziell möglichen PSI-Prozesse (vgl. SCHRAMM/HARTMANN 2008) nur unvollständig gemessen. Auch deuten die Ergebnisse dieser ersten Studie darauf hin, dass nicht nur die experimentell induzierte Valenz der PSI (positiv vs. negativ), sondern insbesondere auch die Intensität und die Art (kognitiv, affektiv, konativ) der PSI dafür entscheidend sind, dass sich differenzierte Product-Placement-Effekte einstellen können. Da der Filmausschnitt nur sieben Minuten lang war, wurden in der Studie von Schramm, Knoll und Wynistorf keine intensiven PSI gemessen. In dieser kurzen Zeit konnten die meisten Zuschauer lediglich schwache bis mittlere PSI-Intensitäten aufbauen. Die aktuelle Studie knüpft an die vielversprechenden Ergebnisse an und versucht die angesprochenen Defizite auszugleichen.

2. Hypothesen

Der Einfluss der Attraktivität des Mediendarstellers auf die Markenbewertung wurde mehrfach bestätigt (RUSSEL/STERN 2006; SCOTT/CRAIG-LEES 2010; SCHRAMM/KNOLL/WYNISTORF eingereicht; D'ASTOUS/CHARTIER 2000). Zurückgeführt wurde das unter anderem darauf, dass Rezipienten zu attraktiv dargestellten Charakteren eine stärkere und positivere Beziehung aufbauen als zu unattraktiv wahrgenommenen Medienpersonen (SCHIAPPA et al. 2007). Daher ist wie im Zwei-Ebenen-Modell (HARTMANN/SCHRAMM/KLIMMT 2004) davon auszugehen, dass die Attraktivität des Mediencharakters entscheidend bei der Entstehung der PSI mitwirkt, welche sich wiederum auf die Markenbewertung auswirken sollte. Gleichzeitig sollte das Involvement die Intensität der PSI beeinflussen, da sich der Rezipient, beispielsweise durch eigene Erfahrungen und damit steigender persönlicher Relevanz des Filmgeschehens, unterschiedlich stark mit dem Tun und Handeln der Medienpersona auseinandersetzt. (HARTMANN/SCHRAMM/KLIMMT 2004; SCHRAMM/KNOLL/WYNISTORF eingereicht). Wir gehen deshalb von Folgendem aus:

H1: Es besteht sowohl ein Zusammenhang zwischen der Darstellung eines Mediencharakters und der Intensität der PSI als auch ein Zusammenhang zwischen dem Involvement eines Rezipienten und der Intensität der PSI.

a: Rezipienten von Fernsehserien interagieren stärker parasozial mit attraktiv dargestellten Mediencharakteren im Vergleich zu unattraktiv dargestellten Mediencharakteren.

b: Rezipienten von Fernsehserien mit hohem Involvement interagieren stärker parasozial mit Mediencharakteren im Vergleich zu Rezipienten mit geringem Involvement.

H2: Die in H1 angenommenen Unterschiede in der PSI vermitteln den Einfluss unterschiedlich dargestellter Mediencharaktere (attraktiv/unattraktiv) und/oder des Involvements (high/low) auf die Bewertung von Product Placements.

3. Methode

3.1 *Studiendesign*

Die vorliegende Studie stellt eine Weiterentwicklung der Studie von Schramm, Knoll und Wynistorf (eingereicht) dar. In einem Experiment (2x2-between-subject Design) sahen die TeilnehmerInnen einen Serienzusammenschnitt der US-Produktion *Mad Men*, bei der es um die Werbebranche der 1960er-Jahre geht. Die Serie war zum Zeitpunkt der Studie in Deutschland weitgehend unbekannt. Im Filmausschnitt sieht man unter anderem, wie der Werbefachmann Roger Sterling nach einem Herzinfarkt bei der Arbeit im Krankenhaus liegt. Nach einem emotionalen Gespräch mit seiner Frau kehrt er jedoch kurze Zeit später wieder zur Arbeit zurück und beweist sich als ehrgeiziger Geschäftsmann. Alle TeilnehmerInnen sahen genau den gleichen Serienausschnitt, jedoch wurden durch eine Instruktion vor dem Sehen die Valenz und das Involvement manipuliert. In der ›good-guy‹-Variante wurde der Hauptdarsteller Roger Sterling als fürsorglicher Familienvater und loyaler Chef, der sich für seinen Job aufopfert, beschrieben. In der ›bad-guy‹-Variante wurde er als arroganter, skrupelloser Boss, der seine Frau betrügt, charakterisiert. Das Involvement wurde auf kognitiver Ebene manipuliert, indem in der High-Involvement-Instruktion aufgefordert wurde, die Serie »so aufmerksam wie möglich« zu verfolgen, während Probanden in der Low-Involvement-Instruktion die Serie »einfach mal anschauen« sollten. Zudem wurde in der High-Involvement-Variante ausdrücklich auf die Relevanz des Themas ›Werbebranche‹ für die Teilnehmer (Kommunikationsstudenten) hingewiesen (vgl. auch MATTHES/SCHEMER/WIRTH 2007). Dadurch ergaben sich vier Instruktionsvarianten (good guy/low involvement, good guy/high involvement, bad guy/low involvement, bad guy/high involvement). Eine weitere Verbesserung im Vergleich zur Vorgängerstudie stellt ein längerer Serienausschnitt (16 Minuten) dar, der dazu führen sollte, dass die Rezipienten in eine stärkere parasoziale Interaktion mit dem Hauptcharakter treten. Das Placement war die Marke ›Smirnoff Vodka‹, die am Ende des Clips in die Handlung eingebunden war: Roger Sterling sitzt am Schreibtisch, schenkt sich während des Gesprächs mit einem Kollegen Wodka ein und stellt die Flasche offensichtlich auf den Tisch. Die Marke ist dadurch eine Minute lang zu sehen, wirkt jedoch nicht aufdringlich oder störend.

3.2 *Stichprobe*

Am Experiment nahmen 113 StudentInnen teil, von denen 83 Prozent der Befragten Frauen waren und das Alter bei durchschnittlich 19,7 Jahren ($SD = 2.34$) lag. Die Verteilung auf die Versuchsgruppen (good guy/low involvement: $n = 28$; good guy/high involvement $n = 27$; bad guy/low involvement: $n = 29$; bad guy/high involvement: $n = 29$) erfolgte zufällig. Der Chi-Quadrat-Test nach Pearson zeigte, dass keine signifikanten Geschlechterunterschiede zwischen den Gruppen bestanden ($\chi^2 (3, N = 113) = 6{,}22, ns$).

3.3 *Ablauf*

Das Experiment wurde in einem Labor mit sechs Boxen durchgeführt, die durch schallisolierende Wände, die gleichzeitig als Sichtschutz dienten, voneinander getrennt waren. Die Datenerhebung fand im Zeitraum von zwei Wochen statt. Nachdem die Teilnehmer erschienen sind und kurz instruiert wurden, sollten sie sich einen Platz suchen. An den Plätzen lag jeweils eine der vier Instruktionsmanipulationen, in denen kurz das Filmsetting erklärt wurde. Die Teilnehmer setzten Kopfhörer auf, um sich den Film anzuschauen und füllten am Ende den Fragebogen am Computer aus.

3.4 *Instrumente*

Die PSI wurde Anhand der PSI-Skalen von Schramm und Hartmann (2008) auf einer fünfstufigen Likertskala erfasst. Bis auf eine Ausnahme[1] wur-

1 Die konative Subskala (Para-)verbale Verhaltensweise wurde nicht abgefragt, da durch die Laborsituation verbale Äußerungen während der Rezeption nahezu auszuschließen waren.

den alle PSI-Subdimensionen aufgenommen, sodass eine detailliertere Auswertung unter Berücksichtigung der Subskalen möglich war (Tab. 1). Insgesamt wurden 52 Items abgefragt.

TABELLE 1
PSI-Dimensionen

PSI-Teilprozess	Subdimensionen	Beispiele
perzeptiv-kognitiv	• Persona-bezogene Informationsaufnahme • Verstehen der Situation und Handlungen der Persona • Verknüpfung der Aussagen/Handlungen der Persona mit eigenen Gedächtnisinhalten • Bewertung der Persona und ihrer Handlungen • Überlegungen über die nächste Zukunft der Persona • Herstellung eines Bezugs zwischen Persona und Selbst	• Ich habe ganz genau beobachtet, wie sich Roger Sterling verhalten hat • Ich habe intensiv über das Verhalten von Roger Sterling nachgedacht • Ich habe immer wieder überlegt, ob ich Leute kenne, die Roger Sterling ähnlich sind • Ich habe mir ein Urteil über Roger Sterling gebildet • Mir kamen öfter Ideen dazu, wie sich die Dinge um Roger Sterling entwickeln würden • Hin und wieder habe ich darüber nachgedacht, ob Roger Sterling mir selbst ähnlich oder unähnlich ist
affektiv	• Sympathie/Antipathie • Empathie/Counterempathie • Emotionsauslösung (Ansteckung, Induktion)	• Es gab Momente, da habe ich Roger Sterling sehr bewundert • Ging es Roger Sterling gut, ging es mir auch gut • Gelegentlich habe ich sehr emotional auf Roger Sterling reagiert
konativ	• Nonverbale (motorische, mimische, gestische) Verhaltensweisen • Verhaltensabsichten	• Manchmal habe ich gegenüber Roger Sterling gestikuliert • Manchmal hätte ich am liebsten etwas zu Roger Sterling gesagt

Quelle: vgl. Schramm/Hartmann 2008

Die Reliabilitätsanalyse ergab zufriedenstellende Ergebnisse bei den PSI-Teilprozessen (kognitiv: $\alpha = .82, M = 3.10, SD = .55$; affektiv: $\alpha = .86, M = 2.84, SD = .59$; konativ: $\alpha = .69, M = 2.1, SD = .66$). Wie in Abbildung 1 ersichtlich ist, implizieren die affektiven PSI sowohl die Intensität der Ausprägung als auch deren Valenz. Für die Indexbildung war es deshalb erforderlich, eine Valenzrichtung (positiv oder negativ) festzulegen. Die Entscheidung fiel auf die positiv formulierten Aussagen, sodass die negativ beschriebenen Items der Subdimensionen Antipathie und Counterempathie umgepolt wurden. Bei der kognitiven und konativen PSI drücken hohe Werte nur hohe Intensitäten aus, die Valenz spielt für diese beiden Subprozesse keine Rolle.

Die Markenbewertung wurde umfangreich durch die Markenpersönlichkeitsskala nach Aaker (1997, 2002) mit den fünf Dimensionen Erregung/ Spannung, Kompetenz, Robustheit, Kultiviertheit und Aufrichtigkeit getestet. Diese Skala ist besonders für unsere Studie geeignet, weil hiermit die Wahrnehmung einer Marke ausgehend von Persönlichkeitseigenschaften abgefragt wird. Anzunehmen ist, dass durch die unterschiedlich wahrgenommenen Eigenschaften des Protagonisten in der ›good- oder bad-guy‹-Variante auch ein Transfer dieser Persönlichkeitsmerkmale auf die Marke stattfindet.

Auf einer fünfstufigen Likertskala wurde nach der Zustimmung von insgesamt 42 Items der Markenpersönlichkeit zur Marke Smirnoff gefragt. Fünf Items wurden im Vorfeld ausgeschlossen, weil sie für die Beschreibung einer Wodka-Marke entweder zu abstrakt (hart arbeitend, technisch, integrativ) schienen oder der zeitliche Bezug der Items (modern, zeitgemäß) durch die Handlung in den 1960er-Jahren verwirrend wirken könnte. Da insgesamt, mit einer Ausnahme, zufriedenstellende Cronbach's Alpha erreicht wurden (Aufrichtigkeit: $\alpha = .74$, $M = 2.14$, $SD = .54$; Spannung/Erregung: $\alpha = .83$, $M = 2.69$, $SD = .77$; Kultiviertheit: $\alpha = .78$, $M = 2.07$, $SD = .75$; Kompetenz: $\alpha = .77$, $M = 2.44$, $SD = .77$; Robustheit: $\alpha = .63$, $M = 2.66$, $SD = .72$), die sich nicht verbessern ließen, wurde auf eine Reduktion durch Ausschluss weiterer Items verzichtet. Im letzten Teil des Fragebogens wurden demografische Daten sowie einige weitere personenbezogene Informationen erhoben, die jedoch nicht Teil dieser Auswertung sind.

4. Ergebnisse

Mit Hypothese 1 wurde angenommen, dass ein Zusammenhang zwischen der Darstellung eines Mediencharakters und dem Involvement eines Rezipienten auf die Intensität der PSI besteht. Zur Überprüfung wurden zweifaktorielle Varianzanalysen (ANOVA) durchgeführt. Die affektive PSI wurde signifikant von der Charakterdarstellung beeinflusst ($F(1, 109) = 24.48$, $p < .001$, $\eta^2 = .18$). Sie war bei attraktiver Darstellung des Medienakteurs ($M = 3.10$, $SD = .55$, $n = 55$) deutlich stärker ausgeprägt als bei der unattraktiven Variante ($M = 2.60$,

SD = .52, $n = 58$). Das Involvement der Rezipienten hatte keinen signifikanten Einfluss ($F(1, 109) = 0.70$, *ns*). Auch Interaktionseffekte waren nicht signifikant ($F(1, 109) = 0.43$, *ns*). Für die kognitiven PSI ergaben sich weder signifikante Haupteffekte für das Involvement ($F(1, 109) = 1.69$, *ns*) und die Charakterdarstellung ($F(1, 109) = 1.34$, *ns*) noch Interaktionseffekte ($F(1, 109) = 0.00$, *ns*). Gleiches zeigt sich für die konativen PSI, die ebenfalls nicht durch die Charakterdarstellung ($F(1, 109) = 0.01$, *ns*) oder Involvement ($F(1, 109) = 1.87$, *ns*) und auch nicht durch einen Interaktionseffekt beeinflusst wurden. Damit kann Hypothese 1a teilweise bestätigt werden – je nach Charakterdarstellung zeigen sich signifikante Unterschiede in der affektiven PSI. Es bestätigt sich auch in dieser Studie eine stärkere affektive parasoziale Interaktion, wenn der Mediencharakter als attraktiv wahrgenommen wird. Hypothese 1b muss verworfen werden. Wir konnten keinen Einfluss des Involvements durch unsere Instruktion auf die PSI nachweisen.

In Hypothese 2 wurde postuliert, dass die in H1 angenommenen Unterschiede in der PSI den Einfluss unterschiedlich dargestellter Mediencharaktere (attraktiv/unattraktiv) und/oder des Involvements (high/low) auf die Bewertung von Product Placements vermitteln. Wie H1 gezeigt hat, konnte nur ein Zusammenhang zwischen der Charakterdarstellung und affektiver PSI nachgewiesen werden. Deshalb lag zunächst der Fokus der weiteren Auswertung auf der affektiven PSI. Um die Mediatorwirkung der PSI nachzuweisen, wurde als erstes überprüft, ob überhaupt Effekte der Charakterdarstellung auf die Markenbewertung (ohne Einbezug der PSI = c in Abb. 2.) vorliegen. Dazu wurden einfaktorielle Varianzanalysen (ANOVA) gerechnet. Die Analyse ergab einen signifikanten Effekt der Darstellung des Mediencharakters auf das Markenmerkmal Robustheit ($F(1, 111) = 6.74$, $p < .05$, $\eta^2 = .06$). Personen, die einen unattraktiven Mediencharakter sahen, bewerteten die Marke Smirnoff als robuster ($M = 2.83$, SD = .71, $n = 58$) als Befragte, die einen attraktiven Darsteller sahen ($M = 2.49$, SD = .69, $n = 55$). Bei allen anderen Markenbewertungen konnten keine signifikanten Effekte ausgehend von der Attraktivität der Medienpersona nachgewiesen werden (Erregung/Spannung ($F(1, 111) = 2.20$, *ns*); Aufrichtigkeit ($F(1, 111) = 0.66$, *ns*); Kompetenz ($F(1, 111) = 2.50$, *ns*); Kultiviertheit ($F(1, 111) = 0.65$, *ns*). Auch wenn sich nur ein totaler Effekt zwischen Charakterdarstellung (X) und Markenbewertung (Y) zeigte, sind durchaus weitere, indirekte Effekte über die angenommene Mediatorvariable PSI (M) möglich (PREACHER/HAYES 2004; ZHAO/LYNCH/CHEN 2010) (Abb. 2). Die Überprüfung dieser indirekten Effekte erfolgte im zweiten Schritt.

ABBILDUNG 2

Wirkung der Charakterdarstellung über den Mediator »PSI« auf die Markenbewertung

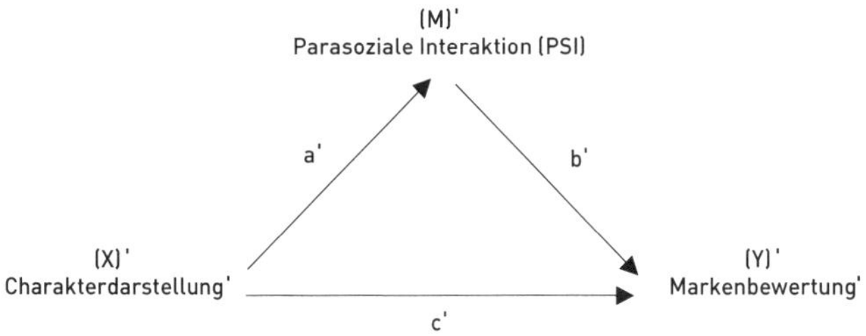

Quelle: eigene Darstellung

Die Berechnung indirekter Effekte (a x b) der Charakterdarstellung auf die fünf Markenfaktoren der Markenbewertung wurde mit dem SPSS Macro Sobel von Preacher und Hayes (2004) mittels Bootstrapping-Analyse (m = 5000 Ziehungen) durchgeführt. Dabei werden Konfidenzintervalle (CI) um die angenommenen indirekten Effekte berechnet, in diesem Fall auf einem Konfidenzniveau von 95 bzw. 90 Prozent. Ein indirekter Effekt ist dann anzunehmen, wenn in dem berechneten Konfidenzintervall (CI) Null nicht eingeschlossen ist und der berechnete Effekt damit mit über 95- bzw. 90-prozentiger Wahrscheinlichkeit ungleich Null ist. Das war bei drei von fünf Markenbewertungen der Fall. Die Berechnungen ergaben einen signifikanten indirekten Effekt (Robustheit 95% CI von .01 bis .27; Punktschätzung: .16) und zwei marginal signifikante indirekte Effekte (Erregung/Spannung: 90% CI von .01 bis .24; Punktschätzung: .11; Kultiviertheit: 90% CI von .01 bis .23; Punktschätzung: .10). Für zwei Markenfaktoren (Aufrichtigkeit: 90% CI von -.002 bis .20; Kompetenz: 90% CI von -.10 bis .16) konnten keine signifikanten indirekten Effekte nachgewiesen werden. Demnach führt, vermittelt durch intensivere und positivere PSI, eine attraktivere Charakterdarstellung dazu, dass die Marke spannender, kultivierter und robuster eingeschätzt wird. Während sich in Bezug auf die Bewertung der Marke als spannender und kultivierter nur indirekte Effekte nachweisen ließen, zeigte sich in Bezug auf Robustheit sowohl ein indirekt positiver Effekt (CI von .01 bis .27; Punktschätzung: .16) als auch ein direkter negativer Effekt der attraktiven Charakterdarstellung (b = -.51, $t(110)$ = -3.57, p < .001). Letzterer überwiegt in seiner Stärke, wodurch sich ein insgesamt negativer totaler Effekt ergibt, wie auch an der zuvor gezeigten ANOVA zu sehen ist (ZHAO/LYNCH/CHEN 2010).

Da sich in H1b keine signifikanten Effekte des Involvements auf den angenommenen Mediator PSI zeigten und damit auch keine vermittelnde Wirkung vorliegen kann, wurde auf eine entsprechende Analyse verzichtet. Hypothese 2 gilt folglich nur für eine vermittelnde Wirkung affektiver PSI bezüglich des Einflusses von Charakterdarstellung auf Markenbewertungen als bestätigt. Obwohl hinsichtlich der anderen PSI-Subprozesse keine vermittelnde Wirkung festgestellt werden konnte, da diese weder von der Charakterdarstellung noch dem Involvement beeinflusst wurden, soll dennoch der Frage nachgegangen werden, ob diese überhaupt mit Markenbewertung zusammenhängen. Wäre dem so, ist davon auszugehen, dass auch die anderen PSI-Subprozesse einen Einfluss auf die individuelle Bewertung einer Marke haben, auch wenn deren Intensität, zumindest in der vorliegenden Studie, von anderen Einflussfaktoren als der Charakterdarstellung und des Involvements abhängen. Die Auswertung zeigt, dass die Intensität der kognitiven PSI mit den drei Markenfaktoren Erregung/Spannung, Kompetenz und Robustheit signifikant korreliert. Je höher die kognitive PSI, desto spannender, kompetenter und robuster wird die Marke bewertet. Die Intensität der konativen PSI hat hingegen keinen Einfluss auf die Markenbewertung (Tab. 2).

TABELLE 2

Korrelationen zwischen Valenz und Involvement zur Markenbewertung ($N = 113$)

	Aufrichtigkeit	Erregung/ Spannung	Kompetenz	Kultiviertheit	Robustheit
Kognitive PSI	,146	,257**	,230*	,098	,308**
Konative PSI	-,034	,096	,003	-,060	,106

**. Die Korrelation ist auf dem Niveau von 0,01 (2-seitig) signifikant.
*. Die Korrelation ist auf dem Niveau von 0,05 (2-seitig) signifikant.
Diese Ergebnisse weisen darauf hin, dass der kognitiven PSI ebenfalls eine entscheidende Bedeutung bei der Markenbewertung zukommt. Die konativen PSI scheinen aufgrund der Ergebnisse in dieser Studie weniger bedeutsam für die Markenbewertung.

5. Diskussion der Befunde und Implikationen für die Praxis

Die vorgestellte Studie hat versucht, an Vorgängerprojekte anzuschließen und durch Verbesserungen einen weiteren Erkenntnisgewinn für die Bedeutung der PSI in der Product Placement-Forschung beizutragen. Der längere Serienausschnitt sollte zu einem stärkeren Aufbau von PSI beim Rezipienten mit dem Mediencharakter führen. Die PSI wurde im Vergleich zu vorigen Studien umfangreicher abgefragt. Ebenso stellt die Markenbewertung durch die Markenpersönlichkeitsskala von Aaker (1997, 2002) eine Weiterentwicklung dar. In der Studie bestätigte sich der Einfluss unterschiedlich attraktiver Mediencharaktere auf die Markenbewertung. Unter Einbezug der PSI wurde bewiesen, dass – wie schon von Schiappa und Kollegen (2007) angenommen – Rezipienten zu attraktiv dargestellten Charakteren eine stärkere und positivere Verbindung aufbauen. Die Intensität und Valenz der parasozialen Interaktion beeinflussen dann wiederum die Markenbewertung. Während die Charakterdarstellung ohne Berücksichtigung parasozialer Prozesse zunächst nur die Einstellung zum Markenmerkmal Robustheit veränderte, wurden bei Einbezug der unterschiedlich stark ausgeprägten affektiven PSI weitere Persönlichkeitsdimensionen der Marke beeinflusst. Damit trägt die PSI einen wesentlichen Erklärungsanteil für die Wirkung von Product Placements bei, auch wenn nicht bei allen Markenfaktoren signifikante Ergebnisse erzielt werden konnten. Für die Bedeutung der PSI im Zusammenhang mit der Wirkung von Product Placements sprechen auch die signifikanten Korrelationen zwischen kognitiven PSI und drei der Markendimensionen. Auch wenn kognitive PSI in der vorliegenden Studie nicht, wie angenommen, durch die Charakterdarstellung und/oder das Involvement signifikant variiert, scheinen auch diese PSI-Prozesse die Markenbewertung zu beeinflussen.

Bei der Auswertung sticht ein auffälliges, eher unerwartetes Ergebnis hervor. Zwischen der Charakterdarstellung und der Markenbewertung Robustheit lag sowohl ein direkter negativer ($X \rightarrow Y$ unter Einbezug des Mediators PSI) als auch ein indirekter positiver Effekt ($X \rightarrow M \rightarrow Y$) vor, wobei beide Effekte zusammen einen insgesamt negativen totalen Effekt ergeben, da der direkte negative Effekt in seiner Stärke überwiegt (ZHAO/LYNCH/CHEN 2010). Betrachtet man nur den direkten Effekt, wird die Marke Smirnoff bei attraktiver Charakterdarstellung als weniger robust bewertet. Schaut man sich hingegen nur den indirekten Effekt an, ändert sich das Vorzeichen und eine attraktive Charakterwahrnehmung führt, vermittelt über affektive PSI dazu, dass die Marke als robuster bewertet wird. Eine mögliche Erklärung ist, dass die attraktivere, positive Charakterdarstellung zwar zu einer intensiveren PSI führt (wie in H1 bestätigt) und eine intensivere affektive Auseinandersetzung mit dem Protagonisten wiederum zur Folge hat, dass auch die Zuschreibung von Persönlichkeitsmerkmalen auf eine Marke intensiver ausfällt, gleichzeitig aber die positive Charakterdarstellung direkt, also unvermittelt, eine Bewertung der Marke als weniger robust nach sich zieht. Grundlage für letzteren Einfluss wären dann gleichzeitig ablaufende, einfache assoziative Prozesse (vgl. auch MATTHES/NADERER in diesem Band). Andersherum führt dann eine negativere Charakterdarstellung zu einer weniger intensiven PSI, welche wiederum eine weniger intensive Bewertung der Marke als robust nach sich zieht, während die negative Charakterdarstellung gleichzeitig und unvermittelt eine Bewertung der Marke als robuster zur Folge hat.

Die Manipulation des Involvements durch unterschiedliche Anweisungen in der Instruktion muss als gescheitert angesehen werden. Es ist anzunehmen, dass die Rezipienten im Laufe des Filmschauens automatisch mehr oder weniger in den Film involviert waren und selbst nicht mehr steuern konnten, mit wie ›viel‹ Aufmerksamkeit oder Involvement sie das Filmgeschehen verfolgten. Möglich ist daneben, dass die Filminhalte für die Teilnehmer auch ohne expliziten Hinweis, die Handlung aufmerksam zu verfolgen, aufgrund ihres Studienfachs Kommunikationswissenschaft sehr relevant erschienen und sich dadurch alle Teilnehmer kognitiv tiefergehend mit der Medienpersona auseinandergesetzt haben. Zudem ist nicht auszuschließen, dass die Manipulation der Valenz gleichzeitig auch Auswirkungen auf das Involvement hat (HONG/WANG/DE LOS SANTOS 2008). Ein kritischer Einwand muss bei der Wahl des Produkts gemacht werden. Es handelte sich um hochprozentigen Alkohol. Aus Studien zur Akzeptanz von Product Placements ist bekannt, dass moralisch bedenkliche Produkte insgesamt eher auf Ablehnung stoßen (GUIDO et al. 2010; EISEND 2009). Es ist vorstellbar, dass bei neutralen Produktgruppen eine größere Varianz in der Markenbewertung erreicht werden kann, weil Rezipienten bei wertfreien Produkten weniger voreingenommen sind und infolgedessen Einflüsse (un)attraktiver Mediencharaktere und der PSI noch größer sind. Allerdings gestaltete sich die Suche nach einem geeigneten Stimulus, der ein Framing als ›good‹ und ›bad‹ guy zuließ, als schwierig. Deshalb haben wir uns trotz dieser Bedenken für den Stimulus entschieden.

Für die Praxis der Product Placements lassen sich folgende Empfehlungen ableiten: Unseren Ergebnissen zufolge gibt es Einflüsse von Mediendarstellern auf Markenbewertungen, wobei diese davon abhängen, wie stark sich der Rezipient mit dieser Person auseinandersetzt und Prozesse parasozialer Interaktion ablaufen. Idealerweise ist die Beziehung zur

Medienfigur intensiv und positiv, damit auch ein entsprechender Imagetransfer auf die Marke oder das Produkt erfolgen kann. Nichtsdestotrotz sehen wir auch Potenzial, ein Product Placement mit einem ›bad guy‹ zu kombinieren. Gelingt es den Filmemachern, dass Rezipienten eine starke parasoziale Beziehung zu einem eigentlichen Gegenspieler aufbauen (wie beispielsweise bei Heath Ledger als Joker in der Batman-Verfilmung *Dark Knight*), könnte auch die große Faszination am ›eigentlich Bösen‹ die PSI verstärken und infolgedessen die Markenbewertung positiv beeinflussen, insbesondere dann, wenn die Merkmale des Protagonisten wünschenswerte Markenassoziationen vermitteln.

Literatur

AAKER, J.: Dimensions of Brand Personality. In: *Journal of Marketing Research*, 34, 1997, S. 347-356

AAKER, J.: Dimensionen der Markenpersönlichkeit. In: ESCH, F.-R. (Hrsg.): *Moderne Markenführung*. Wiesbaden [Gabler-Verlag] 2002, S. 91-102

BALASUBRAMANIAN, S. K.; J. A. KARRH; H. PATWARDHAN: Audience Response to Product Placements. An Integrative Framework and Future Research Agenda. In: *Journal of Advertising*, 35, 2006, S. 115-141

BERNDT, R.; M. J. UEBELHART: Product Placement im digitalen Zeitalter. In: BERNDT, R. (Hrsg.): *Management-Konzepte für kleine und mittlere Unternehmen Herausforderungen an das Management.* Berlin, Heidelberg [Springer] 2006, S. 221-230

D'ASTOUS, A; F. CHARTIER: A Study of Factors Affecting Consumer Evaluations and Memory of Product Placements in Movies. In: *Journal of Current Issues and Research in Advertising*, 22, 2000, S. 31-40

EISEND, M.: A Cross-Cultural Generalizability Study of Consumers' Acceptance of Product Placements in Movies. In: *Journal of Current Issues and Research in Advertising*, 31, 2009, S. 15-25

GUIDO, G.; A. M. PELUSO; P. TEDESCHI; C. NICOLE; C. LAURETTI; A. CACIULA: Acceptance of Product Placement in Italy: Effects of Personality and Product/Consumer Interactions. In: *International Journal of Marketing Studies*, 2, 2010, S. 34-36

GUPTA, P. B.; S. J. GOULD: Consumers' Perceptions of the Ethics and Acceptability of Product Placements in Movies: Product Category and

Individual Differences. In: *Journal of Current Issues and Research in Advertising*, 19, 1997, S. 37-50

HARTMANN, T.; H. SCHRAMM; C. KLIMMT: Personenorientierte Medienrezeption: Ein Zwei-Ebenen-Modell parasozialer Interaktion. In: *Publizistik*, 49, 2004, S. 25-47

HEIDER, F.: Attitudes and Cognitive Organization. In: *Journal of Psychology*, 21, 1946, S. 107-112

HEIDER, F.: *The Psychology of Interpersonal Relations*. New York [John Wiley] 1967

HERKNER, W.: *Lehrbuch Sozialpsychologie*. Bern, Stuttgart, Toronto [Huber] 1991

HOFFNER, C.; J. CANTOR: Perceiving and Responding to Mass Media Characters. In: BRYANT, J.; D. ZILLMANN (Hrsg.): *Responding to the screen: reception and reaction processes*. Hillsdale, NJ [Lawrence Erlbaum], 1991, S. 63-103

HONG, S.; Y. J. WANG; G. DE LOS SANTOS: The Effective Product Placement: Finding Appropriate Methods and Contexts for Higher Brand Salience. In: *Journal of Promotion Management*, 14, 2008, S. 103-120

KARRH, J. A.: Brand Placements. A Review. In: *Journal of Current Issues and Research in Advertising*, 20, 1998, S. 31-49

KARRH, J. A.; K. B. MCKEE; C. J. PARDUN: Practitioners' Evolving Views on Product Placement Effectiveness. In: *Journal of Advertising Research*, 43, 2003, S. 138-149

KLAUER, K. C.: Kognitive Balance und Konsistenz. In: BIERHOFF, H. W.; D. FREY (Hrsg.): *Handbuch der Sozialpsychologie und Kommunikationspsychologie*. Göttingen [Hogrefe] 2006, S. 380-387

MATTHES, J.; C. SCHEMER; W. WIRTH: More than Meets the Eye: Investigating the Hidden Impact of Brand Placements in Television Magazines. In: *International Journal of Advertising*, 26, 2007, S. 477-503

MCCROSKEY, J. C.; T. A. MCCAIN: The Measurement of Interpersonal Attraction. In: *Speech Monographs*, 41, 1974, S. 261-266

PREACHER, K. J.; A. F. HAYES: SPSS and SAS Procedures for Estimating Indirect Effects in Simple Mediation Models. In: *Behavior Research Methods, Instruments, and Computers*, 36, 2004, S. 717-731

RUBIN, A. M.; E. M. PERSE; R. A. POWELL: Loneliness, Parasocial Interaction and Local Television News Viewing. In: *Human Communication Research*, 12, 2, 1985, S. 155-180

RUSSELL, C. A.; B. B. STERN: Consumers, Characters, and Products. A Balance Model of Sitcom Product Placement Effects. In: *Journal of Advertising*, 35, 2006, S. 7 - 21

SCHIAPPA, E.; M. ALLEN; P. B. GREGG, P. B.: Parasocial Relationships and Television: A Meta-analysis of the Effects. In: PREISS R. W.; B. M. GAYLE; N. BURRELL; M. ALLEN; J. BRYANT (Hrsg.): *Mass media effects research*. New York [Erlbaum] 2007, S. 301 - 314

SCHRAMM, H.; T. HARTMANN: The PSI-Process Scales. A New Measure to Assess the Intensity and Breadth of Parasocial Processes. In: *Communications: The European Journal of Communication Research*, 33, 2008, S. 385 - 401

SCHRAMM, H.; J. KNOLL: Der Wert von attraktiven Mediencharakteren für die Werbekommunikation. Modellierung des Einflusses von parasozialen Interaktionen auf Werbeeffekte von Brand Placements. In: J. TROPP; SCHIERL, T. (Hrsg.): *Wert und Werte der Marketing-Kommunikation*. Köln [Herbert von Halem] 2013, S. 262 - 280

SCHRAMM, H.; J. KNOLL; S. WYNISTORF: *Good Guy vs. Bad Guy – The Influence of Parasocial Interactions with Media Characters on Brand Placement Effects* (zur Publikation eingereicht)

SCOTT, J.; M. CRAIG-LEES: Audience Engagement and its Effects on Product Placement Recognition. In: *Journal of Promotion Management*, 16, 2010, S. 39 - 58

SMIT, E.; E. VAN REIJMERSDAL; P. NEIJENS: Today's Practice of Brand Placement and the Industry Behind it. In: *International Journal of Advertising*, 28, 2009, S. 761 - 782

VAN REIJMERSDAL, E.; P. NEIJENS; E. SMIT: A New Branch of Advertising. Reviewing Factors that Influence Reactions to Product Placement. In: *Journal of Advertising Research*, 49, 2009, S. 429 - 449

YANG, M.; D. R. ROSKOS-EWOLDSEN: The Effectiveness of Brand Placements in the Movies. Levels of Placements, Explicit and Implicit Memory, and Brand-Choice Behavior. In: *Journal of Communication*, 57, 2007, S. 469 - 489

ZHAO, X.; J. G. LYNCH; Q. CHEN: Reconsidering Baron and Kenny: Myths and Truths about Mediation Analysis. In: *Journal of Consumer Research*, 37, 2010, S. 197 - 206

SABINE GRUSCHWITZ / JUTTA EMES

Persuasion in ungewöhnlichen Medienumgebungen – Die Wahrnehmung von Produktplatzierungen in Fotostorys beim jugendlichen Publikum

1. Problemstellung

Werbetreibende Unternehmen zeigen angesichts einer zunehmenden Informationsüberflutung der Konsumenten wachsendes Interesse an Product Placement. Dabei handelt es sich um die gezielte Integration von Marken bzw. Markenkennzeichen in ein mediales Angebot (vgl. KARRH 1998: 33; RUSSELL/BELCH 2005: 74), wobei die Besonderheit in der wenig offensichtlichen Durchschaubarkeit der gezielten Beeinflussungsabsicht liegt (vgl. BALASUBRAMANIAN 1994: 30; D'ASTOUS/CHARTIER 2000: 31). Durch die feste Bindung der Markenbotschaft an den medialen Kontext besteht bei Produktplatzierungen eine eingeschränkte Möglichkeit, sich dem Persuasionsversuch zu entziehen (vgl. DE GREGORIO/SUNG 2010: 83). Produktplatzierungen stellen für Unternehmen eine kosteneffiziente Werbeform dar, mit welcher die anvisierten Zielgruppen präzise erreicht werden können (vgl. RUSSELL/BELCH 2005: 81; KARRH/MCKEE/PARDUN 2003: 137). Markenprodukte lassen sich in unterschiedlichen medialen Kontexten, wie beispielsweise in Fernsehshows, Radiosendungen, Musikvideos oder Literaturromanen zu werblichen Zwecken einbinden. Selbst in auflagenstarken Jugendzeitschriften wie *Bravo*,

Mädchen oder *InTouch* werden Markenprodukte visuell und textuell, beispielsweise in Fotostorys[1], integriert (vgl. Abb. 1).[2]

Das Lesen von Zeitschriften in der Print- oder Online-Ausgabe oder über mobile Applikationen (wie z. B. *Bravo mobile*) gilt neben Fernsehen und Internet als wichtigste Freizeitbeschäftigung bei Jugendlichen (vgl. LINCKE 2011). Insbesondere die mit Sprechblasen versehenen Bildergeschichten erfreuen sich bei vielen 12- bis 17-Jährigen großer Beliebtheit. Die Bauer Media Group veröffentlicht beispielsweise alle zwei Monate eine Zeitschrift sowie dreimal jährlich ein zusätzliches Sonderheft mit ausschließlichen Fotostory-Inhalten (vgl. BAUER MEDIA 2013).

Für jugendliche Leser stellt es eine große Herausforderung dar, die in die Fotogeschichten integrierten Markenprodukte als werbliche Überzeugungsversuche zu erkennen und zu interpretieren sowie darauf adäquat zu reagieren. Dies erscheint jedoch wichtig, um nicht nur das eigene Meinungsbild vor ständigen Änderungen zu schützen, sondern auch die eigenen Interessen zu wahren und zu verfechten (vgl. FRIESTAD/WRIGHT 1994: 3; MOSES/BALDWIN 2005: 187). Dem Persuasion Knowledge Model von Friestad und Wright zufolge entwickeln Konsumenten durch eigene Erfahrungen mit persuasiven Beeinflussungsversuchen die Fähigkeit, Werbung als solche zu erkennen (vgl. FRIESTAD/WRIGHT 1994: 2, 12). Verschiedene Forschungsarbeiten belegen, dass Kinder und Heranwachsende nur über ein eingeschränktes Wissen darüber verfügen, mit welchen Taktiken Unternehmen ihre Emotionen, Einstellungen und Handlungen in eine bestimmte Richtung zu lenken versuchen (z. B. ROBERTSON/ROSSITER 1974; BOUSH/FRIESTAD/ROSE 1994; WRIGHT/FRIESTAD/BOUSH 2005).

Zwar hat die vorliegende Forschung Kindern im Alter zwischen zwei und elf Jahren Aufmerksamkeit hinsichtlich ihres Umgangs mit werblichen Botschaften und kontextverbundenen Werbeformen zuteil werden lassen (vgl. BOUSH/FRIESTAD/ROSE 1994: 165). Die Altersgruppe der Jugendlichen stand hingegen bisher nur selten im Mittelpunkt der Untersuchung. Boush,

1 Diese Fotostorys bestehen aus sequenziell angeordneten Fotos, die in Kombination mit Texten in Form von Sprechblasen, Regieanweisungen oder Überschriften eine Handlung ergeben (vgl. HORNAR 2006: 88, 90). Die Bildergeschichten in jugendlichen Unterhaltungsangeboten handeln zumeist von Konflikten in Liebe und Freundschaft. Sie dienen den jugendlichen Lesern dazu, ihr Bedürfnis nach Neugier und Spannung zu befriedigen und Informationen über aktuelle Trends in Mode, Design oder Freizeitgestaltung zu erhalten (vgl. ABT 2006: 100, 102).

2 Unklar bleibt, inwieweit bei den aufgeführten Beispielen Gegenleistungen für das gezielte Platzieren der Marken getätigt wurden.

Friestad und Rose (1994: 165) vermuten, dass Forscher lange Zeit davon ausgegangen sind, die Ergebnisse zur Werbewahrnehmung und -wirkung von Erwachsenen auf die Gruppe der Jugendlichen übertragen zu können. Die Autoren verdeutlichen, dass Jugendliche sich in einer dynamischen Phase der kognitiven und sozialen Entwicklung befinden, weshalb eine solche Annahme als problematisch erscheint. Vielmehr ist anzunehmen, dass Unterschiede zwischen Erwachsenen und Jugendlichen vorliegen.

Wright, Friestad und Boush (2005: 222) verweisen auf die Tatsache, dass das Wissen über werbliche Kommunikation über Generationen weitergegeben wird, was letztlich zu einer Steigerung des Persuasionswissens führt. Eine fortführende Auseinandersetzung über den Umgang junger Menschen mit immer neuen Formen von Persuasionsversuchen ist demnach unerlässlich. Dem wird in der vorliegenden Arbeit Rechnung getragen.

Konkret widmet sich diese Arbeit der Frage, wie Jugendliche mit programmintegrierten Werbeformen umgehen. Exemplarisch wird dies anhand von Produktplatzierungen in Fotogeschichten analysiert. Dabei sollen bisherige Kenntnisse aus der (überwiegend in Bewegtbild integrierten) Placement-Forschung auf diesen neuen Kontext übertragen und mit den Erkenntnissen aus der Werbeforschung mit Kindern und Jugendlichen kombiniert werden.

Eine Untersuchung zur Wahrnehmung von Produktplatzierungen in Fotogeschichten ist im Hinblick auf den effizienten Einsatz von Marketing- bzw. Kommunikationsaktivitäten für werbetreibende Unternehmen relevant. Untersucht werden soll, inwieweit programmintegrierte Werbeformen beim jugendlichen Publikum Akzeptanz finden und positive Effekte auf die Einstellung zum beworbenen Produkt möglich sind. Zudem gilt es, mögliche Gefahren für den Einsatz des Product Placement aufzudecken. Forschungsergebnisse zeigen, dass gerade auffällige und aufdringlich in Szene gesetzte Produkte wenig toleriert und geduldet werden (z. B. D'ASTOUS/SEGUIN 1999). Dies kann zu negativen Bewertungen nicht nur gegenüber dem integrierten Produkt (z. B. HOMER 2009), sondern sogar gegenüber dem medialen Angebot führen (vgl. WEI/FISCHER/MAIN 2008; GRUSCHWITZ/MARCHAND/HENNIG-THURAU 2013).

Kenntnisse zum Umgang der Heranwachsenden mit platzierten Marken in Jugendunterhaltungsangeboten sind auch aus der Perspektive der Gesellschaft von Interesse: Sollte herausgefunden werden, dass Jugendliche Werbung nicht als solche erkennen, könnten Forderungen nach einem verantwortungsvollen Einsatz von Werbung sowie entsprechenden rechtlichen Konsequenzen verstärkt werden.

2. Jugendliche als Zielgruppe werblicher Botschaften

Aus Sicht der werbetreibenden Unternehmen stellen Jugendliche eine relevante Zielgruppe werblicher Botschaften dar. Jugendliche weisen im Regelfall eine hohe Konsumorientierung auf. Mädchen und Jungen im Alter zwischen 12 und 17 Jahren neigen zu spontanem Kaufverhalten und haben Spaß daran, Geld auszugeben (vgl. LINCKE 2011). Jugendliche stellen jedoch nicht nur selbst eine bedeutende Käufergruppe dar, sondern üben auch eine indirekte Kaufkraft aus, indem sie die familiären Kaufentscheidungen mitbestimmen oder in der Rolle des Meinungsführers Einfluss auf die Mitglieder der Peergroup ausüben (vgl. EFFERTZ 2008: 122f.; 132; Überblick: FOXMAN/TANSUHAJ/EKSTRÖM 1989). Zudem besitzen junge Menschen auch einen strategischen Wert für die Unternehmen, da sie allmählich an die Marke herangeführt und so langfristig als zukünftige Nachfrager an das Unternehmen gebunden werden können (vgl. BARLOVIC/CLAUSNITZER 2005: 17).

Werbetreibende Unternehmen erreichen die jugendliche Zielgruppe über vielfältige Medienkanäle. Laut der aktuellen JIM-Studie nutzen 91 Prozent der 12- bis 19-Jährigen Fernseher, Internet und Mobiltelefone täglich bzw. mehrmals die Woche (vgl. MEDIENPÄDAGOGISCHER FORSCHUNGSVERBUND SÜDWEST 2012: 12). Zeitschriften und Magazine werden als Printausgabe von 26 Prozent, als Online-Ausgabe von 13 Prozent der Jugendlichen mehrmals pro Woche gelesen (vgl. ebd.). Die gesteigerte Nutzung von Medienangeboten geht mit einer zunehmenden Konfrontation mit werblichen Botschaften einher. Die Heranwachsenden kommen dabei immer häufiger mit kontextverbundenen Werbeformen wie Product Placement in Berührung, da die Nachfrage daran seitens der Werbetreibenden stetig steigt (vgl. PQ MEDIA 2010). Die visuelle und verbale Integration von Marken ist in vielfältigen Kontexten möglich, so z. B. in Casting-Shows im Fernsehen, Musikvideos auf YouTube, Spiele-Applikationen auf dem Smartphone oder in Jugendzeitschriften.

3. Modell des Persuasionswissens als theoretischer Analyserahmen

Das Modell des Persuasionswissens nach Friestad und Wright (1994) beschreibt die Einstellung gegenüber werblichen Beeinflussungsversuchen und den jeweiligen Umgang damit. Danach erlangen Konsumenten im Laufe ihres Lebens durch die alltägliche Konfrontation mit Persuasionsbemühungen sowohl Wissen über Akteure und Themen als auch über den Prozess der Persuasion selbst (vgl. FRIESTAD/WRIGHT 1994: 2, 12; WRIGHT/FRIESTAD/BOUSH 2005: 226). Das Persuasionswissen erlaubt es den Konsumenten, werbliche Überzeugungsversuche als solche zu erkennen und zu interpretieren sowie adäquat zu reagieren (vgl. FRIESTAD/WRIGHT 1994: 3). Inwieweit der Konsument sein Persuasionswissen zur Beurteilung von werblichen Intentionen einsetzt, ist abhängig von seinen freien kognitiven Ressourcen (vgl. WILLIAMS/FITZSIMONS/BLOCK 2004), dem Erkennen der Persuasionsmotive (vgl. CAMPBELL/KIRMINI 2008) und den bisherigen Erfahrungen mit Persuasionsversuchen (vgl. BEARDEN/HARDESTY/ROSE 2001).

Diese Voraussetzungen machen das Modell zur Erklärung der vorliegenden Fragestellungen besonders interessant: Jugendliche verfügen über einen vergleichsweise geringen Erfahrungsschatz mit werblichen Beeinflussungsversuchen, sodass nicht von einem umfassenden Persuasionswissen auszugehen ist. Dies geht mit der kognitiven Entwicklung der Heranwachsenden einher, weshalb das Alter als indirekte Determinante für den Umgang mit Werbebotschaften im Allgemeinen verstanden werden kann (vgl. WRIGHT/FRIESTAD/BOUSH 2005: 223; MALLINCKRODT/MIZERSKI 2007: 90). Boush, Friestad und Rose (1994) zeigen durch eine Untersuchung von Schülern unterschiedlichen Alters und im Zeitverlauf, dass mit zunehmenden Alter der 11- bis 14-Jährigen das Wissen über werbliche Taktiken steigt, was wiederum die Skepsis gegenüber werblichen Botschaften erhöht. Letztlich können die Autoren bestätigen, dass junge Menschen in der Phase der Adoleszenz komplexe Wissensstrukturen gegenüber werblichen Botschaften in medialen Angeboten entwickeln.

Selbst wenn der Rezipient sowohl über das Wissen über Akteure und Themen, als auch über den Prozess der Persuasion selbst verfügt, ist bei programmintegrierten Werbeformen nicht zwingend von einem Einsatz des Persuasionswissens auszugehen: Der Mediennutzer nimmt das mediale Angebot, wie beispielsweise einen Film oder eine TV-Show, als Unterhaltung und nicht als Träger von Persuasionsversuchen wahr (vgl. SOLOMON/ENGLIS 1994: 60), weshalb zunächst kaum Motivation vorhanden sein dürfte, das Gesehene bzw. Gehörte nach möglichen Strategien und Taktiken zu hinterfragen (vgl. D'ASTOUS/CHARTIER 2000: 31). Gerade die Fotogeschichte stellt als Träger werblicher Botschaft ein eher außergewöhnliches Umfeld für werbliche Botschaften dar. Es stellt sich daher die Frage, ob die Präsentation der Markensymboliken das Persuasionswissen aktiviert.

3.1 *Dimensionen des Persuasionswissens*

Aus dem Persuasion Knowledge Model und den bisherigen Erkenntnisse aus der Werbeforschung mit Kindern und Heranwachsenden lassen sich Dimensionen der Wissensbestände über Werbung unterscheiden (vgl. JOHN 1999: 188; MOSES/BALDWIN 2005: 191; WRIGHT/FRIESTAD/BOUSH 2005: 226). Diese umfassen sowohl die Differenzierung zwischen Werbung und Programmumfeld als auch das Verstehen der persuasiven Absicht.

Auch aus der Placement-Forschung ergibt sich die Notwendigkeit, das Konstrukt des Persuasionswissens zu differenzieren und es als mehrdimensionales Konstrukt zu verstehen (vgl. SCHEMER/MATTHES/WIRTH 2007: 10). Wirth et al. (2009) unterscheiden erstmalig zwischen Placement-Salienz (Erkennen und Verstehen der werblichen Botschaft) und Placement-Toleranz (Tolerieren der werblichen Botschaft) als Dimensionen des Persuasionswissens über Produktplatzierungen. Wie nachfolgend dargestellt, verspricht diese Differenzierung zusätzliche Erkenntnisse darüber, welche Konsequenzen sich aus der Aktivierung des Persuasionswissens ergeben.

3.1.1 *Erkennen der werblichen Botschaft*

Auf der ersten Ebene wird die Fähigkeit abgebildet, inwieweit Konsumenten in der Lage sind, die werbliche Botschaft von dem Kontext des medialen Unterhaltungsangebots zu differenzieren. Das Erkennen der Werbebotschaft benötigt dabei zunächst kein Verständnis über mögliche Absichten des Werbetreibenden (vgl. JOHN 1999: 188; MOSES/BALDWIN 2005: 191; GROHS/WAGNER 2011: 9). Studien zufolge lernen Kinder im Vorschulalter zwischen Spotwerbung und Fernsehprogramm zu differenzieren (vgl. BUTTER et al. 1981: 55), was auf speziellen Wahrnehmungsmerkmalen der Gestaltung der Botschaft, wie beispielsweise die Länge der Werbebotschaft, spezielle Sounds und Designs, beruht (vgl. MOSES/BALDWIN 2005: 191).

3.1.2 *Verstehen der werblichen Botschaft*

Komplexere Wissensbestände sind notwendig, um die persuasive Absicht hinter der Botschaft zu verstehen (vgl. ebd: 187). Diese liegen in dem Erkennen der Absicht, mittels werblicher Botschaften zu informieren, zu beeinflussen und letztlich eine Verhaltensreaktion in Form von Kauf auszulösen, um damit Geld zu verdienen (vgl. ROBERTSON/ROSSITER 1974: 13f.; MOSES/BALDWIN 2005: 187, 191f.; WRIGHT/FRIESTAD/BOUSH 2005: 226f.). Letztlich fordert es dem Konsumenten die Fähigkeit ab, nicht nur die Werbebotschaft zu identifizieren, sondern »den Blickwinkel des werbenden Unternehmens zu berücksichtigen« (GROHS/WAGNER 2011: 10 nach SELMAN 1980).

Mallinckrodt und Mizerski (2007) beispielweise zeigen in einem Experiment zu Advergames, dass 25 Prozent der Kinder im Alter von fünf bis acht Jahren dem Spiel das integrierte Produkt als Initiator des Spiels zuweisen konnten. Über die Hälfte (54 %) der Kinder nahm die werbliche Intention hinter dem Spiel wahr, und 47 Prozent erkannten, dass es das Ziel des Spieles war, das integrierte Produkt zu kaufen bzw. zu essen (weitere Studien z. B. ROZENDAAL/SLOT/VAN REIJMERSDAL/BUIJZEN 2013; WAIGUNY 2011).

In der Studie von Grohs und Wagner (2011) zu Sponsoring-Maßnahmen konnten nur wenige Kinder zwischen sechs und neun Jahren erkennen, dass Unternehmen durch das Anbringen von Logos in einem Freizeitpark zum einen den Abverkauf des Produktes anregen wollen und zum anderen für die Platzierung bezahlen. Mit zunehmendem Alter stieg das Verständnis, denn rund ein Drittel der zehnjährigen und 65 Prozent der 12-Jährigen konnten die werblichen Absichten identifizieren.

Kinder verfügen über die Fähigkeiten, die werbliche Beeinflussung zu erkennen und als solche zu interpretieren – bei kontextverbundener Werbung im Vergleich zu Fernsehspots – jedoch deutlich später (u. a. VAN REIJMERSDAL/ROZENDAAL/BUIJZEN 2012). Während Studien zur Wahrnehmung von Werbung bei Kindern bereits vorliegen, fehlen Auseinandersetzungen darüber bei der Gruppe der Jugendlichen im Alter von zwölf bis 19 Jahren.

3.1.3 *Tolerieren der werblichen Botschaft*

Wirth et al. (2009) differenzieren zwischen dem Erkennen bzw. Verstehen der werblichen Intention hinter Produktplatzierungen (Placement-Salienz) und der Bewertung dieser (Placement-Toleranz) als Dimensionen des Persuasionswissens. Erkennt und versteht der Rezipient hinter einer Information die persuasive Strategie, werden die platzierten Marken nicht mehr als authentisch oder zufällig wahrgenommen (vgl. WIRTH et al. 2009: 68). Der individuelle Toleranzbereich regelt die Widerstandsfähigkeit gegenüber dem Reiz und die Folgen der Bewertung des Persuasionsversuchs auf der zweiten Dimension des Persuasionswissens, der Placement-Toleranz (vgl. ebd.). Der Rezipient kann den Persuasionsversuch entsprechend seiner Motivation bzw. individuellen Toleranzschwelle dulden oder positiv bewerten. Mangelnde Akzeptanz kann ein Störgefühl beim Rezipienten auslösen und Verärgerung in Form von Reaktanz sowohl gegenüber dem integrierten Produkt als auch dem medialen Kontext hervorrufen (vgl. ebd.; BALASUBRAMANIAN/KARRH/PATWARDHAN 2006: 128f.).

Robertson und Rossiter (1974: 19) attestieren, dass auch bei Kindern eine »cognitive defense for the child against persuasion« besteht, wenn sie die persuasive Intention bemerken, welche sich negativ auf die Kaufmotivation auswirkt. Waiguny, Nelson und Terlutter (2012) zeigen, dass durch die Aktivierung des Persuasionswissens durch Advergames die Einstellung der Kinder zur beworbenen Marke negativ beeinflusst wird.

Entsprechend der Studie von Charlton et al. (1995) zum Umgang mit Fernsehwerbung von Kindern und Jugendlichen steigt zwar die kritische Haltung mit zunehmendem Alter, gerade außergewöhnlich gestaltete Werbung wird jedoch positiv beurteilt. Es ist demnach vorstellbar, dass Produktplatzierungen, wenn sie als werbliche Beeinflussungsversuche wahrgenommen werden, aufgrund der Exklusivität (im Vergleich zu beispielsweise Fernsehwerbung) hohe Akzeptanz bei Jugendlichen erfahren und positive Effekte auf die Markenbewertung möglich machen (vgl. AUTY/LEWIS 2004).

3.2 *Ableiten von Fragen auf Basis der Dimensionen*

Bisherige Forschungsarbeiten zeigen, dass das Modell des Persuasionswissens nach Friestad und Wright sowohl für die Untersuchung von Werbewirkung von Kindern und Jugendlichen, als auch für die integrierten Werbeformen geeignet erscheint. Unter Berücksichtigung der bereits identifizierten Dimensionen lassen sich Fragen ableiten.

1. Über welchen Wissensvorrat über die Werbeform Product Placement verfügen die Jugendlichen?
2. Wird das Persuasionswissen bei den Jugendlichen durch Produktplatzierungen in Fotostorys aktiviert?
   - Können die Jugendlichen die integrierte Marke vom Programmumfeld differenzieren?
   - Erkennen die Jugendlichen hinter den Produktplatzierungen die Absicht, zu beeinflussen und letztlich eine Verhaltensreaktion in Form von Kauf auszulösen?
   - Können die Jugendlichen das initiierende Unternehmen hinter den Produktplatzierungen identifizieren?
   - Fühlen sich Jugendliche von den integrierten Marken in Fotostorys gestört?
   - Weisen Jugendliche, die die Produktplatzierungen als persuasiven Beeinflussungsversuch interpretieren können, eine geringere Einstellung zum beworbenen Produkt auf?

4. Empirische Untersuchung

Die vorliegende Studie möchte einen Beitrag zum generellen Verständnis der Jugendlichen gegenüber Produktplatzierungen im außergewöhnlichen Medienumfeld leisten, weshalb auf die Verwendung qualitativer Methoden der Datenerhebung zurückgegriffen wird (vgl. OATES et al. 2003: 62). Das fokussierte Interview ist für die vorliegende Fragestellung besonders geeignet, da es Reaktionen und Interpretationen in offener Form erfasst (vgl. TRAUTMANN 2010: 81). Dabei wird den Probanden ein Reizmaterial vorgelegt, um anschließend deren Wahrnehmung mittels eines leitfadengestützten Interviews zu explorieren (vgl. MERTON/FISKE/KENDALL 1990: 3). Dem geht ein standardisierter Fragebogen voran. Dieser erfasst mittels geschlossener Fragen, inwieweit das Reizmaterial das Persuasionswissen aktiviert hat.

4.1 *Stimulusmaterial*

Eigens dafür wurde eine Fotolovestory auf Basis einer real existierenden Geschichte »Dazugehören um jeden Preis« (vgl. VISION MEDIA 2013a) aus der Online-Ausgabe der Zeitschrift MÄDCHEN in 64 Einzelbildern erstellt[3]. Die Geschichte handelt von der sympathischen Mila, die mit der schönen und beliebten Sandra und deren Clique befreundet sein möchte. Mila lässt sich zu einer Mutprobe überreden, doch im letzten Moment kann Leon sie vor einer großen Dummheit bewahren. Innerhalb der Geschichte um Freundschaft und Liebe wurde ein Parfüm der Marke adidas[4] sechs Mal eingebunden. Die visuelle Darstellung wurde sowohl durch die Abbildung des pinkfarben Flakons mit dem weißen adidas-Logo realisiert, als auch durch die Einbindung des Wortes ›adidas‹ in die Sprechblasen (vgl. Abb. 2). Es wurde darauf geachtet, dass die Abbildung des Produktes über die Fotos hinweg immer die gleiche, gut erkennbare Größe aufwies. Die Handlungsintegration kann als hoch eingestuft werden.

ABBILDUNG 1

Beispiel für Produktplatzierung in einer Fotolovestory von *Mädchen.de*

Quelle: vgl. Vision Media 2013b

ABBILDUNG 2

Beispiel für Produktplatzierungen aus selbst erstellter Fotolovestory als Stimulusmaterial

3 Für die kreative Erstellung der Fotogeschichte und die Unterstützung bei der Datenerhebung gebührt den engagierten Studierenden der Seminare ›Marken und Medien‹ im Wintersemester 2011/2012 sowie ›Persuasion und Resistenz‹ im Sommersemester 2012 aus dem Masterstudiengang Medienmanagement der Bauhaus-Universität Weimar großer Dank.

4 Das Parfüm *Fruity Rhythm* der Marke adidas erwies sich aus mehreren Gründen für den Einsatz geeignet: Laut der Verbraucheranalyse 2011 (vgl. LINKE 2011) handelt es sich bei der Marke adidas um eine der fünf beliebtesten Modemarken bei Mädchen zwischen 12 und 17 Jahren, sodass von einer hohen Bekanntheit und positiven Wahrnehmung der Probandinnen ausgegangen werden kann. Zudem ist das Parfüm mit einem Preis von 8 bis 10 Euro ein für die Zielgruppe erschwingliches Produkt, was eine realistische Einbindung in die Geschichte bedeutet. Das weißfarbene Logo (Wort-Bild-Marke) von adidas ist sehr gut auf dem auffällig pinkfarben Flakon bzw. der Verpackung zu erkennen.

Um das wahre Ziel der Untersuchung zu verbergen, wurde den Probandinnen eine Cover-Story präsentiert, deren zufolge es bei der Studie um die Meinung zu der Geschichte und den Darstellern ginge. Im Anschluss erhielten sie eine ausgedruckte und gebundene Fotogeschichte mit der Bitte, diese aufmerksam zu lesen.

4.2 *Standardisierter Fragebogen*

Nachdem die Probandinnen mit dem Stimulusmaterial konfrontiert wurden, bekamen sie einen standardisierten Fragebogen zum Selbstausfüllen ausgehändigt. Dieser diente zur Untersuchung, inwieweit das Persuasionswissen situativ durch die Produktplatzierungen in der Fotogeschichte aktiviert wurde. Während des Ausfüllens des Fragebogens war es den Teilnehmerinnen nicht mehr möglich, in die Fotogeschichte einzusehen.

Das Erkennen der platzierten Marke und die Fähigkeit, die werbliche Symbolik vom Programmumfeld zu trennen, wurde anhand des freien Erinnerns und des Wiedererkennens der Marke unter neun Alternativen gemessen (vgl. ROZENDAAL et al. 2013: 146).

Die Messung der Aktivierung des Persuasionswissens erfolgte auf drei Stufen. Es wurde erfasst, ob die Probandinnen hinter den Marken in der Fotogeschichte überhaupt eine Absicht erkennen konnten und in der Lage waren, einen bewussten werblichen Beeinflussungsversuch dahinter zu identifizieren. Letztlich wurde erhoben, ob dies als störend wahrgenommen wurde. Die Items waren an die Skala zur Messung der Placement-Salienz und Placement-Toleranz von Wirth et al. (2009) im weiteren Sinne angelehnt und wurden durch eine fünfstufige Likert-Skala abgestuft. Um mögliche Folgen der Aktivierung des Persuasionswissens zu erfassen, wurde die Einstellung zur Marke gemessen.

Die Vorlage von geschlossenen Fragen im Rahmen eines selbstständig auszufüllenden Fragebogens verfolgte weniger die Absicht des quantifizierten Vergleichs. Sie bot vielmehr die Grundlage des darauf folgenden Gesprächs.

4.3 *Leitfadeninterview*

Das anschließende Interview mit den Probandinnen fokussierte deren subjektive Wahrnehmung der vorgelegten Fotogeschichte. Die Probandinnen antworteten dabei entsprechend ihrer Empfindungen, ohne vorgegebene Antwortkategorien, um so ein umfassendes Bild über das Verständnis der Probandinnen zur werblichen Botschaft zu erhalten. Der Leitfaden lenkte dabei die Probandinnen auf die relevanten Fragestellungen hin (vgl. MAYRING 1999: 51).

Darin wurde erfasst, welche Absichten die Probandinnen den Markenplatzierungen zuwiesen und welchen Initiator sie hinter den Produktplatzierungen identifizieren konnten. Es wurden zudem die möglichen Konsequenzen der Konfrontation bei den Jugendlichen besprochen. Die Fragen berücksichtigten die Facetten des Persuasionswissens bei Kindern und Heranwachsenden (Überblick: MOSES/BALDWIN 2005; WRIGHT/FRIESTAD/BOUSH 2005) und orientierten sich an den Messungen vorangegangener Studien (z. B. MALLINCKRODT/MIZERSKI 2007; GROHS/WAGNER 2011).

Im Interesse des qualitativen Interviews stand zudem, Erkenntnisse über das Persuasionswissen zu gewinnen, über welches Jugendliche bezüglich der Werbeform Product Placement im Allgemeinen verfügten bzw. welche Wissensvorräte sie bei entsprechender Aktivierung abrufen konnten. Dazu wurde anhand der Erkenntnisse aus bisherigen Studien ein Fragenkatalog zusammengestellt, in dem das allgemeine Wissen zur Werbeform Product Placement (Verständnis der Begrifflichkeit ›Product Placement‹, Nennen von Beispielen aus der Erinnerung) sowie die Einstellung bzw. Akzeptanz gegenüber der Werbeform berücksichtigt wurden.

5. Forschungsergebnisse

Unter Berücksichtigung der Zielgruppe von Jugendzeitschriften[5] umfasst das Sample 19 weibliche Probandinnen im Alter zwischen zwölf und 16 Jahren aus Realschulen, Gesamtschulen und Gymnasien. Allen sind einschlägige Jugendzeitschriften und die darin enthaltenen Fotogeschichten bereits bekannt.

Das Erkennen der integrierten Marke macht den Probandinnen keine Probleme, denn alle Jugendlichen im Sample erinnern sich, dass die Marke *adidas* in der Fotogeschichte vorkommt. Die visuelle Darstellung der Mar-

5 Die Zielgruppe der Zeitschrift *Mädchen* und des Online-Angebots *Mädchen.de* liegt bei 12- bis 17-jährigen Mädchen (vgl. VISION MEDIA 2013c).

kenkennzeichnungen und die textliche Erwähnung in den Sprechblasen ermöglichen es, die Marke vom Programmumfeld zu differenzieren.

Die Analyse zum Verständnis zur Werbeform erfolgt unter Berücksichtigung der Daten aus dem Fragebogen und dem Leitfadeninterview. Anhand der Fähigkeiten der Probandinnen lassen sich dabei drei Gruppen voneinander unterscheiden, die nachfolgend erläutert werden.

5.1 *Gruppe 1: ›Die Naiven‹*

Das Auftauchen der Marke adidas in der Fotogeschichte verfolgt laut Ansicht der Probandinnen (P01, P03, P04, P05, P06, P08, P10, P11, P12, P14, P17) keinerlei Absicht. Sie erkennen nicht, dass die Produkte bewusst eingesetzt werden und dabei werbliche Ziele verfolgen.

P06: »Marken sieht man ja im echten Leben auch überall.«

P17: »Irgendein Parfüm muss es ja sein.(...) Solche Produkte besitzt eh jeder. (...) Es ist OK, weil es dazugehört.«

Durch die direkte Konfrontation der Jugendlichen mit der Fotogeschichte, wird deren Persuasionswissen nicht salient. Es stellt sich die Frage, inwieweit die Probandinnen überhaupt über einen entsprechenden Wissensvorrat über die Werbeform verfügen. Die problemzentrierten Interviews im Anschluss an die Beobachtung geben darüber Aufschluss.

VL: »Dir ist das [Platzieren der Marke ›adidas‹] nicht wie absichtliche Werbung vorgekommen?

P08: »Nein, das Produkt stand da ja nur so dabei, die haben ja nicht gesagt, wie toll das jetzt ist oder so, nicht wie in der Werbepause.«

Dabei wird deutlich, dass die Jugendlichen geringe Vorstellungen von der Werbeform haben. Sie kennen den Begriff nicht und nur wenige erinnern sich an bisherige Konfrontationen mit Marken in Unterhaltungsangeboten. Bringen die Versuchsleiterinnen den Begriff der Werbung mit Produktplatzierungen in Zusammenhang, prüfen die Probandinnen, inwieweit sie ihren Wissensvorrat über Taktiken und Ziele der Werbenden auf die Sonderwerbeform übertragen können. Unter Werbung verstehen die Jugendlichen Botschaften mit offensichtlichen Persuasionsbemühungen, wie sie sie beispielsweise aus dem Fernsehen in Form von Werbeblöcken kennen. Da Produktplatzierungen nicht offensichtlich durch Argumente überreden bzw. überzeugen, kann keine werbliche Intention identifiziert werden.

5.2 *Gruppe 2: ›Die Gutgläubigen‹*

Die Jugendlichen (P02, P13, P16) erkennen, dass die Marke adidas mit Absicht in der Fotogeschichte auftaucht. Allerdings können die Probandinnen hinter der platzierten Marke keine werbliche Intention erkennen. Während die Gruppe 1 keinerlei Absicht dahinter vermuten, sieht die Gruppe 2 stilistische Gründe durch die Medienschaffenden. Ihrer Ansicht nach wird mit der Abbildung realer Marken allein das Ziel verfolgt, die Authentizität der Geschichte zu steigern.

Die Probandinnen erinnern sich nach dem Nennen von Beispielen aus Film und Fernsehen durch die Versuchsleiterinnen an Szenen, in denen sie Marken wahrgenommen haben. Sie erkennen, dass es sich dabei um eine Form von Werbung handelt. Eine Aktivierung des Wissens durch die Platzierungen in der vorgelegten Fotogeschichte und somit eine Übertragung der Kenntnisse findet jedoch nicht statt.

Sowohl die jugendlichen Probandinnen aus der Gruppe 1, als auch die der Gruppe 2 erwarten von einer Fotogeschichte, dass sie ein realistisches Setting bietet. Da reale Requisiten aus dem Alltag dazu beitragen, bewerten die jugendlichen Probandinnen die Marken deutlich positiv.

> »Ich finde es toll, dass reale Markenprodukte in der Story verwendet werden.«
> (alle Probandinnen der Gruppe 1 und 2 beantworten die Frage mit »trifft voll zu« bzw. »trifft eher zu«)

Das Persuasionswissen wird bei beiden Gruppen nicht durch die Wahrnehmung von Markenprodukten in einer Fotogeschichte salient. Es werden keine Interpretations- und Bewertungsprozesse aktiviert, sodass die Produkte als authentische Requisiten und nicht als bewusst eingesetztes Mittel der werblichen Beeinflussung wahrgenommen werden. Da keinerlei Anlass gegeben ist, die Produktplatzierungen kritisch zu bewerten, werden sie toleriert und nicht störend bewertet.

> »Mich haben die Markenprodukte beim Lesen gestört.«
> (alle Probandinnen der Gruppen 1 und 2 beantworten die Frage mit »trifft eher nicht zu« bzw. »trifft gar nicht zu«)

5.3 *Gruppe 3: ›Die Experten‹*

Die Probandinnen (P07, P09, P15, P18, P19) erkennen, dass das Parfüm absichtlich in die Fotogeschichte eingebunden wurde und der Leser dadurch beeinflusst werden soll. Die konkreten Ziele liegen ihrer Ansicht nach darin, das Produkt bekannt zu machen und die Leser zum Kauf zu animieren. Dabei können die meisten Probandinnen das werbetreibende Unternehmen adidas als Quelle der Platzierung zuweisen.

P19: »Das Unternehmen wirbt damit. [...] Man sollte das Parfüm bemerken. Andere Leute, die etwas noch nicht kaufen, sollen es jetzt auch kaufen.«

P18: »Damit [wird] für das Produkt Werbung gemacht [...]. Mehr Leute sollen das Produkt kaufen.«

Die anschließenden Interviews machen deutlich, dass die Probandinnen für die Interpretation der rezipierten Marken in der Fotogeschichte ihr Persuasionswissen nutzen. Sie weisen einen vergleichsweise hohen Wissensvorrat gegenüber der Werbeform Product Placement auf und sind teilweise in der Lage, den Begriff ungestützt zu definieren.

P07: »Das ist doch so was wie Werbung in einem Film, statt in der Werbepause als extra Spot.«

Diejenigen, die zunächst Unsicherheit gegenüber dem Begriff zeigen, können nach der Nennung von nur wenigen Beispielen durch die Versuchsleiterinnen konkrete Erfahrungen mit bisherigen Konfrontationen berichten. Die Probandinnen wissen, dass mit dem Einsatz der Werbeform Product Placement eine Beeinflussungsabsicht verbunden ist und das Ziel letztlich darin besteht, den Abverkauf des Produktes zu steigern.

P15: »Wenn die Serie beliebt wird und gute Quoten hat, dann sehen das ja viele. Und Unternehmen suchen sich Serien aus mit der Zielgruppe, die [dem] Produkt entspricht.«

Obwohl die Probandinnen die Markenplatzierungen von adidas in der Fotogeschichte als werbliche Beeinflussungsversuche enttarnen, scheinen sie kein deutliches Störgefühl gegenüber diesen zu entwickeln. Im Vergleich jedoch zu den Probandinnen aus Gruppe 1 und 2 können sie sich ein Störgefühl durch eine intensive Markenkonfrontation eher vorstellen.

5.4 *Gruppenübergreifende Beobachtungen*

Unabhängig davon, ob die persuasive und verkaufsfördernde Intention hinter dem Auftauchen von *adidas* erkannt wird, lassen sich bei den Probandinnen aller drei Gruppen keine negativen Einstellungseffekte gegenüber der Marke erkennen. Alle Probandinnen bewerten die Marke nach der

Betrachtung der Fotogeschichte als positiv (»Ich finde die Marke adidas gut.« trifft für alle Teilnehmerinnen voll bzw. eher zu.)

P09: »Das adidas-Parfüm [war] ja sehr deutlich platziert. (...) Gestört hat mich es eigentlich nicht.«

Alle Probandinnen weisen zudem eine hohe Akzeptanz gegenüber der Werbeform ›Product Placement‹ im Allgemeinen auf. Dies geht mit den Erkenntnissen aus der Placement-Forschung bei Erwachsenen einher, wonach Product Placement gegenüber klassischer Spotwerbung bevorzugt wird (z. B. SCHRAMM/SCHMID-PETRI/LORKOWSKI 2013; WOELKE 1999). Gruppenübergreifend können sich einige Probandinnen jedoch auch Grenzen der Akzeptanz vorstellen. Diese beruhen auf der Ausgestaltung der Produktplatzierungen.

P07: »Vielleicht würde es stören, wenn echt sehr viel Product Placement drin ist. Aber generell find ich das eigentlich ganz gut, die Produkte müssen halt in die Geschichte reinpassen, dann find ich Product Placement auch besser als normale Werbung.«

P08: »Wenn es echt noch deutlich mehr gewesen wäre vielleicht, (...) dann wäre es nervig geworden.«(...) Ich glaube, wenn man die Marke liest, achtet man mehr darauf, als wenn es einfach nur im Bild ist oder so.«

Die Einteilung in Gruppen kann anhand der vorhandenen Fähigkeiten der Probandinnen vorgenommen werden. Dies basiert darauf, dass die Dimensionen des Persuasionswissens in einer kausalen Abfolge stehen, da der Persuasionsversuch erst als solcher erkannt werden muss, um als Störung empfunden werden zu können und zu möglichen Gegenreaktionen führt (vgl. WIRTH et al. 2009: 68).

6. Diskussion und Ausblick

Um das generelle Verständnis von Jugendlichen zu ›untypischen‹ Werbeformen in ›unüblichen‹ Programmangeboten zu erfassen, fand ein Leitfadeninterview auf Basis eines vorgelegten Stimulusmaterials in Kombination mit einem standardisierten Fragebogen Anwendung. Die Studie versteht sich als erste Annährung an den Untersuchungsgegenstand und gibt anhand des Fallbeispiels Fotostory Hinweise zur Anwendung der Dimensionen des Persuasionswissens, zum Rollenverständnis der Markenkommunikation aus Sicht der Jugendlichen sowie zum möglichen Einfluss der Gestaltung von Placements. Es lassen sich zudem Implikationen für einen verantwortungsvollen Einsatz der Werbeform ableiten.

6.1 *Dimensionen des Persuasionswissens*

Die Ergebnisse der vorliegenden Studie zeigen, dass Jugendliche im Alter zwischen zwölf und 16 Jahren über unterschiedliche Fähigkeiten im Umgang mit Produktplatzierungen verfügen. Die Mehrzahl kann keine persuasive Absicht hinter den dargestellten Marken in der Fotogeschichte erkennen, d. h. weder das Ziel zu beeinflussen bzw. zu überzeugen, noch das Ziel die Kaufintention zu steigern, wird identifiziert. Im Gespräch über die Werbeform Product Placement ist festzustellen, dass es sich dabei meist um Probandinnen mit geringfügigen Erfahrungen mit der Werbeform handelt. Dem Persuasion Knowledge Model folgend, haben sie aufgrund der geringen Konfrontation bisher die Fähigkeiten nicht entwickelt, mit Product Placement effizient umzugehen (vgl. WRIGHT/FRIESTAD/BOUSH 2005: 226).

Die platzierte Marke in der Fotogeschichte wird von einigen Probandinnen als ein bewusster werblicher Beeinflussungsversuch wahrgenommen. Sie verfügen über ein vergleichsweise umfassendes Wissen über die Werbeform, denn sie können die Ziele und Initiatoren dahinter klar zuweisen. Es zeigt sich im umgekehrten Fall jedoch auch, dass das Persuasionswissen bei den Probandinnen nicht in jedem Fall durch die Konfrontation mit der Fotogeschichte salient wird.

Diejenigen Probandinnen, die den werblichen Charakter der integrierten Marken erkennen, weisen eine hohe Toleranz gegenüber dem Beeinflussungsversuch auf. Allgemein zeigen die Jugendlichen eine positive Einstellung gegenüber der Werbeform. Es können in diesem Zusammenhang keine negativen Effekte auf die beworbene Marke gefunden werden. Dennoch verweisen einige Probandinnen auf die Grenzen der Akzeptanz, deren Untersuchungen noch ausstehen.

Letztlich erweisen sich die Dimensionen des Persuasionswissens aus der Forschung mit Kindern für die Untersuchung von Jugendlichen und deren Wahrnehmung von platzierten Marken in einem dafür unüblichen Programmumfeld als äußerst erkenntnisreich. Künftige Forschungen sind angehalten, die Abstufungen der Fähigkeiten zu prüfen bzw. zu ergänzen. Die Heterogenität hinsichtlich der Fähigkeiten unter den Jugendlichen zeigt zudem, dass eine Berücksichtigung individueller Rezipientenmerkmale zur Erklärung unabdingbar ist.

6.2 *Rolle der Markenkommunikation*

Unabhängig davon, ob die persuasive und verkaufsfördernde Intention hinter den Placements erkannt wird, begegnen die Jugendlichen den Marken in der Fotogeschichte durchweg positiv. Viele weisen den Marken in der Fotostory allein die Rolle der Requisite zu, die von den Medienschaffenden eingesetzt wird, um der Geschichte Authentizität zu verleihen. Die Leserinnen erwarten von Unterhaltungsangeboten eine realistische Darstellung der Geschichten, um sich mit der Handlung zu identifizieren und in die Erlebnisse der Protagonisten einfühlen zu können (vgl. ABT 2006: 399). Sie entnehmen ihnen auch zahlreiche Informationen zu aktuellen Trends in Mode und Design (vgl. ebd.: 400), denn »so erfährt man auch von coolen Sachen« (P15).

Um ihre eigene Wertigkeit zu stärken und ihr Selbstkonzept auszudrücken, nutzen Jugendliche Marken, die in ihrem Umfeld hohes Ansehen genießen (vgl. PECHMANN et al. 2005: 210; CHAPLIN/JOHN 2005: 251). Gerade in ein Unterhaltungsangebot integrierte Marken scheinen den Jugendlichen dabei eine Hilfe bei der Orientierung zu liefern, was die Werbeform aus Sicht werbetreibender Unternehmen gerade zur Erreichung der Zielgruppe der Jugendlichen interessant macht.

6.3 *Gestaltung von Placements*

Nicht alle Probandinnen mit einem hohen Wissen über die Werbeform Product Placement haben hinter den Marken einen persuasiven Charakter vermutet. Vorliegende Forschungsergebnisse zeigen, dass die formale und inhaltliche Gestaltung der Produktplatzierungen maßgeblich darüber entscheidet, wie der Rezipient die Platzierung wahrnimmt (Überblick: BRESSOUD/LEHU/RUSSELL 2010). Gerade prominente (vgl. COWLEY/BARRON 2008), inkongruente (vgl. RUSSELL 2002) und aufdringlich in Szene gesetzte Produkte (vgl. DELORME/REID 1999) werden nachweislich als werbliche Beeinflussungsversuche enttarnt (z.B. WIRTH et al. 2009) sowie wenig toleriert und abgewehrt (vgl. D'ASTOUS/SEGUIN 1999). Um ein verfeinertes

Bild über die Aktivierung des vorhandenen Persuasionswissens bei Heranwachsenden zu erhalten, sind Untersuchungen zum Einfluss der Ausgestaltung von Produktplatzierungen notwendig.

Bei einer Fotogeschichte ist eine Variation der Gestaltungsparameter ›Modalität‹ (textliche Einbindung des Markennamens in die Sprechblasen und bildliche Einbindung des Markenlogos) und ›Häufigkeit‹ vorstellbar, für deren Wirkungsanalyse eine experimentelle Untersuchungsanlage geeignet erscheint. Die Anwendung eines standardisierten Fragebogens machen eine altersgerechte Formulierung der Fragen und Instruktionen notwendig.

6.4 *Implikationen zum Umgang mit der Werbeform*

Um persuasiven Einflüssen kritisch begegnen zu können, benötigen Konsumenten die Fähigkeit, werbliche Botschaften als solche zu erkennen und zu verstehen (vgl. MOSES/BALDWIN 2005: 187). Die Ergebnisse der vorliegenden Studie zeigen eine eingeschränkte Fähigkeit der Jugendlichen, bereits herausgebildete Strategien zum Schutz vor werblichen Einflüssen auf die Produktplatzierungen in der Fotogeschichte anzuwenden. Gerade die immer neuen, innovativen Strategien der Werbetreibenden und eine sich stets veränderte Medienlandschaft machen dabei ein kontinuierliches Training der Jugendlichen zur Herausbildung der Fähigkeiten notwendig (vgl. EAGLE 2007: 106f.; WAIGUNY 2011: 237). In Anlehnung an die bereits für den Rundfunk und Telemedien geltende Kennzeichnungspflicht für Produktplatzierungen (vgl. RStV 2013: §7), können optische bzw. akustische Hinweise auch in anderen medialen Angeboten, wie beispielsweise den Print- und Online-Ausgaben von Jugendzeitschriften, dazu beitragen, dass werbliche Botschaften vom redaktionellen Programminhalt besser unterschieden und als solche bewertet werden können.

Literatur

ABT, CARINA: Daily Soap – Fotoroman. Fotostory und Daily Soap in der Jugendmedienarbeit. In: HOLZBRECHER, ALFRED; INGELORE OOMEN-WELKE; JAN SCHMOLLING (Hrsg.): *Foto + Text – Handbuch für*

Bildungsarbeit. Wiesbaden [VS Verlag für Sozialwissenschaften] 2006, S. 379-404

AUTY, SUSAN; CHARLIE LEWIS: Exploring Children's Choice: The Reminder Effect of Product Placement. In: *Psychology & Marketing*, 21 (9), 2004, S. 697-713

BALASUBRAMANIAN, SIVA K.: Beyond Advertising and Publicity: Hybrid Messages and Public Policy Issues. In: *Journal of Advertising*, 23 (4), 1994, S. 29-46

BALASUBRAMANIAN, SIVA K.; JAMES A. KARRH; HEMANT PATWARDHAN: Audience Response to Product Placements. In: *Journal of Advertising*, 35 (3), 2006, S. 115-141

BARLOVIC, INGO; CHRISTIAN CLAUSNITZER: Kommerzielle Werbeforschung bei Kindern: Ziele, Methoden und der Blick auf das Kind. In: *merz*, 49 (1), 2005, S. 17-23

BAUER MEDIA: *BRAVO Foto Love Story & BRAVO Foto Love Story Extra*. http://www.bauermedia.de/b_fotolove.html [28.05.2013]

BEARDEN, WILLIAM O.; DAVID M. HARDESTY; RANDALL L. ROSE: Consumer Self-Confidence: Refinements in Conceptualization and Measurement. In: *Journal of Consumer Research*, 28 (1), 2001, S. 121-134

BOUSH, DAVID M.; MARIAN FRIESTAD; GREGORY M. ROSE: Adolescent Skepticism Toward TV Advertising and Knowledge of Advertiser Tactics. In: *Journal of Consumer Research*, 21 (1), 1994, S. 165-175

BRESSOUD, ETIENNE; JEAN-MARC LEHU; CHRISTEL A. RUSSELL: The Product Well Placed. The Relative Impact of Placement and Audience Characteristics on Placement Recall. In: *Journal of Advertising Research*, 50 (4), 2010, S. 374-385

BUTTER, ELIOT J.; PAULA M. POPOVICH; ROBERT H. STACKHOUSE; ROGER K. GARNER: Discrimination of Television Programs and Commercials by Preschool Children. In: *Journal of Advertising Research*, 21 (2), 1981, S. 53-56

CAMPBELL, MARGARET C.; ANNA KIRMANI: I Know What You're Doing and Why You're Doing It: The Use of Persuasion Knowledge Model in Consumer Research. In: HAUGTVEDT, CURTIS P.; PAUL M. HERR; FRANK R. KARDES (Hrsg.): *Handbook of Consumer Psychology*. New York [Erlbaum] 2008, S. 559-573

CHAPLIN, LAN N.; DEBORAH ROEDDER JOHN: The Development of Self-Brand Connections in Children and Adolescents. In: *Journal of Consumer Research*, 32 (1), 2005, S. 119-129

CHARLTON, MICHAEL; KLAUS NEUMANN-BRAUN; ARMIN CASTELLO; MARKUS BINDER: Werbekonsum und Werbekompetenz von 4-14jährigen Kindern. In: CHARLTON, MICHAEL; KLAUS NEUMANN-BRAUN; STEFAN AUFENANGER; WOLFGANG HOFFMANN-RIEM; HANS-BERND BROSIUS (Hrsg.): *Fernsehwerbung und Kinder. Die Rezeptionsanalyse und rechtliche Rahmenbedingungen. Bd. 2*, Opladen [Westdeutscher Verlag] 1995. S. 31-72

COWLEY, ELIZABETH; CHRIS BARRON: When Product Placement Goes Wrong: The Effects of Program Liking and Placement Prominence. In: *Journal of Advertising*, 37 (1), 2008, S. 89-98

D'ASTOUS, ALAIN; FRANCIS CHARTIER: A Study of Factors Affecting Consumer Evaluations and Memory of Product Placements in Movies. In: *Journal of Current Issues & Research in Advertising*, 22 (2), 2000, S. 31-40

D'ASTOUS, ALAIN; NATHALIE SÉGUIN: Consumer Reactions to Product Placement Strategies in Television Sponsorship. In: *European Journal of Marketing* 33 (9/10), 1999, S. 896-910

DE GREGORIO, F.; YONGJUN SUNG: Understanding Attitudes Toward and Aehaviors in Response to Product Placement. In: *Journal of Advertising*, 39 (1), 2010, S. 83-96

DELORME, DENISE E.; LEONARD N. REID: Moviegoers' Experiences and Interpretations of Brands in Films Revisited. In: *Journal of Advertising*, 18 (2), 1999, S. 71-95

EAGLE, LYNNE: Commercial Media Literacy. What Does It Do, to Whom– and Does It Matter? In: *Journal of Advertising*, 36 (2), 2007, S. 101-110

EFFERTZ, TOBIAS: *Kindermarketing: Analyse und rechtliche Empfehlungen*. Frankfurt/M. [Peter Lang Verlag] 2008

FOXMAN, ELLEN R.; PATRIYA S. TANSUHAJ; KARIN M. EKSTRÖM: Adolescents' Influence in Family Purchase Decisions: A Socialization Perspective. In: *Journal of Business Research*, 18 (2), 1989, S. 159-172

FRIESTAD, MARIAN; PETER WRIGHT: The Persuasion Knowledge Model: How People Cope with Persuasion Attempts. In: *Journal of Consumer Research*, 21 (1), 1994, S. 1-31

GROHS, REINHARD; UDO WAGNER: Erkennen und verstehen Kinder kontextverbundene Markenpräsentationen? In: *Marketing ZFP – Journal of Research and Management*, 33 (1), 2011, S. 7-18

GRUSCHWITZ, SABINE; ANDRÉ MARCHAND; THORSTEN HENNIG-THURAU: *Effects of Product Placements on Consumers' Evaluations of the Placed Product and the Host Media Program*. Proceedings of the 2013 AMA Winter Marketing Educators' Conference, 24, Las Vegas, USA: American Marketing Association, 2013

HOMER, PAMELA M.: Product Placements: The Impact of Placement Type and Repetition on Attitude. In: *Journal of Advertising*, 38 (3), 2009, S. 21-31

HORNAR, CHRISTINA: Fotostories – Geschichten in Wort und Bild. Überlegungen zum Medium der Fotostory, aufgezeigt anhand eines Fotoprojektes. In: Holzbrecher, Alfred; Ingelore Oomen-Welke; Jan Schmolling (Hrsg.): *Foto + Text – Handbuch für Bildungsarbeit*. Wiesbaden [VS Verlag für Sozialwissenschaften] 2006, S. 87-99

JOHN, DEBORAH ROEDDER: Consumer Socialization of Children: A Retrospective Look at Twenty-Five Years of Research. In: *Journal of Consumer Research*, 26 (3), 1999, S. 183-213

KARRH, JAMES A.: Brand Placement: A Review. In: *Journal of Current Issues & Research in Advertising*, 20 (2), 1998, S. 31-49

KARRH, JAMES A.; KATHY B. MCKEE; CAROL J. PARDUN: Practitioners' Evolving Views on Product Placement Effectiveness. In: *Journal of Advertising Research*, 43 (2), 2003, S. 138-149

LINCKE, KRISTINA: *Ist die Jugend noch zu retten? Verbraucheranalyse 2011 Jugend. Interessen und Werte der 12-17-Jährigen*. http://www.verbraucheranalyse.de/downloads/64/Vortrag_Ist_die_Jugend_noch_zu_retten.pdf., 2011, [28.05.2013]

MALLINCKRODT, VICTORIA; DICK MIZERSKI: The Effects of Playing an Advergame on Young Children's Perceptions, Preferences and Requests. In: *Journal of Advertising*, 36 (2), 2007, S. 87-100

MATTHES, JÖRG; CHRISTIAN SCHEMER, WERNER WIRTH: More than meets the eye. In: *International Journal of Advertising*, 26 (4), 2007, S. 477-503

MAYRING, PHILIPP: *Einführung in die qualitative Sozialforschung: Eine Anleitung zu qualitativem Denken*. Weinheim [Beltz Verlag] 1999

MEDIENPÄDAGOGISCHER FORSCHUNGSVERBUND SÜDWEST: *JIM-Studie 2012. Jugend, Information, (Multi-) Media. Basisstudie zum Medienumgang 12- bis 19-Jähriger in Deutschland*. http://www.mpfs.de/fileadmin/JIM-pdf12/JIM2012_Endversion.pdf. 2012

MERTON, ROBERT KING; MARJORIE FISKE; PATRICIA L. KENDALL: *The Focused Interview: A Manual of Problems and Procedures*. New York [Free Press] 1990

MOSES, LOUIS J.; DARE A. BALDWIN: What Can the Study of Cognitive Development Reveal About Children's Ability to Appreciate and Cope with Advertising? In: *Journal of Public Policy & Marketing*, 24 (2), 2005, S. 186-201

OATES, CAROLINE; MARK BLADES; BARRIE GUNTER; JACQUIE DON: Children's Understanding of Television Advertising: A Qualitative Approach. In: *Journal of Marketing Communications*, 9 (2), 2003, S. 59-71

PECHMANN, CORNELIA; LINDA LEVINE; SANDRA LOUGHLIN; FRANCES LESLIE: Impulsive and Self-conscious: Adolescents' Vulnerability to Advertising and Promotion. In: *Journal of Public Policy & Marketing*, 24 (2), 2005, S. 202-221

PQ MEDIA: *Global Branded Entertainment Marketing Forecast 2010-2014*. PQ Media, Stamford, CT, 2010

ROBERTSON, THOMAS S.; JOHN R. ROSSITER: Children and Commercial Persuasion: An Attribution Theory Analysis. In: *Journal of Consumer Research*, 1 (1), 1974, S. 13-20

ROZENDAAL, ESTHER; NOORTJE SLOT; EVA A. VAN REIJMERSDAL; MONIEK BUIJZEN: Children's Responses to Advertising in Social Games. In: *Journal of Advertising*, 42 (2-3), 2013, S. 142-154

RSTV: *§7 Werbegrundsätze, Kennzeichnungspflichten. In: Rundfunkstaatsvertrag in der Fassung des Fünfzehnten Staatsvertrages zur Änderung rundfunkrechtlicher Staatsverträge*. http://www.ard.de/intern/rechtsgrundlagen/rundfunkstaatsvertrag/-/id=54384/tpmigr/index.html [21.07.2013]

RUSSELL, CRISTEL A.: Investigating the Effectiveness of Product Placements in Television Shows: The Role of Modality and Plot Connection Congruence on Brand Memory and Attitude. In: *Journal of Consumer Research*, 29 (3), 2002, S. 306-318

RUSSELL, CRISTEL A.; MICHAEL BELCH: A Managerial Investigation into the Product Placement Industry. In: *Journal of Advertising Research*, 45 (1), 2005, S. 73-92

SCHEMER, CHRISTIAN; JÖRG MATTHES; WERNER WIRTH: Werbewirkung ohne Erinnerungseffekte? Eine experimentelle Studie zum Mere Exposure-Effekt bei Product Placements. In: *Zeitschrift für Medienpsychologie*, 19 (1), 2007, S. 2-13

SCHRAMM, HOLGER; HANNAH SCHMID-PETRI; MATTHIAS LORKOWSKI: Der Wert programmintegrierter Werbung: Zur Wahrnehmung und Akzeptanz von Product Placement in Filmen. In: SCHIERL, THOMAS; JÖRG TROPP (Hrsg.): *Wert und Werte der Marketing-Kommunikation*. Köln [Herbert von Halem] 2013, S. 191-210

SELMAN, ROBERT L.: *The Growth of Interpersonal Understanding: Developmental and Clinical Analyses.* New York [Academic Press] 1980

SOLOMON, MICHAEL R.; BASIL C. ENGLIS: Observations: The Big Picture: Product Placement Complementarity and Integrated Communications. In: *Journal of Advertising Research,* 34 (1), 1994, S. 57-63

TRAUTMANN, THOMAS: *Interviews mit Kindern: Grundlagen, Techniken, Besonderheiten, Beispiele.* Wiesbaden [VS Verlag für Sozialwissenschaften] 2010

VAN REIJMERSDAL, EVA A.; ESTHER ROZENDAAL; MONIEK BUIJZEN: Effects of Prominence, Involvement, and Persuasion Knowledge on Children's Cognitive and Affective Responses to Advergames. In: *Journal of Interactive Marketing,* 26 (1), 2012, S. 34-42

VISION MEDIA: MÄDCHEN *Fotolovestory: Dazugehören um jeden Preis.* http://www.maedchen.de/fotolove.html?linkin=539d8977e2cb526439c3e3350ce1ffc8 [22.05.2013a]

VISION MEDIA: MÄDCHEN *Fotolovestory: Liebe bricht alle Regeln. Teil 1.* http://www.maedchen.de/fotolove.html [22.05.2013b]

VISION MEDIA: *Zielgruppe »Mädchen«.* http://www.maedchen.de/fotolove.html?linkin=539d8977e2cb526439c3e3350ce1ffc8 [22.05.2013c]

WAIGUNY, MARTIN: *Entertaining Persuasion: Die Wirkungen von Advergames auf Kinder.* Wiesbaden [Gabler] 2011

WAIGUNY, MARTIN K. J.; MICHELLE R. NELSON; RALF TERLUTTER: Entertainment Matters! The Relationship Between Challenge and Persuasiveness of an Advergame for Children. In: *Journal of Marketing Communications,* 18 (1), 2012, S. 69-89

WEI, MEI-LING; EILEEN FISCHER; KELLEY J. MAIN: An Examination of the Effects of Activating Persuasion Knowledge on Consumer Response to Brands Engaging in Covert Marketing. In: *Journal of Public Policy & Marketing,* 27 (1), 2008, S. 34-44

WILLIAMS, PATTI; GAVAN J. FITZSIMONS; LAUREN G. BLOCK: When Consumers Do Not Recognize ›Benign‹ Intention Questions as Persuasion Attempts. In: *Journal of Consumer Research,* 31 (3), 2004, S. 540-550

WIRTH, WERNER; JÖRG MATTHES; CHRISTIAN SCHEMER; ILONA STÄMPFLI: Glaubwürdigkeitsverlust durch programmintegrierte Werbung? Eine Untersuchung zu den Kontexteffekten von Produktplatzierungen im Fernsehen. In: *Publizistik,* 54 (1), 2009, S. 64-81

WOELKE, JENS: Die Wirkung von Product Placement im Vergleich zu ›herkömmlicher‹ Fernsehwerbung. In: FRIEDRICHSEN, MIKE; STE-

FAN JENZOWSKY (Hrsg.): *Fernsehwerbung. Theoretische Analysen und empirische Befunde.* Opladen [Westdeutscher Verlag] 1999, S. 167-197

WRIGHT, PETER; MARIAN FRIESTAD; DAVID M. BOUSH: The Development of Marketplace Persuasion Knowledge in Children, Adolescents, and Young Adults. In: *Journal of Public Policy & Marketing*, 24 (2), 2005, S. 222-233

JÖRG MATTHES / BRIGITTE NADERER

Zum Einfluss von Nahrungsmittelplatzierungen in Unterhaltungsfilmen auf das Essverhalten und die Markeneinstellungen von Kindern

1. Einleitung

Die ›Reese's Pieces Candy‹-Platzierung im 1982 erschienenen Film *E. T.* brachte für die Firma einen Verkaufszuwachs von 65 Prozent in den ersten Monaten nach der Veröffentlichung und eröffnete damit eine neue Werbestrategie (SUTHERLAND et al. 2010). Heute ist es die Regel, dass in Kinderfilmen die liebenswürdigen Hauptcharaktere mit klar gebrandeten Süßigkeiten und Snacks gezeigt werden. Die Werbewirtschaft setzt auch bei dieser Zielgruppe zunehmend auf innovative und schwer zu regulierende Werbeformen, um Kinder als Konsumenten zu gewinnen. Kinder sind in ihren Produktvorlieben noch am stärksten beeinflussbar und nehmen einen bedeutenden Einfluss auf die Kaufentscheidungen ihrer Eltern (BOYLAND/HALFORD 2013; JOHN 1999; KELLER/SCHULZ 2010). Vor allem Nahrungsmitteln kommen dabei eine besondere Bedeutung zu, da sie die Kinder impulsiv ansprechen und zukünftiges Ernährungsverhalten prägen können (EISENMANN et al. 2008; ZIMMERMAN/BELL 2010).

Nahrungsmittel lassen sich zudem unauffällig und natürlich in das Filmangebot einbauen. Unter derartigen Produktplatzierungen oder Product Placements versteht man die gezielte Einbindung von Produkten bzw. Marken in die Handlung eines Films, einer Fernsehsendung oder in das redaktionelle Programm (MATTHES et al. 2005). Beispielsweise werden Snacks und Schokolade häufig gezeigt, namentlich genannt oder von den

Protagonisten in einem Film konsumiert. Die Einbettung von gebrandeten Nahrungsmitteln erscheint dem Zuschauer als natürliche Handlung und so werden nur in einem geringen Maß Schutzmechanismen gegen diese persuasive Botschaft aktiviert. Ob eine solche Platzierung von Nahrungsmitteln in Filmen das Konsumverhalten von Kindern beeinflussen kann, ist bislang jedoch noch nicht umfassend geklärt.

Dabei ist dieses Thema nicht nur für die Forschung, sondern auch für die Gesellschaft höchst bedeutsam: Mit solchen vergleichsweise neuartigen Werbeformen wird den Rezipienten die Wahl genommen, sich der Werbung auszusetzen, oder nicht. Kinder, die ohnehin erst lernen müssen, Werbung vom Programm zu unterscheiden (ROZENDAAL et al. 2011), haben aber hier erst recht keine Möglichkeit der Abwendung, Vermeidung oder Reaktanz. Sie sind den Produktplatzierungen damit noch stärker ausgeliefert, als das bei Erwachsenen der Fall ist (JOHN 1999). Zudem werden in Unterhaltungsfilmen vor allem zuckerreiche und fetthaltige Produkte gezeigt (SUTHERLAND et al. 2010), was ethische und gesellschaftliche Fragen aufwirft. Eltern zeigen sich in Bezug auf Werbeinhalte, die sich an Kinder richten, jedoch nicht sonderlich besorgt. Als Hauptprobleme in der medialen Vermittlung sehen sie Gewaltdarstellungen und rohe Sprache. Persuasiven Inhalten stehen sie gelassener gegenüber. Beispielsweise geben 46 Prozent der Eltern an, sich gar keine Sorgen um die Konfrontation ihrer Kinder mit persuasiven Botschaften zu machen (HASEBRINK 2012: 21).

Wie bereits erwähnt, lassen sich nur wenige Studien finden, die die Wirkung von Nahrungsmitteln in Filmen auf Kinder untersucht haben (siehe aber AUTY/LEWIS 2004). Einige Studien zeigen einen Einfluss von Advergames auf die Markenwahrnehmung (VAN REIJMERSDAL et al. 2010), die Markeneinstellungen (VAN REIJMERSDAL et al. 2012) und die Konsumintentionen (MALLINCKRODT/MIZERSKI 2007) bei Kindern. Studien, die das Verhalten von Kindern nach der Rezeption von Unterhaltungsfilmen – in denen Nahrungsmittel sehr häufig gezeigt werden (vgl. SUTHERLAND et al. 2010) – in den Blick nehmen, liegen bislang kaum vor. Zudem ist nicht geklärt, ob Kinder mit zunehmendem Alter weniger anfällig für derartige Verhaltenswirkungen sind, wie dies in der ›klassischen‹ Werbewirkungsforschung angenommen und gezeigt wird (JOHN 1999). In der vorliegenden Studie soll durch ein Experimentaldesign diesen beiden offenen Fragen nachgegangen werden.

2. Forschungsstand

2.1 *Werbewirkung bei Kindern*

Das Verhältnis von Kindern und Werbung wurde in erster Linie in Bezug auf klassische TV-Werbung untersucht. Hier zeigen Studien, dass der Anstieg des Übergewichts von Kindern im Zeitverlauf auf den Konsum von Werbung in den Sendepausen zurückgeführt werden kann (ZIMMERMANN/BELL 2010: 335). Dies ist auch der Fall, wenn Kontrollvariablen wie die physische Aktivität, die Schlafenszeit der Kinder oder der Body-Mass-Index der Mutter – als Indikator für das Maß an Aktivität und gesunder Ernährung im Haushalt – einbezogen werden. Beispielsweise haben Halford und Kollegen (2008) in einer Experimentalstudie gezeigt, dass Kinder, die einen Kinderfilm sahen und während der Rezeption mit Nahrungsmittelwerbung konfrontiert wurden, signifikant mehr aßen, als Kinder, die keine Werbung für Lebensmittel sahen. In dieser Studie wurden zudem die Verstärkungseffekte von bereits bestehenden Verhaltensweisen gezeigt, da der Effekt der Werbung bei übergewichtigen Kindern am deutlichsten ausfiel. Auch hat sich ein Zusammenhang zwischen Übergewicht und der Wiedererkennung von Marken und Werbungen mehrfach zeigen lassen (HALFORD et al. 2004; HALFORD et al. 2007).

Die bestehende Forschung konzentriert sich bei der Werbewirkung auf Kinder meist auf die traditionelle Fernsehwerbung, da Fernsehen als liebste Freizeitgestaltung von Kindern angesehen werden kann (FEIERABEND et al. 2013). Werbung tritt heute aber nicht nur in Form von TV-Spots auf, sondern auch verstärkt in Mischformen zwischen redaktionellen Inhalten, Unterhaltung und Spiel. Dies macht es schwieriger, die Wirkprozesse und Auswirkungen auf die RezipientInnen zu erklären. Auch die stetig steigende Bedeutung des PCs hat zu einem Fokus der Forschung auf Werbung in Advergames geführt. Van Reijmersdal und Kollegen (2010) konnten im Zusammenhang mit diesem Forschungsschwerpunkt den Einfluss der Interaktivität zeigen. Durch die Einbindung der Kinder in die Erlebniswelt des Spiels sind höhere Effekte als bei klassischen Werbeformen zu erwarten. Zudem zeigte das Placement bei den jüngeren Probandinnen (die Studienteilnehmer waren ausschließlich weiblich) eine höhere Wirkung. Dias und Agante (2011) finden in ihrer Studie ebenfalls einen Effekt von Advergames. Sie zeigen, dass die Bewerbung von gesunden Lebensmitteln die tendenzielle Snackauswahl der Kinder, in Form von Bildkarten, beeinflussen kann. Als Schwachpunkt ihrer Studie stellen sie jedoch diese hypothetische Auswahl auf Basis von Bilderkarten dar. Sie empfehlen hier tatsächliche Verhaltensmessungen, um eine klare Aussage über den Effekt treffen zu können.

Als Pionierstudie im Bereich der Produktplatzierungen in Kinofilmen gilt das Experiment von Auty und Lewis (2004). Hier wurde der Einfluss von einem Nahrungsmittel-Placement auf das Essverhalten der Kinder überprüft. Die Studie hebt sich in zweierlei Hinsicht von anderen Arbeiten ab: Erstens geht es Auty und Lewis um Produktplatzierungen in Kinofilmen, was bei Kindern trotz der starken Verbreitung der Filme nach wie vor kaum untersucht wurde. Zweitens ist dies die einzige Studie, die tatsächliches Verhalten gemessen hat. Verhaltensmessungen sind deutlich aussagekräftiger in Bezug auf Medienwirkungen als gewöhnliche Einstellungsmessungen. Der Grund dafür liegt auf der Hand: Einstellungen müssen nicht handlungsleitend sein, sodass Effekte von Nahrungsmittel-Placements in Bezug auf Einstellungen vollkommen unbedenklich sind, solange sie nicht auch das Verhalten, also beispielsweise die Ernährungsgewohnheiten der Kinder, beeinflussen (vgl. BAUMEISTER et al. 2007). Dies ist einer der zentralen Schwachpunkte nahezu der gesamten Forschung zu Produktplatzierungen. In experimentellen Studien werden Rezipienten kurzzeitig Placements ausgesetzt und unmittelbar danach werden Einstellungen und Erinnerungen gemessen. Wie lange solche Effekte anhalten und ob sie überhaupt handlungsleitend sein können, ist in der Forschungsliteratur nahezu vollkommen ungeklärt.

In der Studie von Auty und Lewis (2004) wurden die Kinder in zwei Gruppen eingeteilt. Der ersten Gruppe wurde ein kurzer Ausschnitt aus dem Film *Kevin allein zu Haus* gezeigt, in der beim Familienessen eine Flasche Pepsi auf dem Tisch platziert und die Marke auch im Film-Dialog erwähnt wird. Die zweite Gruppe sah einen vergleichbaren Ausschnitt, jedoch ohne eine Produktplatzierung. Nach der Rezeption konnten die Kinder ein Getränk wählen und sollten sich zwischen den Marken Pepsi und Coca Cola entscheiden. Hier wählten jene Kinder, die mit der Marke Pepsi bereits im Film konfrontiert waren, signifikant öfter dieses Produkt, allerdings nur dann, wenn sie auch den Film *Kevin allein zu Haus* bereits öfter gesehen hatten. Neben dem Verhalten wurde auch die Erinnerung der Kinder getestet. Hier zeigte sich, dass auch ohne explizite Erinnerung an die Marke eine Verhaltensänderung zugunsten des Produkts erkennbar war.

Insgesamt lassen sich also wenige Studien finden, die die Wirkung von Werbung auf Kinder jenseits klassischer TV-Spots nachgewiesen haben.

Dem wandelnden Medienumfeld, dem durch diese Studien zumindest zum Teil Rechnung getragen wurde, muss allerdings auch in Bezug auf theoretische Effekterklärungen nachgekommen werden, um die Wirkprozesse einordnen und analysieren zu können.

2.2 *Wirkungsprozesse*

In der Literatur finden sich zwei prominente Wirkungsprozesse, die die Wirkung von Produktplatzierungen in Unterhaltungsfilmen erklären könnten. Zum einen haben Studien in der Erwachsenenforschung gezeigt, dass der Mere-Exposure-Effekt (MEE), also die unverstärkte, mehrfache Darbietung von Produktplatzierungen, die Bewertung einer Marke verbessern kann (MATTHES et al. 2007; ZAJONC 1968). Beim MEE wird in der Regel ein Effekt auf die Einstellung vorhergesagt. Das bedeutet, bei häufiger Darstellung von Placements müsste sich die Einstellung gegenüber der Marke verbessern (vgl. die klassischen Studien von ZAJONC 1968). In der Regel wird dieser Einstellungseffekt nachgewiesen, obwohl sich kein Anstieg in der expliziten Erinnerung an die Placements zeigt. Dies liegt an Erinnerungsspuren, die durch die Placements hinterlassen werden. Diese Erinnerungsspuren führen dazu, dass die zukünftige Wahrnehmung des Placements flüssiger verläuft. Diese mühelosere Wahrnehmung ist, durch Evolutionsprozesse bedingt, positiv besetzt und wird sodann auf den Reiz selbst attribuiert (vgl. ausführlicher MATTHES et al. 2005). Als Folge wird das Placement besser bewertet, also die Einstellung gegenüber dem Reiz wird positiver. Studien zum MEE weisen jedoch auch darauf hin, dass eine zu häufige Darbietung zu einer höheren Aufmerksamkeit und damit zur Aktivierung des Persuasionswissens führen kann, was den MEE aufhebt oder sogar die Markeneinstellung verringern kann (MATTHES et al. 2007; RUSSEL 2002). Auch die oben beschriebene Pionierstudie von Auty und Lewis (2004) ging von einem MEE aus. Allerdings wurden die Einstellungen gar nicht gemessen, sondern nur das Verhalten, was eine Bestätigung des MEE nicht möglich macht. Da sich die Reaktion der Kinder nur dann zeigte, wenn der Film bereits mehrfach gesehen wurde, ist in der Studie von Auty und Lewis außerdem von einem Aktivierungseffekt auszugehen. Hier geht es um die Aktivierung von bereits vorhandenen positiven Prädispositionen, die bei der Verarbeitung und Interpretation eines aktuellen Reizes herangezogen werden.

Zum anderen zeigen Studien, dass durch die Paarung des Produktes mit einem positiven Akteur implizite Einstellungen entstehen, die sich im Sinne der Marke positiv auf spontane Entscheidungen auswirken können. Als Wirkmechanismus wird hier der Prozess des evaluativen Konditionierens angenommen (vgl. SCHEMER et al. 2008), der von einer Valenzübertragung des Akteurs auf die mit ihm verknüpfte Marke ausgeht. Kurz: »changes in the liking of a stimulus that result from pairing that stimulus with other positive or negative stimuli« (DE HOUWER et al. 2001: 853). Durch die automatische und damit unbewusste Verknüpfung des positiv besetzten Stimulus mit dem Placement zeigt sich in der Regel kein Effekt auf die expliziten Einstellungen der ProbandInnen (BUIJZEN et al. 2010). Vielmehr ließe sich aus dieser Literatur eine automatisch stattfindende Bauchreaktion (= implizite Einstellung) vorhersagen (siehe ausführlich GAWRONSKI/BODENHAUSEN 2006). Das heißt: Die Kinder greifen möglicherweise zu einem Produkt als Folge der Werbedarbietung, ohne dass sich ein Effekt auf die explizite Einstellung nachweisen ließe. Wenn wenige Ressourcen zur Verfügung stehen oder aufgewendet werden, dann sagen nämlich vor allem implizite Einstellungen das Verhalten vorher. Dies ist bei spontanen Entscheidungssituationen der Fall: Man greift automatisch zu einem Produkt, ohne dass dies durch eine explizite, intentionale Einstellung vorherzusagen wäre. In Situationen, in denen wir unsere Handlung ausführlich durchdenken, sollten die impliziten Einstellungen jedoch keinen Einfluss haben. Dies ist allerdings in Situationen, in denen Nahrungsmittel spontan zur Verfügung stehen, eher unwahrscheinlich. Das Besondere an dieser Erklärung ist, dass möglicherweise Effekte auf unser Handeln entstehen, ohne dass uns dies bewusst oder klar wird. Anders formuliert, eine automatisch aktivierte Bauchreaktion kann durch die mehrfache Paarung von positiv besetztem Stimulus mit einem Werbereiz zu positiven Handlungsimpulsen in Bezug auf den Werbereiz führen. Dieser Mechanismus wird in der neueren Literatur als zentrale Erklärung für Verhaltenseffekte herangezogen (FRIESE et al. 2009; GAWRONSKI/BODENHAUSEN 2006).

Zusammenfassend lassen sich also zwei potenzielle Wirkmechanismen für die Wirkung von Produktplatzierungen auf Kinder ausmachen. Der MEE kann dabei als ein Effekt beschrieben werden, bei dem sich in erster Linie die Einstellung gegenüber einer Marke verändert. Effekte auf das Verhalten wurden beim MEE nicht theoretisch modelliert und daher auch nicht empirisch untersucht. Beim davon abzugrenzenden evaluativen Konditionieren würde man nicht notwendigerweise einen Effekt auf die (expliziten) Einstellungen erwarten. Es ließe sich aber vor allem in Situationen ohne starke Aufwendung von kognitiven Ressourcen eine automatisch stattfindende Bauchreaktion, also eine implizite Einstellung, vorhersagen (FRIESE et al. 2009; GAWRONSKI/BODENHAUSEN 2006). Dieser implizite Persuasionsprozess würde somit einen Effekt auf das Verhalten erwarten lassen, nicht aber auf die explizite Einstellung. Beide Prozesse sind für die Wirkung von Produktplatzierungen durchaus als plausibel und theoretisch fruchtbar einzuschätzen und gelten als die zentralen Mechanismen hinter der Wirkung von Placements. Allerdings ist es sehr schwierig, empirisch einwandfrei nachzuweisen, durch welchen der beiden Prozesse ein Effekt erzielt wurde (vgl. MATTHES et al. 2005). Die wenigen Studien, die die Wirkung von Placements bei Kindern untersucht haben, gehen auch nur kursorisch auf zugrundeliegende Wirkmechanismen ein. Was man jedoch theoretisch ableiten kann, ist, dass die Art der Einbettung von Marken den einen oder anderen Prozess mehr oder weniger wahrscheinlich macht. Konditionierungsprozesse können ja per definitionem nur dann auftreten, wenn ein positiver Reiz mit einem Placement gepaart wird (SCHEMER et al. 2008). Der MEE ist hingegen wahrscheinlich, wenn die Darbietung der Marke unverstärkt, also als einfaches Screen Placement, erfolgt.

2.3 *Werbekompetenz als Schutzmaßnahme?*

Eine weitere zentrale Frage, die in der Literatur nicht umfassend geklärt wurde, ist die Rolle des Alters als potenzieller Schutzschild vor der Wirkung von Placements. Bei klassischen Werbeformen wissen wir, dass die Effekte mit zunehmendem Alter geringer werden. Alle oben vorgestellten Studien zur Wirkung von Placements auf Kinder haben jedoch nur ein geringes Alterssegment untersucht, sodass wir über die moderierende Wirkung des Alters bei Placements nahezu gar nichts sagen können.

In der klassischen Werbewirkungsforschung wird von unterschiedlichen Kompetenzlevels von Kindern im Umgang mit persuasiven Inhalten ausgegangen. Kinder unter acht Jahren gelten hier als besonders gefährdete Gruppe. So erkennen sie zwar den Unterschied zwischen Programm und Werbeeinspielung, doch erst ab ca. acht Jahren ist es Kindern möglich, den persuasiven Gedanken hinter Werbung zu entschlüsseln. Allerdings können sie sich auch dann nur in geringem Ausmaß gegen die Werbebotschaften schützen (JOHN 1999).

Damit Werbekompetenz bei Kindern wirkungsvoll wird, muss es ihnen möglich sein, die Werbenachricht hoch involviert und damit auf einer zentralen Route zu verarbeiten. Durch den Aufbau der kinderspezifischen persuasiven Botschaften, die als stark ressourcenbindend beschrieben werden können, im Zusammenhang mit den noch nicht vollständig ausgebildeten kognitiven Fähigkeiten der Kinder, ist es ihnen aber nicht möglich, die notwendige kritische Reflexion zu vollziehen. Bei nicht konventionellen Werbeformen wie Advergames und Produktplatzierungen wird diese Problematik möglicherweise noch weiter verstärkt, da hier die Werbenachricht noch weniger klar erkennbar ist und daher kaum reflektiert werden kann (ROZENDAAL et al. 2011). Steigendes Alter kann somit nicht automatisch als eine Schutzfunktion angenommen werden und sollte deshalb bei Studien zur Wirkung von Placements auf Kinder im Studiendesign als Faktor einbezogen werden.

3. Forschungsfragen und Methode

Im Kern des Interesses unserer empirischen Studie stand die Frage, ob die Kinder nach der Rezeption eines Filmes häufiger ein Produkt wählen, das im Film platziert wurde. Im Vordergrund stand dabei das reale Wahl- bzw. Essverhalten nach der Rezeption. Um zu überprüfen, ob eine sehr offensichtliche und lange Platzierung stärker wirkt als ein beiläufiger Einbau des Produkts, wurde auch die Intensität der Placements variiert (SCHEMER et al. 2008). Zudem wurden Kinder mit unterschiedlichem Alter einbezogen. Drei forschungsleitende Fragen standen bei der Studie im Vordergrund: Erstens sollte herausgefunden werden, ob sich durch die Darbietung der Placements ein tatsächlicher Effekt auf das Essverhalten nachweisen lässt. Zweitens sollte überprüft werden, ob neben einem möglichen Verhaltenseffekt auch ein Effekt auf Markeneinstellungen zu beobachten ist. Dies könnte Hinweise auf den zugrundeliegenden Effektmechanismus liefern. Drittens zielte die Studie darauf ab, die Rolle des Alters bei der Wirkung von Placements in Kinderfilmen zu klären.

Die Studie setzte ein 1 x 3-Design mit der Variable Alter als zusätzlichen quasi-experimentellen Faktor um. In die Studie wurden 121 Schüler im Alter von sechs bis 14 Jahren einbezogen. Die Durchführung erfolgte an drei Wiener Schulen, ausschließlich mit elterlicher Einwilligung sowie mit schriftlicher Bewilligung des Wiener Stadtschulrates. Als Filmmaterial dienten die Filme *Alvin und die Chipmunks* sowie *Alvin und die Chipmunks 2* (FSK 0 / ab 0 Jahren freigegeben). Das Product Placement im Film waren Cheese Balls der Marke UTZ, sogenannte ›Käsebällchen‹. Es wurden drei kurze, in sich geschlossene Szenen aus den Filmen kreiert. Zwei der Kurzfilme enthielten Placements, jedoch mit unterschiedlicher Intensität und der dritte Film zeigte keine Platzierungen (Kontrollgruppe). Die Käsebällchen werden in den Szenen von den positiven Charakteren, den Chipmunks, verwendet. In der Szene mit dem starken Placement (hohe Intensität) sind die Käsebällchen sehr häufig zu sehen und die Chipmunks singen ein eigenes Lied für ihren Lieblingssnack. Im zweiten Film (mittlere Intensität) sieht man die Marke nur sehr kurz und der Einbau in die Handlung ist weniger prominent.

Der Ablauf der Studie war folgendermaßen: Die Kinder wurden zufällig auf die Gruppen verteilt. Ihnen wurde in Kleingruppen der jeweilige Ausschnitt gezeigt und anschließend wurden sie von einer weiteren Versuchsleiterin/einem weiteren Versuchsleiter zu einem Einzelgespräch gebracht. Auf dem Weg dorthin wurden ihnen drei ähnliche Snacks angeboten, unter anderem die UTZ-Cheeseballs. So konnte das tatsächliche Verhalten der Kinder (1 = Wahl der Cheeseballs, 0 = keine Wahl der Cheeseballs) gemessen werden. Die Kinder mussten keinen Snack wählen, sondern konnten auch einfach weiter gehen. Die Bewertung der Marke wurde gemessen, indem die Kinder angeben sollten, ob sie das Produkt Cheeseballs zum einen mögen oder nicht mögen und zum anderen lustig oder langweilig finden. Aus beiden Antworten wurde ein Index gebildet ($\alpha = .64$; 34.2 % = nicht mögen; 30 % teils/teils; 36 % mögen). Nach der Befragung wurden die Kinder über die Studie aufgeklärt, um Langzeitfolgen auszuschließen.

4. Ergebnisse

Wie die Ergebnisse zeigen, wählten 18,4 Prozent der Kinder in der Kontrollgruppe die Käsebällchen, hingegen 31,1 Prozent der Kinder in der Gruppe mit mittlerer Intensität und 44,7 Prozent der Kinder in der Gruppe mit der höchsten Intensität (vgl. Abb. 1). Diese deskriptiven Befunde deuten darauf hin, dass die Wahl der Käsebällchen mit zunehmender Darbietungshäufigkeit wahrscheinlicher wird. Um dies statistisch zu testen, haben wir eine logistische Regressionsanalyse mit Produktwahl als abhängige Variable durchgeführt. Geschlecht, Alter, Kenntnis des Films dienten als unabhängige Variablen. Die experimentellen Bedingungen gingen als Dummy-Codes ebenfalls als unabhängige Variable in das Regressionsmodell ein.

ABBILDUNG 1

Wahl der Käsebällchen in Prozent in Abhängigkeit der experimentellen Bedingung

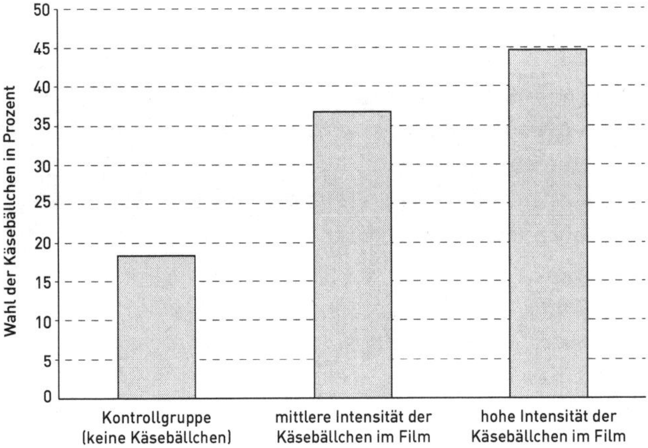

Die Ergebnisse zeigten einen signifikant positiven Effekt der hohen Placement-Frequenz auf die Wahl des Snacks ($\beta = 1.15$, *Exp(b)* = 3.17; Wald $\chi^2 = 3.94$, $p < .05$), allerdings gab es keinen statistisch signifikanten Effekt der moderaten Frequenz ($\beta = .68$, *Exp(b)* = 1.98; Wald $\chi^2 = 1.44$, $p = .23$). Für Buben war die Snackwahl wahrscheinlicher als für Mädchen ($\beta = .88$, *Exp(b)* = 2.42; Wald $\chi^2 = 4.06$, $p < .05$) und die Kenntnis des Films hatte ebenfalls einen signifikanten Effekt ($\beta = 1.55$, *Exp(b)* = 4.73; Wald $\chi^2 = 6.11$, $p < .05$). Alter hatte keinen signifikanten Effekt auf die Wahl der Cheeseballs ($\beta = -.34$, *Exp(b)* = .71; Wald $\chi^2 = 2.72$, $p = .10$). In einem nächsten Schritt wurde überprüft, ob die Darbietung der Placements in Abhängigkeit des Alters und der Vorkenntnis des Films stärker oder schwächer wirkt. Dazu wurden die entsprechenden Interaktionsterme mit ins Modell aufgenommen. Es fand sich keine signifikante Interaktion zwischen Alter und Bedingung, sowohl für die moderate ($\beta = -.53$, *Exp(b)* = .59; Wald $\chi^2 = .99$, *ns*), als auch die hohe ($\beta = -.28$, *Exp(b)* = .76; Wald $\chi^2 = .28$, *ns*) Placement-Häufigkeit. Ebenso ließen sich keine Interaktionen zwischen Kenntnis des Films und moderater ($\beta = 1.36$,

Exp(b) = 3.88; Wald χ^2 = .68, *ns*) sowie hoher Darbietungshäufigkeit (β = .80, *Exp(b)* = 2.23; Wald χ^2 = .28, *ns*) nachweisen. Nagelkerke R betrug R^2 = .23

Schließlich wurden ein einem ordinalen Regressionsmodell die gleichen Prädiktoren zur Vorhersage der Einstellung modelliert. Es gab keinerlei signifikante Effekte, weder von Geschlecht (β = .65, Wald χ^2 = 2.75, *ns*), noch von Alter (β = -.31, Wald χ^2 = 2.80, *ns*) sowie von Filmkenntnis (β = .23, Wald χ^2 = .21, n. s.), moderater Placement-Häufigkeit (β = -.02, Wald χ^2 = .00, *ns*) und hoher Placement-Häufigkeit (β = .27, Wald χ^2 = .32, *ns*). Auch gab es keine Interaktionen zwischen Alter und moderater (β = -.63, Wald χ^2 = 2.44, *ns*) sowie hoher (β = -.75, Wald χ^2 = 2.85, *ns*) Placement-Häufigkeit. Das gleiche traf auf die Vorkenntnis des Filmes zu (moderate Häufigkeit: β = -1.00, Wald χ^2 = .80, *ns*; hohe Häufigkeit: β = -.1.17, Wald χ^2 = 1.01, *ns*).

5. Resümee

Ausgangspunkt für diese Studie war die Beobachtung, dass die Wirkung von Nahrungsmittel-Placements in Kinderfilmen kaum empirisch beleuchtet wurde. Die wenigen vorliegenden Studien arbeiten entweder nicht mit narrativen Filmen und/oder sie untersuchen nicht Effekte auf das tatsächliche Verhalten, sondern lediglich auf Einstellungen und Auskünfte über Verhalten. Dies ist aus unserer Sicht eine zentrale Schwachstelle der bisherigen Forschung. Auch ist bislang über die Rolle des Alters als potenzieller Schutzschild vor Placement-Wirkungen wenig bekannt.

Die vorliegende Studie hat versucht, diese Lücken zumindest teilweise zu schließen. Es konnte nachgewiesen werden, dass Produktplatzierungen in Kinderfilmen das Konsumverhalten von Kindern beeinflussen können, und zwar vor allem dann, wenn die Produkte häufig im Film gezeigt werden. Im Gegensatz zu der Studie von Auty und Lewis (2004) finden wir Effekte auf das Verhalten, ohne die Bedingung der vormaligen Rezeption durch die Kinder. Dies ist ein Hinweis auf die Stärke der hier berichteten Effekte. Unsere Befunde sind vor dem Hintergrund alarmierend, dass Produktplatzierungen von ungesunden Nahrungsmitteln in Kinderfilmen eine sehr gängige und zunehmende Praxis darstellen. Für diese Diskussion ist es ebenfalls relevant, dass der Effekt der Produktplatzierungen sich mit zunehmendem Alter nicht verringert hat. Dies bedeutet, dass im Gegensatz zu klassischer Werbung die zunehmende kognitive Entwicklung von Kindern den Werbeeffekt von Produktplatzierungen nicht vermindern kann.

Möglicherweise liegt das daran, dass Produktplatzierungen nicht als strategische Beeinflussung erkannt werden, sodass die Kinder den gesamten Beeinflussungsprozess gar nicht erst bemerken. Freilich sind weitere Studien notwendig, um diese Fragen umfassender und abschließend zu klären.

Was den Wirkungsmechanismus betrifft, so sprechen unsere Befunde für einen impliziten Persuasionsprozess, der auf das evaluative Konditionieren zurückzuführen ist. Es ließen sich deutliche Effekte auf die spontane Bauchreaktion (= Verhalten) nachweisen, nicht aber auf Einstellungen. Dies war auch bei alternativen, hier nicht berichteten Einstellungsmessungen der Fall. Erklären lässt sich dies durch die positive Bewertung der Chipmunks: Sie sind als Helden des Films eindeutig positiv besetzt, sodass die mehrfache Darbietung der Chipmunks gemeinsam mit der Marke zu einer automatischen Übertragung der positiven Assoziation auf die Marke führt. Ein MEE ist bei dem hier zum Einsatz kommenden Stimulusmaterial eher unwahrscheinlich, da wir zum einen keinen Effekt auf Einstellungen nachweisen konnten und zum anderen die Placements nicht unverstärkt als Screen-Placement dargeboten wurden. Auch können wir ausschließen, dass es sich um einen reinen Neugiereffekt handelt. Dies würde bedeuten, dass die Kinder einfach zum Produkt greifen, ohne dass eine positive automatische Assoziation zwischen Hauptfigur des Films und der Marke bestünde. Wäre dies der Fall, so müssten sich die gefundenen Effekte auf das Verhalten mit zunehmender Erinnerung an das Placement verstärken. Dies ist, wie zusätzliche Analysen zeigen, allerdings keineswegs der Fall.

Dennoch kann der Wirkmechanismus in dieser Studie nur vermutet, nicht aber nachgewiesen werden. Dazu wäre ein grundlegend anderes Design nötig, das die positive Valenz eines Akteurs im Film manipuliert, wobei der Akteur gemeinsam mit dem Produkt mehrfach dargeboten wird (vgl. SCHEMER et al. 2008). Zudem wäre eine experimentelle Gruppe notwendig, in der keine Manipulation der Valenz vorgenommen würde. In letzterer Bedingung wäre ein reiner MEE zu erwarten, bei positiver Manipulation hingegen ein positiver Konditionierungseffekt, bei negativer Manipulation ein negativer. Zusätzlich müsste die automatisch affektive Reaktion mit einem impliziten Einstellungstest, wie etwa dem implizitem Assoziationstest, nachgewiesen werden. Aus methodischer Sicht wäre auch die Reihenfolge der Messung von Einstellung, Verhalten und implizitem Einstellungstest eine Herausforderung, da Reihenfolgeeffekte die Ergebnisse möglicherweise beeinflussen könnten. Dies müsste als zusätzlicher experimenteller Faktor variiert werden. Damit stößt dieses Design an eine Komplexität, die bei der empirischen Arbeit mit Kindern – und dies ist etwas ganz anderes als die ohnehin hoch problematische Arbeit mit Studierendenstichproben – als eine erhebliche Herausforderung zu bezeichnen ist.

Sicherlich ist aber davon auszugehen, dass Produktplatzierungen von Nahrungsmitteln in Kinderfilmen durch mehrere Effektmechanismen einen Einfluss auf Einstellungen und Verhalten ausüben können. Unabhängig vom genauen Mechanismus sehen wir auf Basis unserer Befunde vor allem zwei zentrale Forschungsperspektiven für die zukünftige Forschung: Zum einen erachten wir die Berücksichtigung des tatsächlichen Verhaltens für eine zentrale Notwendigkeit in diesem Forschungsgebiet. Studien, die es sich gewissermaßen einfach machen und lediglich Einstellungen und Verhaltensintentionen messen, zielen möglicherweise vollkommen an der Kernfrage von Werbewirkungen vorbei. Wird bei realen Marken auch noch mit Studierenden gearbeitet, die sich gleich in mehrfacher Hinsicht vom Schnitt der Konsumenten abheben, sind die Ergebnisse nur noch in geringem Maße aussagekräftig. Der in der Forschung vorherrschende Fokus auf Einstellungswirkungen lässt sich sicherlich forschungsökonomisch erklären. Ein weiterer Grund ist möglicherweise aber auch, dass es viel schwieriger ist, tatsächliche Verhaltenseffekte überhaupt nachzuweisen, sodass man sich in der Forschungspraxis dann doch lieber auf einfacher zu findende Effekte beschränkt (für eine ausführliche Diskussion dieses Sachverhaltes, siehe BAUMEISTER et al. 2007). Eine zweite, eng damit verknüpfte Notwendigkeit sehen wir in der Analyse der Langfristigkeit derartiger Effekte. Dies ist in Kinderstudien mit erheblichen forschungsökonomischen Hürden und natürlich auch ethischen Grenzen verbunden: Die Langfristigkeit von Placement-Wirkungen bei ungesunden Nahrungsmitteln zu untersuchen, verbietet sich quasi von selbst. Allerdings wären Studien, die mit gesunden und wenig bedenklichen Nahrungsmittel-Placements arbeiten, zumindest denkbar. Eine andere Alternative wäre das Modellieren von Zeiteffekten im Labor, in dem durch Ablenkungsaufgaben eine Nachhermessung nach verhältnismäßig kurzer Zeit erfolgen könnte, was den Effekt der Zeit zumindest simuliert.

Aber auch ohne solche harten Daten liegt die Vermutung nahe, dass die Darstellung von Nahrungsmitteln in Kinderfilmen nicht ohne substanzielle Effekte auf das Essverhalten oder Konsumverhalten bei Kindern bleibt. Dies ist vor allem mit Blick auf die langfristige Markensozialisation von Kindern als bedenklich einzustufen: Entwickeln sich im jungen Alter Vorlieben für süße oder fetthaltige Produkte (z. B. Zuckergetränke, Fastfood), so ist davon auszugehen, dass diese Vorlieben in gewissem Ausmaß über die Lebensspanne erhalten bleiben, was möglicherweise zu langfristigen Folgen für die Gesundheit und damit auch für die Gesundheitskosten aus Sicht der Gesellschaft führen könnte. Die Erforschung von Placement-Wirkungen leistet bei der Klärung dieser Fragen einen sehr wichtigen Beitrag.

Literatur

AUTY, SUSAN; CHARLIE LEWIS: Exploring Children's Choice: The Reminder Effect of Product Placement. In: *Psychology & Marketing*, 21(9), 2004, S. 699-716

BAUMEISTER, ROY F.; KATHLEEN D. VOHS; DAVID C. FUNDER: Psychology as the Science Of Self-Reports and Finger Movements: Whatever Happened to Actual Behavior? In: *Perspectives on Psychological Science*, 2, 2007, S. 396-403

BOYLAND, EMMA, J.; JASON C. G. HALFORD: Television Advertising and Branding. Effects on Eating Behavior and Food Preferences in Children. In: *Appetite*, 62, 2013, S. 236-241

BUIJZEN, MONIEK; EVA A. VAN REIJMERSDAL; LAURA H. OWEN: Introducing the PCMC Model: An Investigative Framework for Young People's Processing of Commercialized Media Content. In: *Communication Theory*, 20, 2010, S. 427-450

DE HOUWER, JAN; SARAH THOMAS; FRANK BAEYENS: Associative Learning Likes and Dislikes: A Review of 25 Years of Research on Human Evaluative Conditioning. In: *Psychological Bulletin*, 127 (6), 2001, S. 853-869

DIAS, MÓNICA; LUISA AGANTE: Can Advergames Boost Children's Healthier Eating Habits? A Comparison Between Healthy and Non-Healthy Food. In: *Journal of Consumer Behavior*, 10, 2011, S. 152-160

EISENMANN, JOEY C.; TODD R. BARTEE; DEREK T. SMITH; GREGORY J. WELK; JOHN Q. FU: Combined Influence of Physical Activity and Television Viewing Oon The Risk of Overweight in US Youth. In: *International Journal of Obesity*, 32 (4), 2008, S. 613-618

FEIERABEND, SABINE; ULRIKE KARG; THOMAS RATHGEB: Kinder und Medien: Ergebnisse der KIM Studie 2012. In: *Media Perspektiven*, 3, 2013, S. 143-154

FEIERABEND, SABINE; WALTER KLINGLER: Kinder und Medien: Ergebnisse der KIM-Studie 2008. In: *Mediaperspektiven*, 8, 2009, S. 398-412

FRIESE, MALTE; WILHELM HOFMANN; MANFRED SCHMITT: When and Why do Implicit Measures Predict Behavior? Empirical Evidence for the Moderating Role of Opportunity, Motivation, and Process Reliance. In: *European Review of Social Psychology*, 19, 2009, S. 285-338.

GAWRONSKI, BERTRAM; GALEN V. BODENHAUSE: Associative and Propositional Processes in Evaluation: An Integrative Review of Implicit and Explicit Attitude Change. In: *Psychological Bulletin*, 132 (5), 2006, S. 692-731

HALFORD, JASON C. G.; JANE GILLESPIE; VICTORIA BROWN; ELEANOR E. PONTIN; TERENCE M. DOVEY: Effect of Television Advertisements for Foods on Food Consumption in Children. In: *Appetite*, 42 , 2004, S. 221-225

HALFORD, JASON C. G.; EMMA J. BOYLAND; GEORGINA M. HUGHES; LORRAINE P. OLIVEIRA; TERENCE M. DOVEY: Beyond-brand Effect Of Television (TV) Food Advertisements/Commercials on Caloric Intake and Food Choice of 5-7-Year-Old Children. In: *Appetite*, 49, 2007, S. 263-267

HALFORD, JASON C. G.; EMMA J. BOYLAND; GEORGINA M. HUGHES; LEANNA STACEY; SARAH MCKEAN; TERENCE M. DOVEY: Beyond-brand Effect of Television Food Advertisements on Food Choice in Children. The Effects of Weight Status. In: *Public Health Nutrition*, 11, 2008, S. 897-904

HASEBRINK, UWE; HERMANN-DIETER SCHRÖDER; GERLINDE SCHUMACHER: Kinder- und Jugendmedienschutz aus Sicht der Eltern. In: *Media Perspektiven*, 1/2012, 2012, S. 18-30

JOHN, DEBORAH, R.: Consumer Socialization of Children: A retrospective Look at Twenty-five Years of Research. In: *Journal of Consumer Research*, 26, 1999, S. 183-213

KELLER, SIMONE K.; PETER J. SCHULZ: Distorted Food Pyramid in Kids Programmes: A Content Analysis of Television Advertising Watched in Switzerland. In: *European Journal of Public Health*, 21 (3), 2010, S. 300-305

MALLINCKRODT, VICTORIA; DICK MIZERSKI: The Effects of Playing an Advergame on Young Children's Perceptions, Preferences, and Requests. In: *Journal of Advertising*, 36 (2), 2007, S. 87-100

MATTHES, JÖRG; CHRISTIAN SCHEMER; HILKE WILLEMSEN; WERNER WIRTH: Zur Wirkung von Product Placements. Theoretische Überlegungen und experimentelle Befunde zum Mere Exposure-Effekt in audiovisuellen Medien. In: *Medien Journal*, 29, 2005, S. 23 - 37

MATTHES, JÖRG; CHRISTIAN SCHEMER; WERNER WIRTH: More Than Meets the Eye: Investigating the Hidden Impact of Brand Placements in Television Magazines. In: *International Journal of Advertising*, 26 (Herbst), 2007, S. 477 - 503

ROZENDAAL, ESTHER; MATTHEW A. LAPIERRE; EVA A. VAN REIMERSDAL; MONIEK BUIJZEN: Reconsidering Advertising Literacy as a Defense. In: *Media Psychology*, 14 (4), 2011, S. 333 - 354

RUSSELL, CRISTEL A.: Investigating the Effectiveness of Product Placements in Television Shows: The Role of Modality and Plot Connection Congruence on Brand Memory and Attitude. In: *Journal of Consumer Research*, 29, 2002, S. 306 - 318

SCHEMER, CHRISTIAN; JÖRG MATTHES; WERNER WIRTH; SAMUEL TEXTOR: Does ›Passing the Courvoisier‹ Always Pay Off? Positive and Negative Evaluative Conditioning Effects of Brand Placements in Rap Videos. In: *Psychology & Marketing*, 25(10), 2008, S. 923 - 943

SUTHERLAND, LISA A.; TODD MACKENZIE; LISA A. PURVIS; MADELINE DALTON: Prevalence of Food and Beverage Brands in Movies: 1996 - 2005. In: *Pediatrics*, 125 (3), 2011, S. 468 - 474

VAN REIJMERSDAL, EVA A.; ESTHER ROZENDAAL; MONIEK BUIJZEN: Effects of Prominence, Involvement, and Persuasion Knowledge on Children's Cognitive and Affective Responses to Advergames. In: *Journal of Interactive Marketing*, 26 (1), 2012, S. 33 - 42

VAN REIJMERSDAL, EVA A.; JEROEN JANSZ; OSCAR PETERS; GUDA VAN NOORT: The Effects of Interactive Brand Placementso in Online Games on Children's Cognitive, Affective and Conative Brand Responses. In: *Computers in Human Behavior*, 26 (6), 2010, S. 1787 - 1794

ZAJONC, ROBERT B.: Attitudinal Effects of Mere Exposure. In: Journal of Personality and Social Psychology Monographs, 9 (2, Pt. 2), 1968, S. 1 - 27

ZIMMERMAN, FREDERICK J.; JANICE. BELL: Associations of Television Content Type on Obesity in Children. In: *American Journal of Public Health*, 100 (2),2010, S. 334 - 340

JOHANNES KNOLL

Online-Werbung und nutzergenerierte Inhalte – Ein Forschungsüberblick

Mit der Entwicklung hin zum sogenannten Web 2.0 (O'REILLY 2005) haben sich das Internet und vor allem dessen Nutzung grundlegend verändert. Während das Internet zu Beginn noch relativ passiv genutzt wurde, bietet das Web 2.0, d.h. alle »websites built to facilitate interactivity and co-creation of content by website visitors in addition to original authors« (WALTHER/CARR/CHOI/DEANDREA/KIM/TOM/VAN DER HEIDE 2011: 16), heute eine Fülle an Interaktions- und Partizipationsangeboten. Mithilfe dieser lassen sich Inhalte vergleichsweise einfach selbst produzieren und Informationen mehr oder weniger öffentlich austauschen (DÖHRING 2010). Dies hat zur Folge, dass User das Web 2.0 nicht mehr nur zum Aufbau und zur Pflege von Beziehungen nutzen, sondern auch Wissen zunehmend sozial, d.h. im Austausch mit Gleichgesinnten, erschließen (SCHWEIGER 2010). Entsprechend allgegenwärtig sind inzwischen nutzergenerierte Inhalte bei der Web-Nutzung (GIUDICE 2010), wodurch Rezipienten zu annähernd jedem Thema auf eine gewaltige Menge an Meinungen, Gefühlen oder Verhaltensweisen Dritter zugreifen können. Interessanterweise findet man, dass Rezipienten diese Informationen zunehmend nutzen, um andere Inhalte auszuwählen oder zu bewerten. Dies gilt insbesondere für solche Inhalte, die von professionellen Akteuren erstellt, also nicht nutzergeneriert sind, wie z.B. Online-Werbung (METZGER/FLANAGIN/MEEDERS 2010; WALTHER/DEANDREA/KIM/ANTHONY 2010). Beispielsweise tauschen sich Internetnutzer immer häufiger öffentlich über Marken oder Werbung zu Marken aus (DICKEY/LEWIS 2011), wodurch diese nutzergenerierte Kommunikation an Potenzial gewinnt, Markenwahrnehmungen Dritter zu verändern (SMITH/

FISCHER/YONGIJAN 2012). Werbetreibende sind sich dieses Potenzials für die Werbekommunikation durchaus bewusst und versuchen dies auch zu nutzen (KLAASSEN 2007; WALTER et al. 2010). Andererseits fürchten sie, die Kontrolle über Darstellung und Wahrnehmung ihrer Marken zu verlieren (CHERNATONY 2001; KRISHNAMURTHY/DOU 2008). Entsprechend groß ist das Interesse der Werbeindustrie, mehr über einen möglichst erfolgreichen Umgang mit nutzergenerierten Inhalten im Zusammenhang mit Werbekommunikation zu erfahren. Dieses Interesse zeigt sich auch von akademischer Seite, allerdings steckt hier die Forschung noch in ihren Anfängen: »Indeed, it really is only in the last five years that a substantial number of studies on social media as an advertising/promotional vehicle have begun to appear« (OKAZAKI 2013: 58). Darauf aufbauend versucht das nachfolgende Kapitel, mögliche Einflüsse nutzergenerierter Inhalte auf Werbekommunikation darzustellen, indem bisherige Forschungsergebnisse zusammengefasst und Implikationen für die Werbebranche abgeleitet werden. In Anlehnung an Siegert und Brecheis (2010: 28) wird unter Werbung nachfolgend geplante Kommunikation professioneller Akteure verstanden, welche »gezielt Wissen, Meinungen, Einstellungen und/oder Verhalten über und zu Produkten, Dienstleistungen, Unternehmen, Marken oder Ideen beeinflussen« will.

1. Definition und Abgrenzung nutzergenerierter Inhalte

Obwohl nutzergenerierte Inhalte keineswegs einheitlich definiert werden, zeigen sich relativ konsistent drei Gemeinsamkeiten über die unterschiedlichen Definitionen hinweg. Zentrales Merkmal ist zum einen, dass sich nutzergenerierte Inhalte auf »media content created or produced by the general public rather than by paid professionals«(DAUGHERTY/EASTIN/BRIGHT 2008: 16) beziehen. Die jeweiligen Inhalte lassen sich demnach auf normale Web- bzw. Endnutzer außerhalb professioneller Arbeitsroutinen zurückführen (OECD 2007; SHAO 2009; STOECKL/ROHRMEIER/HESS 2007) und werden ohne unmittelbare Gewinnorientierung erstellt (STOECKL et al. 2007). Des Weiteren sind sich die Autoren darüber einig, dass es sich bei nutzergenerierten Inhalten um Online-Inhalte handelt, welche mittels des World Wide Web verteilt und aufgerufen werden können (DAUGHERTY et al. 2008; KRISHNAMURTHY/DOU 2008). Außerdem lässt sich feststellen, dass nutzergenerierte Inhalte öffentlich oder zumindest teil-öffentlich und dauerhaft einem bestimmten Publikum zugänglich sein müssen (KAPLAN/HEANLEIN 2010; KRISHNAMURTHY/DOU 2008; OECD 2007). Dies schließt z. B. Informationen in geschlossenen Sozialen Netzwerken wie Facebook ein, während private Eins-zu-Eins-Kommunikation wie E-Mail oder Instant Messaging, ausgeschlossen wird.

Fokussiert man nun auf die Wirkung und Verarbeitung von nutzergenierten Inhalten, ist es weniger bedeutsam, dass die Inhalte tatsächlich von normalen Nutzern generiert wurden, als vielmehr, dass die Inhalte als solche wahrgenommen werden. Gemäß dem Thomas-Theorem (THOMAS/THOMAS 1928) werden Situationen ihren Konsequenzen nach real, wenn Menschen diese als real definieren. Anders ausgedrückt, ruft vor allem die individuelle Wahrnehmung und Interpretation einer Situation nachfolgendes Verhalten hervor und weniger deren objektive Gegebenheiten. Entsprechend werden Rezipienten vor allem dann auf nutzergenierte Inhalte anders als auf professionell erstellte Online-Inhalte reagieren, wenn sie den Unterschied im Informationsursprung wahrnehmen. Greift man diesen Aspekt auf, lassen sich auch computeraggregierte Online-Informationen als nutzergenerierte Inhalte auffassen, solange diese ursprünglich von Nutzern initiiert wurden und entsprechend wahrgenommen werden (z. B. Likes auf Facebook, Ratings oder Klickzahlen eines Online-Videos). Obwohl Nutzer die jeweilige Information in diesen Fällen nicht selbst kreiert und veröffentlicht haben, lässt sich deren Ursprung, und damit deren Bedeutung, auch auf normale Nutzer zurückführen (WALTHER/JANG 2012). Hierzu passt auch die Tatsache, dass allgemeinhin eher von nutzergenerierten Inhalten und weniger von nutzerkreierten Inhalten gesprochen wird. Der Fokus liegt also bereits dem Begriff nach eher auf der Verursachung durch normale Nutzer und weniger auf dem Vorgang der eigentlichen Kreation. Zusammenfassend werden nutzergenerierte Inhalte als alle (teil-) öffentlich und dauerhaft verfügbaren Online-Informationen verstanden, die von Endnutzern im Gegensatz zu professionellen Akteuren entweder nur initiiert und nachfolgend computeraggregiert veröffentlicht wurden, oder aber von Endnutzern eigenständig kreiert und veröffentlich wurden. Wichtig ist, dass Dritte die Informationen in beiden Fällen als von Endnutzern verursacht auffassen.

Betrachtet man nutzergenerierte Inhalte im Zusammenhang mit Online-Werbung, stellen Electronic Word-of-Mouth (EWOM) und Consumer-Generated Advertising (CGA) verwandte, aber nicht deckungsgleiche Phänomene dar. Während nutzergenerierte Inhalte zumindest teil-öffentlich und dauerhaft im World Wide Web verfügbar sein müssen, bezieht sich EWOM auf »any degree or combination of positive, negative, or neutral comments, recommendations, or any statements about companies, brands, products, or services discussed or shared among consumers in digital or electronic formats « (WANG/ROGERS 2011: 214) und schließt damit z. B. auch E-Mail oder Instant Messaging mit ein. Im Gegensatz zu nutzergenerierten Inhalten bezieht sich EWOM außerdem explizit nur auf marken- oder produktbezogene Kommunikation (GOLDSMITH/HOROWITZ 2006; CAMPBELL/PITT/PARENT/BERTHON 2011). Aus Forscherperspektive betonen Arbeiten zu EWOM zudem eher den Aspekt der Weiterleitung von Inhalten, während unter dem Begriff nutzergenerierte Inhalte eher die Verursachung durch normale Nutzer hervorgehoben und untersucht wird (CHEONG/MORRISON 2008). Im Gegensatz zu EWOM lässt sich CGA als eine Unterform von nutzergenerierten Inhalten verstehen, die beabsichtigt, andere Nutzer hinsichtlich Marken oder Produkten zu informieren und zu überzeugen. Das Besondere ist dabei, dass sich die jeweiligen Nutzer vertrauter Online-Werbemittel wie Videos oder Banneranzeigen bedienen und diese häufig nach dem Vorbild geliebter oder missliebiger Markenwerbung gestalten (CAMPBELL et al. 2011; STEYN/EWING/HEERDEN/PITT/WINDISCH 2011).

2. Nutzung und Erstellung nutzergenerierter Inhalte

Beschäftigt man sich mit Einflüssen nutzergenerierter Inhalte auf Online-Werbung, interessiert selbstverständlich deren Wirkungspotenzial. Zuallererst ergibt sich dies aus der Nutzung dieser Inhalte. In Bezug auf Deutschland zeigt eine repräsentative Befragung (SCHENK/SEIKO 2011), dass über 90 Prozent aller Internetnutzer Web-2.0-Angebote rezipieren und über 71 Prozent selbst nutzergenerierte Inhalte produzieren, indem sie beispielsweise ein Video auf eine Plattform hochladen oder Kommentare zu Inhalten veröffentlichen. Fragt man nun nach Nutzungszahlen von Social Media[1] im Zusammenhang mit Online-Werbung, zeigt eine Befragung (VAN BELLEGHEM/EENHUIZEN/VERIS 2011) von Nutzern europäischer

1 Der Begriff Social Media wird in diesem Kapitel als Synonym zu Web 2.0 verwendet.

Social-Network-Sites (SNS), dass ein Großteil nutzergenerierte Inhalte zu Marken rezipiert (51 %) und auch selbst solche Inhalte erstellt (36 %). Zudem gaben über 50 Prozent der Befragten an, innerhalb ihrer Netzwerke mit Marken bzw. Unternehmensseiten verbunden zu sein. Ersten Untersuchungen zufolge führen sowohl aufseiten der Medien, als auch aufseiten der Rezipienten Faktoren dazu, dass sich Social-Media-Nutzer verstärkt mit derartigen Inhalten beschäftigen. De Vries, Gensler und Leeflang (2012) analysierten 355 Posts von Marken in SNS dahingehend, welche Eigenschaften von Posts die Anzahl der Kommentare und Likes zu den jeweiligen Posts am besten vorhersagen. Hinsichtlich der Generierung von Likes erwiesen sich die Lebendigkeit des jeweiligen Posts, eine mittlere Interaktivität, eine Positionierung am oberen Ende einer Webpage und die Anzahl bisheriger positiver Kommentare als positive Prädiktoren. Ein ähnliches Bild zeigte sich hinsichtlich des Aufkommens von Nutzerkommentaren. User kommentieren dann einen werbenden Post besonders häufig, wenn er eine hohe Interaktivität aufweist, also zum Mitmachen einlädt, wenn er am oberen Ende einer Website erscheint und damit seine Wahrnehmungswahrscheinlichkeit steigt, und wenn zuvor schon möglichst viele andere User den Beitrag kommentiert haben. Offensichtlich beobachten Nutzer das Verhalten ihrer Mitnutzer in hohem Maße (DÖHRING 2010) und machen davon – neben den Eigenschaften der jeweiligen Online-Werbung selbst – die Rezeption und Erstellung eigener nutzergenerierte Inhalte in deren Kontext abhängig. Umgekehrt ist anzunehmen, dass sich ein Großteil der Nutzer dieser Verhaltenssichtbarkeit gegenüber Mitnutzern bewusst ist und diese auch gezielt einsetzt.

Entsprechend weisen Motivstudien wiederholt auf die Bedeutung der Selbstdarstellung und -findung als Hauptbeweggründe der Social-Media-Nutzung hin (BOYD 2007; DAUGHERTY et al. 2008; SHAO 2009). Ähnlich wie bei klassischen Medien (MCQUAIL 1983) lassen sich daneben Unterhaltung, Information sowie Integration und soziale Interaktion als wichtigste Motive der Web 2.0-Nutzung ausmachen (MUNTINGA/MOORMAN/SMIT 2011). Interessanterweise finden sich diese Motive auch, wenn man speziell die Rezeption und Erstellung nutzergenerierter Inhalte im Kontext von Online-Werbung betrachtet. Offene Interviews mit Nutzern von markenbezogenen, nutzergenerierten Inhalten ergaben, dass Konsumenten diese Inhalte zur Unterhaltung, zur Information und aus Gründen wirtschaftlicher Anreize (z. B. zu gewinnende Preise) rezipieren. Darüber hinaus erstellen Nutzer aus Gründen der Selbstdarstellung, der Unterhaltung sowie der sozialen Interaktion mit anderen Nutzern eigene Beiträge im Kontext von Online-Werbung (MUNTINGA et al. 2011). Neu hinzu kommt hier das Bedürfnis, andere Nutzer und Unternehmen beeinflussen zu wollen: »The idea that one can change other people's perceptions, get them to buy a product or get a company to change course is an important motivator for them« (MUNTINGA et al. 2011: 37). In diesem Zusammenhang zeigt sich auch wieder der eingangs erwähnte Partizipationscharakter der Web 2.0-Nutzung (SCHENK/SEIKO 2011).

Die so entstandenen Inhalte lassen sich nach Campbell und Kollegen (2011) vier Kommunikationstypen zuordnen. Konkret systematisieren sie nutzergenerierte Inhalte rund um Online-Werbung danach, ob sie eher kognitiver oder emotionaler Natur sind und ob sie eher auf ein Zusammen oder Gegeneinander der Nutzer ausgelegt sind. Entsprechend lassen sich Inhalte dann eher als Nachfragen, Debatten, Lob oder Kritik klassifizieren.

Aus Mediennutzungsperspektive lässt sich festhalten, dass nutzergenerierte Inhalte definitiv das Potenzial haben, die Wirkung von Online-Werbung zu beeinflussen. Erste Studien konnten sowohl seitens der Medien, als auch seitens der Rezipienten Faktoren herausarbeiten, welche diese Nutzung bedingen. Erkenntnisse bezüglich des Umgangs mit klassischen Medien sowie mit Social Media im Allgemeinen lassen sich häufig auf die Rezeption nutzergenerierter Inhalte im Kontext von Online-Werbung übertragen. Jedoch zeigen Studien auch, dass der veränderten Nutzungssituation im Web 2.0 zusätzlich ihr eigene Nutzungsfaktoren innewohnen (vgl. z. B. Motiv der Einflussnahme, MUNTINGA et al 2011). Entsprechend einhellig weisen bisherige Artikel auf weiteren Forschungsbedarf im Kontext von Online-Werbung hin (z. B. BRIGHT 2011; DAUGHERTY et al. 2008; DE VRIES/GENSLER/LEEFLANG 2012; MUNTINGA et al. 2011).

3. Wirkung nutzergenerierter Inhalte

Ein ähnliches Bild lässt sich hinsichtlich der Untersuchung des Einflusses nutzergenerierter Inhalte auf Online-Werbung zeichnen: »The question remains as to what effect consumer-generated content has on the effectiveness of online advertisements« (STEYN et al. 2011: 139). Obwohl auch hier die Forschung noch in ihren Anfängen steckt (VAN NOORT/ANTHEUNIS/VAN REIMERSDAL 2012), ist bereits ein gemeinsamer, vielversprechender theoretischer Ansatz erkennbar. Dieser besteht darin, Urheber nutzergenerierter Inhalte als soziale Agenten und deren Wirkung im Kontext von Online-Werbung als sozialen Einfluss zu verstehen (WALTHER et al. 2011). Hintergrund hierfür ist die oben beschriebene, stark sozial motivierte Nutzung des Web 2.0. Rezipienten verwenden das Web 2.0, weil sie soziale Beziehungen zu Mitnutzern bzw. Gruppen von Nutzern aufbauen oder pflegen wollen (REN/KRAUT/KIESLER 2007). Daraus lässt sich ableiten, dass Rezipienten nutzergenerierter Inhalte vor allem über zu den Urhebern dieser Inhalte bestehende Beziehungen sozial beeinflusst werden. Sozialer Einfluss wird hier als »change of attitudes, beliefs, opinions, values and behavior, as a result of being ex-posed to other individuals' attitudes, beliefs, opinions, values and behavior« (HEWSTONE/MARTIN 2012 :271) verstanden, und die angesprochenen sozialen Beziehungen können sowohl interpersonaler als auch kollektiver Natur, d. h. Gruppenbeziehungen, sein (vgl. auch KNOLL/SCHRAMM 2012).

Als eine der Ersten griffen Walther, DeAndrea, Kim und Anthony (2010) diesen Ansatz auf und untersuchten den Einfluss von Nutzerkommentaren auf die Wirkung von Werbevideos auf YouTube. Teilnehmer ihres Experiments wurden vor allem dann von Nutzerkommentaren hinsichtlich ihrer Einstellung zu den Werbevideos bzw. deren Inhalten beeinflusst, wenn sie sich mit den Urhebern der Kommentare, d. h. der Gruppe der YouTube-Nutzer, identifizieren konnten. Folgt man den Annahmen des Social-Identity-Ansatzes (TAJFEL/TURNER 1979; TURNER/HOGG/OAKES/REICHER/WETHERELL 1987) bzw. dem SIDE-Modell (SPEARS/LEA 1992), führt die Identifikation mit der jeweiligen Gruppe, d. h. das Bestehen einer gemeinsamen Gruppenbeziehung, zur Anpassung der Rezipienteneinstellungen an die Kommentare in den nutzergenerierten Inhalten. Im Zuge der Identifikation wird die Mitgliedschaft in der jeweiligen Gruppe als positiver Selbstaspekt aufgefasst, dessen Aufrechterhaltung durch gruppenkonforme Reaktionen auf die nutzergenerierten Inhalte angestrebt wird. Entsprechend zogen bei hoher Identifikation negative Kommentare negativere Einstellungen nach sich, während positive Kommentare zu positiveren Einstellungen gegenüber dem Video führten (WALTHER et al. 2010). Ähnlich argumentieren Paek, Hove und Jeon (2013), die Nutzerkommentare im Zusammenhang mit 87 Anti-Raucher-Werbevideos auf YouTube inhaltsanalytisch auswerteten. Sie betrachteten Kommentare als Indikatoren gedanklicher Reaktionen, die aufgrund der Wirkung des jeweiligen Videos und anhängender nutzergenerierter Klickzahlen entstehen. Ihre Ergebnisse zeigen, dass über alle analysierten Videos hinweg die Menge der nutzergenerierten Klicks die Anzahl wohlwollender Rezeptionsgedanken positiv vorhersagt. Nutzer zeigen demzufolge dann vermehrt positive Reaktionen gegenüber einem Werbevideo, wenn der jeweilige nutzergenerierte Kontext eine intensive Nutzung durch andere Rezipienten anzeigt. Je größer die sichtbare Nutzergruppe erscheint, desto stärker wird deren Einfluss angenommen. Auch wenn ihre Vorgehensweise keine streng kausalen Schlüsse zulässt, schließen die Autoren der Studie, dass »viewers' cognitive response to the videos is indeed affected by social contexts on UGC websites like YouTube« (PAEK/HOVE/JEON 2013: 234).

Während sich sowohl Walther et al. (2010) als auch Paek et al. (2013) mit sozialen Einflüssen von Mitnutzergruppen beschäftigten, finden sich Hinweise auf interpersonale Einflüsse in verwandten Forschungsbereichen wie EWOM. Van Noort und Kollegen (2012) untersuchten den Einfluss interpersonaler Beziehungsstärken zwischen Sendern und Empfängern einer viralen Marketingkampagne auf Einstellungen gegenüber der Kampagne. Ihre Ergebnisse zeigen, dass SNS-Nutzer eine weitergeleitete Marketingkampagne und deren Inhalte dann besonders positiv bewerten, wenn sie diese von einem Mitnutzer erhalten, zu welchem sie eine starke soziale Beziehung unterhalten. Auch wenn die eigentliche Wirkung hier nicht von nutzergenerierten Inhalten ausgeht, sondern eher durch das Weiterleiten durch Nutzer verursacht wird, weist die Studie deutliche Parallelen zu den vorherigen Untersuchungen auf. In allen Fällen werden Einflüsse von Mitnutzern in Bezug auf Online-Werbung als soziale Einflüsse modelliert und bestätigt.

Insofern lässt sich resümieren, dass nutzergenerierte Inhalte im Kontext von Online-Werbung die Wirkung dieser sozial beeinflussen können. Die Ergebnisse stehen damit im Einklang zu Studien aus anderen Themenfeldern, welche gleichermaßen Einflüsse nutzergenerierter Inhalte auf die Rezeption und Wirkung professionell erstellter Online-Inhalte nachweisen konnten (z.B. Nachrichten: LEE/JANG 2010; Musik: SALGANIK/DODDS/WATTS 2006; Websites: GIUDICE 2010). Als Wirkungsfaktoren scheinen die Valenz der jeweiligen nutzergenerierten Inhalte, die Menge der verursachenden Nutzer und ob soziale Beziehungen zu den Urhebern der Inhalte bestehen, wichtige Rollen zu spielen. Als theoretische Fundierung erweisen sich etablierte Theorien zu sozialem Einfluss als fruchtbar (WALTHER et al. 2011), wobei deren Anwendung und Fortentwicklung weiterverfolgt werden sollte. Ein relativ aktueller Überblick zum Einsatz von Theorien zeigt, dass diese nur in fünf von 54 analysierten Studien zum Web 2.0 forschungsleitend verwendet wurden (CHONG/XIE 2011). Daneben spricht der rasche technologische Fortschritt für eine stärkere theoretische Fundierung. Eine zu starke Orientierung an der jeweiligen Technologie erschwert es, künftige Nutzung und Wirkungen zu antizipieren, da vergangene Forschung schlichtweg zu schnell überholt ist (SPEARS/LEA/POSTMES/WOLBERT 2011).

4. Chancen für die Werbepraxis

Trotz des noch vergleichsweise geringen Forschungsstands zu nutzergenerierten Inhalten und Online-Werbung lassen sich erste Implikationen für die Werbepraxis ableiten, sofern sich Werbetreibende entschließen, über Social Media zu werben. Dies sollte keinesfalls als selbstverständlich gelten, auch wenn derzeit der Trend besteht, stärker über das Internet sowie Social Media zu werben (EMARKETER 2011; MÖBUS/HEFFLER 2011, 2012). Stehen Werbetreibende vor der Wahl ihrer Kommunikationskanäle, gilt es zuallererst zu fragen, ob das jeweilige Kommunikationsziel und vor allem ob die jeweilige Zielgruppe überhaupt über Social Media zu erreichen ist. Ist dies der Fall, besteht die erste Implikation darin, die Schlüsseleigenschaft des Web 2.0, seinen sozialen Charakter, tatsächlich zu nutzen. Wie oben beschrieben, surfen viele Konsumenten aufgrund sozialer Motive im Web 2.0 und sind dadurch offen gegenüber Einflüssen von Freunden, Bekannten oder sozialen Gruppen. Indem sie z. B. an ihrer eigenen Identität arbeiten, ihre Umwelt verstehen oder Beziehungen pflegen wollen, ist es möglich, dass ihre Einstellungen durch Dritte bzw. deren Inhalte sozial beeinflusst werden (PRISLIN/WOOD 2005). Die bisherige Forschung zeigt, dass dies insbesondere der Fall ist, wenn Nutzer zu ihren Mitnutzern soziale Beziehungen in Form interpersonaler Beziehungen oder gemeinsamer Gruppenmitgliedschaften aufweisen (PAEK et al. 2013; VAN NOORT et al. 2012; WALTHER et al. 2010). Werbetreibende sollten daher versuchen, bestehende soziale Beziehungen zu und vor allem unter den Konsumenten in ihre Werbekommunikation zu integrieren. Besitzt die jeweilige Kommunikation entsprechende Selbstläufer-Qualitäten, sodass Nutzer diese weiterleiten oder publik machen, lässt sich über ein derartiges Beziehungsnetzwerk relativ schnell Aufmerksamkeit und Bekanntheit für Werbung erzielen (BAUER/MARTIN/ALBRECHT 2008; SIEGERT 2010). Daneben zeigt sich, dass sich die Wirkung von Online-Werbung durch entsprechend förderliche nutzergenerierte Inhalte zusätzlich verstärken lässt (WALTHER et al. 2010). Soziale Beziehungen der Webnutzer ermöglichen damit sowohl eine Steigerung von Markenbekanntheit als auch eine Beeinflussung von Markeneinstellungen über Dritte.

Davon ausgehend stellt sich als Werbetreibender die Frage, wie sich diese sozialen Beziehungen zu und unter Rezipienten in die Werbekommunikation integrieren lassen und wie man Rezipienten dazu bringt, diese weiter positiv zu verstärken. In Bezug auf SNS bieten sich z. B. sogenannte Marken-Fanseiten oder der Aufbau eigener Marken-Communities an. Hier können sich Gleichgesinnte austauschen und Unternehmen Kontakt zu (potenziellen) Kunden aufnehmen (MUNIZ/O'GUINN 2001). Umfragen belegen, dass Konsumenten durchaus Lust haben, über Social Media an der Entwicklung von Produkten oder Marken teilzuhaben (VAN BELLEGHEM et al. 2011). Wichtig ist in diesem Zusammenhang, auf die spezifische Nutzungsmotivation der Social-Media-Nutzer einzugehen und mit entsprechenden Angeboten zu reagieren (vgl. auch Abschnitt 2). »Marketers must understand these motivations for consuming this form of media and either strive to provide similar content creation opportunities or advertise on popular UGC sites to reach these consumers« (DAUGHERTY et al. 2008: 23). Beispielsweise surfen Nutzer häufig aus purer Langeweile im Internet oder wollen einfach nur eine unterhaltsame Zeit verbringen (FERGUSON/PERSE 2000). Selbige ließen sich relativ einfach von unterhaltsamer Werbung einfangen, welche darüber hinaus Möglichkeiten zur Teilhabe bieten könnte (KELLY/KERR/DRENNAN 2010). Eine weitere Möglichkeit besteht darin, Online-Wettbewerbe zur Weiterentwicklung von Produkten oder Marken zu veranstalten. Diese können Konsumenten dazu animieren, mit Mitnutzern über Marken zu kommunizieren (PAEK/HOVE/JEON 2011), was den zusätzlichen Vorteil bietet, Informationen über Bedürfnisse von Konsumenten sammeln zu können (DICKEY/LEWIS 2011; RUSSELL 2009; UZUNOGLU 2011).

Lässt man sich nun als Werbetreibender auf derartige Kommunikation ein, ist es von großer Bedeutung, nutzergenerierte Inhalte tatsächlich zu respektieren und zeitnah auf diese zu reagieren, falls dies vonseiten der Nutzer erwartet wird (CHERNATONY 2001). Außerdem ist Werbetreibenden davon abzuraten, selbst entsprechend positive nutzergenerierte Inhalte zu erstellen, auch wenn dies auf den ersten Blick naheliegen mag. Vergangene Fälle zeigen, dass Rezipienten dies häufig herausfinden und deren Reaktionen dann entsprechend negativ ausfallen (CAMPBELL et al. 2011). Überspitzt formuliert lässt sich mit den Worten von Chernatony (2001) schließen: »Successful branding on the Internet will increasingly come from organisations who do not manage market conversations, but rather join in [those conversations]« (192).

Literatur

BAUER, H.H.; I. MARTIN; C.M. ALBRECHT: Virales Marketing als Weiterentwicklung des Empfehlungsmarketing. In: BAUER, H.H.; D. GROSSE-LEEGE; J. RÖSGER (Hrsg.): *Interactive Marketing im Web 2.0+: Konzepte und Anwendungen für ein erfolgreiches Marketingmanagement im Internet*. München [Vahlen] 2008, S. 57-71

BOYD, D.: Why Youth (Heart) Social Network Sites: The Role of Networked Publics in Teenage Social Life. In: BUCKINGHAM, D. (Hrsg.): *MacArthur Foundation Series on Digital Learning – Youth, Identity, and Digital Media Volume*. Cambridge, MA [MIT Press] 2007, S. 119-142

BRIGHT, L.: Media Evolution and the Advent of Web 2.0. In: EASTIN, M.S.; T. DAUGHERTY; N.M. BURNS (Hrsg.): *Handbook of Research on Digital Media and Advertising. User Generated Content Consumption*. Hershey, PA [Information Science Reference] 2011, S. 32-51

CAMPBELL, C.; L.F. PITT; M. PARENT; P.R. BERTHON: Understanding Consumer Conversations Around Ads in a Web 2.0 World. In: *Journal of Advertising*, 40, 2011, S. 87-102

CHEONG, H.J.; M.A. MORRISON: Consumers' Reliance on Product Information and Recommendations found in UGC. In: *Journal of Interactive Advertising*, 8, 2008, S. 38-49

CHERNATONY, L. DE: Succeeding with Brands on the Internet. In: *Journal of Brand Management*, 8, 2001, S. 186-195

CHONG, E.; B. XIE: The Use of Theory in Social Studies of Web 2.0. In: *Proceedings of the 44th Hawaii International Conference on System Sciences*, 2011, S. 1-10

DAUGHERTY, T.; M.S. EASTIN; L. BRIGHT: Exploring Consumer Motivations for Creating User-Generated Content. In: *Journal of Interactive Advertising*, 8, 2008, S. 16-25

DE VRIES, L.; S. GENSLER; P.S. LEEFLANG: Popularity of Brand Posts on Brand Fan Pages: An Investigation of the Effects of Social Media Marketing. In: *Journal of Interactive Marketing*, 26, 2012, S. 83-91

DICKEY, I.J.; W.F. LEWIS: An Overview of Digital Media and Advertising. In: EASTIN, M.S.; T. DAUGHERTY; N.M. BURNS (Hrsg.): *Handbook of Re-*

search on Digital Media and Advertising. User Generated Content Consumption. Hershey, PA [Information Science Reference] 2011, S. 1-31
DÖRING, N.: Sozialkontakte online: Identitäten, Beziehungen, Gemeinschaften. In: SCHWEIGER, W.; K. BECK (Hrsg.): *Handbuch Online-Kommunikation*. Wiesbaden [VS Verlag] 2010, S. 159-183
EMARKETER: Facebook Drives US Social Network Ad Spending Past $3 Billion in 2011. In: *eMarketer*, 18.01.2011. http://www.emarketer.com/Article/Facebook-Drives-US-Social-Network-Ad-Spending-Past-3-Billion-2011/1008180 [24.05.2013]
FERGUSON, D. A.; E. M. PERSE: The World Wide Web as a Functional Alternative to Television. In: *Journal of Broadcasting and Electronic Media*, 2, 2000, S. 155-174
GIUDICE, K. D: Crowdsourcing Credibility: The Impact of Audience Feedback on Web Page Credibility. In: *Proceedings of the American Society for Information Science and Technology*, 47, 2010, S. 1-9
GOLDSMITH, R. E.; D. HOROWITZ: Measuring Motivations for Online Opinion Seeking. In: *Journal of Interactive Advertising*, 6, 2006, S. 3-14
HEWSTONE, M.; R. MARTIN: Social Influence. In: HEWSTONE, M.; W. STROEBE; K. JONAS (Hrsg.): *An Introduction to Social Psychology*. London [BPS Blackwell] 2012, S. 235-272
KAPLAN, A. M.; M. HAENLEIN: Users of the World, Unite! The Challenges and Opportunities of Social Media. In: *Business Horizons*, 53, 2010, S. 59-68
KELLY, L.; G. KERR; J. DRENNAN: Avoidance of Advertising in Social Networking Sites: The Teenage Perspective. In: *Journal of Interactive Advertising*, 10, 2010, S. 16-27
KLAASSEN, A.: Real Revolution Isn't Facebook's Ad Plan. In: *Ad Age*, 12.11.2007. http://adage.com/article/digital/real-revolution-facebook-s-ad-plan/121929/ [24.05.2013]
KNOLL, J.; SCHRAMM, H.: *Advertising in Social Media. The Influence of User-Generated-Content on Advertising Effects*. Vortrag auf der 4th European Communication Conference der European Communication Research and Education Association (ECREA), Istanbul, Türkei.
KRISHNAMURTHY, S.; W. DOU: Note from the Guest Editors: Advertising with User-Generated Content: A Framework and Research Agenda. In: *Journal of Interactive Advertising*, 8, 2008, S. 1-4
LEE, E.-J.; Y. J. JANG: What Do Others' Reactions to News on Internet Portal Sites Tell Us? Effects of Presentation Format and Readers' Need

for Cognition on Reality Perception. In: *Communication Research*, 37, 2010, S. 825 - 846

MCQUAIL, D.: *Mass Communication Theory*. London [Sage Publications] 1983

METZGER, M. J.; A. J. FLANAGIN; R. B. MEDDERS: Social and Heuristic Approaches to Credibility Evaluation Online. In: *Journal of Communication*, 60, 2010, S. 413 - 439

MÖBUS, P.; M. HEFFLER: Die Talfahrt ist gestoppt. Der Werbemarkt 2010. In: *Media Perspektiven*, (6), 2011, S. 321 - 330

MÖBUS, P.; M. HEFFLER: Moderates Wachstum. Der Werbemarkt 2011. In: *Media Perspektiven*, (6), 2012, S. 298 - 307

MUNIZ, J. M.; T. C. O'GUINN: Brand Community. In: *Journal of Consumer Research*, 27, 2001, S. 412 - 432

MUNTINGA, D. G.; M. MOORMAN; E. G. SMIT: Introducting COBRAS: Exploring Motivations for Brand-related Social Media Use. In: *International Journal of Advertising*, 30, 2011, S. 13 - 46

O'REILLY, T.: *What is Web 2.0? Design Patterns and Business Models for the Next Generation of Software*, 30.09.2005. http://oreilly.com/web2/archive/what-is-web-20.html [24.05.2013]

OKAZAKI, S.: Social Media and International Advertising: Theoretical Challenges and Future Directions. In: *International Marketing Review*, 30, 2013, S. 56 - 71

ORGANISATION FOR ECONOMIC CO-OPERATION AND DEVELOPMENT: *Participative Web and User-Created Content: Web 2.0, Wikis and Social Networking*. Paris [Organisation for Economic Co-operation and Development] 2007

PAEK, H.-J.; T. HOVE; J. JEON: Social Media for Message Testing: A Multilevel Approach to Linking Favorable Viewer Responses with Message, Producer, and Viewer Influence on YouTube. In: *Health Communication*, 28, 2013, S. 226 - 236

PAEK, H.-J.; T. HOVE; H. J. JEONG; M. KIM: Peer or Expert? The Persuasive Impact of Youtube Public Service Announcements Producers. In: *International Journal of Advertising*, 30, 2011, S. 161 - 188

PRISLIN, R.; W. WOOD: Social Influence in Attitudes and Attitude Change. In: ALBARRACIN, D.; B. T. JOHNSON; M. P. ZANNA (Hrsg.): *The handbook of attitudes*. Mahwah, N.J [Lawrence Erlbaum] 2005, S. 671 - 706

REN, Y.; R. KRAUT; S. KIESLER: Applying Common Identity and Bond Theory to Design of Online Communities. In: *Organization Studies*, 28, 2007, S. 377 - 408

RUSSELL, M. G.: A Call for Creativity in New Metrics for Liquid Media. In: *Journal of Interactive Advertising*, 9, 2009, S. 44-61

SALGANIK, M. J.; P. S. DODDS; D. J. WATTS: Experimental Study of Inequality and Unpredictability in an Artificial Cultural Market. In: *Science*, 311, 2006, S. 854-856

SCHENK, M.; L. SCHEIKO: Meinungsführer als Innovatoren und Frühe Übernehmer des Web 2.0. Ergebnisse einer internetrepräsentativen Befragung. In: *Media Perspektiven*, (9), 2011, S. 423-431

SCHWEIGER, W.: Informationsnutzung online: Informationssuche, Selektion, Rezeption und Usability von Online-Medien. In: SCHWEIGER, W.; K. BECK (Hrsg.): *Handbuch Online-Kommunikation*. Wiesbaden [VS Verlag] 2010, S. 184-210

SHAO, G.: Understanding the Appeal of User-generated Media: A Uses and Gratification Perspective. In: *Internet Research*, 19, 2009, S. 7-25

SIEGERT, G.: Online-Kommunikation und Werbung. In: SCHWEIGER, W.; K. BECK (Hrsg.): *Handbuch Online-Kommunikation*. Wiesbaden [VS Verlag] 2010, S. 434-460

SIEGERT, G.; D. BRECHEIS: *Werbung in der Medien- und Informationsgesellschaft. Eine kommunikationswissenschaftliche Einführung*. Wiesbaden [VS Verlag] 2010

SMITH, A. N.; E. FISCHER; C. YONGJIAN: How Does Brand-related User-generated Content Differ across YouTube, Facebook, and Twitter? In: *Journal of Interactive Marketing*, 26, 2012, S. 102-113

SPEARS, R.; M. LEA: Social Influence and the Influence of the ›Social‹ in Computer-Mediated Communication. In: LEA, M. (Hrsg.): *Contexts of computer-mediated communication*. New York [Harvester Wheatsheaf] 1992, S. 30-65

SPEARS, R.; M. LEA; T. POSTMES; A. WOLBERT: A side look at computer-mediated interaction. In: BIRCHMEIER, Z.; B. DIETZ-UHLER; G. STASSER (Hrsg.): *Strategic Uses of Social Technology. An Interactive Perspective of Social Psychology*. Cambridge, UK [Cambridge University Press] 2011, S. 16-39

STEYN, P.; M. T. EWING; G. VAN HEERDEN; L. F. PITT: From Whence it Came: Under-Standing Source Effects in Consumer-Generated Advertising. In: *International Journal of Advertising*, 30, 2011, S. 133-160

STOECKL, R.; P. ROHRMEIER; T. HESS: Motivations To Produce User Generated Content: Differences Between Webloggers And Videobloggers. In: *BLED 2007 Proceedings*, 04.-06.06.2007

TAJFEL, H.; J. C. TURNER: An Integrative Theory of Intergroup Conflict. In: AUSTIN, W. G.; S. WORCHEL (Hrsg.): *The Social Psychology of Intergroup Relations*. Monterey, CA [Brooks/Cole] 1979, S. 33 - 47

THOMAS, W. I.; D. S. THOMAS: *The Child in America. Behavior Problems and Programs*. New York, NY [Knopf] 1928

TURNER, J. C.; M. A. HOGG; P. J. OAKES; S. D. REICHER; M. S. WETHERELL: *Rediscovering the Social Group: A Self-Categorization Theory*. Oxford [Blackwell] 1987

UZUNOĞLU, E.: Consumer As Advertiser: A Conceptual Perspective. In: *Global Media Journal: Turkish Edition*, 2, 2011, S. 138 - 159

VAN BELLEGHEM, S.; M. EENHUIZEN; E. VERIS: *Social Media Around the World 2011*, 2011. http://de.slideshare.net/stevenvanbelleghem/social-media-around-the-world-2011/download?lead=394fd930572c9b62fb082021af5a6d0922046ec4 [24.05.2013]

VAN NOORT, G.; M. L. ANTHEUNIS; E. A. VAN REIJMERSDAL: Social Connections and the Persuasiveness of Viral Campaigns in Social Network Sites: Persuasive Intent as the Underlying Mechanism. In: *Journal of Marketing Communications*, 18, 2012, S. 39 - 53

WALTHER, J. B.; C. T. CARR; S. S. CHOI; D. DEANDREA; J. KIM; S. TOM TONG; B. VAN DER HEIDE: Interaction of Interpersonal, Peer, and Media Influence Sources Online. A Research Agenda for Technology Convergence. In: PAPACHARISSI, Z. (Hrsg.): *A Networked Self. Identity, Community and Culture on Social Network Sites*. New York [Routledge] 2011, S. 17 - 38

WALTHER, J. B.; D. DEANDREA; J. KIM; J. C. ANTHONY: The Influence of Online Comments on Perceptions of Antimarijuana Public Service Announcements on YouTube. In: *Human Communication Research*, 36, 2010, S. 469 - 492

WALTHER, J. B.; J. W. JANG: Communication Processes in Participatory Websites. In: *Journal of Computer-Mediated Communication*, 18, 2012, S. 2 - 15

WANG, Y.; S. RODGERS: Electronic Word of Mouth and Consumer Generated Content. From Concept to Application. In: EASTIN, M. S.; T. DAUGHERTY; N. M. BURNS (Hrsg.): *Handbook of Research on Digital Media and Advertising. User Generated Content Consumption*. Hershey, PA [Information Science Reference] 2011, S. 212 - 231

SARAH KOHLER / JOHANNES SCHULTE /
VOLKER GEHRAU

Fernsehwerbung 2.0 – Die Rezeption von Werbespots auf YouTube und ihre Beziehung zu Offline-Rezeptionsindikatoren

1. Neue Herausforderungen für die Werbung

Immer wieder ist von einer Krise der klassischen Werbung die Rede. An den Umsatzzahlen lässt sich dieses Krisenszenario zumindest für den Bereich der Fernsehwerbung jedoch nicht ablesen: Im Jahr 2011 umfassten die Bruttowerbeaufwendungen für das Fernsehen ca. 11,1 Milliarden Euro, was einem Anteil von etwa 43,5 Prozent des gesamten Werbemarkts in Deutschland entspricht. Damit konnte der Fernsehwerbemarkt seit 2009 im relativen Vergleich mit anderen Medien seine Bedeutung sogar noch vergrößern (vgl. MÖBUS/HEFFLER 2012: 298). Das Fernsehen scheint heute mehr denn je das wichtigste Medium für den Werbemarkt zu sein und besitzt damit eine enorm hohe Relevanz für die Werbetreibenden. Die Probleme, die den Eindruck einer Krisensituation begründen, dürften demnach eher nicht finanzieller Natur sein. Ursachen für ein Krisenszenario klassischer Werbeformen lassen sich aber auch an veränderten Rezeptionsweisen und den damit verbunden Konsequenzen festmachen: Die Informationsflut in allen Bereichen des täglichen Lebens hat etwa zur Folge, dass die Werbetreibenden immer stärker um das viel zitierte knappe Gut Aufmerksamkeit kämpfen müssen (vgl. SIEGERT/BRECHEIS 2010: 56; SCHMIDT 1991: 8). Eine klassische, auf die Massenmedien Fernsehen, Radio und Print fokussierte Strategie im Umgang mit diesem Problem wäre die Erhöhung des Werbedrucks für einzelne Anzeigen oder Spots. In der Forschung wird der Erfolg dieses Ansatzes jedoch kritisch hinterfragt, weil eher eine erhöhte Reaktanz aufseiten der Rezipienten ausgelöst werden könnte (vgl. SCHIMANSKY 1999: 126f.) und auch mit Wear-Out-Effekten zu rechnen ist, also Ermüdungs- und Abnutzungseffekten beim Rezipienten (vgl. HENDERSON BLAIR 1998; AXELROD 1980). Die klassische, massenmediale Werbeplanung dürfte bei dem Problem des ›Information Overload‹ schnell an ihre Grenzen stoßen.

Mit der Verbreitung des Internets in den vergangenen 15 Jahren, spätestens aber seit dem Durchbruch des Web 2.0, haben eine Vielzahl neuer medialer Kanäle Einzug in das tägliche Mediennutzungsverhalten der Rezipienten erhalten, die somit für die Werbewirtschaft von hoher Relevanz sind. Aus ihrer Perspektive könnte die Eigenheit des Internets interessant sein, nicht nur eine Plattform für originale, eigens produzierte Inhalte zu sein, sondern auch als Distributionskanal für Inhalte bereitzustehen, die ursprünglich in anderen medialen Kontexten entwickelt wurden (vgl. FREES/VAN EIMEREN 2011: 350). Rezipienten könnten mit einer solchen crossmedialen Umsetzung von Werbekampagnen über neue Kanäle mit bereits entwickelten Werbemaßnahmen erreicht werden. Aufgrund der Potenziale für eine genauere Zielgruppenansprache im Internet dürfte eine solche Strategie im Hinblick auf die Wirkung der Werbung erfolgreicher sein als lediglich eine Erhöhung des Werbedrucks in den klassischen Massenmedien.

Für den Bereich der Fernsehwerbung erscheinen Videoportale im Internet besonders interessant. Laut ARD/ZDF Online-Studie 2012 nutzen 59 Prozent aller Onliner ab 14 Jahren Videoportale zumindest selten (vgl. BUSEMANN/GSCHEIDLE 2012: 381). YouTube ist dabei »Platzhirsch« (VAN EIMEREN/FREES 2010: 351) und »zentrale Anlaufstelle für Bewegtbildnutzung« (BUSEMANN/GSCHEIDLE 2012: 388) im Internet: Laut eigenen Angaben verzeichnet YouTube mehr als eine Milliarde monatlicher einzelner Nutzer, pro Monat werden insgesamt mehr als 4 Milliarden Stunden Videos aufgerufen. Im Jahr 2011 zählte YouTube mehr als 1 Billion Aufrufe (vgl. YouTube o. J.). Zwar werden die meisten dieser Videos von nichtprofessionellen Nutzern hochgeladen, die meisten Abrufe hingegen entfallen auf professionell produzierte Inhalte (vgl. FREES/VAN EIMEREN 2011: 353) – dazu zählen auch Werbespots. Für Werbetreibende scheint es in Anbetracht dieser Nutzungszahlen hoch interessant, Internetkanäle gezielt als kostenlosen Verbreitungsweg für bereits produzierte Werbemaßnahmen zu nutzen und bewusst Fernsehwerbespots auf Videoplattformen wie YouTube hochzuladen.

Bislang ist jedoch noch nicht hinreichend geklärt, ob die Verbreitung von Werbespots auf offiziellen Videoportalen wie YouTube tatsächlich eine ernstzunehmende Chance darstellt oder eher als Bedrohung anzusehen ist. Als riskant kann dieses Vorgehen angesehen werden, weil die Werbetreibenden die Kontrolle über den Kommunikationsprozess verlieren, wenn Privatpersonen die professionell-produzierten werblichen Inhalte eigenständig in sozialen Netzwerken verbreiten. Zunächst mag dieser Prozess durchaus wünschenswert erscheinen, da durch eine solche Diffusion des Werbespots eine größere Masse an Rezipienten erreicht werden kann, ohne zusätzliche Kosten für Werbeschaltungen zu verursachen. Jedoch könnten etwa negative Kommentare eines Spots auf YouTube den positiven Effekt der Verbreitung aufheben und eine negative Werbewirkung zur Folge haben. Eine Chance wäre wiederum gegeben, wenn genau das Gegenteil erfolgt: eine positiv konnotierte Verbreitung und dadurch ein Glaubwürdigkeitsgewinn durch eine persönliche Empfehlung. Diesem Prozess einer ›viralen Kommunikation‹ wird in der Werbepraxis eine große Bedeutung beigemessen, sorgt er doch dafür, dass die passive Rezeption der Werbung im Fernsehen zu einer aktiven Auseinandersetzung mit Werbebotschaften im Web 2.0 wird (vgl. HEUSER/SPOUN 2009).

Ein Beispiel ist eine crossmedial integrierte Kampagne des US-amerikanischen Sportartikelanbieters Nike. Zur Fußball-Weltmeisterschaft 2010 schaltete Nike 60-sekündige Werbespots im Fernsehen. Zwei Tage vor dem offiziellen Start der Kampagne veröffentlichte Nike dazu zuerst auf der eigenen Homepage, danach auf YouTube und Facebook, eine dreiminütige Vollversion (vgl. NIKE 2010). Diese volle Version wurde von einem privaten User auf YouTube erneut neu hochgeladen und insgesamt über 1,9 Millionen Mal angeklickt. Das Beispiel illustriert: Werbung funktioniert nicht mehr wie in der Vergangenheit rein unidirektional (vgl. CAMPBELL et al. 2011: 87), seit der Konsument mit dem Web 2.0 selbst Einfluss auf die Rezeption und Verbreitung hat. Er bewertet, kommentiert und trägt weiter – das Prinzip des ›like and share‹. Längst hat ein Wechsel von einem passiven Rezipienten zu einem aktiven Partizipienten stattgefunden (vgl. ALTMANN 2011: 19; SCHWEIGER 2007: 162ff.).

Die Bereitschaft privater User, aktiv im Web mitzuwirken, sollte die Werbung voll ausschöpfen und entsprechend User-Generated Content auch als »eine neue Wissensquelle für Forschung und Unternehmen«

(GRAFF/THEOBALD 2010: 194) nutzen – zum Beispiel, um den Erfolg oder Misserfolg eines Spots zu evaluieren. Dadurch könnte die Verbreitung von Fernsehwerbespots auf YouTube nicht nur für den Erfolg der Werbung, sondern auch für die strategische Werbeplanung von großer Bedeutung sein. Denn für Unternehmen ist bis dato der Erfolg oder Misserfolg eines einzelnen Werbespots kaum messbar. Der Umgang der Rezipienten mit den Spots auf YouTube hingegen ist mithilfe der detaillierten Videostatistik für jedermann nachzuvollziehen. Allerdings ist bislang unklar, in welcher Beziehung klassische Fernsehwerbung zu der Resonanz der digitalen Pendants auf YouTube steht. Bei der Erforschung des viralen Kommunikationsprozesses standen bislang vor allem inhaltliche Charakteristika der Botschaft sowie psychologische Faktoren aufseiten der Rezipienten im Fokus des Interesses (vgl. SOUTHGATE et al. 2010; YU/SUNG 2010; BERGER/MILKMAN 2012). In der vorliegenden Studie wird einem anderen Ansatz gefolgt: Im Zentrum steht die Frage, in welchem Zusammenhang die (passive) Rezeption eines Werbespots im Fernsehen mit der (aktiven) Nutzung eines Werbespots auf YouTube steht.

In dieser Studie werden exemplarisch drei Werbespot-bezogene Parameter betrachtet: (1) Werbemittelkontakte, (2) Gefallen des Werbespots sowie (3) Kommunikation in Bezug auf den Werbespot. Die Studie ist als Sekundäranalyse eines vierteiligen Datensatzes angelegt, die auf der Ebene einzelner Werbespots aggregiert wurden. Da hier eine erstmalige Annäherung an das Forschungsfeld erfolgt, erhebt diese Studie nicht den Anspruch der Repräsentativität, sondern möchte eine erste Exploration der Zusammenhänge ermitteln. Dadurch können neue Forschungsfragen generiert werden, die für ein weiteres Vorgehen Ansatzpunkte bieten können. Mithilfe der Analysestrategie lässt sich zum einen Grundlagenwissen darüber schaffen, was Menschen tun, wenn sie sich auf YouTube Fernsehwerbespots ansehen. Zum anderen sollen Parameter, die auf YouTube zur Verfügung stehen, dahingehend eingeschätzt werden, ob und inwieweit sie Auskunft über Offline-Phänomene geben können.

1.1 *Indikatoren der Online- und Offline-Rezeption*

Ein Werbespot auf YouTube wird vermutlich dann als erfolgreich bezeichnet, wenn er sowohl hohe Klickraten, als auch viele positive Bewertungen bekommt. Eine hohe Anzahl von Klicks bedeutet schlicht, dass der Spot weit verbreitet wurde. Je höher die Klickzahl, desto wahrscheinlicher ist, dass ein User mit dem Spot durch Empfehlungen von YouTube selbst oder durch andere User in Verbindung kommt. Die Bewertungsfunktion erlaubt dem User außerdem, durch einen Klick auf das entsprechende Symbol Gefallen auszudrücken. Je mehr positive Bewertungen vorhanden sind, desto eher steht das Video in der Gunst der Rezipienten. Die Anzahl der Kommentare ist ebenso aufschlussreich, denn sie könnte einen Indikator für den Gesprächsbedarf darstellen. Nach Haas et al. (2010) ist das Besondere an der Online-Kommunikation, dass sie auf der einen Seite wie ein interpersonales Gespräch zwischen Beteiligten wirken kann, auf der anderen Seite aber für Externe beobachtbar und somit öffentlich ist. Foren-Kommunikation könnte daher als interpersonal-öffentliche Kommunikation bezeichnet werden (vgl. HAAS et al. 2010: 247). Somit könnte die Anzahl der Kommentare ein Indiz für den ›Gesprächsbedarf‹ über den Werbespot auf YouTube sein.

Für Werbespots im Fernsehen lassen sich analoge Parameter finden: Kontakthäufigkeit, Gefallen und interpersonale Kommunikation – diese Erfolgskriterien von Werbung sind in der (Werbe-)Wirkungsforschung nicht neu und somit nicht exklusiv für Videoangebote im Internet. Auch bei der Fernsehwerbung kann anhand des Werbedrucks eines bestimmten Werbespots auf eine Kontaktwahrscheinlichkeit geschlossen werden. Unter den Schlagwörtern ›Attitude toward the Ad‹ und ›Ad-Likeability‹ wird schon seit den 1980er-Jahren diskutiert, welche Bedeutung eine positive Einstellung gegenüber konkreten Werbestimuli für andere Dimensionen der Werbewirkung besitzt, etwa für Markenbewertung und Kaufintention (vgl. SMIT et al. 2006; THORSON 1989). Wenn ein Spot mit einer erhöhten Sendefrequenz ausgestrahlt wird, erhöht dies die Wahrscheinlichkeit, dass ein Fernsehzuschauer den Spot in der Werbeunterbrechung sieht. Das generelle Gefallen ist darüber hinaus ein Indikator, ob der Spot bei einem durchschnittlichen Zuschauer eher positiv oder eher negativ ausfällt. Und nicht zuletzt konnten verschiedene Studien aufzeigen, dass Gespräche über Massenmedien eine große Rolle in der interpersonalen Alltagskommunikation spielen – auch wenn die Rolle von Werbespots als Gesprächsthemen bislang noch nicht gesondert analysiert worden ist (vgl. GREENBERG 1975; KEPPLINGER/MARTIN 1986; KEPPLER 1994; GEHRAU/GOERTZ 2010). Die Gesprächshäufigkeit könnte somit wieder ein Indikator sein, ob die Anschlusskommunikation bei dem Werbespot auffällig hoch ist.

Die drei Indikatoren, mit denen in dieser Studie weitergearbeitet wird, sind entsprechend der Analogie zu Online- und Offline-Rezeption (1) Kontakt (2) Gefallen und (3) Kommunikation (siehe Tab. 1). Die vorliegende Studie versucht Informationen über die Verbreitung und Rezeption von Werbespots im Fernsehen und auf YouTube zu verknüpfen, um damit zu klären, ob zwischen den einzelnen Online- und Offline-Indikatoren ein Zusammenhang besteht.

TABELLE 1
Indikatoren der Online- und Offline-Rezeption

	Online (Werbespot auf YouTube)	Offline (Werbespot im Fernsehen)
Kontakt	Anzahl der Aufrufe	TV-Frequenz
Gefallen	Anzahl der positiven Bewertungen	Durchschnittliches Gefallen
Kommunikation	Anzahl der Kommentare	Gesprächshäufigkeit

2. Methodisches Vorgehen

2.1 *Hypothesen*

Auf theoretischer Ebene lassen sich unterschiedliche Hypothesen ableiten, wie die Relation zwischen der Nutzung von Werbespots auf YouTube und derselben Spots im Fernsehen steht. Analytisch gesehen entsteht aus den drei Offline- und drei Online-Angaben eine Matrix, die Auskunft über die Relation geben kann (siehe Tab. 2). Auch wenn die Kausalität aus diesen Zusammenhängen nicht abgeleitet werden kann, so erscheinen bestimmte Einflussrichtungen dennoch plausibler als andere. Aus diesem Grunde werden die im Folgenden formulierten Hypothesen kausal beschrieben, wobei jedoch stets die Möglichkeit einer umgekehrten Kausalität mitgedacht werden muss.

Wenn sich in der Matrix keine Assoziationen finden, gilt die *Nullhypothese. Die Nullhypothese* würde bedeuten, dass das Verhalten auf YouTube nicht mit dem entsprechenden Offline-Verhalten zusammenhängt: Die Nutzung und Wirkung von Fernsehwerbung ist unabhängig von der Nutzung und Wirkung auf YouTube.

Sollten sich aber systematisch Assoziationen zeigen, so gibt deren Struktur Auskunft über die Art des Zusammenhangs zwischen den Offline- und den Online-Phänomenen:

Sollte dies nur bei den jeweils korrespondierenden Parametern (z. B. Online-Gefallen und Offline-Gefallen) auftreten, dann träfe eine *Korrespondenzhypothese* zu. Somit gäbe es keinen Unterschied, ob ein Rezipient einen Werbespot online oder offline wahrnimmt. Würde ihm ein Spot im Fernsehen gefallen, gefällt er ihm auch auf YouTube, spricht er darüber mit anderen, kommentiert er ihn wahrscheinlich auch auf YouTube. Dies wäre eine sehr nahe Entsprechung der Online- und Offline-Phänomene.

TABELLE 2

Zusammenhänge von Online- und Offline-Indikatoren

	Online-Kontakt	Online-Gefallen	Online-Kommunikation
Offline-Kontakt	Korrespondenzhypothese	Evaluationshypothese	Viraleffekt-Hypothese
Offline-Gefallen	Nachnutzungshypothese	Korrespondenzhypothese	Viraleffekt-Hypothese
Offline-Kommunikation	Anregungshypothese	Evaluationshypothese	Korrespondenzhypothese

Sollten demgegenüber einzelne, nicht korrespondierende Parameter systematisch miteinander korrelieren, so gäbe das Hinweis auf bestimmte Nutzungs- oder Wirkungsmuster. Diese Patterns geben Aufschluss über unterschiedliche Zusammenhänge: Sollte der Offline-Kontakt mit Online-Gefallen korrelieren, dann würde das eine positive Wirkung indizieren (Evaluationshypothese). Das bedeutet, wenn jemand einen Spot im Fernsehen gesehen und auf YouTube mit »Mag ich« bewertet hat, hat dieser Spot einen positiven Eindruck auf den Rezipienten hinterlassen. Dieselbe Hypothese kann ebenfalls für Offline-Kommunikation und Online-Gefallen formuliert werden. Ein Gespräch über einen Fernsehwerbespot wäre dann mit einer positiven Evaluation desselben Spots im Internet verbunden. Sollte darüber hinaus der Offline-Kontakt oder das Offline-Gefallen mit Online-Kommunikation zusammenhängen, so entspräche dies dem gewünschten viralen Marketingeffekt (Viraleffekt-Hypothese). Die Rezeption und/oder das Gefallen eines Fernsehwerbespots haben in diesem Fall den Wunsch ausgelöst, diesen Spot online zu verfolgen und ihn zu kommentieren. Würde das Offline-Gefallen mit dem Online-Kontakt zusammenhängen, dann entspräche die Konstellation einer Nachnutzung, bei der man sich einen Fernsehspot, den man mochte, auf YouTube noch einmal ansehen möchte (Nachnutzungs-Hypothese). Ein Zusammenhang zwischen Offline-Kommunikation und Online-Kontakt würde wiederum eine Anregung der Spotnutzung auf YouTube durch ein persönliches Gespräch über den Spot andeuten (Anregungshypothese).

2.2 *Sekundäranalyse von vier Teilstudien*

Die vorliegende Studie basiert auf einer Sekundäranalyse von vier Teilstudien, die im Rahmen eines Forschungsseminares am Institut für Kommunikationswissenschaft in Münster im Jahr 2010 erhoben wurden (vgl. GEHRAU et al. 2011: 15ff.). Hierbei handelt es sich um (1) eine Frequenzanalyse, (2) eine Online-Befragung, (3) eine Rezeptionsanalyse und (4) eine Analyse von YouTube-Daten.

(1) Die Frequenzanalyse basiert auf zwei künstlichen Wochen im Zeitraum von 27. Mai bis 14. Juni 2010. Während der Primetime von 17-22 Uhr wurden die privaten Sender mit den durchschnittlich höchsten Einschaltquoten und Kontaktzahlen untersucht (RTL, SAT.1, PRO7, RTL2, KABEL1 und VOX). Da die öffentlich-rechtlichen Sender den gesetzlichen Werbebeschränkungen unterliegen, wurden diese nicht einbezogen. Im Vordergrund stand die Frage, welche Werbespots wie oft gesendet wurden. Jede Spotschaltung wurde zunächst nach formalen Kriterien wie Sender, Sendetag, Dauer etc. klassifiziert, bevor dann zur weiteren Unterscheidung Marke sowie Produkt oder Dienstleistung, der Slogan und eine kurze inhaltliche Beschreibung erfasst wurden. Durch dieses Verfahren konnte für jeden Spot eine Identifikationsnummer (Spot-ID) vergeben werden, die die eindeutige Zuordnung des Spots innerhalb der anderen Datensätze erlaubte. Die Stichprobe umfasst $n = 1.333$ Spotschaltungen, nicht berücksichtigt wurden TV-Eigenwerbung, Sponsoring und sogenannte ›Reminder‹, also Werbespots, die auf einen vorher geschalteten Spot aufbauen und lediglich fünf bis zehn Sekunden lang sind. Insgesamt 258 unterschiedliche Werbespots sind in der Stichprobe enthalten. Mithilfe einer Häufigkeitsauszählung wurden die 50 Spots mit dem höchsten Werbedruck identifiziert.

(2) Um sich dem Phänomen ›Gespräche über Werbung‹ empirisch zu nähern, wurde in Kooperation mit mindline media GmbH eine Online-Befragung konzipiert und durch das Marktforschungsunternehmen im

Zeitraum vom 28. Juni bis 4. Juli 2010 durchgeführt. Durch die Kooperation konnte auf ein repräsentatives Panel der deutschsprachigen Bevölkerung im Alter von 14 bis 49 Jahren zurückgegriffen werden. Die Stichprobe wurde nach Alter, Geschlecht, Bildung und Bundesland quotiert und umfasst 437 Fälle. Im ersten Teil der Online-Befragung wurde den Teilnehmern die offene Frage gestellt, ob sie in letzter Zeit mit anderen über einen Fernsehwerbespot geredet hatten, den sie zuvor gesehen haben. Diejenigen, die sich erinnern konnten, wurden aufgefordert den Spot näher zu beschreiben. Sie sollten Marke und/oder das Produkt oder die beworbene Dienstleistung notieren und kurz den Inhalt des Werbespots zusammenfassen. Dadurch konnten die Spots identifiziert und ihnen die passende Spot-ID zugeordnet werden. Fast 46 Prozent der Befragten konnten sich sowohl an einen Spot als auch an ein Gespräch erinnern, sodass $n = 201$ in die Sekundäranalyse einbezogen werden konnten. Der entsprechende Parameter ist hier die Gesprächshäufigkeit über einen Werbespot (Offline-Kommunikation).

(3) Die Rezeptionsanalyse wurde im Anschluss an die Frequenzanalyse und die Online-Befragung durchgeführt und bewertete Spots auf Inhalt und Charakteristika. In der Rezeptionsanalyse wurden dabei vor allem die Spots untersucht, die durch ihre besondere hohe Frequenz oder Erinnerung in der Online-Befragung auffällig waren. In der Analyse standen unter anderem ›klassische‹ Spotdimensionen wie humorvoll, erotisch etc. im Vordergrund. Jeder Spot wurde von insgesamt 15 verschiedenen geschulten Personen bewertet, sodass hier eine durchschnittliche Charakterisierung der Spots vorgenommen werden konnte. Die Items wurden auf einer 100-stufigen Skala bewertet, dies sollte feine Unterschiede in der Wahrnehmung der Spots offenlegen. Ebenfalls abgefragt wurde über das Item »Dieser Spot gefällt mir« das generelle Gefallen an dem Spot. Dadurch konnte der Parameter des durchschnittlichen Gefallens eines Werbespots gebildet werden (Offline-Gefallen).

(4) Parallel zu den anderen Studien wurden als indirekte Beobachtung auf YouTube die Nutzungsstatistiken im Zeitraum vom 21. Juni bis 23. Juli 2010 ausgelesen. Da die Werbespots zum Teil mehrfach hochgeladen worden waren, wurden die Klickraten, Bewertungen und die Kommentierungen für bis zu 275 Videos pro Tag abgerufen. Ferner wurde regelmäßig überprüft, ob neue Videos der spezifizierten Werbespots eingestellt worden sind, die in die Analyse mit einbezogen werden mussten. Voraussetzung war immer eine eindeutige Zuordnung des YouTube-Spots mit einer Spot-ID. Die YouTube-typischen Daten, die hier als Parameter eingesetzt

werden, sind die Anzahl der Aufrufe insgesamt (Online-Kontakt), die Anzahl der positiven Bewertungen (Online-Gefallen) und die Anzahl der Kommentare (Online-Kommunikation). Für die Analyse waren nicht die Veränderungen der Rezeptionsparameter im Zeitverlauf ausschlaggebend, sondern nur die Werte am Ende des Untersuchungszeitraums, die dann mit den anderen Indikatoren verglichen werden sollten.

Alle Daten wurden auf Spot-Ebene mittels der zugehörigen Spot-ID aggregiert. Prämisse für die Sekundäranalyse war, dass die Spots in allen Teilstudien untersucht wurden. Hier ergaben sich zum Teil Inkongruenzen: manche Werbespots aus der Frequenzanalyse waren z. B. nicht auf YouTube vorhanden, oder die offene Frage in der Online-Befragung wurde nicht detailliert genug beantwortet, sodass keine eindeutige Zuordnung zu einer Spot-ID erfolgen konnten. Bei drei Spots traten Fehler im automatisierten Abruf der YouTube-Daten auf, die aber nur jeweils einen einzelnen Parameter betreffen. Somit fließen in die Auswertung der Sekundäranalyse $n = 26 - 28$ Spots ein. Die geringe Fallzahl unterstreicht den explorativen Charakter der Studie, um erste Erkenntnisse über den Zusammenhang von Online- und Offline-Rezeption von Fernsehwerbespots zu erlangen ist das methodische Design jedoch geeignet.

3. Ergebnisse der Analyse

Die erste Deskription zeigt, dass die Spots in ihren Charakteristika recht unterschiedlich sind (siehe Tab. 3). Exemplarisch seien hier zwei Beispiele genannt:

Sehr auffällig ist der Spot von Nike auf YouTube, der über 19 Millionen Mal aufgerufen wurde und sehr viele positive Bewertungen und Kommentare generiert hat. Er stößt zwar auch auf ein relativ hohes Offline-Gefallen, aber in der tatsächlichen Sendefrequenz und in der Anschlusskommunikation liegt er eher im oberen Mittelfeld. Hier ist aber auch zu bedenken, dass YouTube eine internationale Plattform ist. Ein großer Teil der Aufrufe stammt mit Sicherheit aus dem Ausland. Das generelle Gefallen an dem Spot ist hingegen hoch, sowohl online, als auch offline. Ein ebenfalls starkes Gefallen löst der Spot von Zalando aus. Dieser Spot ist sehr interessant, weil er eine auffallend hohe Anzahl an Gesprächen offline verursacht hat, und mit einem sehr hohen Werbedruck geschaltet wurde. Online hat er ebenfalls eine vergleichsweise starke Resonanz ausgelöst.

TABELLE 3
Übersicht aller analysierten Spots nach Online- und Offline-Indikatoren

	Online			Offline		
	Kontakt	Gefallen	Kommunikation	Kontakt	Gefallen	Kommunikation
Nike	19.253.773	91.309	33.896	4	71	3
Reisen.de	1.609.324	2.850	1.425	4	43	1
Coca Cola	460.758	622	634	2	58	3
Zalando	131.040	714	457	18	72	12
Nutella-Spot mit Mesut Özil	123.475	311	259	2	53	5
Sony	88.322	47	32	0	56	1
Ferrero	87.129	190	76	4	47	1
Hornbach	68.795	236	225	7	67	2
Sony Ericsson	49.170	29	68	0	22	1
Apple	49.096	184	230	9	59	3
Nutella-Spot mit Manuel Neuer	37.351	100	86	0	40	4
Müller – Buttermilchjoghurt	27.628	86	85	9	41	1
Saturn	22.864	51	13	12	38	1
VW	21.440	15	21	0	45	2
Vodafone	15.088	40	19	4	55	2
McDonalds	14.822	12	24	14	30	0
Braun	10.101	14	5	9	39	1
Bitburger	8.221	31	17	3	49	2
Trivago	7.943	12	43	10	40	0
Nissan	3.677	6	7	13	36	1
Media Markt	2.130	-	3	6	33	0
Telekom	2.026	11	-	9	58	0
Toyota	1.718	5	-	8	45	3
Blauarbeit	947	2	0	11	22	0
Obi	932	1	1	11	35	0

	Online			Offline		
	Kontakt	Gefallen	Kommunikation	Kontakt	Gefallen	Kommunikation
Mentos	801	5	3	11	69	0
Actimel	580	3	3	9	25	0
Grundig	92	2	0	6	61	1

TABELLE 4

Korrelation Online- und Offline-Indikatoren

	Online-Kontakt	Online-Gefallen	Online-Kommunikation
Offline-Kontakt	-.288* $n=28$	-.250 $n=27$	-.218 n=26
Offline-Gefallen	.275* $n=28$	.355** $n=27$	.362** $n=26$
Offline-Kommunikation	.479** $n=28$	.543** $n=27$	.562** $n=26$

Rangkorrelationskoeffizient: Kendalls Tau-b, *$p<.05$ **$p<.01$

Wenn die einzelnen Parameter ermittelt und gegenübergestellt werden, ergeben sich sehr aufschlussreiche Korrelationen (siehe Tab. 4). Auch wenn die Daten auf metrischem Niveau vorliegen, wurden die Korrelationen anschließend mit dem Rangreihenkoeffizienten Kendalls Tau-b berechnet, da dieses Maß durch die Logik basierend auf Rangreihen resistent gegen Ausreißer wie zum Beispiel dem Nike-Spot ist. Die Korrelationen zwischen Offline-Kontakt und den Indikatoren für Online sind alle negativ, signifikant jedoch nur für die Korrelation mit dem Online-Kontakt (-.288*). Dies deutet einen Wear-Out-Effekt an. Je stärker der Werbedruck, desto unwahrscheinlicher wird der Spot auf YouTube rezipiert. Dies unterstreicht die theoretischen Überlegungen, die eingangs gestellt wurden. Am auffälligsten sind hingegen die hohen Korrelationen zwischen Offline-Kommunikation und den Online-Indikatoren für Kontakt, Gefallen und Kommunikation. Alle drei sind hoch signifikant. Das bedeutet: Wird offline über einen Spot gesprochen, so ist die Wahrscheinlichkeit für einen Zusammenhang für die Nutzung (.479**), Gefallen (.543**) und Kommentar (.562**) auf YouTube sehr hoch. Dies entspricht zum einen der Anregungshypothese, d. h. eine persönliche Empfehlung wirkt sich positiv auf das Gefallen eines Spots auf YouTube aus. Zum anderen ist hier der gewünschte virale Effekt ablesbar.

Spots, über die geredet wird, werden eher verbreitet. Da die Korrelationen mit einem ungerichteten Maß berechnet wurden, ist auch eine andere Interpretation denkbar: Wenn jemand einen Spot auf YouTube gesehen, gefallen und kommentiert hat, wird er dies jemand anderem erzählen.

4. Diskussion der Ergebnisse

Wie in der Einleitung beschrieben, will diese Studie keine repräsentativen Aussagen treffen, sondern eine erste Annäherung an die Frage bieten, auf welche Weise die passive Offline-Rezeption von Werbespots im Fernsehen mit der aktiven Nutzung derselben Spots auf YouTube zusammenhängt. Die Analyse verschiedener, auf Spot-Ebene zusammengeführter Datensätze zeigt trotz einer kleinen Fallzahl eine Reihe interessanter Befunde. So findet sich insbesondere ein hochsignifikanter und starker Zusammenhang zwischen einem klassischen Gespräch über einen Spot und der Befürwortung und Kommentierung desselben Spots auf YouTube. Dieses Ergebnis kann als weiterer empirischer Hinweis für die Relevanz von Gesprächen über Medieninhalte gewertet werden, insbesondere im Kontext werblicher Kommunikation. Etwas weniger stark, aber ebenfalls signifikant, lassen sich Zusammenhänge in Bezug auf eine positive Evaluation eines Werbespots beobachten. Wird ein Spot offline positiv bewertet, so lässt sich dies auch an einer hohen Zahl positiver Online-Bewertungen ablesen. Werbespots, die allgemein positiver evaluiert werden, führen also zu einer erhöhten Aktivität der YouTube-Nutzer. Ferner deutet sich an, dass der Werbedruck alleine nicht ausreicht, um eine aktive Auseinandersetzung auf YouTube zu provozieren. Möglicherweise deuten diese Ergebnisse auf die zu Beginn beschriebene Gefahr hin, dass ein zu hoher Werbedruck aufseiten der Rezipienten Reaktanz zur Folge haben kann.

Auch wenn die Ergebnisse in Bezug auf die Forschungsfrage dieser Studie aufschlussreich sind, so lassen sich an dieser ersten Exploration einige Probleme feststellen. Zum einen wurden die verschiedenen Daten zwar auf Spot-Ebene aggregiert und zusammengeführt, die inhaltliche Interpretation erfolgt aber aus einer Rezipientenperspektive heraus, da Werbewirkungen vor allem auf dieser Ebene von Interesse sind. Dadurch ist die Frage nach der Kausalität (und einem Zeitbezug) offen. Wäre es z. B. nicht denkbar, dass ein Rezipient zuerst einen Spot auf YouTube gesehen hat und sich im Anschluss mit anderen darüber (offline) unterhält? Fragen wie diese können an dieser Stelle nicht geklärt werden. Weiter ist die Frage offen, wie valide die einzelnen Parameter untereinander sind. Ein Gespräch (offline) über einen Werbespot kann immer stattfinden, auch wenn vielleicht eine der Gesprächspersonen den Spot nicht gesehen hat. Demgegenüber bedingen sich aber Gefallen und Kontakt. Um zu wissen, dass ein Spot gefällt, muss dieser erst rezipiert werden. Online auf YouTube besteht ein ähnliches Problem bedingter Abhängigkeit. Der Spot muss erst gesehen werden, bevor dem User klar ist, ob er ihn mag oder nicht, ebenso wie er ihn erst dann kommentieren kann. Sicherlich ist auch denkbar, dass manche User ein Video gewissermaßen blind ›liken‹ und/oder kommentieren, allerdings sind dann höchstwahrscheinlich für dieses Verhalten andere Parameter ausschlaggebend. Denkbar wäre quasi ein blindes Vertrauen in die Marke, das den User veranlasst, alles zu mögen. Insgesamt dürfte es sich bei Konstellationen dieser Art um seltene Ausnahmen handeln. Allerdings könnte bei dem Indikator Gefallen ein anderes Problem die Interpretation schwierig machen: Die beiden Gefallensindikatoren unterscheiden sich hinsichtlich ihrer Logik. Auf YouTube wird mit einer Gesamtzahl positiver Bewertungen gearbeitet. Die Daten aus der Rezeptionsanalyse entsprechen aber einer durchschnittlichen inhaltlichen Wertung auf einer Skala von 1 bis 100. Somit wird einer absoluten Zahl eine inhaltliche Abstufung einer Bewertung gegenübergestellt. Methodisch wurde dieses Problem zwar über eine Standardisierung der Daten gelöst. In fortführenden Analysen sollte dieses Problem besser gelöst werden. Ein weiteres methodisches Problem bezieht sich auf die Kontakt-Indikatoren: Die Frequenzanalyse basiert auf den Schaltungen im deutschen Fernsehen, YouTube ist aber eine internationale Plattform und generiert entsprechend internationale Daten. Dieser strukturelle Unterschied ließ sich bei der vorliegenden Datenlage nicht besser berücksichtigen.

Für die weitere Forschung erscheint, unabhängig von den eigentlichen Ergebnissen dieser Studie, die Frage höchst relevant, wie viele Werbespots eigentlich tatsächlich als Inhalte auf YouTube zur Verfügung stehen und entsprechend angesehen werden können. Unter der Bezeichnung ›Bewegtbild‹ fallen alle audiovisuellen Angebote im Internet, von Amateur-Videos bis hin zu ganzen Fernsehsendungen (vgl. FREES/VAN EIMEREN 2011: 350). Auch wenn deutlich ist, dass die Nutzung von Videoportalen relevant ist und auf einem hohen Niveau liegt, ist bislang nicht geklärt worden, wie hoch der Anteil gesehener Werbespots ist. Dies wäre für eine tiefergehende Einordnung der Ergebnisse allerdings von entscheidender Bedeutung. Interessant erscheint es außerdem, über Rezeption, Evaluation und Kommunikation der Rezipienten hinaus über deren Online-Aktivitäten nachzudenken: Was passiert, wenn Rezipienten sich nicht nur mit professionell produzierten Spots aktiv auseinandersetzen, sondern beginnen, selbst gestaltete Werbespots auf YouTube hochzuladen? Die Konsequenzen für Werbetreibenden wären dramatisch: Sie würden nicht nur die Kontrolle über ihre Kanäle, sondern auch über die Inhalte verlieren (vgl. CAMPBELL et al. 2011: 87ff.). Für das Potenzial von Videoplattformen wie YouTube im Hinblick auf die Evaluation von Werbespots konnte die vorliegende Studie erste Hinweise bieten. Die Gefahren des kommunikativen Kontrollverlustes hingegen werden weitere Studien beleuchten müssen.

Literatur

AXELROD, JOEL N.: Advertising Wearout. In: *Journal of Advertising Research*, 5, 1980, S. 13-18

ALTMANN, MYRIAN-NATALIE: *User Generated Content im Social Web. Warum werden Rezipienten zu Partizipienten?* Münster [Lit Verlag] 2011

BERGER, JONAH; KATHERINE MILKMAN: What Makes Online Content Viral? In: *Journal of Marketing Research*, 2, 2012, S. 192-205

BUSEMANN, KATRIN; CHRISTOPH GSCHEIDLE: Web 2.0: Habitualisierung der Social Communitys. Ergebnisse der ARD/ZDF-Onlinestudie 2012. In: *Media Perspektiven*, 7-8, 2012, S. 380-390

CAMPBELL, COLIN; LEYLAND F. PITT; MICHAEL PARENT; PIERRE R. BERTHON: Understanding Consumer Conversations around Ads in a Web 2.0 World. In: *Journal of Advertising*, 1, 2011, S. 87-102

FREES, BEATE; BIRGIT VAN EIMEREN: Bewegtbildnutzung im Internet 2011: Mediatheken als Treiber. Ergebnisse der ARD/ZDF-Onlinestudie 2011. In: *Media Perspektiven*, 7-8, 2011, S. 350-359

GEHRAU, VOLKER; KATHRIN MARIA PRUISKEN; SARAH KOHLER: Die Fußball-WM 2010 in der Fernsehwerbung: Attraktive Abwechslung oder nervige Überfrachtung? In: SCHIERL, THOMAS; DANIELA SCHAAF (Hrsg.): *Sport und Werbung*. Köln [Herbert von Halem] 2011, S. 13-29

GEHRAU, VOLKER; LUTZ GOERTZ: Gespräche über Medien unter veränderten medialen Bedingungen. In: *Publizistik*, 2, 2010, S. 153-172

GRAFF, FREDERIK; ELKE THEOBALD: User Generated Content als Gegenstand der Kommunikationsforschung – Der Einsatz von Webmonitoring in der Praxis am Beispiel der Bundestagswahl 2009. In: JACKOB, NIKOLAUS; THOMAS ZERBACK; OLAF JANDURA; MARCUS MAURER (Hrsg.): *Das Internet als Forschungsinstrument und -gegenstand in der Kommunikationswissenschaft*. Köln [Herbert von Halem] 2010, S. 194 - 2010

GREENBERG, SAADIA R.: Conversations as Units of Analysis in the Study of Personal Influence. In: *Journalism Quarterly*, 1, 1975, S. 128 - 131

HAAS, ALEXANDER; TIM KEYLING; HANS-BERND BROSIUS: Online-Diskussionsforen als Indikator für interpersonale (Offline-) Kommunikation? Methodische Ansätze und Probleme. In: JACKOB, NIKOLAUS; THOMAS ZERBACK; OLAF JANDURA; MARCUS MAURER (Hrsg.): *Das Internet als Forschungsinstrument und -gegenstand in der Kommunikationswissenschaft*. Köln [Herbert von Halem] 2010, S. 246 - 267

HENDERSON BLAIR, MARGARET: Wearin and Wearout: Ten Years Later – more Empirical Evidence and Successful Practice. In: *Journal of Advertising Research*, 5, 1998, S. 7 - 18

HEUSER, UWE; SASCHA SPOUN (Hrsg.): *Virale Kommunikation. Möglichkeiten und Grenzen des prozessanstoßenden Marketings*. Baden-Baden [Nomos] 2009

KEPPLER, ANGELIKA: *Tischgespräche. Über Formen kommunikativer Vergemeinschaftung am Beispiel der Konversation in Familien*. Frankfurt/M. [Suhrkamp] 1994

KEPPLINGER, HANS MATHIAS; VERENA MARTIN: Die Funktionen der Massenmedien in der Alltagskommunikation. In: *Publizistik*, 1, 1986, S. 118 - 128

MÖBUS, PAMELA; MICHAEL HEFFLER: Moderates Wachstum. Der Werbemarkt 2011. In: *Media Perspektiven*, 6, 2012, S. 298 - 307

NIKE: New Campaign Celebrates Football and its Heroes. Nike Press Release, 21.05.2010. http://nikeinc.com/press-release/news/%E2%80%9Cwrite-the-future%E2%80%9D-campaign [28.05.2013]

SCHIMANSKY, ALEXANDER: Ist Fernsehwerbung noch zu retten? Die Werbespotqualität als Ursache von Fernsehwerbevermeidung. In: FRIEDRICHSEN, MIKE; STEFAN JENZOWSKY (Hrsg.): *Fernsehwerbung. Theoretische Analysen und empirische Befunde*. Wiesbaden [Westdeutscher Verlag] 1999

SCHMIDT, SIEGFRIED J.: *Werbewirtschaft als soziales System*. Universität Siegen 1991

SCHWEIGER, WOLFGANG: *Theorien der Mediennutzung. Eine Einführung.* Wiesbaden [VS Verlag für Sozialwissenschaften] 2007

SIEGERT, GABRIEL; DIETER BRECHEIS: *Werbung in der Medien- und Informationsgesellschaft. Eine kommunikationswissenschaftliche Einführung.* Wiesbaden [VS Verlag für Sozialwissenschaften] 2010

SMIT, EDITH G.; LEX VAN MEURS; PETER C. NEIJENS: Effects of Advertising Likeability: A 10-Year Perspective. In: *Journal of Advertising Research*, 1, 2006, S. 73-83

SOUTHGATE, DUNCAN; NIKKI WESTOBY; GRAHAM PAGE: Creative Determinants of Viral Video Viewing. In: *International Journal of Advertising*, 3, 2010, S. 349-368

THORSON, ESTHER: Consumer Processing of Advertising. In: *Current Issues & Research in Advertising*, 2, 1989, S. 197-230

VAN EIMEREN, BIRGIT; BEATE FREES: Bewegtbild im Web – Multioptional im digitalen Zeitalter. In: *Media Perspektiven*, 7-8, 2010, S. 350-358

YOUTUBE: *Statistiken.* http://www.youtube.com/yt/press/de/statistics.html [23.05.2013]

YU, HYUNJAE; YONGJUN SUNG: *What Types of Advertisements Are Being Loved in Web 2.0 Era? A Content Analysis of Popular Advertisements on YouTube.* Paper presented to the 2010 annual meeting of the International Communication Association. 2010

JULIA SCHMIDT / JULIA EBERT / MONIKA SUCKFÜLL

Modellierung persuasiver Prozesse in der Restriktionskommunikation

Gesundheit ist ein wichtiges gesellschaftliches Thema. Die Zunahme an Gesundheitsthemen in den Medien (FROMM et al. 2011), der staatliche Fokus auf Prävention und Gesundheitsförderung, wie ihn die Bundeszentrale für gesundheitliche Aufklärung (BZgA) beschreibt, und Initiativen wie das kürzlich gegründete Bündnis für Verbraucherbildung (DEUTSCHE STIFTUNG VERBRAUCHERSCHUTZ 2013) belegen die gesellschaftliche Relevanz des Themas Gesundheit. Die grundsätzliche Frage lautet: Was ist eigentlich gesund? Außerdem stellen sich aus politischer wie wissenschaftlicher Sicht die Fragen: Wie kann Rezipienten ein Gesundheitsbewusstsein vermittelt werden? Was bewegt Menschen dazu, sich gesundheitsbewusst zu verhalten? Wie können sie von einem ihre Gesundheit gefährdenden Verhalten abgebracht werden? Die Bedeutung gesundheitsbewussten Verhaltens nicht nur im Hinblick auf das eigene Wohlbefinden, sondern auch in Anbetracht der anfallenden Kosten für das Gesundheitssystem ist unbestritten. Daher ergreift der Staat Regulierungsmaßnahmen, betreibt Aufklärung, Bildung und Präventionskommunikation. Die jeweiligen Maßnahmen sind sehr unterschiedlich, denn nicht alles ist gleich gesund oder gleich ungesund. Alkohol beispielsweise ist zwar ein Nervengift und in großer Menge schädlich, im Gegensatz zu Tabak oder Drogen geht es hier aber nicht um einen vollständigen Verzicht. Daher wird versucht, Menschen vom (übermäßigen) Konsum gesundheitsschädigender Substanzen oder von gesundheitsschädigenden Verhaltensweisen (hierzu zählen z. B. auch ungeschützter Geschlechtsverkehr, Fahren unter Alkoholeinfluss oder zu schnelles, unangepasstes Fahren, etc.) abzuhalten oder abzubringen. Zu diesem Zweck wird häufig eine besondere Form der Kommunikation gewählt: die von den Autoren so bezeichnete Restriktionskommunikation. Dem Rezipienten soll vermittelt werden, was er zu tun und zu lassen hat, und zwar mit Mitteln der Belohnung, Bestrafung und dem Erzeugen von Angst bzw. Furcht.

Restriktionskommunikation ist eine Sonderform persuasiver Kommunikation. Die Frage nach der Wirksamkeit dieser Art von Persuasion stellt die Wissenschaft und auch die Kampagnenentwickler vor Herausforderungen. Bezüglich der Wirksamkeit von sogenannten Furchtappellen ist man sich in der wissenschaftlichen Auseinandersetzung uneins. Einerseits sind durchaus negative bzw. nichtintendierte Effekte von Furchtappellen denkbar (PFISTER 2012). So ist z. B. von Reaktanz die Rede, wenn Rezipienten Abwehrreaktionen zeigen und beispielsweise genau das Gegenteil von dem tun, was die Botschaft ihnen vermittelt. Auch das Aufwerten oder Rechtfertigen des eigenen Handelns oder Abwerten bzw. Leugnen der in der Botschaft vermittelten Informationen zählen zu Reaktanzreaktionen. Diese Reaktionen entstehen als Antwort auf eine empfundene Einschränkung der eigenen (Wahl-)Freiheit, welche Rezipienten wieder herstellen wollen (DILLARD/SHEN 2005). Außerdem erzeugen viele Furchtappelle nicht (nur) Furcht, sondern auch andere Emotionen, wie beispielsweise Ekel (MORALES et al. 2012).

Bei Präventionskampagnen im Gesundheitsbereich sind auch Überlegungen zur Zielgruppe wichtig. Vor allem Jugendliche und junge Erwachsene stehen im Fokus der Kampagnenentwickler. Diese Zielgruppe soll oft von vornherein von einer gesundheitsschädigenden Verhaltensweise abgehalten werden (Primärprävention). Um die genannte Zielgruppe zu erreichen, bietet sich heute das World Wide Web mit einer Vielfalt Sozialer Netzwerke an, die für viele junge Menschen »tagtäglicher Begleiter« sind (BUSEMANN/GESCHEIDLE 2011: 369). Soziale Netzwerke sind aber nicht nur eine neue Herausforderung für die Gesundheitskommunikation. Sie stellen auch die Wissenschaft vor wieder neue Fragen: Wie funktionieren Präventionskampagnen unter den Bedingungen eines Sozialen Netzwerkes? Gibt es notwendige und/oder hinreichende Bedingungen für eine erfolgreiche Präventionskampagne, die über ein Soziales Netzwerk verbreitet wird? Welche Variablen beeinflussen die Wirkung von Furchtappellen über Soziale Netzwerke in welchem Maße?

In diesem Beitrag wird ein erstes Modell zur Wirkung von Furchtappellen über Soziale Netzwerke vorgestellt (Kap. 3). Zunächst werden jedoch die theoretischen Grundlagen dargelegt. In Kapitel 1 werden Modelle und Theorien der Furchtappell-Forschung und Wirkungsannahmen zu persuasiver Kommunikation erläutert. In Kapitel 2 werden die Besonderheiten der Kommunikation über Soziale Netzwerke dargelegt. In Kapitel 3 schließlich wird das Präventions-Emotions-Modell vorgestellt, das bisherige Theorien und Modelle vereint und auf den Kontext Sozialer Netzwerke überträgt. Dabei werden die durch einen Furchtappell erzeugten Emotionen in den Vordergrund gerückt.

1. Furcht als Triebfeder für Einstellungs- und Verhaltensänderungen?

Ein häufig eingesetztes Mittel in Präventionskampagnen zur Beeinflussung des Gesundheitsverhaltens sind Furchtappelle. Es wird davon ausgegangen, dass Furcht zu einer Einstellungs- und in der Folge zu einer Verhaltensänderung führen kann. In den vorliegenden Forschungsarbeiten wird zwar immer wieder eine mehr oder weniger hohe Wirksamkeit von Furchtappellen festgestellt (WITTE/ALLEN 2000), jedoch konnte in den Studien bislang noch nicht vollständig geklärt werden, worauf diese Wirksamkeit zurückzuführen ist (PFISTER 2012). Empirisch geprüfte Modelle beziehen bislang nur die Emotion Furcht in ihre Annahmen ein Eine aktuelle Studie belegt aber, dass häufig nicht nur die Emotion Furcht erzeugt wird, sondern auch Ekel, was nach den Ergebnissen der Studie die Wirksamkeit erhöhen kann (MORALES et al. 2012). Als das am besten belegte Model zur Wirkung von Furchtappellen kann heute das Extended Parallel Process Model (EPPM: WITTE 1992) gelten. Das EPPM hat den Forschungsbereich in den letzten 20 Jahren entscheidend geprägt und bildet auch die Grundlage der in diesem Beitrag ausgeführten Modellüberlegungen.

1.1 *Extended Parallel Process Model (EPPM)*

Das EPPM (WITTE 1992) vereinte damals bereits vorliegende Ansätze der Furchtappell-Forschung. Furcht wird als der zentrale Antrieb menschlichen Verhaltens gesehen. Vier weitere zentrale Variablen übernimmt Witte aus Rogers' Theorie der Schutzmotivation (1983): Ernsthaftigkeit, Anfälligkeit, Reaktionswirksamkeit und Selbstwirksamkeit (MADDUX/ROGERS 1983). In Abbildung 1 sind diese vier Variablen unter ›Externe Stimuli‹ und ›Verarbeitung der Botschaft‹ zu finden.

ABBILDUNG 1

Extended Parallel Process Modell

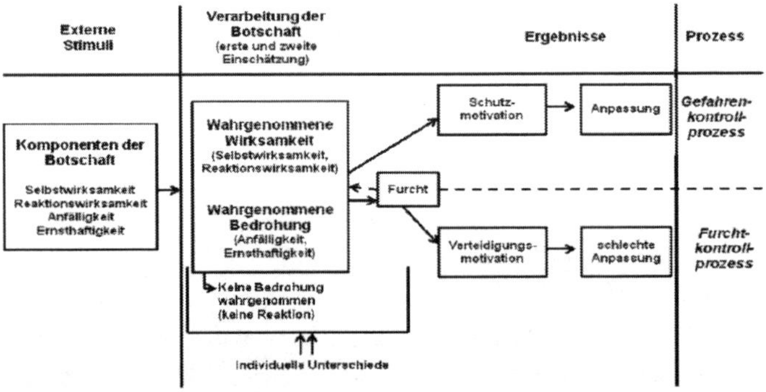

Quelle: nach einer Darstellung von Pfister 2012: 89

Die genannten Variablen sind Komponenten der Botschaft. Ernsthaftigkeit und Anfälligkeit beziehen sich auf die wahrgenommene Bedrohung (siehe ›Verarbeitung der Botschaft‹), Reaktionswirksamkeit und Selbstwirksamkeit beziehen sich auf die wahrgenommene Wirksamkeit. Ernsthaftigkeit bezeichnet die Schwere und das Ausmaß der Bedrohung, also zum Beispiel die Information, an den Folgen des Rauchens sterben zu können. Anfälligkeit beschreibt die (subjektiv eingeschätzte) Wahrscheinlichkeit für den Rezipienten, von der Bedrohung betroffen zu sein: Wenn der Rezipient nicht raucht, ist seine Anfälligkeit niedrig; raucht er aber viel, ist seine Anfälligkeit hoch. Anfälligkeit bezeichnet also genauer die persönliche Relevanz der Bedrohung für den Rezipienten. Auf der Ebene der wahrgenommenen Wirksamkeit bezeichnet Reaktionswirksamkeit die (eingeschätzte) Effektivität der in der Botschaft übermittelten Maßnahme zur Gefahrenvermeidung, also die Einschätzung des Rezipienten, ob es sinnvoll ist, mit dem Rauchen aufzuhören, um nicht an den Folgen des Rauchens zu sterben. Selbstwirksamkeit bezeichnet die Einschätzung der persönlichen Fähigkeit zur Umsetzung dieser Maßnahme. Fühlt sich der Rezipient in der Lage, mit dem Rauchen aufzuhören oder nicht (MADDUX/ROGERS 1983)? Als Ergebnis der Verarbeitung des Furchtappells nennt Witte zum einen die Schutzmotivation, die zu einem Gefahrenkontrollprozess führt. Das bedeutet, der Rezipient hört auf zu rauchen oder raucht weniger, um sich selbst vor der Gefahr (z.B. an Lungenkrebs zu sterben) zu schützen. Zum anderen beschreibt Witte eine Verteidigungsmotivation, die zu einem

Furchtkontrollprozess führt. Das heißt, der Rezipient sucht Strategien, um die durch die Botschaft hervorgerufene Furcht zu kontrollieren und geht beispielsweise den furchteinflößenden Inhalten aus dem Weg.

In ihrer Meta-Analyse von Forschungsarbeiten zu Furchtappellen kamen Witte und Allen (2000) zu dem Ergebnis, dass ein moderater Furchtappell, bei dem die wahrgenommene Bedrohung niedriger ist als die wahrgenommene Wirksamkeit, die besten Ergebnisse hinsichtlich der erwünschten persuasiven Wirkung erzielt.

Neben den Überlegungen zum EPPM werden noch weitere Modellvorstellungen in das neu entwickelte Präventions-Emotions-Modell integriert. Sie werden im Folgenden kurz erläutert: das Elaboration Likelihood Model, das den Prozess von Einstellungsänderungen im Kontext von persuasiver Kommunikation beschreibt, und die Terror-Management-Theorie, die menschliches Verhalten durch das Bewusstsein über die eigene Sterblichkeit erklärt. Des Weiteren sind Überlegungen allgemeiner Medienwirkungstheorien relevant: Die Theorie der Kognitiven Dissonanz soll hier die Diskrepanz von eigenem Verhalten und durch Medien übermitteltes, gewünschtes Verhalten beschreiben. Im Kontext von Gesundheitskommunikation ist dies vor allem dann relevant, wenn Menschen von einem gesundheitsschädigenden Verhalten abgebracht werden sollen (Sekundärprävention). Dann nämlich entsteht vor allem bei starken Furchtappellen eine große Dissonanz zwischen dem eigenen Verhalten (z. B. Tabakkonsum) und der vermittelten, schädigenden Wirkung (z. B. Todesfolge). Im Folgenden werden diese Modelle bzw. Theorien vorgestellt.

1.2 *Elaboration Likelihood Model (ELM)*

Das Elaboration Likelihood Model (ELM: PETTY/CACIOPPO 1986) beschreibt den Prozess der Einstellungsänderung und gilt als Schlüsselkonzept der Persuasionsforschung (KLIMMT 2011: 13). Persuasion zielt auch hier auf eine Verhaltensänderung ab, die aus einer Einstellungsänderung resultiert. Das ELM beschreibt zwei Wege der Einstellungsänderung: die zentrale und die periphere Route. Einfach gesagt, handelt es sich dabei um eine inhaltsbezogene (zentrale) oder nichtinhaltsbezogene (periphere) Verarbeitung der Botschaft. Inhaltsbezogen sind diejenigen Teile der Botschaft, die konkrete Argumente zu einem bestimmten Thema liefern (z. B. die Schädlichkeit des Rauchens und die möglichen Konsequenzen). Auf dieser Route müssen Thema und Argumente Relevanz für den Rezipienten besitzen. Nichtinhaltsbezogen sind andere Faktoren – die sogenannten peripheren Hinweisreize der Botschaft (z.B. die Gestaltung, die Platzierung, die Anzahl der Argumente unabhängig von deren Qualität). Hier sind die Relevanz des Themas und der Argumente für den Rezipienten weniger entscheidend, da hier die ›Verpackung‹ zählt. So ist z.B. die Tatsache, dass ein Experte spricht, vielleicht relevant für die Persuasion, nicht aber, was der Experte sagt. Dementsprechend ist der Grad der Elaboration, also der Denkleistung seitens des Rezipienten, auf den beiden Routen unterschiedlich: eine inhaltsbezogene Verarbeitung erfordert einen höheren Elaborationsgrad und dieser ist nach ELM entscheidend für einen nachhaltigen Persuasionserfolg.

Petty und Cacioppo (1986) gehen von einer positiven Korrelation der Elaborationsstärke mit Involvement aus. Gesundheit betrifft den Rezipienten persönlich und die Auswirkungen einer gesundheitsschädigenden Lebensweise können gravierend sein. Daher sollten Involvement und dementsprechend Elaborationsstärke bei Gesundheitskommunikation hoch sein. Besonders bei schädlichen Substanzen, wie z.B. Tabak, sollte Involvement im Wirkprozess daher eine Rolle spielen. Aber auch in Bezug auf Soziale Netzwerke ist dieser Punkt relevant: Die weitaus persönlichere Ansprache, die über ein Soziales Netzwerk möglich ist, sowie die Auseinandersetzung im privaten Raum bieten die Möglichkeit, stärkere Betroffenheit und damit höheres Involvement zu erzeugen.

Das ELM wird nicht in Form von Variablen in das eigene Modell integriert. Der grundlegenden Vorstellung, dass eine Verhaltensänderung nur durch eine Einstellungsänderung erreicht werden kann, trägt das neue Modell aber Rechnung, da das Ergebnis des modellierten Verarbeitungsprozesses eine Einstellungsänderung ist. Für eine empirische Prüfung wird es essenziell sein, das Involvement der Versuchspersonen als wichtige Einflussvariable zu operationalisieren.

1.3 *Terror-Management-Theorie* (TMT)

Die Annahme, die der Terror-Management-Theorie (TMT: SOLOMON et al. 1991) zugrunde liegt, ist, dass menschliches Verhalten von dem Verlangen nach Selbstwert und dem Glauben an eine kulturelle Weltsicht (menschliches Bestreben, eine Kultur zu etablieren) beeinflusst ist. Selbstwert und kulturelle Weltsicht sind schützenswert, und zwar vor dem Hintergrund des Bewusstseins über die eigene Sterblichkeit. Das Bewusstsein über die eigene Sterblichkeit wird in der TMT als Mortalitätssalienz bezeichnet. Diese Mortalitätssalienz führt zu einem Angstzustand bei einem Individuum, der durch Selbstwert und kulturelle Weltsicht abgeschwächt werden kann (PYSZCZYNSKI et al. 1999). Die Zugehörigkeit zu einer Kultur fungiert dabei als sogenannter Angstpuffer, weil sie sinnstiftend für menschliches Leben ist. Die Akzeptanz kulturspezifischer Werte und Normen gibt dem Individuum Sicherheit und kann so die Angst vor dem Tod reduzieren. Aus der Überzeugung heraus, einem kulturellen Standard zu entsprechen, ergibt sich ein positiver Selbstwert, der ebenfalls als Angstpuffer fungiert (ebd.).

In der Gesundheitskommunikation wird der Rezipient häufig mit der Todesgefahr konfrontiert. Das geschieht vielfach über direkte, textliche Warnungen wie »Wer sich mit HIV infiziert, wird daran sterben« (Michael Stich Stiftung) oder »Rauchen kann tödlich sein« (und ähnliche Warnhinweise auf Zigarettenpackungen). Ebenso werden indirekte Bild- oder Texthinweise verwendet, wie z.B. ein Grabstein, auf dem die gemeißelten Namen ›Kai‹, ›Stacy‹ oder ›Niko‹ durch Graffiti zu ›Kokain‹, ›Exstacy‹ oder ›Nikotin‹ ergänzt wurden (www.kampf-der-droge.de). Mortalitätssalienz wurde als Variable in das eigene Modell integriert, weil gerade in einem Sozialen Netzwerk als Ort der Selbstpräsentation der Selbstwert eine wichtige Rolle bei der Abschwächung von Furcht spielen kann.

1.4 *Kognitive Dissonanz*

Nach der Theorie der Kognitiven Dissonanz (FESTINGER 1957) entsteht bei Menschen ein Gefühl der Dissonanz, wenn mehrere Kognitionen in Konkurrenz treten, also nicht miteinander vereinbar sind. Der Bezug zu Gesundheitsverhalten und Gesundheitskommunikation liegt auf der Hand: Wird der Rezipient vor dem Hintergrund seines eigenen gesundheitsschädigenden Verhaltens mit einer Botschaft konfrontiert, die genau dieses Verhalten thematisiert und die negativen Konsequenzen aufzeigt, und stimmt der Rezipient gleichzeitig den Argumenten der Botschaft zu, entsteht Dissonanz (KNEER et al. 2012: 81). Menschen sind bemüht, einen kognitiv dissonanten Zustand zu vermeiden bzw. kognitive Dissonanz zu reduzieren.

Ein Zustand kognitiver Dissonanz kann unterschiedlich aufgelöst werden. Neben der zunächst naheliegenden Reaktion, Dissonanz durch eine Verhaltensänderung zu reduzieren, können ebenso Reaktionen auftreten, wie sie auch für einen Furchtkontrollprozess beschrieben wurden: Leugnung, defensive Vermeidung oder psychologische Reaktanz. Für die weiteren Ausführungen kann festgehalten werden, dass eine Gesundheitskampagne den Rezipienten vermitteln muss, dass Dissonanzvermeidung am besten durch eine Verhaltensänderung herbeigeführt werden kann. Dies stellt eine besondere Herausforderung an Kampagnenentwickler dar, da andere Möglichkeiten der Dissonanzreduzierung möglicherweise ›einfacher‹ umzusetzen sind.

2. Das Soziale Netzwerk als Kanal

Die Kommunikation in Sozialen Netzwerken (im Folgenden: SN) ist durch zwei wesentliche Charakteristika bestimmt: Interaktion und die sogenannte ›Social Navigation‹.

Ein SN wird hier verstanden als ein internetbasierter Kommunikationsraum, der die vielfältigen Möglichkeiten des World Wide Web für die Kommunikation zwischen Einzelnen und in Gruppen nutzbar macht.

2.1 *Interaktion und Interaktivität*

Der Begriff Interaktion ist abzugrenzen vom Begriff Interaktivität. Interaktivität beschreibt das Potenzial eines Mediums, Interaktion den Prozess, der im Rahmen der Ausschöpfung des Potenzials stattfindet oder stattfinden kann (NEUBERGER 2007: 35f.).

Die Kommunikation innerhalb eines SN wird von Nutzern als eine Simulation interpersonaler Kommunikation wahrgenommen, wobei der Begriff Simulation hier keinesfalls negativ konnotiert ist (KIOUSIS 2002: 372; zit. nach NEUBERGER 2007: 35). Das kommunikative Verhalten online ähnelt nach dieser Annahme also dem Verhalten in der Face-to-Face-Kommunikation. Dabei bietet ein SN vielfältige Interaktionsmöglichkeiten, derer sich die Nutzer unterschiedlich ausgeprägt bedienen. Inhalte können nicht nur an einzelne oder mehrere Nutzer verbreitet werden, sie können zeitgleich kommentiert, bewertet und von anderen Nutzern weiterverbreitet werden. Hier kommen auch Selbstdarstellung oder gar Selbstoffenbarung ins Spiel, denn die kommunikativen Handlungen sind für andere Nutzer sichtbar. Jede kommunikative Handlung innerhalb eines SN(s) ist somit immer zu einem gewissen Grad öffentlich. Dennoch wird der Kommunikationsraum – trotz aller Öffentlichkeit und Sichtbarkeit – oftmals als ein privater Raum empfunden (TREPTE/REINECKE 2011: 62). Das hat nun Auswirkungen auf Präventionskampagnen, die über SN verbreitet werden. Es macht einen Unterschied, wer eine Reaktion auf beispielsweise eine Anzeige oder einen Spot gegen das Rauchen beobachten kann. Selbstverständlich sieht ein Nutzer den anderen nicht wirklich, aber ein SN vermittelt einen gewissen Kommunikationsdruck, denn keine Reaktion ist auch eine Reaktion. Der Nutzer wird also stärker zu Interaktion veranlasst und muss (irgendwie) auf Inhalte reagieren, um innerhalb des SN(s) eine Rolle zu spielen. Die vielfältige Vernetzung (der Nutzer untereinander, einzelner Nutzer mit Organisationen oder auch Organisationen untereinander) bewirkt eine Potenzierung interpersonaler Kommunikationsprozesse und ermöglicht parallele Kommunikation. Zudem führt soziale Interaktion zu einer Angleichung von Verhaltensweisen (AKERLOF 2008: 1 und 26f.). In SN(n) sollte eine solche Angleichung von Verhaltensweisen durch den hohen Vernetzungsgrad besonders stark ausgeprägt sein.

Zusammenfassend bedeutet das, dass SN sich auf den ersten Blick für Präventionskampagnen geradezu aufdrängen, da zum einen eine große Anzahl an Kontakten möglich ist und zum anderen davon ausgegangen werden könnte, dass ein Nutzer, der sich der Inhalte der Präventionskampagne annimmt, großes Beeinflussungspotenzial für andere Nutzer hat. Hinzu kommt, dass nach dem Konzept der Social Navigation, das im Folgenden näher erläutert wird, in SN(n) eine Orientierung am (kommunikativen) Verhalten anderer Nutzer stattfindet. Problematisch ist aber, dass nicht nur positive Reaktionen schnell verbreitet werden, sondern auch negative. Daher ist der Anspruch an eine Kampagne sehr hoch, denn eine schlecht gemachte Kampagne kann online sehr viel stärkere negative Auswirkungen haben als offline.

2.2 *Social Navigation*

»Social navigation is said to be navigation that is driven by the actions of others.« (SVENSSON 2000: 1). Svensson (2000) postuliert fünf Prinzipien für Social Navigation: Präsenz, Privatheit, Vertrauen, Integration und Angemessenheit (SVENSSON 2000: 1f.). Das kommunikative Verhalten der anderen

Nutzer muss präsent sein. Dies ist in einem SN gegeben, weil jede kommunikative Handlung hier (zumindest teilweise) öffentlich ist und der Nutzer entsprechend das Verhalten anderer verfolgen kann und auch weiß, dass sein Verhalten den anderen präsent ist. Privatheit meint, dass ein Nutzer sich mit seiner Profilseite einen privaten Raum schafft, der für andere Nutzer sichtbar ist, sodass der Nutzer selbst ›präsent‹ ist und sich integriert fühlen kann. Vertrauen und Angemessenheit sind wichtige Prinzipien, die auch im Kontext von Gesundheitskommunikation von professionellen Kommunikatoren (z. B. Organisationen wie der BZgA oder der Michael Stich Stiftung) kontrolliert werden müssen. Sind Inhalte nicht angemessen oder vertraut der Nutzer dem Absender nicht, werden die Inhalte nicht weiterverbreitet und eine Auseinandersetzung mit der Botschaft wird nicht stattfinden. Damit ist aber auch eine Präventionskampagne nicht wirksam. Vertrauen ist auch in Bezug auf Laienkommunikation wichtig. Werden Inhalte von – in diesem Falle – Kampagnen von Nutzern weiterverbreitet, kommentiert und bewertet, findet eine Verschiebung von professioneller zu Laienkommunikation statt. Das bedeutet, dass Nutzer beispielsweise eine Anti-Rauch-Kampagne über das SN weiterverbreiten, damit aber nicht die kommunikative Absicht des Absenders haben (in diesem Fall: das Rauchverhalten der Rezipienten zu beeinflussen), sondern vielleicht einfach den Inhalt amüsant finden. Seiner Peer Group bringt der Nutzer Vertrauen entgegen. Das kann die Wirksamkeit einer Präventionskampagne positiv beeinflussen. Social Navigation stellt also ein wichtiges Konzept in der Auseinandersetzung mit der Wirksamkeit von Präventionskampagnen über SN dar, weil die Orientierung am Verhalten anderer durch die Interaktivität und Interaktion, ständige Präsenz und weite Vernetzung den Wirkprozess gravierend verändern kann.

3. Modellierung persuasiver Prozesse in der Restriktionskommunikation

Die Variablen des EPPM bilden die Grundlage für die Entwicklung des Präventions-Emotions-Modells. Ebenso bildet die Denklogik des ELM eine wichtige Grundlage. Da Interaktion und Social Navigation Kommunikationsprozesse darstellen, ist es notwendig, auch im Modell eine prozesshafte Darstellungsform zu wählen. Daher haben wir die Darstellungsform einer Spirale gewählt, auf welcher der Verarbeitungsprozess deutlich gemacht wird.

ABBILDUNG 2
Präventions-Emotions-Modell

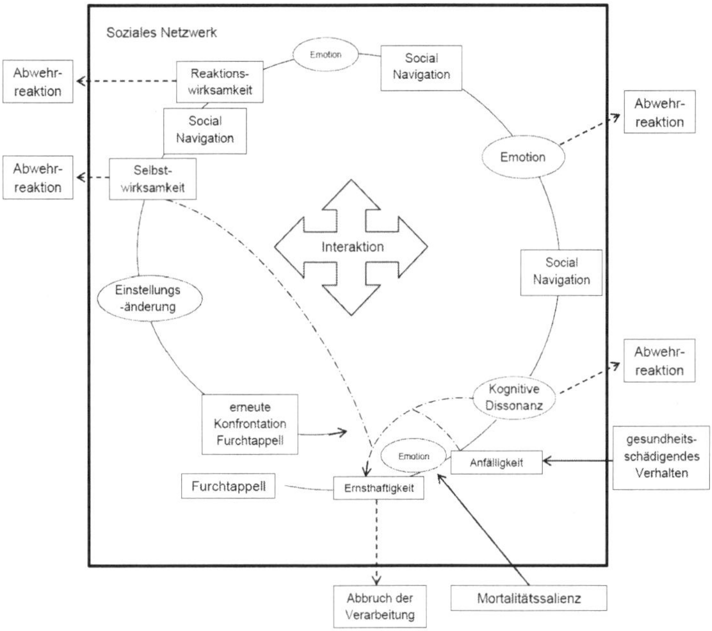

Quelle: eigene Darstellung

Am Anfang des Prozesses steht die Botschaft der Präventionskampagne, der Furchtappell (z. B. ein Anti-Rauch-Spot, der die mögliche Todesfolge des Rauchens, Lungenkrebs, in den Vordergrund rückt). Diese wird bewertet im Hinblick auf die Ernsthaftigkeit der Bedrohung, wodurch, unterstützt durch Mortalitätssalienz, eine Emotion (z. B. Furcht; Zwischenergebnisse der Verarbeitung sind in Ellipsen dargestellt) entstehen kann (›Wenn ich rauche, kann ich an den Folgen sterben.‹). Wie im EPPM (WITTE 1992) ist die Bewertung der Ernsthaftigkeit zentral für eine weitere Verarbeitung der Botschaft und steht somit am Anfang des Prozesses. Wird die Ernsthaftigkeit als niedrig eingestuft, findet keine weitere Verarbeitung der Botschaft statt. Mortalitätssalienz unterstützt das Entstehen von Emotionen, da nach Annahme der Autoren eine hohe Ernsthaftigkeit der Bedrohung das Bewusstwerden der eigenen Sterblichkeit begünstigen kann. Danach findet unter Berücksichtigung des eigenen Gesundheitsverhaltens eine Bewertung der Anfälligkeit für die Bedrohung statt (›Weil ich selber rauche, ist es möglich, dass ich an Lungenkrebs erkranke und sterbe.‹). Empfindet der Rezipient sich nicht als anfällig, ist eine Weiterverarbeitung der Botschaft nicht notwendig. Durch Interaktion (mittig dargestellt, weil Interaktion an jedem Punkt des Prozesses eine Rolle spielen kann) kann an diesem Punkt schon ein Reappraisal, also eine Neubewertung (unterbrochen gestrichelte Pfeile), der Ernsthaftigkeit vorgenommen werden. Andere Nutzer kommentieren den Spot beispielsweise mit Aussagen, dass die Wahrscheinlichkeit, an Lungenkrebs zu erkranken hoch ist und/oder nennen Beispiele aus dem Bekanntenkreis. Interaktion ist somit eine Orientierungshilfe für den Rezipienten (AKERLOF 2008). Wenn der Rezipient sich danach immer noch nicht anfällig für die Bedrohung fühlt, wird die Ernsthaftigkeit weniger stark wahrgenommen als beim ersten Kontakt mit der Botschaft. Danach wird die Botschaft nicht weiter verarbeitet.

Wird die Anfälligkeit als hoch eingeschätzt, weil der Rezipient sein eigenes Verhalten als gesundheitsschädigend ansieht, entsteht Kognitive Dissonanz vor dem Hintergrund des eigenen gesundheitsschädigenden Verhaltens. Diese kann durch die Kommentare anderer Nutzer verstärkt werden. Entsteht große Dissonanz, kann dies zu einer sofortigen Abwehrreaktion führen und auch dann wird die Botschaft nicht weiter verarbeitet. Ist die Kognitive Dissonanz aber moderat (KNEER et al. 2012), orientiert sich der Rezipient an den Reaktionen der anderen Nutzer durch Social Navigation (SVENSSON 2000). Er fragt vielleicht bei einzelnen Nutzern nach, kommentiert selbst und bekommt Reaktionen darauf. Es ist anzunehmen, dass die Motivation hinter der Orientierung an anderen zunächst aus dem Bestreben resultiert, Kognitive Dissonanz zu reduzieren, wenn der Rezipient Bestätigung erfährt. Es ist hier auch auf die kulturelle Zugehörigkeit gemäß TMT (SOLOMON 1991) zu verweisen, die den Selbstwert des Rezipienten steigern, und somit Angst vor dem Tod mindern kann. Erfährt er keine Bestätigung, weil andere Nutzer sein gesundheitsschädigendes Verhalten schlecht bewerten, bleibt die Kognitive Dissonanz bestehen. Auf dieser Stufe des Wirkungsprozesses spielt vor allem das Vertrauen in die Meinungen und Verhaltensweisen anderer eine Rolle, aber auch Präsenz, Integration und Angemessenheit sind wichtige Faktoren (KNOBLOCH-WESTERWICK 2007; PFISTER 2012). Außerdem bedeutsam ist die empfundene Privatheit, die es dem Rezipienten ermöglicht, seine Reaktion verdeckt zu halten (TREPTE/REINECKE 2011). Und hier ist ein entscheidender Punkt im Wirkungsprozess: Welche Emotion entsteht? Dies ist abhängig von der Botschaft (starker vs. moderater Furchtappell), beeinflusst aber den weiteren Prozess nach Ansicht der Autoren maßgeblich. Nach den empirischen Ergebnissen der Furchtappell-Forschung kommt es zu einer Abwehrreaktion, wenn die hervorgerufene Emotion zu stark ist. Ist sie aber schwach oder moderat, kann die Bewertung der Reaktionswirksamkeit stattfinden: ›Wenn ich mit dem Rauchen aufhöre, ist das Risiko an Lungenkrebs zu erkranken niedriger, als wenn ich weiter rauche.‹ (für Furcht: WITTE/ALLEN 2000). Auch hier ist Social Navigation ein wichtiger Faktor, denn der Rezipient bewertet die Reaktionswirksamkeit vor dem Hintergrund der Bewertungen (Kommentare, Likes, Posts) der anderen Nutzer. Im Interaktionsprozess könnte auch hier wieder eine Emotion hervorgerufen werden, die sich aber nur indirekt auf die Botschaft bezieht. Abwertende, sarkastische oder lustige Kommentare können das Entstehen von Emotionen beeinflussen. Es sollte also eher eine positive Emotion entstehen, die unabhängig von ihrer Stärke nicht zu einer Abwehrreaktion führt, weil sie sich nicht auf die Botschaft selbst, sondern auf die kommunikativen Handlungen der anderen Nutzer bezieht. Wenn es zu einer Abwehrreaktion kommt, so liegt das an der Bewertung der Reaktionswirksamkeit, die im Falle einer Abwehrreaktion negativ ausfällt. Im nächsten Schritt wird die Selbstwirksamkeit bewertet (›Bin ich in der Lage, das Rauchen aufzugeben?‹). Auch dabei spielt Social Navigation eine Rolle, denn der Nutzer kann sich an Erfolgs- oder Misserfolgsgeschichten anderer orientieren (AKERLOF 2008). Empfindet der Rezipient sich selbst als unfähig, die (positiv bewertete) Reaktion umzusetzen, findet eine Neubewertung der Bedrohung (Ernsthaftigkeit und Anfälligkeit) statt. Wird die Ernsthaftigkeit weiterhin hoch eingeschätzt, beginnt der Prozess wieder am Anfang. Entweder kommt es im Verlauf dieses erneuten Verarbeitungsprozesses zu einer Abwehrreaktion, oder aber der Rezipient gelangt wieder an den Punkt, die Selbstwirksamkeit zu bewerten. Dann ist es möglich, dass er zu einem anderen Schluss kommt und sich doch in der Lage sieht, sein Verhalten zu ändern. In der Folge kommt es zu einer Einstellungsänderung, die gemäß der Annahmen des ELM unter Umständen zu einer Verhaltensänderung führen kann (›Rauchen ist schlecht für mich, daher höre ich auf zu rauchen.‹). Der Rezipient teilt sich idealerweise dann im Sozialen Netzwerk mit und wird so zu einem Orientierungspunkt für andere Nutzer. Möglicherweise entstehen hier erneut Emotionen – z.B. Freude, Stolz oder Zufriedenheit. Aber auch negative Emotionen oder Selbstzweifel sind denkbar.

Der hier beschriebene Prozess ist idealtypisch dargestellt, um ein umfassendes Bild zu zeichnen. Dabei kann es aber durchaus sein, dass Schritte übersprungen werden, wenn der Rezipient sich beispielsweise nicht aktiv an anderen Nutzern orientiert. In diesem Fall spielen aber dennoch die beschriebenen Gegebenheiten des Sozialen Netzwerkes eine Rolle. Das Wissen um die eigene Präsenz im SN und die daraus resultierende ›indirekte‹ Social Navigation (damit ist die Annahme gemeint, dass der Rezipient allein aufgrund der Tatsache, dass er sich an anderen orientieren, also in einem SN weitläufig sozial navigieren kann, seine Wahrnehmung und Handlungen beeinflusst) sowie die empfundene Privatheit wirken sich auf die Bewertung der Botschaft aus.

Das Modell soll eine Grundlage dafür liefern, für jede Stufe des Wirkprozesses spezifische Hypothesen formulieren und in empirischen Studien prüfen zu können.

4. Fazit und Ausblick

Es hat sich gezeigt, dass die Wirkung von Präventionskampagnen (und damit häufig Furchtappellen) über Soziale Netzwerke ein hochkomplexer Prozess ist, in dem nicht nur die im EPPM postulierten Variablen Beachtung finden müssen. Unterschiedliche (noch zu untersuchende) Emotionen spielen ebenso eine Rolle wie Kognitive Dissonanz sowie Interaktion und Social Navigation. Es finden Neubewertungen (Reappraisal) statt, wobei sich die erzeugten Emotionen verändern, verstärken oder abschwächen können. Es ist daher nicht zuerst zu fragen, wie Furchtappelle über SN wirken, sondern welche Emotionen wann durch Präventionskampagnen über SN ausgelöst werden und wie sich diese im Weiteren auf den Verarbeitungsprozess des Rezipienten auswirken.

Für eine empirische Studie könnten anhand der prozesshaften Darstellung wahrscheinliche Szenarien so realitätsnah wie möglich entworfen und diese dann empirisch erprobt werden. Der Fokus der Untersuchung sollte dabei auf den erzeugten Emotionen liegen, die über die Erfassung der Gesichtsmimik, elektrodermale Aktivität sowie Herzfrequenz bestimmt werden können (SUCKFÜLL et al. 2012; SUCKFÜLL 2013). Eine solche Methodenkombination ermöglicht Rückschlüsse auf die kognitiven und affektiven Detailwirkungen.

Mithilfe solcher Erkenntnisse sollte es möglich sein, auch Empfehlungen für Kampagnenentwickler hinsichtlich der Gestaltung von Präventionskampagnen über SN auszusprechen. Eine Hypothese könnte sein, dass sich die Verschleierung des professionellen Absenders in SN positiv auf die Wirkung von Präventionskampagnen auswirken kann. Ob die erzeugten Emotionen oder die kommunikativen Eigenheiten eines SN(s) mehr Einfluss auf die Wirkung von Präventionskampagnen haben, bleibt an dieser Stelle unbeantwortet. Schließlich muss man auch offen lassen, ob Präventionskampagnen mittels Furchtappellen tatsächlich die beste Option für effektive Gesundheitskommunikation darstellen. Auch witzige Werbung in der Gesundheitskommunikation hat ihre Berechtigung, wie bspw. die 1993 gestartete Plakatserie ›mach's mit‹ der BzgA beweist, die seit Jahren mit witzigen oder amüsanten Motiven wie ›Obst und Gemüse‹ (2008) oder ›Ich will's‹ (2012/2013) arbeitet.

Derzeit wird an der Universität der Künste Berlin, im Bereich Kommunikations- und Medienwissenschaften, eine Pilotstudie zum Einfluss emotionaler Faktoren auf die Wirkung von Präventions-Spots, die Tabak- oder Alkoholkonsum zum Thema haben, durchgeführt. Auf Basis dieser Ergebnisse kann dann eine Studie zur Überprüfung des vorgestellten Modells konzipiert werden.

Literatur

AKERLOF, ROBERT J.: *A Theory of Social Motivation*. Cambridge 2008

BUSEMANN, KATRIN; CHRISTOPH GSCHEIDLE: Web 2.0: Aktive Mitwirkung verbleibt auf niedrigem Niveau. In: *Media Perspektiven*, 7-8, 2011, S. 360-369

DILLARD, JAMES PRICE; LIJIANG SHEN: On the Nature of Reactance and its Role in Persuasive Health Communication. In: *Communication Monographs*, 72(2), 2005, S. 144-168

GOLDENBERG, JAMIE L.; JAMIE ARNDT: The Implications of Death for Health: A Terror Management Health Model for Behavioral Health Promotion. In: *Psychological review*, 115(4), 2008, S. 1032-1053

FLYNN, BRIAN. S; JOHN K. WORDEN; JANICE YANUSHKA BUNN; SCOTT W. CONNOLLY; ANNE L. DORWALDT: Evaluation of Smoking Prevention Television Messages Based on the Elaboration Likelihood Model. In: *Health education research*, 26(6), 2011, S. 976-987

FROMM, BETTINA; EVA BAUMANN; CLAUDIA LAMPERT: *Gesundheitskommunikation und Medien. Ein Lehrbuch*. Stuttgart [Kohlhammer] 2011

KLIMMT, CHRISTOPH: *Das Elaboration-Likelihood-Modell*. Baden-Baden [Nomos] 2011

KNEER, JULIA; SABINE GLOCK; DIANA RIEGER: Fast and Not Furious? In: *Social Psychology*, 43(2), 2012, S. 81-91

KNOBLOCH-WESTERWICK, SILVIA: Kognitive Dissonanz »Revisited«. In: *Publizistik*, 52(1), 2007, S. 51-62

MADDUX, JAMES E; RONALD W. ROGERS: Protection Motivation and Self-efficacy: A Revised Theory of Fear Appeals and Attitude Change. In: *Journal of Experimental Social Psychology*, 19(5), 1983, S. 469-479

MORALES, ANDREA C; EUGENIA C. WU; GAVAN J. FITZSIMONS: How Disgust Enhances the Effectiveness of Fear Appeals. In: *Journal of Marketing Research*, 49(3), 2012, S. 383-393

NEUBERGER, CHRISTOPH: Interaktivität, Interaktion, Internet – Eine Begriffsanalyse. In: *Publizistik*, 1, 2007, S. 33-50

PETTY, RICHARD E; JOHN T. CACIOPPO: The Elaboration Likelihood Model of Persuasion. In: *Advances in Experimental Social Psychology*, 19, 1986, S. 123-181

PFISTER, TANJA: *Mit Fallbeispielen und Furchtappellen zu erfolgreichen Gesundheitsbotschaften?* München 2012

PYSZCZYNSKI, TOM; JEFF GREENBERG; SHELDON SOLOMON: A Dual-Process Model of Defense Against Conscious and Unconscious Death-Related Thoughts: An Extension of Terror Management Theory. In: *Psychological review*, 106(4), 1999, S. 835-845

SOLOMON, SHELDON; JEFF GREENBERG; TOM PYSZCZYNSKI: A Terror Management Theory of Social Behavior: The Psychological Functions of Self-Esteem and Cultural Worldviews. In: *Advances in Experimental Social Psychology*, 24, 1991, S. 93-159

SUCKFÜLL, MONIKA; ANNIKA, WEICKENMEIER, EVA SCHÜTTE; JÜRGEN SCHULZ: Modalitäten der Werberezeption. Ergebnisse einer Mehrmethodenstudie. In: HAAS, HANNES; KATHARINA LOBINGER (Hrsg.): *Qualitäten der Werbung – Qualitäten der Werbeforschung*. Köln [Herbert von Halem] 2012, S. 99-129

SUCKFÜLL, MONIKA: Emotion Regulation by Switching between Modes of Reception. In: SHIMAMURA, ARTHUR P. (Hrsg.): *Psychocinematics: Exploring Cognition at the Movies*. New York [Oxford University Press] 2013, approx. 30 Seiten

SVENSSON, MARTIN: *Defining and Designing Social Navigation*. Stockholm 2000

TREPTE, SABINE; LEONARD REINECKE (Hrsg.): *Privacy Online. Perspectives on Privacy and Self-Disclosure in the Social Web*. Berlin-Heidelberg [Springer] 2011

WITTE, KIM: Putting the Fear Back Into Fear Appeals: The Extended Parallel Process Model. In: *Communication Monographs*, 59, S. 329-349

WITTE, KIM; MIKE ALLEN: A Meta-Analysis of Fear Appeals: Implications for Effective Public Health Campaigns. In: *Health Education & Behavior*, 27(5), 2000, S. 591-615

www.machsmit.de [08.04.2013]

HTTP://www.bzga.de/die-bzga/aufgaben-und-ziele/ [24.03.2013]

www.kampf-der-droge.de [08.04.2013]

HTTP://www.gib-aids-keine-chance.de/kampagnen/machs_mit.php [12.07.2013]

CHRISTINA PETER / THOMAS KOCH

Sag mir, wer du bist und ich sag dir, was du brauchst! Wahrnehmung und Wirkung personalisierter Werbebotschaften im Web 2.0

1. Einleitung

»Manchmal treibt die personenbezogene Werbung im Netz seltsame Blüten. Etwa, wenn einer bei Facebook sein Geschlecht ›ändert‹ und plötzlich nicht mehr mit Anzeigen für Anlagefonds, sondern mit Schuhwerbung konfrontiert ist. Oder wenn eine ihren Wohnsitz virtuell nach Indonesien verlegt und daraufhin Werbung für Kopftücher erhält« (SCHNEIDER 28.03.2012).

Dieses Zitat beschreibt ein Konzept, mit dem sich vor allem Internetnutzer täglich konfrontiert sehen: Personalisierte, auf den Nutzer zugeschnittene Werbung, die die Bedürfnisse des Einzelnen scheinbar perfekt erkennt und optimal abgestimmte Produkte anbietet. Ein Großteil der Werbeausgaben im Online-Bereich, vor allem in Sozialen Netzwerken, fußt auf einer derartigen Form der Personalisierung, die über die Ermittlung und Speicherung von Nutzerdaten erreicht und zur Werbeoptimierung genutzt wird (RÖSLER 2008). Zwar ist das Konzept der personalisierten Werbung längst keine Erfindung des Internetzeitalters (z.B. WEILBACHER/WALSH 1952; JANDURA/DONSBACH 2010), allerdings erleichtert das Internet im Allgemeinen, und Web 2.0-Angebote im Speziellen, das Zuschneiden von Werbebotschaften auf den einzelnen Nutzer enorm (vgl. KALYANARAMAN/SUNDAR 2006; BAEK/MORIMOTO 2012).

Trotz der umfangreichen Verwendung personalisierter Werbung im Internet ist noch unklar, ob diese Form tatsächlich stärkere persuasive

Effekte evoziert. Zwar hält jeder fünfte Internetnutzer personalisierte Werbung für sinnvoll, allerdings geben auch rund zwei Drittel an, sich davon verfolgt zu fühlen und machen sich Sorgen um den Datenschutz (FITTKAU/MAASS 2010). Belege finden sich für beide Seiten: Einige Autoren argumentieren, dass die persönliche Passung von Information zu höherem Involvement und höherer wahrgenommener Relevanz führt und dadurch intensiver verarbeitet wird, was in eine stabilere positive Einstellung mündet (BROCK/BRANNON/BRIDGWATER 1990; PETTY/WHEELER/BIZER 2000). Dagegen zeigen andere Studien, dass der persönliche Zuschnitt der Werbung als Eingriff in die Privatsphäre gesehen und mit Reaktanz bestraft wird (z. B. WHITE et al. 2008).

Die meisten Untersuchungen, die sich mit personalisierter Werbung beschäftigen, tun dies in Bezug auf klassische Medien und/oder direkter Ansprache der Konsumenten mit Namen (z. B. JANDURA/DONSBACH 2010; HEERWEGG/LOOSVELDT 2007). Studien, die sich mit der Wirkung von über Nutzerpräferenzen zugeschnittenen Werbebotschaften im Internet beschäftigen, sind rar (vgl. KALYANARAMAN/SUNDAR 2006). Die vorliegende Studie möchte diese Forschungslücke deshalb schließen und überprüfen, wie sich personalisierte Werbung auf Erinnerung und Einstellung der Rezipienten auswirkt.

2. Theoretischer Hintergrund

2.1 *Formen personalisierter Werbung*

»It seems that the concept of personalization is currently used to cover a very fragmented set of ideas, and a clear theoretical framework is lacking« (VESANEN 2007: 410). Tatsächlich wird personalisierte Werbung in der Literatur sehr unterschiedlich definiert: Dijkstra (2008) sowie Jandura und Donsbach (2010) sprechen nur bei einer direkten Ansprache des Kunden per Namen von Personalisierung; alle weitere Formen bezeichnen Jandura und Donsbach als quasi-personalisierte Werbung. Daneben tauchen häufig die Begriffe *Tailoring* und *Customization* als Synonyme auf (für einen Überblicke siehe VESANEN 2007). Jedoch ist durch die Vielfältigkeit der bereitgestellten Nutzerdaten im Internet eine Personalisierung auf den individuellen Rezipienten weit spezifischer möglich als bisher bei personenbezogener Werbung in Zeitschriften etc. (KALYANARAMAN/

SUNDAR 2006). Deshalb verstehen wir in Übereinstimmung mit den meisten Autoren personalisierte Werbung als eine spezifische Botschaft an einen Rezipienten, die auf dessen individuelle Präferenzen oder Charakteristika ausgerichtet ist (WHITE et al. 2008: 40; BAEK/MORIMOTO 2012; KIM/SUNDAR 2012; SUNDAR/MARATHE 2010). Obwohl in diese Definition theoretisch auch *Targeting*, also die Ansprache bestimmter Zielgruppen durch die Verbreitung der Werbebotschaft in speziellen Medienangeboten (z. B. Special-Interest-Zeitschriften) fällt (VESANEN 2007), wird dies oft explizit aus der Definition ausgeschlossen (SIEGERT 2010). Tatsächlich ist dies aber vor allem durch neuere Formen der Personalisierung, etwa über Angabe von Interessen, schwer zu trennen: Gibt etwa jemand auf Facebook an, gerne zu segeln, ist das eine ähnliche Interessensbekundung wie der Kauf eines Segel-Magazins; in beiden Fällen wird der Rezipient mit Werbung konfrontiert, die für ihn als Segelbegeisterten relevant ist. Der Hauptunterschied zwischen beiden Konzepten liegt darin, dass Targeting »den bestmöglichen Kunden für eine gegebene Werbenachricht« zu finden versucht, während Personalisierung »die bestmögliche Werbenachricht für den gegebenen Kunden« erstellen soll (GREVE/HOPF/BAUER 2011: 10); aus Wirkungsperspektive dürfte dieser Unterschied allerdings kaum von Bedeutung sein.

Gewinnbringender ist deshalb die Unterscheidung nach den individuellen Eigenschaften, über die die Personalisierung der Werbung erfolgt. Die älteste und auch im Internet noch gängige Methode der Werbepersonalisierung ist die direkte Ansprache der Rezipienten mit Namen oder Adresse (JANDURA/DONSBACH 2010; SIEGERT 2010; MASLOWSKA 2011). Diese klassische Form der Personalisierung wird auch im Internetzeitalter noch häufig angewandt, etwa bei Werbemails. Darüber hinaus wird Werbung häufig über Interessen oder sonstige Eigenschaften des Rezipienten (z. B. Herkunft, Wohnort, Haarfarbe) personalisiert. Gerade online gestaltet sich dies zunehmend einfach: Personen geben etwa bei sozialen Online-Netzwerken ihre Interessen und Hobbys freiwillig an (*Permission Marketing*, GLEICH 2009) oder hinterlassen beim Surfen Spuren, die auf ihre Interessen schließen lassen. Die Aufzeichnung des Nutzungsverhaltens bzw. der Kaufhistorie (*Behavioral Targeting*, SIEGERT 2010) über Cookies erlaubt so eine detaillierte Passung der Werbung auf den einzelnen Nutzer (ANSARI/MELA 2003). Zusätzlich dazu lässt sich über die IP-Adresse des Nutzers eine Vielzahl von Informationen ermitteln, wie z. B. die regionale Zugehörigkeit oder das Kaufverhalten (GREVE/HOPF/BAUER 2011).

2.2 *Wirkmechanismen personalisierter Werbung*

Aufgrund der vielfachen Verwendung personenbezogener Werbung stellt sich die Frage nach der Wirksamkeit dieser Werbeform und vor allem ihrem Mehrwert im Vergleich zu klassischer Werbung. Werbetreibende versprechen sich durch die persönliche Ansprache von Kunden hauptsächlich eine verbesserte Kundenbeziehung und geringeren Streuverlust (GLEICH 2009; VESANEN 2007). Empirische Befunde im Bereich personalisierte Werbung liegen hauptsächlich in Form von Befragungsdaten zur Akzeptanz dieser Werbeform vor, die zudem zu sehr unterschiedlichen Ergebnissen kommen (für einen Überblick siehe GLEICH 2009; FITTKAU/MAASS 2010). Experimentelle Studien zur Wirkung personalisierter Werbung sind vergleichsweise selten und erzielen ebenfalls sehr unterschiedliche Ergebnisse (DIJKSTRA 2008). Ursächlich dafür sind einerseits die unterschiedliche Manipulation der Personalisierung (z.B. direkte Ansprache, Interessen, Soziodemografie etc.), die unterschiedlichen Werbeformen (Emails, Websites, Banner etc.) sowie die Vielzahl der abhängigen Variablen (Erinnerung, Einstellung, Verhalten).

Was außerdem nur selten thematisiert wird, sind die theoretischen Wirkungsmechanismen, die hinter den Personalisierungsformen stehen (SUNDAR/MARATHE 2010). Grundlage der direkten Ansprache mit Namen ist der sogenannte ›visuelle Cocktail-Party-Effekt‹ (JANDURA/DONSBACH 2010): Der eigene Name sticht aus einer Fülle von Informationen heraus und lenkt die Aufmerksamkeit des Rezipienten auf sich (SHAPIRO/CALDWELL/SORENSEN 1997) – durch direkte Anrede in einer Werbebotschaft soll also die Aufmerksamkeit des Rezipienten erhöht und auf die Werbung gelenkt werden. Problematisch an dieser Form der Personalisierung ist, dass meist neben dem Namen kein weiterer Zuschnitt auf den Rezipienten erfolgt, sodass dieser auch keinen Mehrwert der Personalisierung erkennt, was Reaktanz evozieren kann (WHITE et al. 2008; BAEK/MORIMOTO 2012). So konnten auch JANDURA und DONSBACH (2010) sowie MASLOWSKA (2011) keinen Mehrwert dieser einfachen Personalisierungsform auf die Einstellung und Kaufbereitschaft nachweisen.

Vielversprechender scheint es deshalb, die Werbung auf die Interessen bzw. das Nutzungsverhalten der Kunden abzustimmen. Ausgangspunkt für die Wirksamkeit ist hier die hohe Relevanz, die die Werbung für den einzelnen Rezipienten besitzt, wenn sie seine Vorlieben widerspiegelt; diese Passung aktiviert die zentrale Verarbeitungsroute und führt dazu, dass die Botschaft elaborierter verarbeitet wird (PETTY/CACIOPPO 1986). Dies sollte wiederum zu einer besseren Erinnerung und einer stärkeren persuasiven Wirkung der Botschaft führen (BROCK et al. 1990; DIJKSTRA 2008; PETTY et al. 2000). Ein weiterer möglicher Wirkmechanismus besteht in der Verarbeitungsflüssigkeit: Personen verarbeiten ihnen vertraute Stimuli (die sie z. B. schon einmal gesehen haben) flüssiger und erleben dies als angenehm (z. B. LEE/AAKER 2004); dieses angenehme Gefühl wird auf den Stimulus selbst übertragen, sodass auch dieser positiver bewertet wird (BORNSTEIN 1989; REBER/SCHWARZ/WINKIELMANN 2004). Dieser Effekt dürfte sowohl bei Personalisierung durch personenbezogene Eigenschaften bzw. Interessen (die uns ja vertraut sind) auftreten, vor allem aber bei der wiederholten Zuspielung von Produkten, die man schon einmal gesucht hat (z. B. auf Plattformen wie Amazon oder Zalando).

Entsprechend dieser theoretischen Annahmen vermuten wir, dass das individuelle Zuschneiden von Werbung über Interessen Involvement und zugeschriebene Relevanz verstärkt und somit eine intensivere Verarbeitung der Information fördert (PETTY et al. 2000; KALYANARAMAN/SUNDAR 2006), wodurch diese zu einem späteren Zeitpunkt sowohl besser erinnert als auch positiver bewertet werden sollte:

H1: Je stärker Werbung personalisiert ist, desto besser erinnern sich Rezipienten a) an den Inhalt der Werbung und b) an den beworbenen Anbieter.

H2: Je stärker Werbung personalisiert ist, desto positiver bewerten Rezipienten a) die Werbung und b) den beworbenen Anbieter.

Ein entscheidender Faktor, der positiven Effekten personalisierter Werbung entgegenwirken kann, sind Bedenken zum Datenschutz bei der Zuspielung personenbezogener Werbung. Nantel und Elie (2008) konnten in ihrer Studie zeigen, dass sich dann negative Effekte einstellen, wenn Personen das Gefühl hatten, dass freiwillig bereitgestellte Daten zu Werbezwecken missbraucht werden (vgl. NANTEL/ELIE 2008, zitiert nach GLEICH 2009: 150). Okazaki, Li und Hirose (2009) konnten zeigen, dass Nutzer, die sich stark um ihre Privatsphäre sorgen, sich auch stärker für die Regulierung von Werbung auf mobilen Endgeräten aussprachen. In einer Befragung von Internetnutzern gaben 62 Prozent an, dass sie befürchten, durch personalisierte Werbung werde der Datenschutz missachtet (FITTKAU/

MAASS 2010). Es wäre also möglich, dass Personen mit großen diesbezüglichen Bedenken sowohl Werbung als auch Anbieter mit zunehmender Personalisierung schlechter beurteilen.

H3: Die in H2 formulierten Zusammenhänge werden von Datenschutzbedenken im Zusammenhang mit personalisierter Werbung moderiert.

3. Methodisches Vorgehen

Zur Überprüfung führten wir ein Online-Experiment in einem 3x2-Design durch. Wir variierten einerseits den Personalisierungsgrad von Werbebannern auf drei Stufen (nicht personalisiert, schwach personalisiert, stark personalisiert) und anderseits den Inhalt, über den die Personalisierung realisiert wurde (Freizeitbeschäftigung Sport vs. Reisen). Die Manipulation des Inhalts folgte zur Überprüfung der Wirkung in unterschiedlichen Kontexten.

Das vermeintliche Thema der Befragung war Freizeitgestaltung. Zu Beginn sollten die Versuchspersonen ihre liebste Freizeitbeschäftigung angeben: Vorgegeben waren die fünf Antwortmöglichkeiten Reisen, Sport, Lesen, Computer und andere Freizeitangebote. Teilnehmer, die Reisen oder Sport auswählten, fielen automatisch in eine Personalisierungsgruppe, alle weiteren Teilnehmer wurden der Gruppe ›nicht personalisiert‹ zugeteilt (diese Gruppe bekam zufällig eines der 24 Stimulusbanner zugespielt, vgl. Tabelle 5 im Anhang). Es handelt sich dementsprechend um ein quasi-experimentelles Design: Da wir Personen über die Angabe von Präferenzen einer Experimentalgruppe zuweisen, verletzen wir eine Grundvoraussetzung der Experimentallogik, nämlich die randomisierte Zuordnung der Teilnehmer zu den Gruppen. Die Gruppen unterscheiden sich also systematisch voneinander, und zwar (mindestens) hinsichtlich ihrer Freizeitgestaltung. Dies muss bei der Interpretation der Ergebnisse berücksichtigt werden.[1]

1 Es gibt allerdings keinen plausiblen Grund anzunehmen, dass sich Personen mit unterschiedlichen Freizeitinteressen hinsichtlich ihrer Beeinflussbarkeit durch (personalisierte) Werbung

Bei der Auswahl von Reisen bzw. Sport erfolgten weitere Angaben, die eine zusätzliche, stärkere Personalisierung des Stimulus ermöglichten. Bei Sport konnte man aus acht verschiedenen Sportarten auswählen, welche man am liebsten betreibt – für jede dieser Sportarten wurde ein spezielles Werbebanner erstellt. Wählte ein Befragter die Antwortoption »andere Sportart«, fiel er automatisch in die Gruppe, die niedrig-personalisierte Werbung erhielt (diese Gruppe erhielt Werbung für den fiktiven Sportversand *BaseCamp*, allerdings nicht für eine spezielle Sportart).

Wurde Reisen als liebste Freizeitbeschäftigung ausgewählt, konnten die Teilnehmer zunächst eine bevorzugte Reiseart wählen (Wellness-Urlaub, Abenteuerurlaub, Städtetrip) und darauf basierend das jeweilige Reiseziel, das sie in diesem Zusammenhang bevorzugen würden. Neben jeweils vier zu wählenden Zielen (z. B. waren dies für Wellness-Urlaub Österreich, Karibik, Türkei und Thailand als die beliebtesten Reiseziele 2011 in dieser Kategorie) stand jeweils die Option »anderes Reiseziel« zur Auswahl; wurde diese Option gewählt, erhielt der Befragte ein schwach personalisiertes Reisebanner (nur mit der bevorzugten Reiseart vom fiktiven Anbieter Flybye), ansonsten die hoch personalisierte Version (Reiseart + spezielles Reiseziel). Ein Überblick über die verschiedenen Variationen und dazugehörigen Gruppen findet sich in Tabelle 5 im Anhang. Vor der Präsentation des Stimulus erfolgten noch einige Ablenkungsfragen zur Freizeitgestaltung. Anschließend sollten sich die Befragten ein 1:13 Minuten langes Video ansehen, das sich – passend zum vermeintlichen Thema der Befragung – um eine Freizeitmesse in München drehte. Das Stimulusbanner war eines von drei Bannern[2], die das Video einrahmten.

Daran anschließend folgten zunächst einige Ablenkungsfragen zum Inhalt des Videos, bevor die Wahrnehmung und Wirkung der Werbebanner erfragt wurde. Die *Erinnerung* an die Werbung wurde auf zwei Arten abgefragt: Zunächst sollten die Versuchspersonen *offen* angeben, an welche Inhalte der gezeigten Werbebanner sie sich erinnerten. Konnten sie keine Werbung nennen, folgte eine *gestützte Abfrage* von zehn Inhalten (Mehrfachauswahl), unter der auch die Inhalte der drei gezeigten Banner waren. Zusätzlich gab es die beiden Optionen »Keine Antwort trifft zu«

systematisch unterscheiden sollten.

2 Bei den anderen Bannern handelte es sich um Werbung für Schokolade und Putzmittel. Die Ablenkungsbanner waren in jeder Experimentalversion gleich.

und »Ich kann mich nicht erinnern«. Anschließend folgte die *gestützte Abfrage des Markennamens* des Reise- bzw. Sportartikel-Anbieters; auch hier gab es jeweils sieben Optionen, unter denen sich der richtige Name befand sowie zusätzlich die Optionen »Keiner dieser Anbieter« und »Ich kann mich nicht an den beworbenen Reiseveranstalter erinnern«.

Neben der Erinnerung wurde die Bewertung des Anbieters sowie des Werbebanners erhoben. Die *Bewertung des Anbieters* erfassten wir über sieben Adjektivpaare auf einem fünfstufigen semantischen Differenzial (uninteressant – interessant, unseriös –seriös, unansprechend – ansprechend, altmodisch – modern, nichtssagend – vielsagend, nicht so gut wie andere Marken in diesem Feld – so gut wie andere Marken in diesem Feld, amateurhaft – professionell, $M = 2.84$, $SD = .72$, $\alpha = .87$). Die *Bewertung des Werbebanners* erfolgte ebenfalls in Anlehnung an Brosius und Fahr (1998) auf einem fünfstufigen semantischen Differenzial über sieben Items (unseriös – seriös, schlecht aufgemacht – gut aufgemacht, uninteressant – interessant, unangenehm – angenehm, unauffällig – auffällig, unrealistisch – realistisch, nicht überzeugend – überzeugend, $M = 2.77$, $SD = .70$, $\alpha = .84$).

Es folgten Fragen zur generellen *Einstellung zu personalisierter Werbung* (fünfstufiges semantisches Differenzial: nicht nützlich – nützlich, unangenehm – angenehm, unheimlich – geheuer, uninteressant – interessant, vom Kauf eines Produkts abschreckend – zum Kauf eines Produkts anregend, $M = 2.83$, $SD = .82$, $\alpha = .80$) sowie zu *Bedenken hinsichtlich der Verletzung des persönlichen Datenschutzes durch personalisierte Werbung* (fünfstufig, überhaupt keine Bedenken – sehr starke Bedenken, $M = 4.21$, $SD = .99$). Zuletzt teilten wir unseren Versuchspersonen mit, dass einigen (aber nicht allen von ihnen) personalisierte Werbung präsentiert wurde und wollten wissen, ob sie *personalisierte Werbung* bemerkt hatten.

Durch die Rekrutierung über Studierendenverteiler sowie Email und soziale Netzwerke entstand ein Convenience Sample von 796 Teilnehmern (66.1 % Studierende, 58.4 % weiblich, Durchschnittsalter 23.0 Jahre, $SD = 7.6$). Die oben beschriebene Zuteilung zu den Experimentalgruppen führte dazu, dass die Gruppen unterschiedlich groß sind: In der Kontrollgruppe befinden sich 372 Versuchspersonen, in der schwach personalisierten Gruppe 102 und in der stark personalisierten Gruppe 322 Versuchspersonen. Die Experimentalgruppen unterscheiden sich nicht hinsichtlich Geschlecht, Alter und Bildung sowie ihren Einstellungen zu personalisierter Werbung.

4. Ergebnisse

Vor der Prüfung der Hypothesen analysierten wir, ob Versuchspersonen, die personalisierte Werbung gesehen hatten, dies auch öfter bemerkten als Versuchspersonen, auf die das Werbebanner nicht personalisiert war. Sollten sich hier keine Unterschiede ergeben, könnte dies ein Hinweis darauf sein, dass die Beeinflussung durch personalisierte Werbung eher unbewusst abläuft.

Ein Gruppenvergleich zeigt, dass Versuchspersonen der stark personalisierten Experimentalgruppe signifikant häufiger personalisierte Werbung bemerkten (43.9 % der Gruppe) als die schwach personalisierte Gruppe (18.1 %) bzw. die Kontrollgruppe (4.7 %), $\chi^2(2, N = 760) = 148.73$, $p < .001$. Überraschend ist allerdings, dass selbst in der hoch-personalisierten Bedingung weniger als die Hälfte der Teilnehmer die Personalisierung bemerkt haben.

Da sich in Bezug auf die meisten Analysen keine Unterschiede zwischen den beiden Themen Reisen und Sport zeigen, werden die folgenden Auswertungen über beide Themen aggregiert ausgewiesen. Bei unterschiedlichen Befunden wird nach Themengebiet gesondert analysiert.

Hypothese 1 geht davon aus, dass sich Rezipienten besser an Werbung erinnern, je stärker diese auf sie personalisiert ist. Zur Überprüfung wurden zunächst die offenen Angaben der Versuchspersonen herangezogen und codiert. Die Teilnehmer wurden gebeten, jedes Detail aufzuschreiben, an das sie sich in Bezug auf die gezeigten Werbebanner erinnerten. Zusätzlich zum offenen Texteingabefeld gab es die Option »Ich kann mich nicht an die Inhalte/beworbenen Produkte erinnern«. Diese Option wählten 50.9 Prozent aller Teilnehmer, hier gab es keinen Unterschied zwischen den Experimentalgruppen ($\chi^2 < 1$). Diese Teilnehmer erhielten anschließend die gestützte Abfrage zu den Inhalten der Produkte.

In Bezug auf die offene Erinnerung zeigen sich keine Unterschiede zwischen nicht personalisierter und schwach personalisierter Gruppe: Von allen Teilnehmern dieser beiden Gruppen, die offene Angaben machten, nannten jeweils knapp drei Viertel auch das Stimulusbanner (vgl. Tab. 1; alle anderen nannten entweder nur Inhalte der Ablenkungsbanner oder machten fehlerhafte Angaben). Signifikant häufiger nennt hingegen die hoch-personalisierte Gruppe Inhalte des Stimulusbanners, hier sind es 92.1 Prozent. Betrachtet man die Ergebnisse für Teilnehmer, die offen nichts angeben konnten und deshalb die gestützte Abfrage erhielten, zeigt sich ein ähnliches Bild: Auch hier gibt es kaum Unterschiede zwischen

Kontroll- und schwach personalisierter Gruppe, in beiden Bedingungen können weniger als ein Viertel den Inhalt des Stimulusbanners gestützt rekonstruieren. Bei der stark personalisierten Gruppe ist die Erinnerung wieder deutlich besser, hier können etwa doppelt so viele Versuchspersonen den Inhalt des Stimulusbanners nennen (vgl. Tab. 1).

TABELLE 1

Offene und gestützte Erinnerung an das Stimulusbanner (in Prozent)

	Nicht personalisiert	Schwach personalisiert	Stark personalisiert	χ^2
Offen (n=300)	71.1	71.4	92.1	20.24***
Gestützt (n=398)	20.1	23.6	41.6	19.87***

Eine zweite Überprüfung der gesteigerten Erinnerung durch Personalisierung ist über den Vergleich mit den beiden Ablenkungsbannern möglich. Da diese auf keinen der Teilnehmer personalisiert waren, sollten sich die Gruppen hier hinsichtlich ihrer Erinnerung auch nicht unterschieden. Diese Vermutung bestätigt der in Tabelle 2 dargestellte Gruppenvergleich (zur vereinfachten Darstellung wurde hier auf eine Differenzierung zwischen offener und gestützter Erinnerung verzichtet): Bei der Erinnerung an die beiden Ablenkungsbanner gibt es keine signifikanten Unterschiede zwischen den Experimentalgruppen. Hypothese 1 kann damit teilweise bestätigt werden: Personalisierung führt tatsächlich zu einer verbesserten Erinnerung an die Werbung, allerdings nur ab einer gewissen Schwelle; schwach personalisierte Werbung verbessert die Erinnerungsleistung nicht.

Bei der Erinnerung an den beworbenen Anbieter zeigen sich Unterschiede zwischen den Themen Reisen und Sport, weshalb die Ergebnisse hier getrennt ausgewiesen werden. Der Anbieter wurde bei allen Versuchspersonen gestützt abgefragt – die Ergebnisse sind in Tabelle 3 zusammengefasst. Eine gesteigerte Erinnerung an den Anbieternamen durch Personalisierung lässt sich nur für den fiktiven Reiseanbieter Flybye bestätigen: In der stark personalisierten Gruppe erinnern sich etwa doppelt so viele Versuchspersonen an den Anbieter im Vergleich zur nicht personalisierten Gruppe. Auffällig ist, dass der Wert der schwach personalisierten Gruppe sogar unter dem der Versuchspersonen liegt, die keine personalisierte Werbung erhalten haben; dies scheint ein weiteres Indiz dafür zu sein,

TABELLE 2

Offene und gestützte Erinnerung an Stimulus- und Ablenkungsbanner (in Prozent)

	Nicht personalisiert ($n=327$)	Schwach personalisiert ($n=90$)	Stark personalisiert ($n=281$)	χ^2
Stimulus (Reisen/Sport)	41.7	42.2	64.6	34.87***
Ablenkung 1 (Schokolade)	35.2	27.8	31.0	2.28
Ablenkung 2 (Putzmittel)	43.7	33.3	40.6	3.21

dass Personalisierung erst ab einer gewissen Stärke einen Mehrwert zu bringen scheint. In Bezug auf den Sportanbieter BaseCamp finden sich keine Unterschiede zwischen den Gruppen. Hypothese 1b kann also nur für das Thema ›Reisen‹ bestätigt werden, allerdings bewirkt auch hier nur die stark personalisierte Werbung eine bessere Erinnerung.

TABELLE 3

Gestützte Erinnerung an den beworbenen Anbieter (in Prozent)

	Nicht personalisiert	Schwach personalisiert	Stark personalisiert	χ^2
Flybye (Reisen, $n=429$)	15.3	9.4	30.4	16.16***
BaseCamp (Sport, $n=367$)	21.3	17.1	23.0	< 1

Hypothese 2 vermutet, dass personalisierte Werbung sowohl die Bewertung des Werbebanners als auch des beworbenen Anbieters verbessert. In diese Analyse wurden nur Personen einbezogen, die sich zumindest gestützt an das Stimulusbanner erinnern und somit eine sinnvolle Bewertung abgeben konnten.

Zur Überprüfung wurde eine multivariate Varianzanalyse mit Banner- und Anbieterbewertung als abhängigen Variablen und den Experimentalgruppen als Faktor berechnet. In Bezug auf die Bewertung des Werbebanners findet sich hier ein schwacher, aber signifikanter Einfluss der Personalisierung (vgl. Tab. 4): Versuchspersonen, auf die das Banner stark personalisiert war, beurteilen diesen leicht positiver als jene, die nur eine schwach personalisierte Version gesehen haben; der Wert der Kontrollgruppe liegt nochmals leicht darunter. Laut Post-Hoc Test unterscheiden sich auch hier nur die nicht personalisierte und die stark personalisierte Gruppe signifikant voneinander. Hypothese 2a kann also nur teilweise bestätigt werden. Hinsichtlich der Anbieterbewertung finden sich allerdings keine signifikanten Unterschiede, weshalb Hypothese 2b abgelehnt wird.

TABELLE 4

Bewertung des Banners und des Anbieters

	Nicht personalisiert ($n = 127$)	Schwach personalisiert ($n = 37$)	Stark personalisiert ($n = 164$)	F	η^2
Werbebanner	2.58^{a} (.74)	$2.67^{a,b}$ (.57)	2.80^{b} (.71)	3.520*	.02
Anbieter	2.59 (.76)	2.64 (.68)	2.69 (.74)	< 1	< .01

Anmerkung: Nur Personen mit Erinnerung an Banner/Anbieter wurden in die Analyse mit einbezogen. Mittelwerte mit unterschiedlichen Buchstaben unterscheiden sich nach dem Games-Howell Post-Hoc Test signifikant auf dem 5 %-Niveau.
*$p < .05$

Um Hypothese 3 prüfen zu können, wurden die Teilnehmer hinsichtlich ihrer Datenschutzbedenken gegenüber personalisierter Werbung in zwei Gruppen geteilt (Mediansplit) und als zusätzlicher Faktor mit ins Modell aufgenommen. Für keinen der beiden abhängigen Variablen findet sich eine signifikante Wechselwirkung von Datenschutzbedenken mit der Personalisierung (beide $Fs < 1$), weshalb Hypothese 3 abgelehnt wird.

5. Fazit

Ziel der vorliegenden Studie war es, die Wirksamkeit personalisierter Werbung im Internet genauer in Augenschein zu nehmen. Trotz Milliardenausgaben in diesem Bereich und dem Handel mit personenbezogenen Daten im Internet fehlen weitgehend empirische Befunde für die Wirksamkeit dieser Werbestrategie.

Interessant ist zunächst, dass selbst stark auf individuelle Interessen zugeschnittene Werbung nur bei weniger als der Hälfte der Teilnehmer dazu führt, dass die Personalisierung bemerkt wird; geht man davon aus, dass Personen in der Versuchssituation tendenziell aufmerksamer sind als während einer normalen Rezeption, ist dieses Ergebnis erstaunlich. Möglicherweise sind Rezipienten mittlerweile aufgrund der schieren Menge an personenbezogener Werbung im Internet in der Lage, diese auszublenden, vor allem wenn die Anzeige nur am Rand einer Seite platziert ist. Dies spricht für die Nützlichkeit neuerer Werbeformen, wie z. B. die Einbindung von Werbung im News-Feed bei Facebook.

Die vorliegende Studie konnte allerdings auch zeigen, dass Personalisierung tatsächlich zu einer besseren Erinnerung an die Werbung führt. Allerdings scheint dies erst ab einer gewissen Schwelle zu funktionieren: Die Version, in der nur ganz allgemein die Lieblingsfreizeitbeschäftigung thematisiert war (also Sport oder Reisen), führte zu keiner besseren Erinnerungsleistung. Außerdem konnte der Effekt nicht systematisch für die beworbenen Anbieter gezeigt werden.

Weiterhin konnte zwar eine leicht positivere Bewertung der Werbung an sich durch Personalisierung nachgewiesen werden, auch dieser Effekt überträgt sich allerdings nicht auf den Anbieter. Vor diesem Hintergrund ist die Frage, ob sich Personalisierung für die Werbetreibenden tatsächlich in hohem Maße lohnt, eher kritisch zu sehen.

Die präsentierten Ergebnisse unterliegen natürlich einigen Einschränkungen. Zunächst wurden, wie bereits angesprochen, die Versuchspersonen den Experimentalgruppen nicht zufällig zugewiesen, sondern über die angegebenen Interessen zugeteilt. Neben den unterschiedlichen Gruppengrößen ist dies auch vor dem Hintergrund problematisch, dass sich die entstandenen Gruppen nicht nur hinsichtlich der Personalisierung, sondern auch hinsichtlich des generellen Interesses für das beworbene Thema unterscheiden. Unterschiede zwischen den Gruppen könnten also nicht nur aufgrund der Personalisierung, sondern auch aufgrund des stärkeren Interesses zustandegekommen sein. Dagegen spricht, dass sich die Kontroll- und schwach personalisierte Experimentalgruppe hinsichtlich ihrer Erinnerung an die Werbung kaum unterscheiden. Allerdings scheint es nötig, die Befunde mit randomisierten Experimentalgruppen zu wiederholen (z. B. mit Reiseinteressierten, die dann zufällig Personalisierung erhalten oder nicht).

Weiterhin könnte die vorherige Abfrage der Interessen dazu führen, dass die Teilnehmer für das Thema sensibilisiert werden und sich dadurch automatisch die Aufmerksamkeit für diesen Inhalt erhöht. Dem wurde dadurch entgegengewirkt, dass vor dem Stimulus viele weitere Fragen zum Freizeitverhalten als Ablenkung gestellt wurden. Dagegen spricht auch der Befund, dass selbst in der stark personalisierten Gruppe nur wenige Probanden die Personalisierung durchschaut haben.

Grundsätzlich bedarf es im Bereich personalisierter Werbung weiterer Experimentalstudien, um den Erfolg dieser Werbeform näher zu beleuchten. Die vielen Befragungsstudien zur Einstellung gegenüber personalisierter Werbung, die es in diesem Bereich gibt, können nur begrenzt Auskunft über die Wirksamkeit dieser Werbeform geben: Wie die Ergebnisse gezeigt haben, sind Bewertungen der Werbung und des Anbieters nicht zwangsläufig von der generellen Einstellung zu personalisierter Werbung oder Datenschutzbedenken gegenüber selbiger abhängig.

Eine relevante Größe, die in diesem Zusammenhang in weiteren Studien näher beleuchtet werden muss, ist der Grad an Personalisierung und damit verbunden auch negative Effekte wie Reaktanz. Die vorliegende Studie legt die Vermutung nahe, dass Personalisierung nur ab einer gewissen Stärke an individuellem Bezug einen Mehrwert bringt; es könnte allerdings sein, dass es auch ein ›Zuviel‹ an Personalisierung gibt, das von den Personen als Verletzung der Privatsphäre und damit negativer Bewertung bestraft wird.

Literatur

ANSARI, A.; C. MELA: E-Custumization. In: *Journal of Marketing Research*, 40, 2003, S. 131-140

BAEK, T. H.; M. MORIMOTO: Stay Away from Me: Examining the Determinants of Consumer Avoidance of Personalized Advertising. In: *Journal of Advertising*, 41, 2012, S. 59-76

BORNSTEIN, R. F.: Exposure and Affect: Overview and Meta-Analysis of Research, 1968-1987. In: *Psychological Bulletin*, 106, 1989, S. 265-289

BROCK, T. C.; L. A. BRANNON; C. BRIDGWATER: Message Effectiveness can be Increased by Matching Appeals to Recipients' Self-Schemas: Laboratory Demonstrations and a National Field Experiment. In: AGRES, S. J.; J. A. EDELL (Hrsg.): *Emotion in Advertising: Theoretical and Practical Explorations*. New York [Quorum Books] 1990, S. 285-315

BROSIUS, H.-B.; A. FAHR: *Werbewirkung im Fernsehen. Aktuelle Befunde der Medienforschung. Angewandte Medienforschung, Bd. 1*. München [Reinhard Fischer] 1998

DIJKSTRA, A.: The Psychology of Tailoring-Ingredients in Computer-Tailored Persuasion. In: *Social and Personality Psychology Compass*, 2, 2008, S. 765-784

FITTKAU & MAASS CONSULTING: *www-Benutzer-Analyse W3B*. http://www.w3b.org/nutzungsverhalten/nutzer-lehnen-personalisierte-werbung-ab.html [20.6.2012]

GLEICH, U.: Personalisierte Kommunikation und Customer Relationship Management. In: *Media Perspektiven*, 3, 2009, S. 148-153

GREVE, G.; C. BAUER; G. HOPF: Einführung in das Online Targeting. In: BAUER, C., G. GREVE, G. HOPF (Hrsg.): *Online Targeting Und Controlling: Grundlagen – Anwendungsfelder – Praxisbeispiele*. Wiesbaden [Gabler] 2011, S. 3-23

HEERWEGG, D.; G. LOOSVELDT: Personalizing E-Mail Contacts: It's Influence on Web Survey Response Rate and Social Desirability Response Bias. In: *International Journal of Public Opinion Research*, 2, 2007, S. 258-268

JANDURA, O.; W. DONSBACH: Erfolgsfaktor personalisierte Werbung. In: WOELKE, J; M. MAURER; O. JANDURA (Hrsg.): *Forschungsmethoden für die Markt- und Organisationskommunikation*. Köln [Herbert von Halem] 2010, S. 111-126

KALYANARAMAN, S.; S. S. SUNDAR: The Psychological Appeal of Personalized Content in Web Portals: Does Customization Affect Attitudes and Behavior? In: *Journal of Communication*, 56, 2006, S. 110-132

KIM, N. Y.; S. S. SUNDAR: Personal Relevance Versus Contextual Relevance: The Role of Relevant Ads in Personalized Websites. In: *Journal of Media Psychology*, 24, 2012, S. 89-101

LEE, A. Y.; J. L. AAKER: Bringing the Frame into Focus: The Influence of Regulatory Fit on Processing Fluency and Persuasion. In: *Journal of Personality and Social Psychology*, 86, 2004, S. 205-218

MASLOWSKA, E.: *Does »Dear John« Always Work? Personalized Communication Revisited*. Vortrag auf der Jahrestagung der International Communication Association, Boston, 2011. http://citation.allacademic.com/meta/p490400_index.html [4.6.2013]

OKAZAKI, S.; H. LI; M. HIROSE: Consumer Privacy Concerns and Preference for Degree of Regulatory Control. In: *Journal of Advertising*, 38, 2009, S. 63-77

PETTY, R. E.; J. T. CACIOPPO: The Elaboration Likelihood Model of Persuasion. In: BERKOWITZ, L. (Hrsg.): *Advances in Experimental Social Psychology*. Orlando [Academic Press] 1986, S. 123-205

PETTY, R. E.; S. C. WHEELER; G. Y. BIZER: Attitude Functions and Persuasion: An Elaboration Likelihood Approach to Matched versus Mismatched Messages. In: MAIO, G. R.; J. M. OLSON (Hrsg.): *Why We Evaluate: Functions of Attitudes*. Mahwah, NJ [Erlbaum] 2000, S. 133-162

REBER, R.; N. SCHWARZ; P. WINKIELMAN: Processing Fluency and Aesthetic Pleasure: Is Beauty in the Perceiver's Processing Experience. In: *Personality and Social Psychology Review*, 8, 2004, S. 364-382

SCHNEIDER, J.: Personalisierte Werbung: Durchs Netz verfolgt. In: Der Tagesspiegel, 28.3.2012. http://www.tagesspiegel.de/wirtschaft/streitthema-tracking-personalisierte-werbung-durchs-netz-verfolgt-/6445032.html [26.6.2012]

SIEGERT, G.: Online-Kommunikation und Werbung. In: SCHWEIGER, W.; K. BECK (Hrsg.): *Handbuch Online-Kommunikation*. Wiesbaden [VS-Verlag] 2010, S. 434-460

SHAPIRO, K. L.; J. CALDWELL; R. E. SORENSEN: Personal Names and the Attentional Blink: A Visual »Cocktail Party« Effect. In: *Journal of Experimental Psychology*, 23, 1997, S. 504-514

SUNDAR, S. S.; S. S. MARATHE: Personalization vs. Customization: The Importance of Agency, Privacy, and Power Usage. In: *Human Communication Research*, 36, 2010, S. 298-322

VESANEN, J.: What Is Personalization? A Conceptual Framework. In: *European Journal of Marketing*, 41, 2007, S. 409-418

WEILBACHER, W. M.; H. R. WALSH: Mail Questionnaires and the Personalized Letter of Transmittal. In: *Journal of Marketing*, 16, 1952, S. 331-336

WHITE, T. B.; D. L. ZARHAY; H. THORBJORNSEN; S. SHAVITT: Getting Too Personal: Reactance to Highly Personalized E-mail Solicitations. In: *Marketing Letters*, 19, 2008, S. 39-50

6. Anhang

TABELLE 5

Überblick über die Stimulus-Versionen und quasi-experimentellen Gruppen

Version	*Thema*	*Personalisierung*	*Stufe 1*	*Stufe 2*
1	Reisen	stark	Wellness	Österreich
2	Reisen	stark		Karibik
3	Reisen	stark		Türkei
4	Reisen	stark		Thailand
5	Reisen	schwach		Sonstige Reiseziele
6	Reisen	stark	Abenteuer	Südafrika
7	Reisen	stark		USA/Kanada
8	Reisen	stark		Südamerika
9	Reisen	stark		Australien/Neuseeland
10	Reisen	schwach		Sonstige Reiseziele
11	Reisen	stark	Städte-Trip	New York
12	Reisen	stark		Rom
13	Reisen	stark		Barcelona
14	Reisen	stark		Paris
15	Reisen	schwach		Sonstige Reiseziele
16	Sport	stark		Fußball
17	Sport	stark		Handball
18	Sport	stark		Basketball
19	Sport	stark		Schwimmen
20	Sport	stark		Fitness
21	Sport	stark		Tennis
22	Sport	stark		Ski/Snowboard
23	Sport	stark		Bergsport
24	Sport	schwach	Sonstige Sportarten	
25	Sonstiges	keine	Zufällige Zuordnung einer Version 1-24	

THOMAS KOCH / MAGDALENA OBERMAIER / CHRISTINA PETER

Viel hilft viel? Der Einfluss von Wiederholungsanzahl und Größe von Internetwerbebannern auf Mere-Exposure- und Truth-Effekt

1. Einleitung

Der Einsatz von Bannerwerbung im Internet gewann in den letzten Jahren beträchtlich an Bedeutung (z. B. BUNDESVERBAND DIGITALE WIRTSCHAFT 2013; WANG/SHIH/PERACCHIO 2013). Werbetreibende scheinen dabei dem Motto ›Viel hilft viel‹ zu folgen: Die Banner werden möglichst groß programmiert und möglichst häufig eingeblendet (z. B. BUNDESVERBAND DIGITALE WIRTSCHAFT 2013). Diesem Vorgehen liegt (implizit) die Vermutung einer linearen oder annähernd logarithmischen Funktion zwischen Exposition und Effekt zugrunde, wonach ein Mehr an Werbung auch zu einem Mehr an positiver Wirkung führen soll. So empfehlen diverse Studien, möglichst große Werbebanner einzusetzen, weil diese die höchsten »click-through rates« produzierten (z. B. BALTAS 2003; ROBINSON/WYSOCKA/HAND 2007). Diese Annahme will die vorliegende Studie hinterfragen: Bewirkt die häufigere und exponiertere Präsentation von Werbebannern tatsächlich auch eine Steigerung der Werbewirkung?

Zur Beantwortung dieser Frage werden wir zwei Effekte in Augenschein nehmen: Erstens soll die wiederholte Darbietung eines Stimulus die Einstellung zu diesem verbessern (Mere-Exposure-Effekt). Zweitens soll die wiederholte Präsentation einer Aussage dazu führen, dass diese eher geglaubt wird

(Truth-Effekt). Beide Effekte unterscheiden sich allerdings in einer äußerst relevanten Bedingung: Während beim MEE die Aufmerksamkeit für den relevanten Reiz hinderlich sein und Effekte abschwächen kann, ist für den Truth-Effekt ein Mindestmaß an Aufmerksamkeit eine unerlässliche Voraussetzung. Beide Effekte wurden bislang nicht gemeinsam im Kontext von Bannerwerbung getestet. Die vorliegende Untersuchung will dazu beitragen, diese Forschungslücke zu schließen und wird prüfen, wie sich Wiederholungsanzahl und Größe von Internetwerbebannern auf beide Effekte auswirken.

2. Theoretischer Hintergrund

2.1 *Mere-Exposure-Effekt*

Allein die wiederholte Präsentation eines Stimulus kann die Einstellung zu diesem positiv beeinflussen – dieser Befund ist als Mere-Exposure-Effekt (MEE) bekannt. Zajonc (1968) dokumentiert den Effekt als Erster umfassend: In den von ihm beschriebenen Experimenten bekamen Teilnehmer verschiedene Stimuli (z. B. ›nonsense‹-Wörter, chinesische Schriftzeichen oder Passfotos von Studenten) unterschiedlich häufig (null bis 25 Mal) vorgelegt. Nach der Exposition wurden die Einstellungen der Probanden zu den Stimuli erhoben. Dabei zeigt sich, dass Teilnehmer die Stimuli mit steigender Wiederholungsanzahl positiver bewerten. In nachfolgenden Studien, die insbesondere in den 1970er- und Anfang der 1980er-Jahre entstanden, erweist sich der MEE als sehr stabil (Überblick bei BORNSTEIN 1989). Er tritt sowohl bei Erwachsenen als auch bei Kindern auf (z. B. COLMAN/WALLEY/SLUCKIN 1975; HEINGARTNER/HALL 1974), findet sich in Laborsituationen und in Feldexperimenten (z. B. ZAJONC/RAJECKI 1969). Auch zeigt sich der Effekt bei verschiedenen Arten von Stimuli, bei abstrakten Symbolen, wie chinesischen Schriftzeichen (z. B. DECHÊNE/STAHL/HANSEN/WÄNKE 2009; ZAJONC 1968) oder fremdsprachigen Adjektiven (STANG 1975), ebenso wie z. B. bei Fotos von Personen (BORNSTEIN/D'AGOSTINO 1992; ZAJONC 1968). Der Effekt ist jedoch keineswegs auf visuelle Stimuli beschränkt: Auch auditive Reize werden nach der wiederholten Präsentation positiver erlebt (z. B. HEINGARTNER/HALL 1974). Neuere Studien konnten den MEE bereits bei verschiedenen Werbeformen nachweisen, wie z. B. bei der Darbietung von Product Placements (z. B. KOCH/RULAND 2011; SCHEMER/MATTHES/WIRTH 2007).

Die prominenteste Erklärung für das Auftreten des MEE ist, dass die perzeptuelle Geläufigkeit eines Reizes erhöht wird, wenn man diesen mehrfach rezipiert (z. B. BORNSTEIN/D'AGOSTINO 1992; REBER et al. 2004). Der Kontakt mit einem Stimulus aktiviert das entsprechende Konzept im Gedächtnis und hinterlässt implizite Erinnerungsspuren. So kann der Reiz bei weiteren Rezeptionen flüssiger verarbeitet werden (z. B. BORNSTEIN 1989; SEAMON et al. 1995).[1] Rezipienten erleben dies positiv und übertragen die positive Bewertung auf den Reiz selbst (BORNSTEIN 1989; BORNSTEIN/D'AGOSTINO 1992; REBER et al. 2004; REBER et al. 1998; WINKIELMAN/CACIOPPO 2001).

Eine zentrale Rolle kommt dabei der Anzahl der Wiederholungen zu, mit der ein Stimulus präsentiert wird. So finden einige Studien, dass Personen die Stimuli mit zunehmender Präsentationshäufigkeit positiver bewerten (z. B. HARRISON 1977; MATLIN 1970; MCCULLOUGH/OSTROM 1974; ZAJONC 1968; ZAJONC/RAJECKI 1969). Zajonc, Crandall, Kail und Swap (1974) legen ihren Teilnehmern beispielsweise Objekte 0, 1, 9, 27 oder 243 Mal vor und zeigen, dass die Bewertung der Reize mit häufigeren Präsentationen positiver ausfällt. Andere Studien stellen hingegen fest, dass Rezipienten die präsentierten Stimuli lediglich bis zu einer gewissen Anzahl an Wiederholungen zunehmend positiv bewerten; ab einer bestimmten Wiederholungsfrequenz steigt die Einstellung nicht mehr weiter ins Positive oder fällt sogar wieder ab (es entsteht eine umgekehrte U-Kurve; z. B. ANAND/ STERNTHAL 1990; CACIOPPO/PETTY 1979; CALDER/STEMTHAL 1980; NORDHIELM 2002; SAEGERT/JELLISON 1970; SMITH/DORFMAN 1975). Es gibt verschiedene Erklärungen dafür, warum Stimuli ab einer bestimmten Wiederholungsfrequenz negativer bewertet werden. Eine prominente Erklärung ist beispielsweise die Zwei-Faktoren-Theorie von Berlyne (1970; vgl. auch BERLYNE 1966), die besagt, dass Personen neue Reize stets positiv wahrnehmen und sich bei wiederholter Rezeption an den Stimulus gewöhnen (»positive habituation«); diese positive Empfindung übertragen sie auf den Reiz. Andererseits empfinden Personen ab einer gewissen Präsentationshäufigkeit Langeweile (»tedium«), weshalb sie den Stimulus konti-

1 Auch andere Mechanismen können die Verarbeitungsflüssigkeit (»processing fluency«) eines Reizes beeinflussen: Zum Beispiel lässt sich ein Stimulus durch eine besonders klare visuelle Darstellung leichter rezipieren oder durch einen starken farblichen Kontrast eines Reizes zu einem Hintergrund. Bei einem Mere-Exposure-Effekt geht es jedoch rein um die flüssigere Verarbeitung aufgrund wiederholter Präsentationen (»mere exposure«) eines Reizes.

nuierlich negativer wahrnehmen und schlechter bewerten. Somit greifen nach Berlyne (1970) bei der wiederholten Rezeption zwei gegensätzliche Prozesse, einmal eine positive Gewöhnung an den Reiz und eine negative Eintönigkeit des Reizes, welche letztlich für die umgekehrte U-Kurve der Einstellung als Funktion der Wiederholungsanzahl sorgen.

Die Steigerung der Wiederholungsanzahl kann die Einstellung zu einem Stimulus also sowohl positiv als auch negativ beeinflussen. Ein entscheidender Moderator dafür könnte die Komplexität der Stimuli sein: Saegert und Jellison (1970) legen Probanden einerseits die bereits von Zajonc (1968) verwendeten chinesischen Schriftzeichen vor (komplexe Stimuli), andererseits präsentieren sie ihnen Linien in unterschiedlicher Anordnung als einfache Stimuli. Dabei zeigt sich bei letzteren, dass bereits nach der zweimaligen Präsentation eine Sättigungsgrenze erreicht ist; nach 25 Präsentationen beurteilen die Probanden die simplen Stimuli als negativ. Smith und Dorfman (1975) zeigen ihren Teilnehmern verschiedene Anordnungen von Quadraten und demonstrieren Ähnliches: Den einfachsten Reiz bewerten die Teilnehmer nach der ersten Rezeption am positivsten, allerdings sinkt diese Bewertung bereits nach fünf Rezeptionen drastisch ab und verbleibt auch nach zehn und 20 Rezeptionen auf diesem Niveau. Bei einem Stimulus mit mittlerem Komplexitätsgrad ergibt sich die umgekehrte U-Kurve: Die Bewertung ist erst negativ, steigt dann mit der zunehmender Wiederholungsanzahl an und fällt bei 20 Aussetzungen wieder ab. Bei dem komplexesten Stimulus ergibt sich jedoch ein kontinuierlicher Anstieg zwischen der ersten und der zwanzigsten Aussetzung zum Reiz. Somit zeigt sich: Sehr simple Stimuli werden mit wiederholter Darbietung eher negativer beurteilt, während die Bewertung komplexer Stimuli bei häufiger Präsentation besser wird (SAEGERT/JELLISON 1970; SMITH/DORFMAN 1975).

Ein zweiter relevanter Moderator ist die Verarbeitungstiefe: Werden Reize beiläufig wahrgenommen und damit peripher verarbeitet, begünstigt das einen Mere-Exposure-Effekt; daher evoziert eine möglichst unauffällige Darbietung von Reizen starke Mere-Exposure-Effekte (BORNSTEIN 1989). Marken auf unauffälligen Werbebannern sollten mit zunehmender Wiederholungsanzahl also positiver beurteilt werden. Dies demonstrieren auch z. B. Fang, Singh und Ahluwalia (2007): Teilnehmer lasen einen Online-Artikel und bekamen währenddessen entweder keinen, fünf oder 20 Mal den gleichen Banner (jeweils für fünf Sekunden) eingeblendet; je öfter die Banner eingeblendet wurden, desto positiver bewerteten sie diese. Auch

Lee und Cho (2010) zeigen, dass Probanden mit zunehmender Wiederholungsanzahl die auf Bannern präsentierte Marke positiver bewerten. Bei besonders auffälligen Reizen schwächt sich der MEE hingegen ab oder tritt gar nicht auf (z. B. BORNSTEIN/D'AGOSTINO 1992; KOCH/RULAND 2011; SCHEMER et al. 2007). So demonstrieren Studien z. B., dass Stimuli, die besonders lange präsentiert werden (und entsprechend besonders auffällig sind), mit zunehmender Wiederholungsanzahl negativer bewertet werden (z. B. BORNSTEIN 1989; HAMID 1973). Wir vermuten also keine Haupteffekte von Wiederholung und Platzierung, sondern eine Wechselwirkung zwischen den beiden Faktoren. Unsere ersten Hypothesen lauten entsprechend:

H1a: Je öfter ein unauffälliges Werbebanner präsentiert wird, desto positiver wird die präsentierte Marke beurteilt.

H1b: Je öfter ein auffälliges Werbebanner präsentiert wird, desto negativer wird die präsentierte Marke beurteilt.

2.2 *Truth-Effekt*

Die wiederholte Darbietung einer Aussage kann dazu führen, dass Rezipienten diese als glaubwürdiger einschätzen (DECHÊNE/STAHL/HANSEN/WÄNKE 2010; HASHER/GOLDSTEIN/TOPPINO 1977). Sowohl gedächtnis- als auch vertrautheitsbasierte Prozesse verursachen diesen sogenannten ›Truth-Effekt‹. Die Forschung vermutet als Ursache einerseits eine fehlerhafte Quellenattribution seitens der Rezipienten: Die wiederholte Darbietung einer Aussage lässt Rezipienten irrtümlich annehmen, dass sie die Aussage bereits vorher in einem anderen Kontext oder von einer anderen Quelle gehört hätten (ARKES/HACKETT/BOEHM 1989; ROGGEVEEN/JOHAR 2002; SCHWARTZ 1982). Diese vermeintliche Bestätigung einer Aussage durch verschiedene unabhängige Quellen lässt sie glaubwürdiger erscheinen (ARKES/BOEHM/XU 1991). Andererseits entsteht der Effekt durch zunehmende Vertrautheit mit der Aussage, die durch die Wiederholung hervorgerufen wird: Wie auch beim Mere-Exposure-Effekt (vgl. Abschnitt 2.1) führt der wiederholte Kontakt mit der Aussage dazu, dass dieser in nachfolgenden Rezeptionen flüssiger verarbeitet werden kann (BORNSTEIN 1989; REBER/SCHWARZ/WINKIELMAN 2004; REBER/WINKIELMAN/SCHWARZ 1998). Durch diese Erhöhung der »processing fluency« wirkt die Aussage geläufiger und vertrauter und wird entsprechend eher geglaubt (vgl. auch die ausführlichere Darstellung der Ursachen bei KOCH/ZERBACK 2011; PARKS/TOTH 2006; REBER/SCHWARZ 1999; UNKELBACH 2007).

Die meisten Studien testen den Truth-Effekt auf sehr ähnliche Art und Weise: Den Probanden wird eine Reihe von Aussagen schriftlich vorgelegt (z. B. ARKES/HACKETT/BOEHM 1989; SCHWARTZ 1982) oder auch vorgelesen (z. B. BACON 1979; GIGERENZER 1984) und nach einem bestimmten Zeitintervall nochmals präsentiert. Dieses Zeitintervall beträgt manchmal nur einige Minuten (HAWKINS/HOCH/MEYERS-LEVY 2001; KOCH/ZERBACK 2011; 2013; SCHWARTZ 1982), teilweise jedoch auch eine oder mehrere Wochen (ARKES/HACKETT/BOEHM 1989; BACON 1979; GIGERENZER 1984). Die präsentierten Aussagen stammen zumeist aus vielen verschiedenen Bereichen des Allgemeinwissens, z. B. Geschichte, Politik, Sport, Biologie, Medizin, Kunst oder Religion (z. B. GIGERENZER 1984; HASHER/GOLDSTEIN/TOPPINO 1977) und beziehen sich meist auf Sachverhalte, deren Wahrheitsgehalt nur schwierig einzuschätzen ist (z. B. »Shintoism is the native religion of Korea«; GIGERENZER 1984). Der Effekt fällt stärker aus, je unsicherer sich die Teilnehmer bei der Beantwortung der Fragen sind – wahrscheinlich, weil die wiederholte Darbietung dann der einzige ›kognitive Anker‹ ist, der zur Einschätzung des Wahrheitsgehaltes der Aussagen zur Verfügung steht (UNKELBACH 2007). Allerdings gibt es auch Untersuchungen, die den Effekt mit Aussagen über Produkte und Marken (HAWKINS/HOCH 1992; JOHAR/ROGGEVEEN 2007; ROGGEVEEN/JOHAR 2002), politischen Slogans (KOCH/ZERBACK 2011) oder Meinungsäußerungen (ARKES/HACKETT/BOEHM 1989) testen. Die Aussage muss nicht im exakt gleichen Wortlaut wiederholt werden, eine ähnliche Formulierung reicht aus (ARKES/BOEHM/XU 1991; BACON 1979; BEGG/ARMOUR/KERR 1985).

Es ist nicht abschließend geklärt, wie sich die Häufigkeit, mit der eine Aussage präsentiert wird, auf die Einschätzung von deren Glaubwürdigkeit auswirkt. Während der Effekt meist getestet wird, indem eine Aussage einmal oder maximal zweimal wiederholt wird, gibt es mittlerweile Arbeiten, welche die Anzahl der Wiederholungen systematisch variieren: So präsentieren Arkes, Boehm und Xu (1991) die Aussagen insgesamt sechs Mal und zeigen, dass ab der zweiten Präsentation keine weitere Steigerung des Effekts einsetzt. Indes liegt in dieser Studie jeweils eine Woche zwischen jeder der Präsentationen. Untersuchungen, welche die Aussagen in einem sehr viel kürzeren Zeitintervall hintereinander wiederholen, zeigen, dass sich der Truth-Effekt dann ab einer bestimmten Wiederholungsfrequenz abschwächt oder sogar umkehrt (KOCH/ZERBACK 2011). Koch und Zerback

(2013) demonstrieren, dass eine sehr häufige Wiederholung innerhalb kurzer Zeit Persuasionswissen aktiviert, d. h., dass die Rezipienten die Wiederholung bewusst bemerken und als Überzeugungsversuch interpretieren. Die Aktivierung von Persuasionswissen evoziert wiederum Reaktanz, was zu einer verminderten Glaubwürdigkeit des Kommunikators und letztlich zur Verringerung der Glaubwürdigkeit der Aussage führt. Dieser Befund ist sicherlich auch Resultat des Stimulusmaterials, welches die Autoren benutzen: Sie lassen einen Interviewten eine Aussage bis zu sieben Mal in kurzen Abständen wiederholen. Bei Werbebannern dürfte dies anders ausfallen: Weil diese eher peripher wahrgenommen werden, sollte eine häufigere Wiederholung des Werbebanners die Wahrscheinlichkeit dafür erhöhen, dass Rezipienten die darauf platzierte Werbeaussage wahrnehmen und infolgedessen (flüssiger) verarbeiten. Somit vermuten wir, dass sich die Wiederholungsanzahl, mit der ein Werbebanner präsentiert wird, positiv auf die Einschätzung der Glaubwürdigkeit der Werbebotschaft auswirkt.

H2a: Je häufiger ein Slogan auf einem Werbebanner wiederholt wird, desto eher glauben Rezipienten diese Aussage.

Auch die Auffälligkeit einer Aussage wirkt sich auf die Einschätzung von deren Glaubwürdigkeit aus. Eine besonders auffällige oder sogar aufdringliche Präsentation erhöht die Wahrscheinlichkeit, dass eine Aussage wahrgenommen wird; gleichzeitig bedarf es eines gewissen Levels an Aufmerksamkeit, um den Truth-Effekt zu evozieren. Hawkins und Hoch (1992; Experiment 3) instruierten Probanden, die Häufigkeit, mit der bestimmte Buchstaben in Aussagen vorkommen, zu zählen; in diesem Fall fokussiert sich die Aufmerksamkeit der Probanden nicht mehr auf die Inhalte der Aussagen, sondern lediglich auf das Zählen von Buchstaben. Die Autoren zeigen, dass unter dieser Bedingung kein Truth-Effekt evoziert wird. Zudem können deutlich lesbare oder klar hörbare Aussagen leichter bzw. flüssiger verarbeitet werden, was wiederum die Glaubwürdigkeit erhöht. So empfinden Rezipienten z. B. Sätze, die aufgrund eines deutlichen Farbkontrastes oder einer großen Schrift besser lesbar sind, als glaubwürdiger (z. B. REBER/SCHWARZ 1999). Wir nehmen daher an, dass die auffällige Darbietung einer Werbebotschaft auf einem Werbebanner dazu führt, dass diese flüssiger verarbeitet wird als eine unauffällige Botschaft. Dies sollte letztlich darin resultieren, dass der Slogan glaubwürdiger erscheint. So lautet unsere letzte Annahme:

H2b: Je deutlicher ein Slogan auf einem Werbebanner zu lesen ist, desto eher glauben Rezipienten diese Aussage.

3. Methode

Zur Überprüfung der genannten Hypothesen führten wir ein Online-Experiment durch. Probanden sollten eine Bilderstrecke (insgesamt zwölf Bilder mit Bildunterschriften) über Münchner Stadteile ansehen. Den Teilnehmern wurde mitgeteilt, dass es sich um eine Befragung zu Münchner Stadtvierteln und deren Vermarktungspotenzial handelt. Jeder Befragte konnte selbst bestimmen, wie lange er die einzelnen Bilder betrachtete. Da dies in der Mehrheit der Fälle an dem eigenen Computer zu Hause geschah, war eine relativ realistische Rezeptionssituation gewährleistet.

Als unabhängige Variable variierten wir die Größe und die Häufigkeit, mit der ein Werbebanner neben den Bildern gezeigt wurde. Die Experimentalgruppen sahen entweder zwei, sechs oder zwölf Werbebanner; wurden zwei Banner präsentiert, erfolgte dies an den Positionen drei und acht, wurden sechs Banner präsentiert, war neben jedem zweiten Bild ein Banner zu sehen. Die Auffälligkeit der Werbung variierten wir über die Größe der Banner: Diese nahmen entweder 21 Prozent oder sieben Prozent der Fläche des präsentierten Bildausschnitts ein. Es handelt sich demnach um ein 3 (Anzahl der Präsentationen) x 2 (Größe des Banners) Design.

Farblich fügten sich die Banner unauffällig in den präsentierten Bildausschnitt ein. Sie bestanden jeweils aus einem Firmenlogo, der Abbildung eines Vitaminriegels sowie einem Slogan. Der Vitaminriegel erhielt den fiktiven Namen ›vitabar‹. Wir gestalteten sowohl das Bild des Riegels als auch das in dem Banner abgebildete Firmenlogo selbst, um intervenierende Voreinstellungen zu minimieren. Das Firmenlogo bestand aus drei verschiedenfarbigen Quadraten, die schräg übereinander angeordnet wurden und dem Schriftzug ›Tamivit‹, dem fiktiven Namen der Firma. Unter der Abbildung war der Slogan »Ein Riegel vitabar deckt 80 % Ihres Tagesbedarfs an Vitaminen« zu lesen. Der Slogan eignet sich zur Überprüfung des Truth-Effekts, weil eine offensichtliche Antwort auf diese Frage schwierig erscheint und der Effekt größer ausfällt, wenn sich die Befragten bei der Einschätzung des Wahrheitsgehalts unsicher sind (UNKELBACH 2007). Ob die präsentierten Aussagen letztlich faktisch wahr oder falsch sind, spielt für den Effekt keine Rolle (GIGERENZER 1984; HASHER/GOLDSTEIN/TOPPINO 1977).

Als abhängige Variable diente zum einen die Einstellung zur präsentierten Marke. Diese erhoben wir über ein fünfstufiges semantisches Differenzial mit fünf Adjektivpaaren, die der Studie von Schemer, Matthes und Wirth (2007) entlehnt waren: »unsympathisch – sympathisch«, »negativ – positiv«, »nicht ansprechend – ansprechend«, »uninteressant – interessant« sowie »unattraktiv – attraktiv«. Die fünf Items wurden in einer Skala zusammengefasst ($M = 2.82$, $SD = 0.77$, $\alpha = .85$). Als zweite abhängige Variable erfassten wir die Einschätzung des Wahrheitsgehalts der Aussage, dass ein Riegel ›vitabar‹ 80 Prozent des täglichen Vitaminbedarfs deckt. Dies erhoben wir über die Zustimmung bzw. Ablehnung zu folgenden drei Items: »Ich denke, die Aussage ›Ein Riegel vitabar deckt 80 % des täglichen Vitaminbedarfs‹ ist falsch«, »Ich kann mir vorstellen, dass ein Riegel vitabar 80 % des täglichen Vitaminbedarfs deckt«, »Ich halte den Slogan ›Ein Riegel vitabar deckt 80 % des täglichen Vitaminbedarfs‹ für glaubwürdig«. Auch diese drei Items wurden in einer Skala zusammengefasst ($M = 2.16$, $SD = 1.01$, $\alpha = .86$).

Außerdem erfassten wir die Erinnerung der Teilnehmer daran, ob Werbebanner am Rand dargestellt wurden. Der Fragebogen enthielt weiterhin Items zur Soziodemografie der Teilnehmer sowie eine Batterie an Ablenkungsfragen zur Stadt München und zur Einschätzung des Vermarktungspotenzials verschiedener Stadtteile.

Die Teilnehmer wurden vorwiegend in Lehrveranstaltungen sowie mittels Schneeballverfahren rekrutiert und zufällig einer der Gruppen zugewiesen. An der Studie nahmen insgesamt 306 Personen teil. Davon waren 67.4 Prozent Frauen, das Durchschnittsalter betrug 25.25 Jahre ($SD = 8.80$). Der überwiegende Teil der Stichprobe (69.7 %) hatte die allgemeine oder fachgebundene Hochschulreife; weiterhin verfügten 19.4 Prozent über einen Hochschulabschluss, 10.2 Prozent über einen Haupt- oder Realschulabschluss, 0.7 Prozent waren ohne Schulabschluss. Es handelt sich also um eine junge und hoch gebildete Stichprobe. Die Experimentalgruppen unterscheiden sich nicht signifikant in Bezug auf die Verteilung dieser drei soziodemografischen Merkmale.

4. Ergebnisse

Zur Überprüfung der Hypothesen 1a und 1b rechnen wir eine zweifaktorielle Varianzanalyse mit der Einstellung zur präsentierten Marke als abhängiger Variable und der Größe des Banners sowie der Wiederholungsfrequenz als unabhängigen Variablen. Wie erwartet, zeigt sich weder ein signifikanter Haupteffekt der Größe, $F(1, 254) = 1.02$, $p = .31$, noch der Wiederholungsanzahl, $F(2, 254) < 1$. Allerdings interagieren beide Variablen (erwartungsgemäß) hoch signifikant miteinander, $F(2, 254) = 5.49$, $p = .003$, $\eta^2 = .05$. Gemäß Hypothese 1a sollte eine wiederholte Darbietung unauffällig platzierter Werbebanner in einer positiveren Einstellung zur präsentierten Marke resultieren. Die Verteilung der Mittelwerte deutet dies an, wenngleich die Werte nicht sonderlich stark differenzieren (vgl. Tab. 1). Es wäre möglich, dass einige Teilnehmer die Banner trotz unauffälliger Platzierung bewusst wahrgenommen haben und dies den Effekt abschwächt (SCHEMER/MATTHES/WIRTH 2007). Wir prüfen daher, ob das Bemerken der Anzeige den MEE bei der Präsentation der kleinen Banner moderiert. Wir rechnen erneut eine Varianzanalyse (nur mit jenen Teilnehmern, welche die unauffälligen Werbebanner präsentiert bekamen) mit der Erinnerung an die Banner (ja oder nein) und der Wiederholungsanzahl als Faktoren. Zunächst zeigt sich für die Gruppe, die das unauffällig platzierte Banner gesehen hat, der bereits beschriebene Einfluss der Wiederholungsanzahl, $F(2, 126) = 3.72$, $p = .03$, $\eta^2 = .06$. Zudem deutet sich der vermutete Interaktionseffekt zwischen Erinnerung und Wiederholungsanzahl an, $F(2, 126) = 2.68$, $p = .07$: Während bei jenen Teilnehmern, die das kleine Banner bemerkten, kein Effekt der Wiederholung zu erkennen ist, $F(2, 80) < 1$, unterscheiden sich die Einstellungen jener Probanden, welche die kleine Bannerwerbung nicht bemerkten, signifikant zwischen den drei Experimentalgruppen, $M(EG1) = 2.46(0.77)$, $M(EG2) = 2.61(1.01)$, $M(EG3) = 3.37(0.67)$, $F(2, 40) = 4.38$, $p = .02$, $\eta^2 = .18$. Die Verteilung der Mittelwerte demonstriert, dass die Einstellung zur präsentierten Marke mit zunehmender Wiederholungsanzahl positiver wird. Zusammenfassend kann Hypothese 1a nicht uneingeschränkt bestätigt werden: Die Präsentation unauffällig platzierter Werbebanner verbessert in der Tat die Einstellungen leicht, allerdings führte nur die wiederholte Darbietung des Markenlogos bei jenen Teilnehmern, welche die Banner nicht bemerkten, zu einer signifikant positiveren Einstellung zur Marke. Wenn die Teilnehmer die Einblendung von Werbebannern bemerkten, bewirkte die wiederholte Darbietung des Markenlogos keine Änderung der Einstellung.

Gemäß Hypothese 1b sollte die wiederholte Präsentation auffällig platzierter Werbebanner in einer negativen Einstellung zum präsentierten Logo resultieren. Bei den Mittelwerten findet sich – im Vergleich zum kleinen Banner – ein genau gegenläufiger Effekt: Die zweimalige Präsentation des großen Banners resultiert in einer positiveren Einstellung zur präsentierten Marke (vgl. Tab. 1), dieser verschlechtert sich jedoch mit zunehmender Präsentationshäufigkeit kontinuierlich. Betrachtet man die Ergebnisse der großen und kleinen Banner im Vergleich, zeigt sich, dass auch die zwölfmalige Präsentation auffälliger Bannerwerbung keine negativere Einstellung als die zweimalige Präsentation unauffälliger Banner evoziert. Auch Hypothese 1b bestätigt sich demnach: Während bei zweimaliger Präsentation auffälliger Werbebanner die Einstellungen der Probanden zur abgebildeten Marke deutlich positiver ausfällt als bei unauffälligen Werbebannern, geht dieser Effekt mit zunehmender Wiederholungsanzahl wieder zurück.

TABELLE 1

Einstellungen zur Marke als Funktion von Wiederholungsanzahl und Bannergröße

Bannergröße	2 Wiederholungen	6 Wiederholungen	12 Wiederholungen	Gesamt
Klein	2.65 (0.74, *n* = 41)	2.71 (0.89, *n* = 41)	2.99 (0.84, *n* = 44)	2.79 (0.83, *n* = 126)
Groß	3.10 (0.68, *n* = 43)	2.90 (0.74, *n* = 47)	2.65 (0.71, *n* = 44)	2.88 (0.73, *n* = 134)
Gesamt	2.88 (0.74, *n* = 84)	2.81 (0.81, *n* = 88)	2.82 (0.79, *n* = 88)	2.84 (0.78, *n* = 260)

Zum Testen der Hypothesen 2a und 2b, wonach sich die Größe und die Wiederholungsanzahl der Banner positiv auf die Einschätzung des Wahrheitsgehalts des präsentierten Slogans auswirken sollten, rechnen wir erneut eine zweifaktorielle Varianzanalyse. Hier erwarten wir, anders als bei den Hypothesen zum MEE, keinen Interaktionseffekt, sondern zwei Haupteffekte. Die Einschätzung des Wahrheitsgehalts dient als abhängige Variable, Wiederholungsanzahl und Größe der Banner fungieren erneut als unabhängige Variablen. Die Analyse zeigt erwartungsgemäß keine signifikante Interaktion von Größe und Wiederholungsanzahl, $F(2, 253) < 1$, jedoch einen signifikanten Haupteffekt der Bannergröße auf die Einschätzung des Wahrheitsgehalts, $F(1, 259) = 4.67$, $p = .03$, $\eta^2 = .02$. Der Vergleich der Mittelwerte demonstriert, dass sich diese hypothesenkonform unterscheiden (vgl. Tab. 2): Die Präsentation des größeren Banners führte im Vergleich zum kleinen Banner zu einer höheren Einschätzung des Wahrheitsgehalts des abgebildeten Slogans. Hypothese 2b wird demnach bestätigt.

Die Varianzanalyse zeigt hingegen keinen signifikanten Haupteffekt der Wiederholung, $F(2, 253) < 1$. Mit zunehmender Wiederholungsanzahl wird der präsentierte Slogan also nicht glaubwürdiger eingeschätzt. Hypothese 2a wird entsprechend abgelehnt: Die häufigere Präsentation der Aussage im Werbebanner führte nicht dazu, dass die Probanden die Aussage für glaubwürdiger hielten.

TABELLE 2

Einschätzung der Glaubwürdigkeit der Slogans als Funktion von Wiederholungsanzahl und Bannergröße

Größe des Banners	2 Wiederholungen	6 Wiederholungen	12 Wiederholungen	Gesamt
Klein	1.94 (0.82, *n* = 41)	2.01 (0.76, *n* = 41)	2.11 (0.97, *n* = 44)	2.02 (0.85, *n* = 126)
Groß	2.18 (1.17, *n* = 42)	2.34 (1.08, *n* = 47)	2.36 (1.16, *n* = 44)	2.30 (1.13, *n* = 133)
Gesamt	2.06 (1.02, *n* = 83)	2.19 (0.95, *n* = 88)	2.23 (1.07, *n* = 88)	2.16 (1.01, *n* = 259)

5. Fazit

Die externe Validität vieler Untersuchungen zum Mere-Exposure- und fast aller Untersuchungen zum Truth-Effekt ist stark eingeschränkt, nur selten werden Stimuli in einem realistischen Kontext dargeboten. Die vorliegende Studie testete die beiden Effekte anhand der Präsentation von Internetwerbebannern in einem recht realitätsnahen Kontext. Es zeigt sich, dass eine häufigere Präsentation von unauffälligen Werbebannern die Einstellungen von Rezipienten zu der abgebildeten Marke tatsächlich verbessern kann, wenngleich die Effekte recht schwach ausfallen. Insbesondere, wenn die Probanden die Bannerwerbung nicht bewusst bemerkten, verbesserte sich deren Einstellung zur abgebildeten Marke signifikant. Bei auffälliger Bannerwerbung kehrte sich dies allerdings um: Präsentierte man auffällige Banner sehr häufig, so verbesserte dies die Einstellungen der Rezipienten nicht, sondern führte sogar zu leicht negativeren Einstellungen. Allerdings evozierte die zweimalige Präsentation auffälliger Bannerwerbung die positivste Einstellung zur Marke. Die Häufigkeit, mit der ein Werbebanner präsentiert wurde, hatte hingegen keinen Einfluss auf die Einschätzung der Glaubwürdigkeit des darauf abgebildeten Slogans. Indes konnte das vorliegende Experiment zeigen, dass eine besonders auffällige Darstellung des Slogans die Einschätzung seiner Glaubwürdigkeit leicht erhöht.

Die dargestellten Ergebnisse müssen vor der besonderen Rezeptionssituation von Werbebannern diskutiert werden: Gerade unauffällige Banner werden oftmals nur peripher wahrgenommen, manche Probanden haben den Slogan womöglich gar nicht gelesen. Hinzu kommt, dass Teilnehmer, die den Slogan einmal bewusst gelesen haben, ihn womöglich nicht ein zweites, drittes oder gar zwölftes Mal lesen. Insofern ist es möglich, dass sich auch deshalb die wiederholte Darbietung nicht auf die Einschätzung der Glaubwürdigkeit auswirkt. Die Befunde könnten zudem verzerrt sein, weil die Probanden um die Versuchssituation wussten und damit per se aufmerksamer waren als bei einer alltäglichen Aussetzung zu Werbebannern im Internet. Daran anknüpfend ist denkbar, dass die Befunde etwa speziell bei Pop-Ups anders ausfallen, weil diese Werbeform den Rezipienten bereits bei einmaliger Präsentation auffallen und in stärkerem Maße Reaktanz evozieren könnte. Auch könnten die Effekte variieren, wenn mehrere Werbeformen auf einer Website angebracht sind und damit um die Aufmerksamkeit der Rezipienten konkurrieren. So bietet es sich für nachfolgende Studien unter anderem an, den Effekt der Wiederholungsfrequenz und der Auffälligkeit bei verschiedenen Werbeformen und in unterschiedlichen Werbekontexten zu testen.

Das einleitend erwähnte Motto »Viel hilft viel«, wonach Werbung gut sichtbar sein und durch stete Wiederholung die Aufmerksamkeit der Rezipienten auf sich lenken soll, führt nicht zwangsläufig auch zu positiven Wirkungen. Bei Erinnerungs- und Aufmerksamkeitseffekten scheint eine solche Annahme durchaus plausibel: Die wiederholte Darbietung eines Reizes kann die Aufmerksamkeit für diesen tatsächlich erhöhen und die Erinnerung daran verbessern. Bei den Einstellungen zu einer präsentierten Marke und der Glaubwürdigkeit eines auf dem Banner abgebildeten Slogans ist diese Annahme jedoch kaum haltbar.

Literatur

ANAND, P.; B. STERNTHAL: Ease of Message Processing as a Moderator of Repetition Effects in Advertising. In: *Journal of Marketing Research*, 27, 1990, S. 345-353

ARKES, H. R.; C. HACKETT; L. BOEHM: The Generality of the Relation between Familiarity and Judged Validity. In: *Journal of Behavioral Decision Making*, 2, 1989, S. 81-94

BACON, F. T.: Credibility of Repeated Statements: Memory for Trivia. In: *Journal of Experimental Psychology: Human Learning and Memory*, 5, 1979, S. 241-252

BALTAS, G.: Determinants of Internet Advertising Effectiveness: An Empirical Study. In: *International Journal of Market Research*, 45, 2003, S. 505-513

BEGG, I.; V. ARMOUR; T. KERR: On Believing What we Remember. In: *Canadian Journal of Behavioural Science*, 17, 1985, S. 199-214

BERLYNE, D. E.: Curiosity and Exploration. In: *Science*, 153, 1966, S. 25-33

BERLYNE, D. E.: Novelty, Complexity, and Hedonic Value. In: *Perception & Psychophysics*, 8, 1970, S. 279-286

BORNSTEIN, R. F.: Exposure and Affect: Overview and Meta-Analysis of Research, 1968-1987. In: *Psychological Bulletin*, 106, 1989, S. 265-289

BORNSTEIN, R. F.; P. R. D'AGOSTINO: Stimulus Recognition and the Mere Exposure Effect. In: *Journal of Personality and Social Psychology*, 63, 1992, S. 545-552

BUNDESVERBAND DIGITALE WIRTSCHAFT: OVK *Online-Report 2013/01*. Zahlen und Trends im Überblick. http://www.bvdw.org/mybvdw/media/download/report-ovk-report-2013-01.pdf?file=2635 [13.05.2013]

CACIOPPO, J. T.; R. E. PETTY: Effects of Message Repetition and Position on Cognitive Response, Recall and Persuasion. In: *Journal of Personality and Social Psychology*, 37, 1979, S. 97-109

CANTOR, G. N.: Children's »like-dislike« Ratings of Familiarized and Non-Familiarized Visual Stimuli. In: *Journal of Experimental Child Psychology*, 6, 1968, S. 651-657

CANTOR, G. N.; S. K. KUBOSE: Preschool Children's Ratings of Familiarized and Unfamiliarized Visual Stimuli. In: *Journal of Experimental Child Psychology*, 8, 1969, S. 74-81

COLMAN, A. M.; M. WALLEY; W. SLUKIN: Preferences for Common Words, Uncommon Words and Non-Words By Children and Young Adults. In: *British Journal of Psychology*, 66, 1975, S. 481-486

DECHÊNE, A.; C. STAHL; J. HANSEN; M. WÄNKE: Mix Me a List: Context Moderates the Truth Effect and the Mere-Exposure Effect. In: *Journal of Experimental Social Psychology*, 45, S. 1117-1122

DECHÊNE, A.; C. STAHL; J. HANSEN; M. WÄNKE: The Truth About the Truth: A Meta-Analytic Review of the Truth Effect. In: *Personality and Social Psychology Review*, 14, 2010, S. 238 - 257

FANG, X.; S. SINGH; R. AHLUWALIA: An Examination of Different Explanations of Mere Exposure Effect. In: *Journal of Consumer Research*, 34, 2007, S. 97 - 103

GIGERENZER, G.: External Validity of Laboratory Experiments: The Frequency-Validity Relationship. In: *American Journal of Psychology*, 97, 1984, S. 185 - 195

HAMID, P. N.: Exposure Frequency and Stimulus Preference. In: *British Journal of Psychology*, 64, 1973, S. 569 - 577

HASHER, L.; D. GOLDSTEIN; T. TOPPINO: Frequency and the Conference of Referential Validity. In: *Journal of Verbal Learning and Verbal Behavior*, 16, 1977, S. 107 - 112

HAWKINS, S. A.; S. J. HOCH: Low-Involvement Learning: Memory Without Evaluation. In: *Journal of Consumer Research*, 19, 1992, S. 212 - 225

HAWKINS, S. A.; S. J. HOCH; J. MEYERS-LEVY: Low-Involvement Learning: Repetition and Coherence in Familiarity and Belief. In: *Journal of Consumer Psychology*, 11, 2001, S. 1 - 11

HEINGARTNER, A.; J. V. HALL: Affective Consequences in Adults and Children of Repeated Exposure to Auditory Stimuli. In: *Journal of Personality and Social Psychology*, 29, 1974, S. 719 - 723

JOHAR, G. V.; A. L. ROGGEVEEN: Changing False Beliefs from Repeated Advertising: The Role of Claim-Refutation Alignment. In: *Journal of Consumer Psychology*, 17, 2007, S. 118 - 127

KOCH, T.; A. RULAND: Versteckte Effekte. Wirkungen subtiler und exponierter Product Placements. In: *Publizistik*, 56, 2011, S. 263 - 280

KOCH, T.; T. ZERBACK: Wiederholung und Wahrheit. Wie die mehrmalige Präsentation politischer Slogans die Einschätzung ihrer Glaubwürdigkeit beeinflusst. In: *Medien & Kommunikationswissenschaft*, 59, 2011, S. 487 - 504

KOCH, T.; T. ZERBACK: Das Wiederholungsparadoxon. Warum die Wiederholung einer Aussage ihre Glaubwürdigkeit zugleich erhöht und senkt. In: *Publizistik*, 58, 2013, S. 5 - 21

LEE, S. Y.; Y.-S. CHO: Do Web Users Care about Banner Ads Anymore? The Effects of Frequency and Clutter in Web Advertising. In: *Journal of Promotion Management*, 16, 2010, S. 288 - 302

MATLIN, M. W.: Response Competition as a Mediating Factor in the Frequency-Affect Relationship. In: *Journal of Personality and Social Psychology*, 16, 1970, S. 536 - 552

MCCULLOUGH, J. L.; T. M. OSTROM: Repetition of Highly Similar Messages and Attitude Change. In: *Journal of Applied Psychology*, 59, 1974, S. 395 - 397

NORDHIELM, C. L.: The Influence of Level of Processing on Advertising Repetition Effects. In: *Journal of Consumer Research*, 29, 2002, S. 371 - 382

PARKS, C. M.; J. P. TOTH: Fluency, Familiarity, Aging, and the Illusion of Truth. In: *Aging, Neuropsychology, and Cognition*, 13, 2006, S. 225 - 253

REBER, R.; N. SCHWARZ: Effects of Perceptual Fluency on Judgments of Truth. In: *Consciousness and Cognition*, 8, 1999, S. 338 - 342

REBER, R.; N. SCHWARZ; P. WINKIELMAN: Processing Fluency and Aesthetic Pleasure: Is Beauty in the Perceiver's Processing Experience. In: *Personality and Social Psychology Review*, 8, 2004, S. 364 - 382

REBER, R.; P. WINKIELMAN; N. SCHWARZ: Effects of Perceptual Fluency on Affective Judgments. In: *Psychological Science*, 9, 1998, S. 45 - 48

ROBINSON, H.; A. WYSOCKA; C. HAND: Internet Advertising Effectiveness. The Effect of Design on Click-Through Rates for Banner Ads. In: *International Journal of Advertising*, 26, 2007, S. 527 - 541

ROGGEVEEN, A. L.; G. V. JOHAR: Perceived Source Variability versus Familiarity: Testing Competing Explanations for the Truth Effect. In: *Journal of Consumer Psychology*, 12, 2002, S. 81 - 91

SAEGERT, S. C.; J. M. JELLISON: Effects of Initial Level of Response Competition and Frequency of Exposure on Liking and Exploratory Behavior. In: *Journal of Personality and Social Psychology*, 16, 1970, S. 553 - 558

SCHEMER, C.; J. MATTHES; W. WIRTH: Werbewirkung ohne Erinnerungseffekte? Eine experimentelle Studie zum Mere Exposure-Effekt bei Product Placements. In: *Zeitschrift für Medienpsychologie*, 19, 2007, S. 2 - 13

SCHWARTZ, M.: Repetition and Rated Truth Value of Statements. In: *American Journal of Psychology*, 95, 1982, S. 393 - 407

SEAMON, J. G.; P. C. WILLIAMS; M. J. CROWLEY; I. J. KIM; S. A. LANGER; P. J. ORNE; D. L. WISHENGRAD: The Mere Exposure Effect is Based on Implicit Memory: Effects of Stimulus Type, Encoding Conditions, and Number of Exposures on Recognition and Affect Judgments. In: *Jour-*

nal of Experimental Psychology: Learning, Memory, and Cognition, 21, 1995, S. 711 - 721

SMITH, G. F.; D. D. DORFMAN: The Effect of Stimulus Uncertainty on the Relationship between Frequency of Exposure and Liking. In: *Journal of Personality and Social Psychology*, 31, 1975, S. 150 - 155

STANG, D. J.: Effects of Mere Exposure on Learning and Affect. In: *Journal of Personality and Social Psychology*, 31, 1975, S. 7 - 12

UNKELBACH, C.: Reversing the Truth Effect: Learning the Interpretation of Processing Fluency in Judgments of Truth. In: *Journal of Experimental Psychology: Learning, Memory, and Cognition*, 33, 2007, S. 219 - 230

WANG, K.-Y.; E. SHIH; L. A. PERACCHIO: How Banner Ads can be Effective. Investigating the Influences of Exposure Duration and Banner Ad Complexity. In: *International Journal of Advertising*, 32, 2013, S. 121 - 141

WINKIELMAN, P.; J. T. CACIOPPO: Mind at Ease Puts a Smile on the Face: Psychophysiological Evidence that Processing Facilitation Elicits Positive Affect. In: *Journal of Personality and Social Psychology*, 81, 2001, S. 989 - 1000

ZAJONC, R. B.: Attitudinal Effects of Mere Exposure. In: *Journal of Personality and Social Psychology*, 9, 1968, S. 1 - 27

ZAJONC, R. B.; D. W. RAJECKI: Exposure and Affect: A Field Experiment. In: *Psychonomic Science*, 17, 1969, S. 216 - 217

ZAJONC, R. B.; R. CRANDALL; R. V. KAIL; W. SWAP: Effects of Extreme Exposure Frequencies on Different Affective Ratings of Stimuli. In: *Perceptual and Motor Skills*, 38, 1974, S. 667 - 678

BASTIAN DINTER / SVEN PAGEL

Werbekommunikation in digitalen Medienumfeldern – Hybrid TV, Social TV & Co.

1. Einführung

Fernsehen befindet sich im Wandel: Nicht zum ersten Mal wird ein radikaler Umbruch von Geschäftsmodellen, Übertragungswegen und dem Rezeptionsverhalten vorhergesagt (vgl. KRONE 2009). Während in der Vergangenheit vor allem Mobile TV und IPTV zentrale Trends bildeten, werden heutzutage die Begriffe Hybrid TV, HbbTV[1] und Social TV im Kontext digitaler Medieninnovationen genannt. Bisweilen fehlt es jedoch an Trennschärfe bei der Verwendung der Begrifflichkeiten in Wissenschaft und Praxis. Dieser Beitrag soll daher eingangs eine definitorische Abgrenzung der Termini leisten (Kap. 1). Darauf aufbauend wird der Wandel im Mediennutzungsverhalten als ein Treiber für die zunehmende Relevanz der angeführten Medieninnovationen beleuchtet (Kap. 2). Auf Basis der Ergebnisse einer explorativen Studie zur Social TV-Nutzung werden anschließend mögliche Schnittstellen für die Werbekommunikation diskutiert (Kap. 3). Bezug nehmend widmet sich das folgende Kapitel den ›neuen‹ Werbeformen im Hybrid TV (Kap. 4). Der Beitrag schließt mit einem Fazit zur Zukunft der Werbekommunikation in digitalen Medienumfeldern (Kap. 5).

1 In der Praxis ist bisweilen eine uneinheitliche Nutzung des Terminus gegeben. Neben dem eher technisch geprägten Begriff Hybrid TV existieren eine Reihe herstellerspezifischer Bezeichnungen (u.a. Smart TV oder Connected TV). Für diesen Beitrag wird der Begriff Hybrid TV gewählt.

1.1 *Hybrid TV führt zur Verschmelzung von Medieninhalten*

Hybrid TV steht für die Verschmelzung von Fernseh- und Online-Inhalten auf einem Empfangsgerät auf Basis der Zusammenführung bislang getrennter Übertragungswege der Rundfunk- und Internettechnologie. Anknüpfend an den Vorläufern dieser Entwicklung (insb. Web TV und IPTV) bildet Hybrid TV eine nächste Stufe der Medienkonvergenz (vgl. SEWCZYK/WENK 2012: 178; DEUTSCHE TV-PLATTFORM 2012: 6). Auf inhaltlicher Ebene ermöglicht Hybridfernsehen sowohl eine Anreicherung traditioneller Fernsehinhalte mittels *rundfunkbezogener* Online-Dienste als auch die Bereitstellung *rundfunkferner* Web-Applikationen über den heimischen Fernsehbildschirm. Die *rundfunkbezogenen* Dienste erlauben den Zuschauern[2] zum Beispiel einen nonlinearen Abruf audiovisueller Inhalte über die sendereigenen Mediatheken sowie die Rezeption programmbegleitender Informationen. Zu den *rundfunkfernen* Angeboten zählen hingegen klassische Online-Anwendungen von Drittanbietern, wie z. B. *YouTube*. Aber auch Shopping-Angebote fallen unter diese Kategorie. Insgesamt kann Hybrid TV dabei zu einem erhöhten Interaktivitätsgrad[3] beitragen (vgl. hierzu auch STARK 2006: 40ff.). Auf Basis der gegebenen Rückkanalfähigkeit lassen sich zum Beispiel Produkte unmittelbar via Fernbedienung bestellen (vgl. SEWCZYK/WENK 2012: 182; DEUTSCHE TV-PLATTFORM 2012: 15ff.). Dies eröffnet sowohl dem Handel als auch der werbetreibenden Industrie eine direkte Schnittstelle zum Rezipienten ohne Medienbruch (vgl. HEINEMANN 2013: 199; BRUHN/HEINEMANN 2013: 31; Kapitel 4).

2 Die Bezeichnung ›Zuschauer‹ greift an dieser Stelle streng genommen zu kurz, da der Begriff vor allem Rezeptionssituationen in Lean-Back-Position beschreibt (vgl. SCHENK 2007: 767). Hybrid TV hingegen ermöglicht die Nutzung webbasierter Zusatzdienste, sodass Rezipienten zwischen einer aktiven Anwender- und einer passiven Zuschauerrolle wechseln können. Zur Vereinfachung wird in diesem Beitrag lediglich von Zuschauern gesprochen, jedoch mit dem Wissen, dass ein fließender Übergang zwischen den Rollenbildern möglich ist (vgl. DAHM/RÖSSLER/SCHENK 1998: 121f.).

3 Der transdisziplinäre Begriff der Interaktivität folgt hier dem Vorschlag von Bucher (2004) und umfasst sowohl adressatenorientierte als auch angebotsorientierte Interaktionen (vgl. BUCHER 2004: 136) Weitere Ausführungen zum Begriff der Interaktivität finden sich auch bei Quiring und Schweiger (2008) sowie Goertz (2004).

1.2 *HbbTV als plattformübergreifender Standard*

HbbTV (Hybrid Broadcast Broadband TV) bildet den zugrunde liegenden europäischen Standard zur Integration webbasierter Medieninhalte und Dienste im Hybrid TV. Dieser Standard basiert im Kern auf bereits etablierten Übertragungswegen der Fernseh- und Computertechnologie (CE-*HTML, Open-*IPTV-*Spezifikation und* DVB). Die Entwicklung des HbbTV-Standards ist dabei als eine Reaktion der Sender sowie Inhalte- und Softwareanbieter auf die Einführung eigener Online-Portale der Gerätehersteller (z. B. Philips: NetTV, Panasonic: VieraCast oder Sony: Bravia Internet TV) zu werten (vgl. BLÖDORN/MOHR 2011: 242f.; MERKEL 2011: 2f.; SEWCZYK/WENK 2012: 181f.).

1.3 *Social TV beschreibt Zuschauerinteraktionen im Web mit Programmbezug*

Social TV hingegen steht für die Nutzung interaktiver Elemente des Web im Rahmen der Fernsehrezeption. Dieses Nutzungsverhalten ist mitunter bei der Empfehlung von Programminhalten an ›Freunde‹ innerhalb von Social Networks wie Facebook oder Twitter zu beobachten (vgl. CESAR/GEERTS 2011: 347f.). Der Trend wird durch interaktive Fernsehformate wie die *Rundshow* bei den öffentlich-rechtlichen sowie *Berlin – Tag & Nacht* bei den privaten Fernsehunternehmen befeuert (vgl. DINTER/PAGEL 2013: 33). Eine Partizipation ist dabei sowohl über originäre Dienste im Hybrid TV als auch über den begleitenden Einsatz eines mobilen Endgeräts (*Second Screen*) möglich (vgl. SEWCZYK/WENK 2012: 179). Interaktionen im TV-Umfeld sind jedoch kein exklusives Phänomen des Social TV. Der Wunsch nach Anschlusskommunikation und parasozialen Beziehungen ist dabei so alt wie das Fernsehen selbst (vgl. SCHWEIGER 2007: 80). Bereits in früheren Zeiten diente es als ›mediales Lagerfeuer‹ und Ausgangspunkt interpersoneller Kommunikation (HERMANN 1991: 157). Auf Basis der technologischen Evolution haben sich die Kommunikationsprozesse bisweilen ins Web verlagert (vgl. hierzu auch MISOCH 2006).

2. Trends im Mediennutzungsverhalten

Der Wandel im Mediennutzungsverhalten kann als ein zentraler Treiber für die zunehmende Verknüpfung von Fernseh- und Online-Inhalten angeführt werden. Gemäß der Ergebnisse der ARD/ZDF-*Onlinestudie 2012* sind nach aktuellen Berechnungen bereits 76 Prozent der Deutschen online (vgl. VAN EIMEREN/FREES 2012: 363). Insbesondere jüngere Kohorten (14 - 29 Jahre) weisen mit Blick auf die tägliche Nutzungsdauer von Online-Medien (144 Min.) und Fernsehinhalten (151 Min.) bereits ähnlich hohe Werte auf (RIDDER/ENGEL 2010a: 526). Dieser Trend spiegelt sich jedoch ›noch‹ nicht im Nutzungsverhalten der breiten Masse wider. Es dominieren weiterhin die Fernseh- (242 Min.) und Hörfunkrezeption (191 Min.) vor der Nutzung webbasierter Inhalte (83 Min.) (vgl. VAN EIMEREN/FREES 2012: 377). Kurzum: Fernsehen bleibt trotz der zunehmenden Bedeutung von Online-Medien weiterhin zentrales Leitmedium in Deutschland.

2.1 *Hybrid TV an der Schnittstelle zwischen Fernsehen und Internet*

An der Schnittstelle zur Fernsehrezeption und Internetnutzung lässt sich eine verstärkte Nachfrage von Bewegtbildangeboten im Web beobachten. Im Jahr 2012 riefen bereits 70 Prozent der User gelegentlich Videodateien online ab. Hierbei standen überwiegend die Nutzung audiovisueller Inhalte auf Videoportalen (59 %), die nonlineare Rezeption von Fernsehsendungen (30 %) sowie der Abruf von Live-Fernsehinhalten (23 %) im Fokus (vgl. VAN EIMEREN/FREES 2012: 371ff.). Dieser Trend zeichnet sich auch bei der Nutzung von Bewegtbildinhalten via Hybrid TV ab. Bereits 43 Prozent der Anwender greifen wöchentlich auf audiovisuelle Inhalte fernab der linearen Programmausstrahlung zurück. Dabei überwiegt der Abruf von bewegten Bildern in Videoportalen (31 %) vor der zeitversetzten Rezeption von Fernsehinhalten in Mediatheken (19 %) sowie der Nachfrage von Live-Inhalten (10 %) (ebd.: 373f.). Die ›Arbeitsgemeinschaft der Landesmedienanstalten in der Bundesrepublik Deutschland‹ beziffert in diesem Zusammenhang den Anteil der Hybrid TV-fähigen Endgeräte in deutschen TV-Haushalten für das Jahr 2012 auf 16,5 Prozent (ALM 2012: 50). Nach Angaben des ›Bundesverband Informationswirtschaft, Telekommunikation und neue Medien e. V.‹ besteht jedoch noch ein erhebliches Nutzungspotenzial, da lediglich erst die Hälfte der Endgeräte mit dem Internet verbunden sind (vgl. BITKOM 2012: 13).

2.2 *Parallele Mediennutzung als Treiber von Social TV*

Neben der exklusiven Mediennutzung erfreut sich zudem die parallele Nutzung von Medieninhalten zunehmender Beliebtheit. Diese Entwicklung kann mitunter auch auf eine verstärkte Nutzung von Online-Medien über mobile Endgeräte zurückgeführt werden (vgl. VAN EIMEREN/FREES 2012: 367f.) Entsprechend Abbildung 1 ist hierbei vor allem ein starker Zuwachs der Parallelnutzung von Fernseh- und Online-Inhalten zu verzeichnen. Im Vergleich zum Vorjahr steigerte sich die zeitgleiche Anwendung um insgesamt sieben Prozentpunkte. Die durchschnittliche parallele Nutzungsdauer von Online- und Fernsehinhalten liegt nunmehr bei 13 Minuten pro Tag.

ABBILDUNG 1
Parallele Mediennutzung in Deutschland im Jahr 2011 (in Veränderung zum Vorjahr)

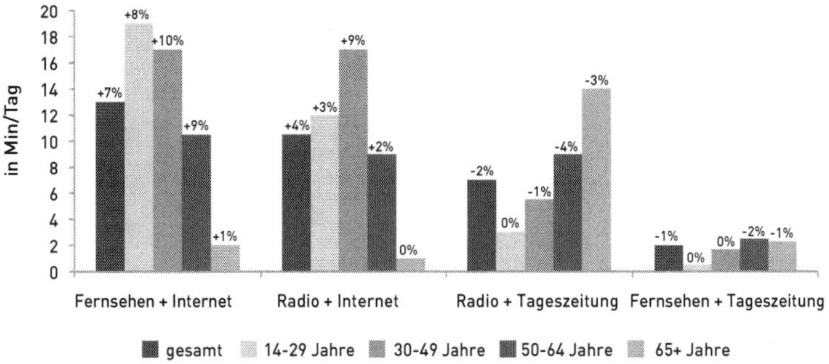

Quelle: eigene Darstellung in Anlehnung an Best/Breuning 2011: 28

Im intermedialen Vergleich stellt diese Medienkombination einen Höchstwert dar. Dabei zeigen nicht nur jüngere Kohorten, sondern auch Menschen in höheren Lebensaltern eine verstärkte Parallelnutzung von Fernsehen und Online-Medien (vgl. BEST/BREUNIG 2011: 28). Ferner finden altersklassenübergreifend immer mehr Menschen Zugang zu Social Networks. In der Gruppe der Onliner waren im Jahr 2012 bereits 37 Prozent der User in Sozialen Netzwerken angemeldet (vgl. MENDE/OEHMICHEN/SCHRÖTER 2013: 44). In diesem Zusammenhang ist davon auszugehen, dass die genannten Entwicklungen einer verstärkten Nachfrage von Social TV-Angeboten zuträglich sind.

3. Werbeformen im Social TV

Auf Basis der bisherigen Ausführungen werden in diesem Kapitel die Ergebnisse einer empirischen Untersuchung zur Nutzung von Social TV-Angeboten vorgestellt. Dabei stehen folgende Forschungsfragen im Fokus: *Welche Zuschauergruppen nutzen Social TV? Welche Endgeräte setzen sie dabei ein? Wie hoch ist ihre Nutzungsfrequenz? Was sind die zentralen Gratifikationen einer Nutzung?* Aufgrund der eher geringen empirischen Evidenz in diesem noch jungen Forschungsfeld ist die Studie als eine explorative Untersuchung angelegt. Diese knüpft an zentralen Befunden bisheriger Forschungsarbeiten (u. a. BUSCHOW et al. 2013; SCHNEIDER/BUSCHOW 2012, 2013; FLEURY/PEDERSEN/BAUNSTRUP/LARSEN 2012; HESS et al. 2011; CESAR et al. 2009; GEERTS/DE GROOFF 2009; CESAR/BULTERMANN/JANSEN 2008; DUCHENEAUT et al. 2008; CRUICKSHANK et al. 2007) an. In Erweiterung wird erstmalig eine Analyse der Gratifikationen der Social TV-Nutzung im Vergleich zur klassischen Fernsehrezeption durchgeführt. Die vorgestellten Ergebnisse werden anschließend hinsichtlich ihrer Bedeutung für die Werbekommunikation diskutiert.

3.1 *Untersuchungsdesign*

Die Untersuchung folgte einem zweistufigen Forschungsdesign: In einem ›ersten Schritt‹ wurde die Mediennutzung der Teilnehmer mit Fokus auf Social TV-Anwendungen erfasst. Dazu wurden acht leitfadenzentrierte Einzelinterviews geführt sowie zwei Fokusgruppen mit insgesamt neun Personen gebildet. Die erhobenen Daten wurden anschließend mittels einer qualitativen Inhaltsanalyse nach Mayring (2010) ausgewertet und in einem ›zweiten Schritt‹ zur Entwicklung eines Online-Fragebogens genutzt. Dieser umfasste sowohl Items zur allgemeinen (Form, Häufigkeit und Endgeräte) als auch spezifischen (Gratifikationen[4]) Social TV-Nutzung (vgl. DINTER/PAGEL 2013: 37). Die Erhebung der Mediengrati-

4 Die genutzte Itembatterie setzt sich im Kern aus 11 fernsehrezeptionsspezifischen Gratifikationsansätzen zusammen, die regelmäßig im Rahmen der ARD/ZDF-*Langzeitstudie-Massenkommunikation* erhoben werden (vgl. RIDDER/ENGEL 2010b: 537f.; vgl. BONFADELLI/FRIEMEL/WIRTH 2010: 623). Diese wurde um zwei Items aus einer repräsentativen Studie zu Mediengratifikationsprofilen (vgl. SEVENONE MEDIA/MINDLINE MEDIA 2009) sowie um ein Item aus den Ergebnissen der qualitativen Befragung ergänzt.

fikationen erfolgte auf Basis des Uses-and-Gratification-Ansatzes (vgl. BONFADELLI/FRIEMEL/WIRTH 2010: 620ff.).

3.2 *Stichprobe*

Die Zusammensetzung der Stichprobe der *qualitativen Befragung* basierte auf einer Quotenauswahl. Die Interviewteilnehmer wurden durch einen externen Dienstleister anhand eines Screening-Bogens mit der Zielsetzung rekrutiert, einen gesellschaftlichen Querschnitt abzubilden. Hingegen bestanden die Fokusgruppen aus Studierenden einer Hochschule in NRW und repräsentierten eine jüngere, onlineaffine Mediengeneration. Die Teilnehmer der *quantitativen Online-Befragung* rekrutierten sich größtenteils ebenfalls aus Studierenden sowie aus dem sozialen Umfeld dieser. Insgesamt setzte sich die Stichprobe aus 194 Versuchspersonen im Alter von 18 bis 70 Jahren (M=30.88; SD=10.36) zusammen. Dabei war ein leicht erhöhter Anteil männlicher Teilnehmer (w=44,8 %, m=55,2 %) zu verzeichnen. Zudem verfügten viele Probanden zum Befragungszeitpunkt bereits über einen Hochschulabschluss (49,5 %). Weiter gaben alle Versuchspersonen eine regelmäßige Fernsehrezeption und Nutzung von Online-Medien im Wochenverlauf an (vgl. DINTER/PAGEL 2013: 37).

3.3 *Ergebnisse*

Die parallele Mediennutzung ist eine zentrale Voraussetzung für die Partizipation an programmbegleitenden Angeboten im Social Web (vgl. Kap. 2). Die Arbeit konnte hier zeigen, dass sich der Gebrauch eines zusätzlichen Endgeräts einer hohen Beliebtheit erfreut. Gemäß Abbildung 2 nutzen bereits 78 Prozent der Befragten einen *Second Screen*. Lediglich 22 Prozent der Teilnehmer verneinten diese Frage. Als Endgeräte werden dabei bevorzugt Smartphones (60,8 %) oder Laptops (58,5 %) genutzt; folgend Tablet-PCs (16 %) und stationäre PCs (10,3 %).

Die Anwender unterscheiden sich jedoch hinsichtlich ihrer Nutzungsintensität. Ein kleiner Teil der Befragten nutzt bereits ›immer‹ (14,8 %) parallel zur Fernsehrezeption einen *Second Screen*. Der wesentlich größere Teil hingegen zeigt eine eher ›häufige‹ (52 %) bis ›gelegentliche‹ (28,2 %) Nutzung. Lediglich 5,3 Prozent der Probanden setzen bislang ›selten‹ auf einen zweiten Bildschirm (vgl. Abb. 3).

ABBILDUNG 2
Nutzung und Formen des Second Screen

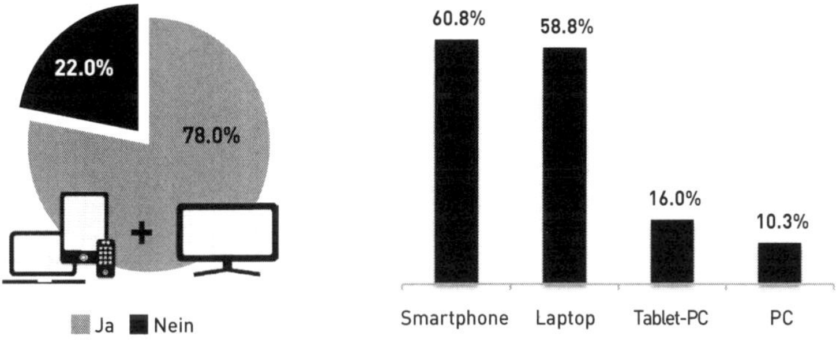

Quelle: in Anlehnung an Dinter/Pagel 2013: 33 *(Frage1: Nutzen Sie beim Fernsehen parallel weitere technische Endgeräte (z. B. Smartphone, Laptop oder andere)?, n = 194; Frage 2: Um welche Endgeräte handelt es sich dabei, die Sie parallel verwenden?, n = 152, Mehrfachantworten möglich)*

ABBILDUNG 3
Häufigkeit der Second-Screen-Nutzung

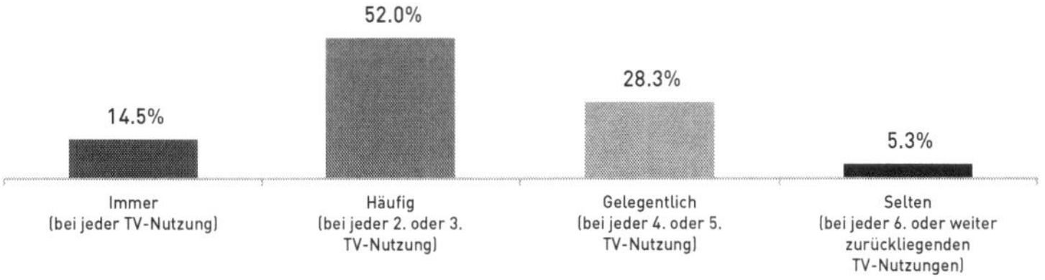

Quelle: in Anlehnung an Dinter/Pagel 2013: 34 *(Frage: Wie oft findet ein paralleler Einsatz statt? n = 152)*

Neben der Nutzungsfrequenz ist für die Zielsetzung dieser Untersuchung auch der Nutzungszweck von Interesse. Hierbei wurde im Rahmen der Fragebogenkonstruktion zwischen einem programmbezogenen und einem programmfernen Einsatz des *Second Screen* differenziert. Social TV umfasst dabei per Definition (vgl. Kap. 1) sämtliche programmbezogenen Interaktionen (z. B. Kommentar zu einer TV-Sendung auf Facebook). Der programmferne Einsatz (z. B. allgemeine E-Mail-Korrespondenz während der Fernsehrezeption) hingegen fällt nicht in diese Kategorie. Anhand der Untersuchungsergebnisse in Abbildung 4 wird deutlich, dass überwiegend eine programmferne Anwendung erfolgt. Hinsichtlich der programmbezogenen Nutzung dominiert der Abruf weiterführender ›Informationen‹ (34,5 %). Die ›Kommunikation‹ zwischen Zuschauern innerhalb von Social Networks ist zum aktuellen Zeitpunkt lediglich moderat ausgeprägt (9,8 %). Auch programmbezogenene Aktivitäten im Bereich ›Unterhaltung‹ finden bislang keinen großen Anklang (5,7 %).

ABBILDUNG 4
Programmbezogene und programmferne Interaktionen

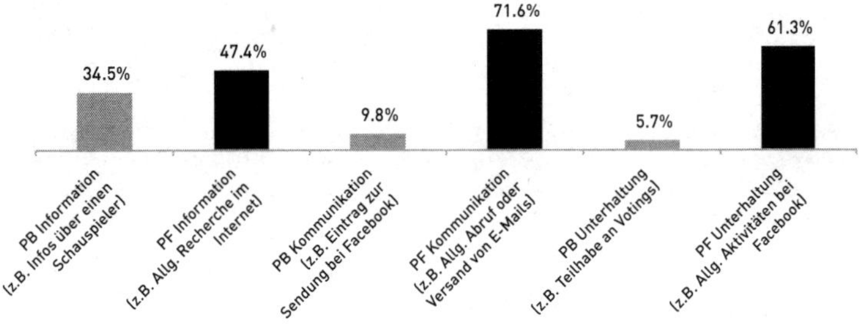

Quelle: in Anlehnung an Dinter/Pagel 2013: 35f. *(Anmerkung: PB=programmbezug PF=programmfern, Frage: Welche Inhalte fragen Sie auf dem parallel eingesetzten Endgerät nach? n=152, Mehrfachantworten möglich)*

Die dargestellten Ergebnisse geben jedoch noch keine Information über die Hintergründe, Motive und Antriebe der Nutzung von interaktiven Elementen im Fernsehrezeptionsprozess. Die Frage nach dem ›Warum‹ bleibt bisweilen unbeantwortet. Vor diesem Hintergrund wurden die zentralen Gratifikationen der Social TV-Nutzung in Abgrenzung zu den klassischen Motiven der Fernsehrezeption erhoben. Dabei konnten innerhalb der Stichprobe vier zentrale Gratifikationsansätze für die Social TV-Nutzung identifiziert werden. Entsprechend Abbildung 5 lassen sich diese auf Metaebene den Kategorien [3] Information (54,2 %), [5] Spaß (48,6 %), [9] Geselligkeit (30,6 %) und [1] Austausch (22,2 %) zurechnen. Die klassische Fernsehrezeption hingegen zielt auf Gratifikationen in den Bereichen [4] Entspannung (80,4 %), [3] Information (70,6 %), [5] Spaß (58,2 %) und [11] Ablenkung (46,9 %).

ABBILDUNG 5

Gratifikationsprofil Social TV vs. klassisches TV

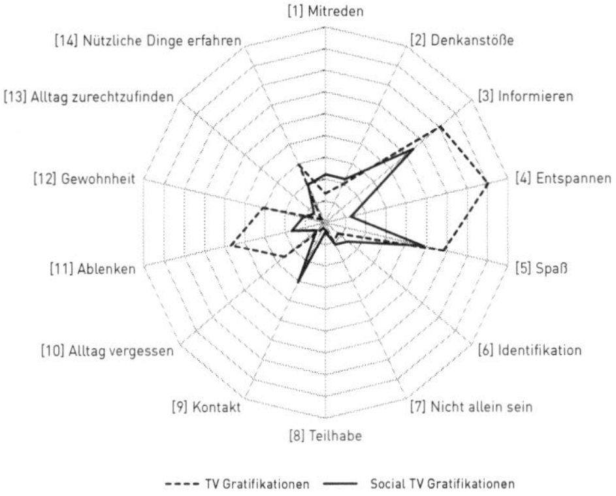

Gesuchte Gratifikationen	**TV** (*n* = 194)	**Social TV** (*n* = 72)
[1] Damit ich mitreden kann	13,4 %	22,2 %
[2] Weil ich Denkanstöße bekomme	19,6 %	22,2 %
[3] Weil ich mich informieren möchte	70,6 %	54,2 %
[4] Weil ich dabei entspannen kann	80,4 %	12,5 %
[5] Weil es mir Spaß macht	58,2 %	48,6 %
[6] Weil ich mich mit den Inhalten stark identifizieren kann	7,7 %	13,9 %
[7] Weil ich mich damit nicht allein fühle	9,3 %	11,1 %
[8] Damit ich am Leben anderer teilhaben kann	3,1 %	4,2 %
[9] Weil ich so mit anderen Menschen in Kontakt komme	2,6 %	30,6 %
[10] Weil ich damit den Alltag vergessen möchte	25,3 %	5,6 %
[11] Weil ich mich ablenken möchte	46,9 %	16,7 %
[12] Weil es aus Gewohnheit dazu gehört	30,9 %	11,1 %
[13] Weil es mir hilft, mich im Alltag zurechtzufinden	2,6 %	6,9 %
[14] Weil ich dort Dinge erfahre, die für meinen Alltag nützlich sind.	29,4 %	19,4 %

Quelle: in Anlehnung an Dinter/Pagel 2013: 36 *(Frage 1: Aus welchen Gründen schauen Sie fern? n = 194; Frage 2: Was ist Ihr Antrieb für die parallele programmbezogene Empfehlung, Teilhabe oder Diskussion von TV-Inhalten über den Fernseher oder ein zweites Endgerät in sozialen Netzwerken? n = 72, Mehrfachantworten möglich)*

3.4 *Diskussion*

Die Studie konnte zeigen, dass die Zuschauer parallel zur Fernsehrezeption bereits häufig auf mobile Endgeräte zurückgreifen. Hierbei überwiegt derzeit noch der programmferne Einsatz (vgl. Abb. 4). Demnach tritt der *Second Screen* in Konkurrenz zum *First Screen*. Dies kann in Folge zu einer Umverteilung der Aufmerksamkeit der Rezipienten führen. Für Sender, Werbetreibende, Vermarkter, Agenturen und weitere verbundene Marktteilnehmer erwachsen demzufolge aus der Parallelität im Medienkonsum neue Herausforderungen: Es gilt, den *Second Screen* mit dem *First Screen* zu verbinden (vgl. hierzu auch SEWCZYK/WENK 2012: 179). Verschiedene Pilotprojekte konnten in diesem Kontext in der Praxis bereits erfolgreich realisiert werden. Als Beispiel kann das von der Newcast GmbH[5] erarbeitete Konzept zur Verlängerung von TV-Spots auf dem *Second Screen* angeführt werden. Mithilfe der Musikerkennungs-App Shazam lässt sich die Audiospur eines Werbespots eindeutig erkennen und auf diese Weise additive Informationen zum Produkt auf das mobile Endgerät übertragen (vgl. MIDDELHOFF/NEWCAST 2013). Abbildung 6 visualisiert diese Form der Zusammenführung von *First Screen* und *Second Screen*.

ABBILDUNG 6
Verlängerung eines TV-Spots via Second Screen

Quelle: eigene Darstellung

Die bislang eher moderate Ausprägung von programmbezogenen Interaktionen (vgl. Abb. 4) lässt sich sowohl auf verschiedene Marktfaktoren als auch auf nutzerspezifische Merkmale zurückführen. Marktseitig sind

5 Newcast ist eine Full-Service-Agentur der Agenturgruppe VivaKi, die wiederum zur Publicis Groupe gehört.

hier das begrenzte Angebot sowie die noch geringe Bekanntheit von entsprechenden Formaten zu nennen. Ferner ist es den Anbietern bislang noch nicht gelungen, die Partizipationsprozesse mithilfe eines intuitiven User-Interface zu vereinfachen. Erschwerend kommt hinzu, dass die Social-TV-Angebote der Sender und die externer Anbieter (wie z. B. *Couchfunk*, *Zapitano* oder *Tweek*) zunehmend in Konkurrenz zueinander treten. Dies hemmt die Entwicklung eines programmübergreifenden Angebots (vgl. BUSCHOW et al. 2013: 29). Hingegen ist aus Sicht der Rezipienten eine verhaltene Nutzung auf Basis begrenzter Aufnahme- und Verarbeitungskapazität (vgl. hierzu auch LANG 2000) zu vermuten, sodass Social-TV-Angebote bisweilen als eine kognitive Überforderung erlebt werden. Da es sich bei der Nutzung von Social-TV-Inhalten um eine aktive Auswahl handelt, setzt dies eine bewusst gesteuerte Aufmerksamkeitsallokation voraus (vgl. hierzu auch WIRTH/SCHRAMM 2010: 584). Hier greift das Prinzip der selektiven Aufmerksamkeit: Aus der Gesamtmenge einströmender auditiver, visueller und taktiler Reize ist die relevante Teilmenge an Information zu filtern (vgl. MÜLLER/KRUMMENACHER 2008: 105ff.). Social-TV-Inhalte konnten hierbei bislang lediglich in Teilen eine entsprechende Relevanz erzielen. Ein möglicher Ansatzpunkt zur Steigerung der Aufmerksamkeit für Social-TV-Angebote liegt in der Orientierung an den gesuchten Gratifikationen. Entsprechend dem Gratifikationsprofil (vgl. Abb. 5) streben die Zuschauer bei der Nutzung von Social-TV-Anwendungen nach Gratifikationen, die sowohl kognitive ([3] Information) als auch affektive ([5] Spaß) und sozialisierende Funktionen ([1] Austausch und [9] Geselligkeit) erfüllen (vgl. hierzu auch BONFADELLI/FRIEMEL/WIRTH 2010: 623). In Abgrenzung zur klassischen Fernsehrezeption stehen vor allem sozialisierende Prozesse im Fokus (vgl. Abb. 5). Die zugrunde liegende Rückkanalfähigkeit ermöglicht dabei eine unmittelbare Anschlusskommunikation. Dies eröffnet Werbetreibenden die Möglichkeit, Rezipienten nicht nur als Empfänger, sondern als Multiplikatoren persuasiver Botschaften zu gewinnen (vgl. BUSCHOW et al. 2013: 32; ESCH et al. 2012: 149). Hierbei können interpersonelle Kommunikationsprozesse die Glaubwürdigkeit von Botschaften verstärken, sodass eine Reichweiten- und Wirkungssteigerung ohne wesentliche Mehrkosten möglich ist (vgl. FRANZ 2010: 28, 38).

4. Werbeformen im Hybrid TV

Parallel zur Verbreitung und Nutzung von Hybrid-TV-fähigen Endgeräten schreitet die Entwicklung ›neuer‹ Werbeformen voran. Diese wird durch eine Verschmelzung werblicher Formate aus der TV- und Online-Welt geprägt. Entsprechend lassen sich klassische Online-Werbeformen[6] wie z. B. Video-Ads (*z. B. Pre-Roll*) oder Banner (*z. B. Superbanner oder Medium Rectangle*) auch auf dem Hybrid TV darstellen. Durch die Rückkanalfähigkeit ist dabei eine direkte Verknüpfung von Stimulus und Response möglich (vgl. DEUTSCHE TV-PLATTFORM 2012: 17f.): Per Tastendruck auf der Fernbedienung lassen sich beispielsweise weiterführende Informationen zu einem TV-Spot auf einer zugehörigen *Microsite* abrufen (vgl. Abb. 7).

ABBILDUNG 7
Weiterführende Produktinformation via Fernbedienung

Quelle: eigene Darstellung (Bildmaterial: SevenOne Media 2012)

Aber auch der direkte Kauf eines beworbenen Produktes kann durchgeführt werden. Interaktive TV-Spots ermöglichen in diesem Kontext einen fließenden Übergang zwischen persuasiver Kommunikation und TV-Commerce. In der Vergangenheit waren Transaktionen hierbei zumeist mit einer telefonischen Bestellung verbunden (vgl. SIEGERT/HAUTZINGER 2006:126f.). Dieser Medienbruch kann im Hybrid TV vermieden werden, auch wenn die derzeit vorhandenen *Authentifizierungs-* und *Payment-Lösungen* hinsichtlich Funktionalität und Usability noch nicht vollständig ausgereift sind. *Single-Sign-On-Systems* (SSO), wie sie etwa Apple auf der Platt-

6 Eine Klassifikation interaktiver Werbeformate bietet in diesem Zusammenhang der Beitrag von Rodgers und Thorson (2010).

form iTunes einsetzt, können zukünftig eine Nutzung vereinfachen (vgl. DEUTSCHE TV-PLATTFORM 2012: 18f.). Ferner ist auf Basis der Profildaten der Zuschauer eine Personalisierung der TV-Spots möglich (vgl. DEUTSCHE TV-PLATTFORM 2012: 18f.). Streuverluste, wie sie in der Regel bei der Ausstrahlung an ein disperses Publikum gegeben sind, lassen sich so reduzieren (vgl. hierzu auch HASS/WILLBRANDT 2011). Aber auch der Erfolg werblicher Maßnahmen kann auf diese Weise quantifiziert werden. Im Vergleich zu den klassischen Verfahren der Werbeerfolgskontrolle, wie die Erinnerungs- oder Wiedererkennungsmethode (vgl. BREYER-MAYLÄNDER/SEEGER 2006:135f.; BREYER-MAYLÄNDER 2006: 135ff.) ermöglichen online-gestützte Kontrollansätze (*Logfile-Verfahren*) die Erhebung quantitativer Kennzahlen zum eingesetzten Werbemittel (vgl. SEVENONE MEDIA 2013: 26).

5. Fazit

Wie der Beitrag zeigen konnte, besitzen Hybrid TV und Social TV das Potenzial, den digitalen Wandel der Fernseh- und Werbelandschaft zu prägen. Sowohl auf dem *First Screen* als auch auf dem *Second Screen* konnten neue Ansätze für die Werbekommunikation präsentiert werden. In diesem Zusammenhang bleibt jedoch abzuwarten, ob und inwiefern eine Veränderung der Aufmerksamkeitsallokation der Zuschauer eintritt. Die ansteigende Parallelität in der Mediennutzung verdeutlicht diese Herausforderung: Online-Medien und Fernsehinhalte werden verstärkt zeitgleich genutzt. Diesbezüglich erscheinen integrative Verknüpfungsansätze von *First Screen* und *Second Screen,* z.B. im Rahmen der transmedialen Verlängerung von TV-Spots, als probates Mittel, um diesem Trend zu begegnen. Durch die Rückkanalfähigkeit lassen sich ferner positive Effekte für die Werbekommunikation bei der Verbreitung persuasiver Botschaften im Social Web erzielen. Darüber hinaus ist die Verknüpfung von werblichen Stimuli und Response (z.B. Information oder Kauf) ohne Medienbruch möglich. Abschließend sei an dieser Stelle kritisch anzumerken, dass sowohl Hybrid-TV- als auch Social-TV-Anwendungen ebenso zur Werbevermeidung eingesetzt werden können, indem Inhalte beispielsweise nonlinear rezipiert (vgl. JANDURA/ZIEGLER 2012) oder Werbepausen mit programmbezogenen oder programmfernen Handlungen auf mobilen Endgeräten überbrückt werden.

Literatur

ALM: Digitalisierungsbericht. *Von Macht und Kontrolle im digitalen Zeitalter.* Berlin [Vistas Verlag] 2012

BEST, STEFANIE; CHRISTIAN BREUNIG: Parallele und exklusive Mediennutzung. In: *Media Perspektiven*, 11, 2011, S. 16 - 35

BITKOM: Die Zukunft der Consumer Electronics – 2012. http://www.bitkom.org/files/ documents/BITKOM_CE_Studie_2012_l_Webversion_l_14.09.2012.pdf.2012, S. 1 - 44

BLÖDORN, SASCHA; INGE MOHR: HbbTV: Mehr als nur Internet auf dem Fernseher. In: *Media Perspektiven*, 5, 2011, S. 242 - 250

BONFADELLI, HEINZ; THOMAS N. FRIEMEL; WERNER WIRTH: Medienwirkungsforschung. In: BONFADELLI, HEINZ; OTFRIED JARREN; GABRIELE SIEGERT (Hrsg.): *Einführung in die Publizistikwissenschaft.* 3. Aufl. Bern Stuttgart Wien [UTB Verlag] 2010, S.605 - 656

BREYER-MAYLÄNDER, THOMAS: *Managementaufgabe integrierte Unternehmenskommunikation.* Renningen [Expert Verlag] 2006

BREYER-MAYLÄNDER, THOMAS; CHRISTOF SEEGER: *Medienmarketing.* München [Vahlen Verlag] 2006

BRUHN, MANFRED; GERRIT HEINEMANN: Entwicklungsperspektiven im Handel – Thesen aus der ressourcen- und beziehungsorientierten Perspektive. In: CROCKFORD, GESA; FALK RITSCHEL; ULF-MARTEN SCHMIEDER (Hrsg.): *Handel in Theorie und Praxis.* Wiesbaden [Springer Gabler Verlag] 2013, S. 29 - 67

BUCHER, HANS JÜRGEN: Online-Interaktivität – Ein hybrider Begriff für eine hybride Kommunikationsform. In: BIEBER, CHRISTOPH; CLAUS LEGGEWIE (Hrsg.): *Interaktivität. Ein transdisziplinärer Schlüsselbegriff.* Frankfurt/M. [Campus Verlag] 2004, S.132 - 167

BUSCHOW, CHRISTOPHER; BEATE SCHNEIDER; LISA CARSTENSEN; MARTIN HEUER; ANIKA SCHOFT: Social TV in Deutschland – Rettet soziale Interaktion das lineare Fernsehen? In: *Medienwirtschaft*, 10, 1, 2013, S. 24 - 32

CESAR, PABLO; DAVID GEERTS: Past, Present, and Future of Social TV: A Categorization. In: *Consumer Communications and Networking Conference*, 2011, S. 347 - 351

CESAR, PABLO; DICK C. A. BULTERMAN; JACK JANSEN: Usages of the Secondary Screen in an Interactive Television Environment: Control, Enrich, Share, and Transfer Television Content. In: *Changing Television Environments Lecture Notes in Computer Science*, 5066, 2008, S. 168-177

CESAR, PABLO; DICK C. A. BULTERMAN; JACK JANSEN; DAVID GEERTS; HENDRIK KNOCHE; WILLIAM SEAGER: Fragment, Tag, Enrich, and Send: Enhancing Social Sharing of Video. In: *ACM Transactions on Multimedia Computing, Communications, and Applications*, 5, 3, 2009, S. 1-27

CRUICKSHANK, LEON; EMMANUEL TSEKLEVES; ROGER WHITHAM; ANNETTE HILL; KAOTUKO KONDO: Making Interactive TV Easier to Use: Interface Design for a Second Screen Approach. In: *The Design Journal*, 10, 3, S. 41-53

DAHM, HERMANN; PATRICK RÖSSLER; MICHAEL SCHENK: Vom Zuschauer zum Anwender. Akzeptanz und Folgen digitaler Fernsehdienste. In: SCHENK, MICHAEL; BRUNO NEIBECKER (Hrsg.): *Markt, Kommunikation, Innovation – Band 3*. Münster [LIT Verlag] 1998

DINTER, BASTIAN; SVEN PAGEL: Social TV – Braucht das Fernsehen der Zukunft Interaktion? In: *Social Media Magazin*, 1, 2013, S. 32-38

DEUTSCHE TV-PLATTFORM: *White Book Hybrid TV. Arbeitsgruppe Hybride Endgeräte zur Integration von Broadband und Broadcast der Deutschen TV-Plattform*, http://www.tv-plattform.de/images/stories/pdf/hybrid-tv_white-book_2012.pdf. 2012

DUCHENEAUT, NICOLAS; ROBERT J. MOORE; LORA OEHLBERG; JAMES D. THORNTON; ERIC NICKELL: Social TV: Designing for Distributed, Sociable Television Viewing. In: *International Journal of Human-Computer Interaction*, 24, 2, 2008, S.136-154

ESCH, FRANZ-RUDOLF; ELISABETH VON EINEM; DOMINIKA GAWLOWSKI; MARCEL ISENBERG; VANESSA RÜHL: Vom Konsumenten zum Markenbotschafter – Durch den gezielten Einsatz von Social Media die Konsumenten an die Marke binden. In: SCHULTEN, MATTHIAS; ARTUR MERTENS; ANDREAS HORX (Hrsg.): *Social Branding*. Wiesbaden [Springer Gabler Verlag] 2012, S. 147-165

FLEURY, ALEXANDRE; JAKOB SCHUO PEDERSEN; MAI BAUNSTRUP; LARS BO LARSEN: Interactive TV: Interaction and Control in Second-screen TV Consumption. In: *Adjunct proceedings of the 10th European interactive TV conference*, 2012, S. 104-107

FRANZ, GERHARD: Zur Verbreitung produktbezogener Themen in der Gesellschaft. Word of Mouth und klassische Werbung. In: *Media Perspektiven*, 1, 2010, S. 28-38

FREES, BEATE; BIRGIT VAN EIMEREN: Bewegtbildnutzung im Internet 2011: Mediatheken als Treiber. Ergebnisse der ARD/ZDF-Onlinestudie 2011. In: *Media Perspektiven*, 7 - 8, 2011, S. 350 - 359

GEERTS, DAVID; DIRK DE GROOFF: Supporting the Social Uses of Television: Sociability Heuristics for Social TV. In: *Proceedings of the International Conference on Human Factors in Computing Systems*, 2009, S. 595 - 604

GOERTZ, LUTZ: Wie interaktiv sind Medien? In: BIEBER, CHRISTOPH; CLAUS, LEGGEWIE (Hrsg.): *Interaktivität. Ein transdisziplinärer Schlüsselbegriff*. Frankfurt/M. [Campus Verlag] 2004, S. 97 - 117

HASS, BERTHOLD H.; KLAUS W. WILLBRANDT: Targeting von Online-Werbung: Grundlagen, Formen und Herausforderungen. In: *Medienwirtschaft*, 1, 2011, S. 12 - 21

HEINEMANN, GERRIT: *No-Line-Handel. Höchste Evolutionsstufe im Multi-Channeling*. Wiesbaden [Springer Gabler Verlag] 2013

HERMANN, INGO: Das Fernsehen als zentraler Kulturfaktor in der modernen Gesellschaft. In: FAULSTICH, WERNER (Hrsg.): *Medien und Kultur. Zeitschrift für Literaturwissenschaft und Linguistik – Beiheft 16*. Göttingen [Vandenhoeck & Ruprecht Verlag] 1991, S. 154 - 159

HESS, JAN; BENEDIKT LEY; CORINNA OGONOWSKI; LIN WAN; VOLKER WULF: Jumping between Devices and Services: Towards an Integrated Concept for Social TV. In: *Proceddings of the 9th international interactive conference on Interactive television*, 2011, S. 11 - 20

JANDURA, OLAF; LENA ZIEGLER: Hat die Spotwerbung noch Zukunft? Rezeption von Fernsehwerbung beim zeitversetzten Fernsehen. In: HAAS, HANNES; KATHARINA LOBINGER (Hrsg.): *Qualitäten der Werbung – Qualitäten der Werbeforschung*. Köln [Herbert von Halem] 2012, S. 305 - 319

KRONE, JAN (Hrsg.): *Fernsehen im Wandel. Mobile TV & IPTV in Deutschland und Österreich*. Baden-Baden [Nomos Verlag] 2009

LANG, ANNIE: The Limited Capacity Model of Mediated Message Processing. In: *Journal of Communication*. 50, 1, 2000, S. 46 - 70

MAYRING, PHILIPP: *Qualitative Inhaltsanalyse. Grundlagen und Techniken*. Weinheim Basel [Beltz Verlag] 2010

MENDE, ANNETTE; EKKEHARDT OEHMICHEN; CHRISTIAN SCHRÖTER: Gestaltwandel und Aneignungsdynamik des Internets. In: *Media Perspektiven*, 1, 2013, S. 33 - 49

MERKEL, KLAUS: Hybrid Broadcast Broadband TV, The New Way to a Comprehensive TV Experience. In: *Electronic Media Technology*, 2011, S. 1 - 4

MIDDELHOFF, EVA: Newcast macht's möglich: Der erste deutsche Toyota TV-Spot mit Shazam. In: *Newcast Blog*, 29.06.2012. http://www.newcast.net/blog/toyota-tv-spot-mit-shazam [14.05.2013]

MISOCH, SABINE: *Online-Kommunikation*. Konstanz [UTB Verlag] 2006

MÜLLER, HERMANN J.; JOSEPH KRUMMENACHER: Aufmerksamkeit. In: MÜSSELER, JOCHEN (Hrsg.): *Allgemeine Psychologie*. 2.Aufl. Berlin Heidelberg [Springer Verlag] 2008, S. 104-152

QUIRING, OLIVER; WOLFGANG SCHWEIGER: Interactivity: A Review of the Concept and a Framework for Analysis. In: *Communications*, 33, 2008, S. 147-167

RIDDER, CHRISTA-MARIA; BERNHARD ENGEL: Massenkommunikation 2010: Mediennutzung im Intermediavergleich. In: *Media Perspektiven*, 11, 2010a, S. 523-536

RIDDER, CHRISTA-MARIA; BERNHARD ENGEL: Massenkommunikation 2010: Funktionen und Images der Medien im Vergleich. In: *Media Perspektiven*, 11, 2010b, S. 537-548

RODGERS, SHELLY; ESTHER THORSON: The Interactive Advertising Model: How Users Perceive and Process Online Ads. In: *Journal of Interactive Advertising*. 1, 1, S. 42-61

SCHENK, MICHAEL: *Medienwirkungsforschung*. 3. Aufl. Tübingen [Mohr Siebeck] 2007

SCHNEIDER, BEATE; CHRISTOPHER BUSCHOW: *Wer nutzt Social TV? Erste Ergebnisse einer Befragungsstudie am IJK*. http://www.ijk.hmtm-hannover.de/fileadmin/www.ijk /pdf/aktuelles/IJK-Hannover-Social_TV_Nutzer_Befragung_Feb_2013.pdf.2013, S. 1-31

SCHNEIDER, BEATE; CHRISTOPHER BUSCHOW: *Social TV – Die Zukunft des Fernsehens?* http://www.ijk.hmtm-hannover.de/fileadmin/www.ijk/pdf/aktuelles/IJK-Hannover-Studie-Social_TV_Die_Zukunft_des_Fernsehens.pdf.2012, S. 1-64

SCHWEIGER, WOLFGANG: *Theorien der Mediennutzung. Eine Einführung*. Wiesbaden [VS Verlag] 2007

SEVENONE MEDIA: *HbbTV macht TV clickbar*. https://www.sevenonemedia.de/c/document _library/get_file?uuid=5728cae4-1d7f-45b3-b2fc-b92e6a27aeef&groupId=10143.2013

SEVENONE MEDIA: *HbbTV Cases 2011. VW Beetle*. https://www.sevenonemedia.de/hbbtv-cases.2012

SEVENONE MEDIA; MINDLINE MEDIA: *Medien-Gratifikationsprofile im Vergleich. Ergebnisse einer bevölkerungsrepräsentativen Befragung.* https://www.sevenonemedia.de/c/document_ library/get_file?uuid=bc243e73-03f2-4b39-843a-e90119510902&groupId=10143.2009

SEWCZYK, JÜRGEN; HOLGER WENK: Mehr als Fernsehen: Smart-TV, HbbTV & Co. In: *Media Perspektiven,* 4, 2012

SIEGERT, GABRIELE; NINA HAUTZINGER: Marketing und Vermarktung unter Konvergenzbedingungen. In: KARMASIN, MATTHIAS; CARSTEN WINTER (Hrsg.): *Konvergenzmanagement und Medienwirtschaft.* Paderborn [UTB Verlag] 2006, S. 117-130

STARK, BIRGIT: *Fernsehen in digitalen Medienumgebungen. Eine empirische Analyse des Zuschauerverhaltens.* München [Reinhard Fischer Verlag] 2006

VAN EIMEREN, BIRGIT; BEATE FREES: 76 Prozent der Deutschen online – neue Nutzungssituationen durch mobile Endgeräte. Ergebnisse der ARD/ZDF-Onlinestudie 2012. In: *Media Perspektiven,* 7-8, 2012, S. 362-379

VAN EIMEREN, BIRGIT; CHRISTA-MARIA RIDDER: Trends in der Nutzung und Bewertung der Medien 1970 bis 2010. Ergebnisse der ARD/ZDF-Langzeitstudie Massenkommunikation In: *Media Perspektiven,* 1, 2011, S. 2-15

WIRTH, WERNER; HOLGER SCHRAMM: Medienrezeptionsforschung. In: BONFADELLI, HEINZ; OTFRIED JARREN; GABRIELE SIEGERT, (Hrsg.): *Einführung in die Publizistikwissenschaft.* 3. Aufl. Bern Stuttgart Wien [UTB Verlag] 2010, S. 575-603

INGO KNUTH / LISA-CHARLOTTE WOLTER / MICHAEL JENDRIK SCHULZ

Wirkung von klassischen und digitalen Out-of-home-Medien im Vergleich – Eine empirische Untersuchung

1. Einleitung

Digitale Out-of-home-Medien haben sich in kürzester Zeit rasant entwickelt, branchenübergreifend Anwendung gefunden und sind mittlerweile omnipräsent in den Alltag vieler Rezipienten integriert. Werbungtreibende Unternehmen erhoffen sich von diesem Kanal eine effizientere und effektivere Möglichkeit, um ihre Zielgruppen zu erreichen als mit traditioneller Außenwerbung (SCHUSTER/DRASKOWITSCH 2008: 31). Während der Anteil der digitalen Außenwerbung im Jahr 2007 noch bei drei Prozent lag, wurde für 2012 ein Anstieg auf 11 Prozent konstatiert (GOLDMEDIA/SCREEN DIGEST 2009). Beschleunigt wird das Wachstum durch die Entwicklung der Screentechnologie hin zu LCD- beziehungsweise LED-Displays und den zunehmenden Preisrückgang der Endgeräte (SILBERER 2010: 4). Der Fortschritt in der Datenübertragung, mittels Breitbandzugang und IT-Infrastruktur komplexe Inhalte zeitnah und kostengünstig übertragen zu können, stellt einen weiteren Wachstumsgrund für diese Werbeform dar.

Die Entwicklung von Digital Signage (deutsch: digitale Beschilderung) hatte ihren Ursprung auf großen Plätzen von Metropolen, auf denen mit einfachen Leuchtschriftbändern Nachrichten präsentiert wurden. Burke (2009) definiert das Medium wie folgt: »Digital signs are large (greater than 30 inches diagonally) flat panel monitors that show a continuous loop of advertising and editorial material. The signs often are positioned throughout the store and are controlled by a centralized computer server.« Digital Signage bietet die Möglichkeit der Anpassung des ausgestrahlten Contents in Echtzeit. Dabei werden die Reichweitenstärke der klassischen Außenwerbung sowie die Individualität und Interaktivität des Online-Zugriffs miteinander verbunden (TETZLAFF 2008: 46). Potenziale dieser Werbeform, wie die Individualisierung von Botschaften sowie die Rückkanalfähigkeit, sind dabei für Kommunikationsmaßnahmen am Point of Sale (POS) und auch am Point of Interest (POI) von hoher Bedeutung (TELSCHOW 2008).

Die digitale Technik und niedrigere Media-Produktionskosten ermöglichen zudem Werbemöglichkeiten auch für kleine und mittelständische Unternehmen (THOMMES 2011: 36). Als Entscheidungsgrundlage für die Anwendung dieser neuen Kommunikationsform werden von relevanten Interessengruppen, wie werbungtreibenden Unternehmen, Media-Agenturen oder Fachverbänden, transparente Wirkungsnachweise gefordert, die klassische Indikatoren der Markenführung berücksichtigen und den Konsumenten in seinem Rezeptionsverhalten fokussieren. Zudem ist es von hoher Bedeutung, fundierte Wirkungsvergleiche von klassischer und digitaler Außenwerbung bereitzustellen (FISCHER 2010: 163). Trotz der zunehmenden Bedeutung von digitalen Out-of-home-Medien ist deren Beitrag zum Erfolg von Kommunikationsmaßnahmen noch nicht umfassend genug geklärt worden.

Verschiedene Studien beschäftigten sich in der Vergangenheit bereits mit der grundsätzlichen Wahrnehmung von und Kaufbeeinflussung durch Digital-Signage-Maßnahmen. Allerdings werden die Wirkungsmechanismen der digitalen Screen-Werbung, insbesondere im Vergleich zu den klassischen Varianten im Außenwerbebereich, wie zum Beispiel Ganzflächen und City Light Postern, kaum komparativ untersucht (FISCHER 2010; YIM/YOO/TILL/EASTIN/MATTHEW 2010; PAGEL/JÜRGENS/GÜNTHER/MOLLEKOPF 2011). Vor diesem Hintergrund wird in dem vorliegenden Beitrag empirisch ermittelt, ob Digital Signage eine höhere Werbewirkung als klassische Außenwerbung aufweist. Zu diesem Zweck werden die Ergebnisse einer Feldstudie vorgestellt, die eine Werbeform aus dem Bereich Digital Signage einer klassischen Außenwerbemaßnahme in einem realen Testumfeld gegenüberstellt. Der Fokus der Untersuchung liegt somit auf der Messung und dem Vergleich der Wirkung beider Werbeformen. Hierzu wurden digitale Flatscreens und klassische City Light Plakate (CLP) in Einkaufszentren eingesetzt und deren kognitive, affektive und konative Wirkung auf die beworbenen Marken bei den Besuchern vor Ort in Einzelinterviews abgefragt. Bevor die Ergebnisse präsentiert und Implikationen daraus abgeleitet werden, erfolgt eine Systematisierung des aktuellen Standes von Untersuchungen zum Thema Digital Signage. Anschließend werden der konzeptionelle Rahmen der Studie und das angewandte Modell vorgestellt. Sodann wird auf die Operationalisierung der Werbewirkungsdimensionen ›Markenaufmerksamkeit‹, ›Markenwissen‹, ›Markensympathie‹, ›Markenpräferenz‹, ›Markenüberzeugung‹ und ›Markenkauf‹ in dem für die Erhebung konzipierten Fragebogen eingegangen. Abschließend werden die zentralen Ergebnisse der Studie erläutert und Implikationen für die Werbepraxis abgeleitet.

2. Literaturüberblick

Der Forschungsstand zur Wirkung von Digital-Signage-Werbung ist, wie auch BURKE bestätigt, noch stark ausbaufähig. Er selbst leitet in seiner Arbeit *Behavioral Effects of Digital Signage* empirische Aussagen zur Werbewirkung von In-Store-Bildschirminhalten ab. Burkes Befunden zufolge, hat Digital Signage-Werbung absatzsteigernde Effekte, insbesondere wenn die Inhalte vom Konsumenten als berichtenswert wahrgenommen werden. Abhängig ist dies wiederum von der jeweiligen Produktkategorie. Daher wird angeregt, die Erkenntnisse im Zuge weiterer Forschung im Kontext verschiedener Produkte zu prüfen (BURKE 2009: 183). Ähnlich wie Burke untersuchte Fischer die Wirksamkeit von Werbekampagnen mit Digital Signage-Lösungen am Beispiel von Instore-TV: Die Werbewirksamkeit wurde anhand der Abverkaufszahlen von Kassenscannern in acht Agip Tankstellen-Shops und für drei Produktkategorien ermittelt. Die Ergebnisse variierten, je nach Kategorie, von keinem Unterschied im Abverkauf der beworbenen Produkte, bis hin zu signifikanten Absatzsteigerungen durch die eingesetzte Werbung (FISCHER 2010: 159).

Zwei weitere Studien setzen sich mit der Wahrnehmung von Digital Signage und ihrem möglichen Einfluss auf die Kaufentscheidung auseinander. Pagel et al. (2011) ließen Probanden in Einzelhandelsläden ihre Einkäufe tätigen und zeichneten mithilfe einer Eyetracking-Brille deren Blickbewegungen auf. Durch die eingesetzte Technik in Verbindung mit Interviews konnten differenzierte Aussagen bezüglich der Wirksamkeit von Bildschirmen im Lebensmittelhandel getroffen werden. Von Bedeutung ist hierbei besonders, dass Probanden, die in der Blickaufzeichnung mit der Brille auf die Bildschirme geblickt hatten, im anschließenden Interview angaben, die Bildschirme nicht gesehen zu haben. Zudem wurde festgestellt, dass Bildschirme neben Werbe- und Angebotstafeln nicht als Stimuli wirken (PAGEL et al. 2011: 50). Die Positionierung der Bildschirme ist demnach ein entscheidender Faktor für deren Wahrnehmung. Entsprechend wurden die Bildschirme in Wartesituationen an der Frischetheke oder an der Kasse besonders intensiv wahrgenommen, im Kontext von Regalen oder im Eingangsbereich hingegen weniger. Probanden erinnerten sich zwar an zwei von drei beworbenen Marken, gaben jedoch an, diese überwiegend aufgrund ihrer individuellen Selbsteinschätzung gekauft zu haben und nicht von der Bildschirmwerbung beeinflusst worden zu sein (PAGEL et al. 2011: 46). Neben der Markenerinnerung untersuchten Yim et al. (2010) weitere klassische Marken- und Werbewirksamkeitsfaktoren, wie ›Markenvertrautheit‹, ›Kaufabsicht‹ und ›Markenwiedererkennung‹. Insgesamt konnten diese Faktoren mittels Digital Signage-Werbung positiv beeinflusst werden von (YIM et al. 2010: 386).

Die Einstellung von Probanden gegenüber diesem Format wird sowohl in der Praxisstudie von Nielsen Media Research als auch im Forschungsbericht von Pagel überwiegend positiv bewertet (NIELSEN MEDIA RESEARCH 2010: 8; PAGEL et al. 2010: 46). Die im Vorfelde geschilderten Erkenntnisse werden im Rahmen des vorliegenden Wirkungsvergleiches von Digital Signage und klassischen Außenwerbemaßnahmen überprüft. Dies wird auch von Fischer vorgeschlagen, der die Relevanz eines solchen Forschungsansatzes für die Praxis bekräftigt, da bis dato nur wenige vergleichbare Studien durchgeführt wurden (FISCHER 2010: 46). Ähnlichkeiten weist lediglich die Arbeit von Yim et al. (2010) auf, in der ein In-Store-Bewegtbildformat mit einem statischen In-Store-Bildschirmformat vergleichend untersucht worden ist. Der gegenwärtige Stand der Forschung und die Forschungslücken sind Ausgangspunkt für den vorliegenden Werbewirkungsvergleich digitaler Bildschirmwerbung mit City Light Postern.

3. Konzeptioneller Rahmen

Die Basis der vorliegenden Studie stellt das ›Hierarchy-of-Effects‹-Modell von Lavidge und Steiner dar (LAVIDGE/STEINER 1961: 61). Hierbei handelt es sich um ein sequenziell aufgebautes klassisches Analyseschema zur Be-

TABELLE 1
Literaturübersicht

	Burke (2009)	Fischer (2010)	Pagel et al (2011)	Nielsen Media Research (2010)	Yim et al (2010)
Dimensionen	Messung: Abverkäufe pro Kampagne via Umsatzvergleich in Test- und Kontrollläden	Absatzsteigerung durch DS bei FMCG- und Entertainment-Produkten	Wahrnehmung, Werbeakzeptanz, -erinnerung, Nutzung, Kaufabsicht	Wahrnehmung, Awareness, Markenbekanntheit, Werbeakzeptanz, Abverkäufe	Wahrnehmung, Markenerinnerung, -wiedererkennung, -vertrautheit, Kaufabsicht,
Methodik	Verallgemeinerung anhand vorhandener DS-Studien	Feldstudie	Eyetracking mit Videoaufzeichnung und mündlicher Befragung	Befragung, Messung von Abverkäufen (Scannerdaten)	Eye-Tracking; Befragung
Testprodukte	FMCG-Marken, Entertainment-Produkte	FMCG-Marken und Serviceleistungen	FMCG-Marken	FMCG-Marken	FMCG-Marken
Werbeformen	In-Store Screens (redaktioneller Content und Werbung)	Werbung auf Instore-TV-Screens im Kassenbereich	In-Store Screens (redaktioneller Content und Werbung)	In-Store Screens (redaktioneller Content und Werbung)	In-Store-Video-/ Einkaufswagenwerbung, Bewegtbild- vs. statisch
Ergebnisse	Absatzsteigerung durch DS bei FMCG- und Entertainment-Produkten	Vereinzelt Steigerung der Abverkäufe durch DS-Werbung	Wahrnehmung im Wartebereich, kaum in Regalen und im Eingangsbereich	Wahrnehmung hoch; Abverkaufsplus bei 80 % der Produkte; Awareness-Steigerung	Steigerung der Vertrautheit; bessere Wiedererkennung

Quelle: eigene Darstellung

urteilung der Wirksamkeit von Werbung. Es besteht aus den Konstrukten ›Aufmerksamkeit‹, ›Wissen‹, ›Sympathie‹, ›Präferenz‹, ›Überzeugung‹ und ›Kauf‹ und zeichnet diese als schrittweise Wirkungsziele von Kommunikationsmaßnahmen nach (siehe Abb. 1). Das Modell ist besonders für die Überprüfung des Einflusses von Werbung auf das Kommunikationsergebnis geeignet, wobei der Fokus auf der systematisierten Beurteilung der Wirkungen vor dem Hintergrund essenzieller Markenziele liegt.

ABBILDUNG 1
Hierarchy-of-Effects-Modell

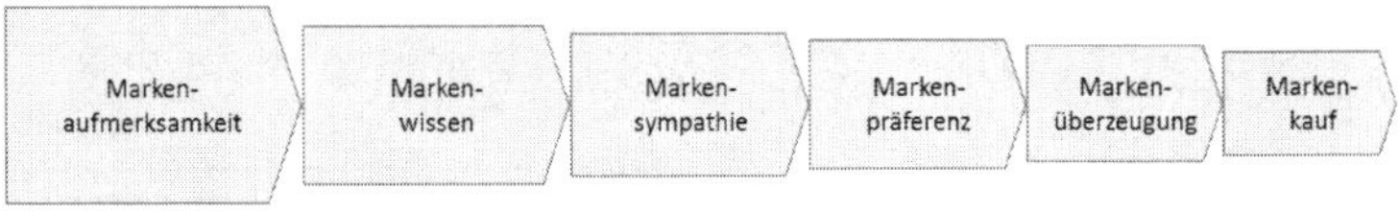

Quelle: eigene Darstellung

Im Mittelpunkt der Betrachtung des Hierarchy-of-Effects-Modells steht die Effektivität der eingesetzten Kommunikationsmaßnahmen, gemessen an einer Steigerung der Trichterstufen, die mit der Kaufabsicht abschließen. Entsprechend können Kommunikationsmaßnahmen dazu geeignet sein, Personen zunächst mit Informationen zu versorgen, die Aufmerksamkeit für die jeweilige Marke auslösen. Je nachdem, wie erfolgreich ein Individuum mit Informationen versorgt wurde, verankert sich bei diesem ein Wissen bezüglich der beworbenen Marke. Eine Hierarchiestufe nach dem Markenwissen steht die Markensympathie, die dazu führt, dass diese anderen gegenüber präferiert werden kann, was gleichzeitig Grundvoraussetzung für eine Markenpräferenz ist. Wächst in einem Individuum der Wunsch, das Produkt einer spezifischen Marke zu kaufen und die Überzeugung, dass der Kauf eine kluge Entscheidung wäre, spricht man von Markenüberzeugung. Die Absicht wird auf der letzten Prozessstufe konkretisiert: Es kommt zum Kauf eines Markenprodukts. Das Modell lässt sich neben diesen sechs Prozessschritten zudem in drei Ebenen unterteilen, die kognitive (Markenaufmerksamkeit, Markenwissen), die affektive (Markensympathie, Markenpräferenz) und die konative (Markenüberzeugung, Markenkauf). Diese Dreiteilung orientiert sich an den drei ursprünglichen psychologischen Verhaltensdimensionen (LAVIDGE/STEINER 1961: 60) und ermöglicht eine weitere Klassifikation vorausgegangener Werbeeffekte. Beim Hierarchy-of-Effects-Modell wird nicht davon ausgegangen, dass Individuen von desinteressiert zu interessiert ›umgepolt‹ werden können. Vielmehr durchlaufen sie im Zuge der Rezeption von Werbung einen Prozess, in dem sie sich Schritt für Schritt über eine längere Zeitspanne hinweg der Kaufabsicht annähern (LAVIDGE/STEINER 1961: 59). Eine Gleichförmigkeit der jeweiligen Schritte kann dabei nicht vorausgesetzt werden: Realistischer ist die Annahme, dass die Zeit bis diese erreicht werden von Fall zu Fall variieren kann. Die einzelnen Schritte im Prozess der Werbewirkung sollten aber laut Lavidge und Steiner nicht zwangsläufig nach dem Prinzip »je weiter, desto besser« beurteilt werden. Statt dessen repräsentiert jeder einzelne Schritt potenziell ein Werbeziel für das Kommunikationsmanagement einer Marke. Die im Rahmen der vorliegenden Studie dargestellten Prozessschritte bilden die Grundlage für die Operationalisierung der Wirkungsparameter.

Neben den Variablen mit Markenbezug wurden auch solche erhoben, die ausschließlich der Beurteilung der eingesetzten Werbemaßnahmen dienen sollten. Dies war notwendig, um die Wahrnehmung gezeigter Inhalte für beide Werbeformate gegenüberstellen zu können. Schließlich ist es denkbar, dass digitale Bildschirmwerbung und CLP bei Probanden unterschiedliche Assoziationen bei gleichen gezeigten Inhalten hervorrufen könnten. Diese zusätzlichen Variablen der Werbewirkung sind theoretisch innerhalb des ›Attitude-toward-the-Ad‹-Konstrukts verankert und wurden theoriegeleitet extrahiert. Eine genaue Auflistung der grundlegenden Werbewirkungsparameter wird im anschließenden Abschnitt dargestellt.

4. Methode und Stichprobe

Zur Beantwortung der vorliegenden Forschungsfragen, ob Digital Signage eine höhere kognitive, affektive und/oder konative Wirkung auf die beworbenen Marken als klassische Außenwerbung aufweist, wurde eine Feldstudie in einem möglichst realen Umfeld mit anschließender Face-to-Face-Befragung via eines standardisierten Fragebogen gewählt. In dem Testumfeld der Einkaufszentren standen sowohl Digital Signage Screens als auch City Light Poster zur Verfügung und die Stimuli (Digital Signage/ City Light Poster) wurden zeitlich versetzt variiert. Auf diese Weise konnten zwar mögliche Störvariablen nicht vollständig kontrolliert werden, jedoch konnte basierend auf der vorliegenden Methode vor allem das Ziel der Realisierung einer hohen externen Validität durch die Durchführung der Studie in einer ›natürlichen‹ Umgebung verfolgt werden (SCHNELL/ HILL/ESSER 2011).

In diesem Rahmen wurde ein Werbewirksamkeitsvergleich zwischen ausgewählten digitalen Out-of-home-Medien und klassischer Out-of-home-Plattformen vorgenommen. Konkret kamen zur Durchführung dieser Analyse ein digitales Flatscreen-Netzwerk sowie klassische City Light Plakate (CLP) im Umfeld zweier hochfrequentierter strukturähnlicher Shoppingcenter zum Einsatz. Teststimulus waren indes werbliche Inhalte einer bekannten Marke aus dem Konsumgüterbereich.

Der Werbespot und das Plakatmotiv der Marke wurden vom werbungtreibenden Unternehmen zur Verfügung gestellt und waren bis zum Zeitpunkt der Datenerhebung noch nicht für Kommunikationsmaßnahmen eingesetzt worden. Somit konnte sichergestellt werden, dass die Probanden hinsichtlich ihres Antwortverhaltens nicht unterschiedlich beeinflusst wurden. Die verwendeten Flatscreens und CLP waren in den teilnehmenden Shoppingcentern in ähnlicher Quantität repräsentiert. Bei den CLP handelt es sich um durch Glas geschützte, hinterleuchtete Werbeplakate mit dem Standardformat von 118,5 x 175 Zentimetern. Für die Erhebung wurden sie als Zweier-Wechsler eingesetzt. In den Werbevitrinen wurde die Testwerbung abwechselnd mit einem anderen Plakat für 50 Prozent der Dauer des Erhebungszeitraumes gezeigt. Bei den Flatscreens handelte es sich um Bildschirme im 16:9-Format und in einer Größe von 40-, 46- oder 50-Zoll, die im Einser-, Zweier- und Dreier-Verbund nebeneinander montiert worden sind. Auf den Flatscreens wurde standardmäßig ein Content-Mix gezeigt, der eine Länge von 4:50 Minuten hatte. Der Testspot nahm davon circa 15 Sekunden und somit fünf Prozent der gesamten Abspieldauer in Anspruch.

ABBILDUNG 2

Beispiele für Teststimuli CLP und Flatscreen

Quelle: eigene Darstellung

Die Teststimuli auf den Flatscreens und auf den CLP wurden jeweils für den Zeitraum von fünf Arbeitstagen geschaltet. Center-Besucher zeichnen sich regulär durch eine durchschnittliche Verweildauer von 97 Minuten aus und hatten somit ausreichend Gelegenheit zur Rezeption der beiden getesteten Medien. Während der Testphase wurden in den Einkaufszentren befindliche Personen im Alter zwischen 14 und 49 Jahren zur Wirkung beider Werbeformate befragt. Die Auswahl der Studienteilnehmer erfolgte zwar nicht auf der Grundlage einer Zufallsstichprobe, jedoch fand die Stichprobenziehung mithilfe einer Quotierung auf der Grundlage der Kriterien Alter und Geschlecht statt. Vor dem Hintergrund dieser beiden Quotierungsvariablen ist von einer Strukturgleichheit der Testgruppen auszugehen.

Zum Zweck der Befragung liefert das Hierarchy-of-Effects-Modell von Lavidge und Steiner, wie zuvor beschrieben, den strukturellen Rahmen für die Operationalisierung der zu erhebenden markenspezifischen Variablen. In diesem Zusammenhang bildet die Dimension ›Markenaufmerksamkeit‹ die erste Stufe dieses sequenziell aufgebauten Modells. Sie wurde im Rahmen der vorliegenden Untersuchung direkt anhand der Variable ›Markenbekanntheit‹ (*Brand Awareness*) erhoben. Probanden wurden gefragt, ob sie sich daran erinnern können, auf die Marke während ihres Aufenthalts im Shoppingcenter aufmerksam geworden zu sein. Im zweiten Schritt wurde dann das ›Markenwissen‹ (*Brand Knowledge*) der Teilnehmer bestimmt. Von Interesse war hierbei, ob die gezeigte Marke bereits bekannt gewesen war bevor die Werbung rezipiert worden ist. Eine zusätzliche Determinante des Markenwissens stellte die individuell empfundene Markenvertrautheit dar.

Nach demselben Prinzip verlief die Datenerhebung auf Stufe drei: Mit der Dimension ›Markensympathie‹ sollte die allgemeine Einstellung der Befragten zur Marke analysiert werden. Weitere Likert-skalierte Items, die abgefragt wurden lassen sich Tabelle 2 entnehmen. Mit der letzten Stufe, der Dimension ›Markenkauf‹, wurde sowohl die markenbezogene Kaufwahrscheinlichkeit auf einer siebenfach-gestuften Likert-Skala erhoben als auch direkt abgefragt, ob die Studienteilnehmer die Marke schon einmal gekauft haben.

Das Konzept ›Attitude-toward-the-Ad‹ wurde in früheren Studien häufig anhand von Adjektiven beziehungsweise Attributen erhoben, die ein spezielles Werbeformat beschrieben und anhand standardisierter Skalen abgefragt worden sind. Um relevante und bereits empirisch getestete Werbewirkungsparameter für die vorliegende Arbeit zu determinieren, wurde die einschlägige Literatur deshalb im Hinblick auf die dort verwendeten Attribute zur Beschreibung von Werbeformaten ausgewertet. Die so gesammelten Adjektive, mit denen ›Attitude-toward-the-Ad‹ bis dato gemessen

TABELLE 2

Operationalisierung der markenbezogenen Dimensionen

Dimension	Variable	Item
Aufmerk-samkeit	Brand Awareness (ungestützt)	»Aktuell werden im Shoppingcenter einige Marken beworben. An welche Marken können Sie sich erinnern?«
Aufmerk-samkeit	Brand Awareness (gestützt)	»Können Sie sich erinnern, Werbung von der Marke (...) im Shoppingcenter gesehen zu haben?«
Wissen	Brand Knowledge	»Haben Sie die Marke (...) vor dem Betrachten / Wahrnehmen der Werbung bereits gekannt?«
	Vertrautheit	»Die Marke (...) ist mir vertraut.«*
Sympathie	Einstellung	»Die Marke (...) mag ich.«*
Präferenz	Wichtigkeit/ Interesse	»Die Marke (...) ist mir wichtig.«*
Überzeu-gung	Glaubwürdigkeit	»Die Marke (...) finde ich glaubwürdig.«*
Kauf	Kaufwahrschein-lichkeit	»Wie wahrscheinlich ist es, dass Sie ein Produkt der Marke (...) kaufen werden?«*
	Kaufabsicht	»Haben Sie schon einmal ein Produkt der Marke (...) gekauft?«

* = gemessen auf einer siebenstufigen Likert-Skala
1 = »Ich stimme überhaupt nicht zu« - 7 = »Ich stimme voll und ganz zu«

worden ist, wurden ihrem Sinn nach gruppiert und unter einem passenden Oberbegriff zu Werbewirkungsparametern zusammengefasst. Folgende Übersicht veranschaulicht zunächst die grundlegenden Einzelattribute, die aus der Literatur extrahiert werden konnten.

TABELLE 3

Einzelattribute zur Messung von Attitude-toward-the-Ad

	Quelle	Einzelattribute
1	Hanson/Biehal (1995)	bad/good, dislike/like, uncreative/creative, boring/interesting
2	Muehling/ Laczniak (1988)	not attractive/attractive, bad/good, unpleasant/ pleasant, unappealing/appealing, dull/dynamic, depressing/refreshing, not enjoyable/enjoyable

	Quelle	Einzelattribute
3	Rosen/Singh (1992)	interesting/dull, arousing/unarousing, pleasing/annoying, believable/not believable, convincing/unconvincing, good/bad, informative/uninformative, I liked it/I disliked it
4	Holbrook/ Batra (1987)	I dislike the ad/I like the ad, I react favorably to the ad/I react unfavorably to the ad, I feel positive toward the ad/I feel negative toward the ad, the ad is bad/the ad is good
5	Biehal/Stephens/ Curlo (1992)	good/bad, like/dislike, interesting/boring, creative/uncreative, informative/uninformative
6	Lafferty/ Goldsmith (1999)	good/bad, favorable/unfavorable, pleasant/ unpleasant
7	Gardner (1985)	good/bad, dislike/like, not irritating/irritating, uninteresting/interesting
8	Machleit/ Wilson (1988)	unfavorable/favorable, good/bad, enjoyable/ unenjoyable, not fond of/fond of, dislike very much/like very much, irritating/not irritating, well made/poorly made, insulting/not insulting
9	Lafferty/Goldsmith/ Newell (2002)	good/bad, favorable/unfavorable, pleasant/ unpleasant
10	MacKenzie/Lutz (1989)	good/bad, pleasant/unpleasant, favorable/ unfavorable
11	MacKenzie/Lutz/ Belch (1986)	favorable/unfavorable, interesting/uninteresting
12	Shimp (1981)	favorable/unfavorable, interesting/uninteresting
13	Chuang/Tsai/ Cheng/Sun (2009)	not attractive/attractive, bad/good, unpleasant/ pleasant, unfavorable/favorable, dislike/like, dull/ dynamic, depressing/refreshing, unenjoyable/ enjoyable

In der folgenden Tabelle wird nun dargestellt, nach welchem Schema die gesammelten Attribute zu übergeordneten Werbewirkungsparametern aggregiert worden sind:

TABELLE 4

Ableitung der Werbewirkungsparameter auf Basis der aus der Theorie extrahierten Attribute

	Einzelattribute	Parameter	Operationalisierung
1, 2, 13	attractive/unattractive	Werbegefallen	Werbung gefällt mir
2	unappealing/appealing		
4, 6, 8, 9, 10, 11, 12, 13	I react favorably/ unfavorably to the ad; (un-) favorable		
4	I feel positive toward the ad/ I feel negative toward the ad		
1, 5	uncreative/creative	Werbekreativität	Werbung ist kreativ
1, 3, 4, 5, 7, 13	dislike/like; I liked it/I disliked it; I dislike the ad/I like the ad; like/dislike; like/dislike very much	Werbesympathie	Werbung ist sympathisch
8	not fond of/fond of		
1, 2, 3, 4, 5, 6, 7, 8, 9, 10, 13	bad/good; The ad is bad/ The ad is good; good/bad	Werbequalität	Werbung ist qualitativ hochwertig
3	believable/not believable		
3	convincing/unconvincing		
3, 5	informative/uninformative		
8	well made/poorly made		
1, 5	boring/interesting	Langweilige Werbung	Werbung ist langweilig
2, 13	dull/dynamic		
3	interesting/dull		
3	arousing/unarousing		
7, 11, 12	uninteresting/interesting		
2, 6, 9, 10, 13	unpleasant/pleasant	Störende Werbung	Werbung stört mich
2, 8, 13	not enjoyable/enjoyable; enjoyable/unenjoyable		
3	pleasing/annoying		
8	insulting/not insulting		
7, 8	not irritating/irritating		

5. Ergebnisse

Die für die Erfolgsmessung im Flatscreen-Netzwerk erhobenen Daten wurden mit denen der Erfolgsmessung von City Light Postern verglichen. Mithilfe von t-Tests für unabhängige Stichproben und Chi-Quadrat-Tests, die insbesondere für nominalskalierte Variablen geeignet sind, wurden die Ergebnisse hinsichtlich ihrer Signifikanz analysiert. Selbige Testverfahren dienten zudem zur Überprüfung der Strukturgleichheit zwischen den gebildeten Untersuchungsgruppen. Für alle durchgeführten Tests wurde ein Signifikanzniveau von fünf Prozent zugrunde gelegt. In den gemessenen demografischen Variablen (Alter, Geschlecht und Bildungsabschluss) wiesen die zwei untersuchten Gruppen keine signifikanten Unterschiede auf. Auch in Bezug auf die Werbeaufgeschlossenheit ließen sich keine signifikanten Unterschiede nachweisen.

Zunächst werden die Dimensionen zur Messung des Einflusses auf die Markenwahrnehmung, welche auf dem Hierarchy-of-Effects-Modell basieren (Tab. 2), betrachtet. In diesem Zusammenhang werden nominalskalierte Variablen mithilfe von Chi-Quadrat-Tests und interval skalierte auf der Grundlage von t-Tests ausgewertet.

Die Analyse der Markendimensionen *Brand Awareness* (ungestützt und gestützt) sowie *Brand Knowledge* zeigt dabei keine signifikanten Unterschiede zwischen den Werbeformen Digital Signage und City Light Poster.

TABELLE 5

Markendimensionen – Ungestützte und gestützte Erinnerung (Chi²-Test)

	Flatscreen-Netz (*n* = 55)		City Light Poster (*n* = 55)		χ^2	*P*
	erinnert	nicht erinnert	erinnert	nicht erinnert		
Brand Awareness (ungestützt)	6	49	3	52	1,089	*ns*
Brand Awareness (gestützt)	28	27	23	32	0,914	*ns*
Wissen (Knowledge)	52	3	54	1	1,038	*ns*

Auch aus der Analyse der übrigen markenbezogenen Kategorien, welche in den Tabellen 6 und 7 dargestellt sind, ergaben sich keine signifikanten Mittelwertunterschiede. Weder bezüglich des Einflusses auf die Dimensionen Vertrautheit, Einstellung zur Marke, Wichtigkeit der Marke, Glaubwürdigkeit der Marke und Kaufwahrscheinlichkeit, noch hinsichtlich der tatsächlichen Kaufabsicht unterscheiden sich die betrachteten Werbeformen signifikant voneinander.

TABELLE 6

Markendimensionen – Ergebnisse der t-Tests

	Flatscreen-Netz		City Light Poster		*Df*	*T*
	M	*SD*	*M*	*SD*		
Wissen (Vertrautheit)	6,07	1,168	6,35	1,092	107,516	1,265
Einstellung	5,84	1,167	5,95	1,208	107,869	0,482
Wichtigkeit/Interesse	4,27	1,627	4,11	1,696	107,813	0,516
Glaubwürdigkeit	6,05	0,951	6,16	0,739	101,818	0,672
Kaufwahrscheinlichkeit	5,42	1,583	5,18	1,796	106,330	0,732

* $p \leq 0{,}1$ **$p \leq 0{,}05$ ***$p \leq 0{,}01$
Quelle: eigene Berechnung

TABELLE 7

Markendimensionen – Ungestützte und gestützte Erinnerung (Chi²-Test)

	Flatscreen-Netz (*n* = 55)		City Light Poster (*n* = 55)		χ^2	*P*
	erinnert	nicht erinnert	erinnert	nicht erinnert		
Kaufabsicht	54	1	54	1	0,000	*ns*

Die Werbeerfolgskategorien, welche auf dem ›Attitude-towards-the-Ad‹-Modell basieren und zudem die Erinnerung an die Werbung beinhalten, zeigen jedoch ein etwas anderes Bild: Die Werbung auf den City Light Postern wurde in fast allen der sieben untersuchten Kategorien besser, in drei der sieben Kategorien sogar statistisch signifikant besser bewertet als die Flatscreen-Werbung. Entsprechend konnten für die Variablen ›Werbegefallen‹ und ›Werbekreativität‹ im Rahmen der Auswertung signifikante Mittelwertunterschiede gemessen werden. Das Werbegefallen wird zudem stärker durch City Light Poster beeinflusst, die von den Probanden im Rahmen der

Erfolgsmessung mit einem Mittelwert von 5,84 signifikant höher als Flatscreens (MW=5,49) bewertet worden sind. Für die Variable Werbekreativität ergab sich bei den City Light Postern ein Mittelwert von 5,42, der, verglichen mit dem für die Flatscreens (MW=5,11), ebenfalls höher ausfällt. Beide Werte unterscheiden sich auch in diesem Fall statistisch signifikant voneinander.

Im Falle der Dimensionen ›Langweilige Werbung‹ und ›Störwirkung Werbung‹ müssen die Mittelwerte umgekehrt interpretiert werden: Ein geringerer Skalenwert weist hier auf eine positivere Wahrnehmung von Werbung hin. Entsprechend wurde die Werbung auf City Light Postern von den Probanden tendenziell als weniger langweilig (MW=1,85) als auf Flatscreens (MW=2,02) und weniger störend empfunden (M=1,47). Die Effekte in den verglichenen Gruppen unterscheiden sich jedoch nicht statistisch signifikant voneinander. Auch bezüglich der Störwirkung der Werbung werden die City Light Poster positiver (MW=1,47) als die Flatscreens (MW=1,64) bewertet.

Lediglich im Hinblick auf die wahrgenommene Werbequalität wurden die Flatscreens (MW=5,76) gegenüber den City Light Postern (MW=5,51) als signifikant positiver wahrgenommen. Bei der Variable ›Sympathie‹ konnten keine signifikanten Mittelwertunterschiede festgestellt werden: Die Werbesympathie fiel bei den Flatscreens zwar durchschnittlich geringfügig positiver aus (MW=5,76) als bei den City Light Postern (MW=5,73), die Mittelwerte unterschieden sich jedoch nicht statistisch signifikant voneinander.

TABELLE 8
Ergebnisse der t-Tests

	Flatscreen-Netz		City Light Poster		*Df*	*T*
	M	*SD*	*M*	*SD*		
Werbegefallen	5,49	1,034	5,84	1,214	105,348	1,607*
Werbekreativität	5,11	1,133	5,42	1,134	108,000	1,430*
Werbesympathie	5,76	1,105	5,73	1,193	107,365	0,166
Werbequalität	5,76	1,036	5,51	1,052	107,974	1,279*
Langweilige Werbung	2,02	1,009	1,85	1,044	107,876	0,836
Störwirkung Werbung	1,64	0,825	1,47	0,690	104,738	1,129*

*$p \leq 0,1$ **$p \leq 0,05$ ***$p \leq 0,01$
Quelle: eigene Berechnung

6. Implikationen für die Praxis

Insgesamt lassen sich für das Marketing-Management auf Basis der vorliegenden Ergebnisse zentrale Hinweise ableiten, die für die Planung der Außenwerbung relevant sein können: Obwohl bezüglich der untersuchten Markendimensionen keine signifikanten Unterschiede zwischen den betrachteten Werbeformen festzustellen sind, fördern CLPs die Werbeerinnerung, das Gefallen und die kreative Wahrnehmung und die Werbesympathie von Werbung signifikant stärker als Flatscreens. Diese schneiden lediglich hinsichtlich der Werbequalität signifikant besser ab. Zunächst sind einerseits diese, in ihrer Wirkungsrichtung grundsätzlich konsistenten Ergebnisse festzuhalten.

Eine pauschale Aussage über die Qualität der Werbeformen kann jedoch nicht gemacht werden, da die Bewertung stark von den jeweiligen Kommunikationszielen abhängt, welche individuell betrachtet werden müssen. Die weniger positive Beurteilung des Flatscreen-Netzes muss ebenfalls bei dem Wirkungsvergleich der beiden Formate berücksichtigt werden, denn die Größe der Plakate mit ihrer visuellen Stärke und den qualitativ hochwertigen Werbevitrinen haben per se einen positiven Einfluss auf die Wahrnehmung von Werbemaßnahmen. Diese Aspekte liefern eine Erklärung für die besseren Resultate dieses Formates gegenüber dem Flatscreen-Netz hinsichtlich der Werbeerinnerungseffekte.

Die insgesamt etwas negativere Bewertung des Flatscreen-Netzes durch die Probanden kann darauf zurückgeführt werden, dass die Flatscreens relativ hoch und nicht im natürlichen Blickfeld der Probanden installiert waren und damit eine grundsätzlich geringere Kontaktwahrscheinlichkeit aufwiesen. Zudem sind diese im Umfeld des Centers und aufgrund schwacher Kontraste schwer ablesbar. Die Schriftgröße auf den Flatscreens ist im Vergleich zu CLPs relativ klein, sodass viel Text (z.B. bei Nachrichten) auf einer verhältnismäßig geringen Screenfläche untergebracht werden muss. Ein weiterer Effekt kann auf der Neuartigkeit des Werbeformates beruhen: Dieser kann negativ sein, wenn die Probanden dem bekannten Format ein höheres Vertrauen und der Quelle damit eine größere Glaubwürdigkeit entgegenbringen. Andersherum kann dem unbekannten Format eine größere Aufmerksamkeit per se durch seine Neuartigkeit geschenkt worden sein. Als negativ können auch die zu schnellen Bildwechsel und der thematisch stark variierende Content angesehen werden, die insgesamt dazu führen können, dass Werbeträgerkontakte nicht in tatsächliche Werbemittelkontakte konvertiert werden.

Diese negativen Aspekte lassen sich mithilfe einer nutzeroptimierten Realisierung der Kampagne vermeiden und erfordern eine spezielle Anpassung von Bewegtbild-Werbeformaten an die Digital-Signage-Kampagne. Eine simple Übertragung von bereits vorhandenen Werbemitteln, wie zum Beispiel TV-Werbespots, erscheint nicht vorteilhaft und erfordert eine individuelle Adaption an die spezifischen Anforderungen von Digital Signage.

Weitere Faktoren, mit denen der Erfolg einer DS-Kampagne gesichert werden kann, sind zudem eine adäquate Screen-Größe und die Integration der Screens in das Wahrnehmungsfeld der Rezipienten. Für die Werbe- und Mediaplanung bleibt insgesamt festzuhalten, dass DS – aufgrund der unterschiedlichen Positionierung, Darstellungsgröße und andersartigen kreativen Gestaltung der Inhaltedarbietung – weniger ein Substitut für CLP darstellt, sondern bei gezielter Nutzung vielmehr eine Ergänzung innerhalb des Mediamixes sowie eine effektvolle Verstärkung zur Realisierung von Kommunikationszielen liefern kann.

7. Zusammenfassung und Ausblick

In dem vorliegenden Beitrag wurden für den Wirksamkeitsvergleich zwei Außenwerbeformen miteinander verglichen, die in Hochfrequenzbereichen als etablierte Werbemedien eingesetzt werden. Bei den verwendeten Werbestimuli handelte es sich um eine zuvor unbekannte Kommunikationskampagne einer Marke aus dem FMCG-Bereich. Das Produkt wurde mittels eines vorab durchgeführten Pretests ausgewählt. Auf dieser Grundlage wurde ein Werbemittel identifiziert, welches aus diesem Bereich stammt, dessen Hersteller laut Nielsen Media Research zu den Top werbungtreibenden Unternehmen gehört und das von Frauen und Männern jeden Alters gleichermaßen geschätzt wird. Der Werbewirksamkeitsvergleich zwischen den neuartigen digitalen Out-of-home-Medien und den klassischen Out-of-home-Medien wurde in zwei Shoppingcentern einer deutschen Großstadt durchgeführt und lieferte interpretierbare Ergebnisse: Mithilfe von inferenzstatistischen Testverfahren wurde festgestellt, dass bei vier der sieben untersuchten Kategorien zur Überprüfung der Werbewirkung signifikante Mittelwertunterschiede in den Bewertungen von CLP- und Flatscreen-Netzwerk aufgetreten sind. In drei Fällen (Werbegefallen, Werbekreativität und Störwirkung) wurden die CLP von den Probanden signifikant besser wahrgenommen als das Flatscreen-Netzwerk.

Nur lediglich hinsichtlich der wahrgenommenen Qualität schneidet Digital Signage besser ab.

Die Ergebnisse der vorliegenden Studie können angesichts einer ausreichenden Anzahl von Studienteilnehmern als erster Einblick in die Wirksamkeitsmechanismen von digitaler Außenwerbung angesehen werden.

Einschränkend sind jedoch die methodischen und inhaltlichen Limitationen der Studie zu betonen, welche weitere Forschung als notwendig erscheinen lassen:

Die Wirkungsunterschiede zwischen den Werbeträgern lassen sich nur bei fünf von 16 der untersuchten Dimensionen feststellen. Auf dieser Grundlage lässt sich zwar eine Tendenz hinsichtlich der Beeinflussungspotenziale der jeweiligen Werbeformen – insbesondere hinsichtlich der Werbewirkungsdimensionen – konstatieren, jedoch ist damit kein vergleichendes Gesamturteil möglich, auch da die Unterschiede in ihrer absoluten Höhe recht gering ausfallen.

Auch die Art der Stichprobenziehung und die Stichprobengröße sollten im Rahmen zukünftiger Forschung weiter optimiert werden. So wurden für die vorliegende Studie zwar soziodemografische Rekrutierungsmerkmale für eine Quotierung der Untersuchungsgruppen herangezogen, jedoch sollten darüber hinaus noch weitere Merkmale, wie zum Beispiel die Werbeaufgeschlossenheit oder die Besuchshäufigkeit in dem Einkaufszentrum, als Quotierungs- oder Gewichtungsmerkmale verwendet werden. Auf dieser Grundlage könnten Effekte, die nicht durch die Variation der Werbeform beeinflusst werden, noch besser kontrolliert werden. Außerdem sollte noch stärker auf eine tatsächlich zufallsbasierte Auswahl der Zielpersonen geachtet werden. Die Anzahl der Studienteilnehmer stellt für die Zwecke dieser Studie zwar eine solide Grundlage dar, jedoch wäre es bei einer weiterentwickelten Methodik sinnvoll, die durchgeführte Studie auf Basis einer höheren Fallzahl und einer repräsentativen Stichprobenziehung erneut durchzuführen, um Aufschluss über zielgruppenspezifische Wirkungsmechanismen zu erhalten und um zudem zufällige Effekte ausschließen zu können.

Zudem beinhaltet die Studie die Untersuchung des Werbemotivs nur einer Marke aus dem FMCG-Bereich, welche grundsätzlich über einen relativ hohen Bekanntheitsgrad verfügt. Vor diesem Hintergrund sind möglicherweise die geringen Unterschiede hinsichtlich der Markendimensionen zu erklären. Eine systematische Variation von Motiven und Produktkategorien würde einen noch differenzierteren Einblick in die Wirkung von Außenwerbung und die Eignung für unterschiedliche Branchen ermöglichen.

Auch die weiteren technischen Innovationen im Bereich Außenwerbung sollten in zukünftige Studien mit einbezogen werden. So wurde vor allem die Verwendung von Interaktionsmöglichkeiten über das mobile Internet nicht in der Studie berücksichtigt. Die Rückkanalfähigkeit, zum Beispiel durch QR-Codes, Bluetooth und GPS-Tracking, liefert weitere Potenziale, die insbesondere vorteilhaft auf den Abverkauf wirken und direkt am Point of Sale realisiert werden können.

Eine weitere inhaltliche Restriktion ist die Tatsache, dass das unterschiedliche Abschneiden der Werbeformate nicht vor dem Hintergrund spezifischer Effizienzkriterien betrachtet worden ist. Die Berücksichtigung von Aspekten wie Tausendkontaktpreisen und Produktionskosten hätte in einer größer angelegten Studie einen noch adäquateren Vergleich von digitaler Flatscreen-Werbung mit CLP ermöglicht. Auch derartige Überlegungen sollten daher in die Konzeption und Durchführung zukünftiger Studien einfließen.

Literatur

BERGER, THOMAS: Digital Signage. Die nächste Out-of-Home-Generation. In: *Wirtschaftsinformatik & Management*, 2, 2010, S. 16-19

BIEHAL, GABRIEL; DEBRA STEPHENS; ELEONORA CURLO: Attitude Toward the Ad and Brand Choice. In: *Journal of Advertising*, 21, 1992, S. 19-36

BURST, MICHAEL: *Werbewirkungsforschung. Theorien, Methoden, Anwendungen*. Unterföhring [SevenOne Media GmbH] 2002

BURKE, RAYMOND: Behavioral effects of digital signage. In: *Journal of Advertising Research*, 49, 2009, S. 180-185

BUSINESS MEDIA CHINA AG: *Jahresabschluss der Business Media China AG zum 31.12.2009*. http://ir.enerxy.com/download/companies/bmc/Annual%20Reports/Geaend_JA_2009_Testat_ARB.pdf. 2009. S. 1-55. 2009

GAMBETTI, ROSELLA: Ambient Communication. How to Engage Consumers in Urban Touch-Points. In: *California Management Review*, 52, 2010, S. 34-51

CHUANG, SHIH-CHIEH; CHIA-CHING TSAI; YIN-HUI CHENG; YA-CHUNG SUN: The Effect of Terminologies on Attitudes Toward Advertisements and Brands. Consumer Product Knowledge as a Moderator. In: *Journal of Business Psychology*, 24, 2009, S. 485-491

COTTERILL, ADRIAN: Digital Signage Consumes 7.5% Less Carbon Than Posters. In: *Dailydooh.com*, 09.04.2009. www.dailydooh.com/achives/10265 [20.09.2011]

DIERKS, SVEN: Wohin führt die Werbewirkungsforschung. In: KOSCHNICK, WOLFGANG (Hrsg.): *FOCUS-Jahrbuch 2010*. München [FOCUS Magazin Verlag GmbH] S. 317 - 328

DIGITAL SIGNAGE PROFESSIONELL: *Komplexe Marktstrukturen*. http://blog.dimedis.de/wp-content/uploads/2012/11/DACH-Ranking-Digital-Signage-Markt-2010.pdf, 2011a, S. 5 - 7

DIGITAL SIGNAGE PROFESSIONELL: *Der Gesamtmarkt*. http://blog.dimedis.de/wp-content/uploads/2012/11/DACH-Ranking-Digital-Signage-Markt-2010.pdf, 2011b, S. 16

ECE FLATMEDIA: *Media-Daten* 2.Hj. 2011

FISCHER, KARL-PETER: *Digital Signage – Werbliche Kommunikation am Point of Sale auf Flachbildschirmen. Theoretische Hintergründe, Aufgaben und Wirkungsmessungen*. http://edoc.ub.uni-muenchen.de/12844/1/Fischer_Karl_Peter.pdf. 2010, S. 1 - 183

GARDNER, MERYL: Does Attitude Toward the Ad Affect Brand Attitude Under a Brand Evaluation Set? In: *Journal of Marketing Research*, 22, 1985, S. 192 - 198

GOLDMEDIA SCREEN DIGEST: Digital Signage kommt europaweit in Schwung. In: *Goldmedia.de*, 28.01.2009. http://www.goldmedia.com/aktuelles/info/article/digital-signage-kommt-europaweit-in-schwung.html [02.05.2013]

GRÜNDEL, VERENA: Gesucht und gefunden. In: *Digital Signage*, 2, 2010a, S. 44 - 45

GRÜNDEL, VERENA: Vorhang auf, Bildschirme sind nicht mehr als die Bühne, auf der der Content im Rampenlicht steht. In: *Digital Signage* 4, 2010b, S. 4 - 9

GÜNTHER, VERA: »T« wie Außenwerbung. In: *Plakativ*, 2, 2010, S. 32 - 33

HANSON, CYNTHIA; GABRIEL BIEHAL: Accessibility Effects on the Relationship Between Attitude Toward the Ad and Brand Choice. In: *Advances in Consumer Research*, 22, 1995, S. 152 - 158

HOLBROOK, MORRIS; RAJEEV BATRA: Assessing the Role of Emotions as Mediators of Consumer Responses to Advertising. In: *Journal of Consumer Research*, 14, 1987, S. 404 - 420

JCDECAUX: JCDecaux erwirbt Mehrheit an der Wall AG – Aufstockung auf 90,1%. In: *JCDecausx.de*, 15.09.2009. http://www.jcdecaux.de/pressemitteilung+M576c455477a.html [21.10.2011]

KAUPP, MICHAEL: *Digital Signage Technologie, Anwendungen, Chancen & Risiken*. Hamburg [Diplomica Verlag] 2010

KROEBER-RIEL, WERNER; FRANZ-RUDOLF ESCH: *Strategie und Technik der Werbung*. Stuttgart [Kohlhammer] 2011

KROEBER-RIEL, WERNER; PETER WEINBERG: *Konsumentenverhalten*. München [Vahlen] 2003

KROEBER-RIEL, WERNER; PETER WEINBERG; ANDREA GRÖPPEL-KLEIN: *Konsumentenverhalten*. München [Vahlen] 2009

LAFFERTY, BARBARA; RONALD GOLDSMITH: Corporate Credibility's Role in Consumers' Attitudes and Purchase Intentions. When a High Versus a Low Credibility Endorser is Used in the Ad. In: *Journal of Business Research*, 44, 1999, S. 109 - 116

LAFFERTY, BARBARA; RONALD GOLDSMITH; STEPHEN NEWELL: The Dual Credibility Model. The Influence of Corporate and Endorser Credibility on Attitudes and Purchase Intentions. In: *Journal of Marketing*, 10, 2002, S. 1 - 12

LAVIDGE R.; G. STEINER: A Model for Predictive Measurements of Advertising Effectiveness. In: *Journal of Marketing*, 25, 1961, S. 59 - 62

MACHLEIT, KAREN; WILSON R. DALE: Emotional Feelings and Attitude Toward the Advertisement. The Roles of Brand Familarity and Repetition. In: *Journal of Advertising*, 17, 1988, S. 27 - 35

MACKENZIE, SCOTT; RICHARD LUTZ; GEORGE BELCH: The Role of Attitude Toward the Ad as a Mediator of Advertising Effectiveness. A Test of Competing Explanations. In: *Journal of Marketing Research*, 23, 1986, S. 130 - 143

MACKENZIE, SCOTT; RICHARD LUTZ: An Empirical Examination of the Structural Antecedents of Attitude Toward the Ad in an Advertising Pretesting Context. In: *Journal of Marketing*, 53, 1989, S. 48 - 65

KOSCHNICK, WOLFGANG J.: Mediaagentur. In: *Medialine.de*, 11.07.2010. http://www.medialine.de/deutsch/wissen/medialexikon.php?snr=3629 [10.10.2011]

MUEHLING, DARREL; RUSSEL LACZNIAK: Advertising's Immediate and Delayed Influence on Brand Attitudes. Considerations Across Message Involvement Levels. In: *Journal of Advertising*, 17, 1988, S. 23 - 34

NIELSEN MEDIA RESEARCH: *neo advertising (2010): Nielsen Studie Instore TV.* 2010

NIELSEN MEDIA RESEARCH: *Jugendliche und ihre Mobiltelefone,* 2010 (http://www.nielsen.de [31.10.2011]).

O. V.: Schwerpunkt: Visuelle Kommunikation. In: *Werben & Verkaufen,* 40, 2011, S. 78

PAGEL, SVEN; ALEXANDER JÜRGENS; JANINA GÜNTHER; KATRIN MOLLEKOPF: *Kommunikationscontrolling von Digital Signage. Wahrnehmung, Nutzung und Wirkung von Point-of-Sale-Bildschirmmedien.* http://fhdd.opus.hbz-nrw.de/volltexte/2011/666/pdf/FHD_FB7_Ausgabe19.pdf. 2011, S. 1-62

TELSCHOW, STEPHAN: *Digital Signage. Die globale Studie; Chancen und Risiken.* Heidelberg [Gesellschaft für Innovative Marktforschung] 2008

PORTER, MICHAEL: The five competitive forces that shape strategy. In: *Harvard Business Review,* 86 (1), 1979, S. 78-93

ROSEN, DENNIS; SURENDRA SINGH: An Investigation of Subliminal Embed Effect on Multiple Measures of Advertising Effectiveness. In: *Psychology & Marketing,* 9 (2), 1992, S. 157-173

SCHEIER, CHRISTIAN; SUNAY VERIR; JAN ISENBART: Beitrag von TV-Werbung auf den Kaufentscheidungsprozess am POS. In: *Planung und Analyse,* 2, 2008, S. 48

SCHNELL, RAINER; PAUL B. HILL; ELKE ESSER: *Methoden der empirischen Sozialforschung.* München [Oldenbourg Wissenschaftsverlag] 2011

SCHUSTER, MARKUS; KLAUS DRASKOWITSCH: Public Space Advertising. Aktuelle Trends in der Außenwerbung. In: *Transfer Werbeforschung & Praxis,* 54, 2008, S. 31-36

SCHWEDE, OLIVER; STEFAN WIELAND: Gut Ding will Weile haben, Digitale Medien am POS setzen sich langsam, aber sicher durch. In: *Digital Signage,* 1, 2008, S. 4-8

SHIMP, TERENCE: Attitude Toward The Ad as a Mediator of Consumer Brand Choice. In: *Journal of Advertising,* 10 (2), 1981, S. 9-48

SILBERER, GÜNTHER: Digital Signage im stationären Handel – Das Anwendungs- und Wirkungspotenzial eines neuen POS-Mediums. In: *Der Markt – Journal für Marketing,* 49, 2010, S. 3-16

STI GROUP: Greif zu und kauf mich! Displays als Erfolgsmotor für Marken und Handel. In: *Dad-online.de,* 24.08.2010. http://www.dad-online.de/veranstaltungen-ausstellungen-literatur/details/greifzu-und-kauf-mich-displays-als-erfolgsmotor-fuer-marken-und-handel/410/1/ [02.05.2013]

TAYLOR, CHARLES: Innovation in Traditional Media. Keeping Our »Eyes On« an Innovative New Measurement System for Out Of Home Advertising. In: *International Journal of Advertising*, 29 (4), 2010, S. 521-525

TELSCHOW, STEPHAN: *Digital Signage. Die globale Studie; Chancen und Risiken*. Heidelberg [Gesellschaft für Innovative Marktforschung], 2008

TETZLAFF, JUTTA: Trend: Digitale Out-of-Home-Werbung. Das virtuelle Kundengespräch am POI. In: *Direkt Marketing*, 11, 2008 S. 46-48

THOMMES, JOACHIM: Vom Papier zur Vitrine zum Display. Interview mit Ströer Chef Müller. In: *Horizont*, 39, 2011, S. 36

VAKRATSAS, DEMETRIOS; TIM AMBLER: How Advertising Works: What Do We Really Know? In: *Journal of Marketing*, 63 (1), 1999, S. 26-43

WALL: Digitale City Light Boards. In: *Wall.de*, 15.09.2011. http://www.wall.de/de/outdoor_advertising/angebote_und_medien/digitale_medien/digitale_city_light_boards [02.05.2013]

WHITE, LOUISE: What's at the Cutting Edge of Out-Of-Home? In: *B&T Magazine*, 58, 2008, S. 22-28

YIM, MARK; SEUNG-CHUL YOO; BRIAN TILL; MATTHEW EASTIN: In-Store Video Advertising Effectiveness. Three New Studies Provide In-Market Field Data. In: *Journal of Advertising Research*, 50 (4), 2010 S. 386-402

ZENTRALVERBAND DER DEUTSCHEN WERBEWIRTSCHAFT: ZAW-Branchen-Analyse. Werbemarkt im volatilen Modus. In: *Zaw.de*, 17.09.2011. www.zaw.de/index.php?menuid=33 [17.09.2011]

PATRICK WEBER / SIMONE BUCHMANN / WERNER WIRTH

Schlechtes Ambiente? Die Bedeutung des Konsumenten-Involvements für die Wirkung moderat inkongruenter Ambient-Media

1. Effektive Werbung mit Ambient-Media: Forschungsstand und -frage

Unter Werbetreibenden gilt traditionelle Mediawerbung (obwohl weiterhin zentrale Basis für den Werbeerfolg) nur noch als wenig begeisterungsfähig. Zudem scheint effektive Werbung mithilfe klassischer Werbeträger angesichts der immer weiter steigenden ›Werbeflut‹ nur noch mit relativ hohem finanziellem Aufwand möglich (WEBGUERILLAS/GFK 2011: 16). Zur Realisierung qualitativ hochwertiger Werbekontakte ergänzen Werbetreibende den klassischen Mediamix deshalb verstärkt um den Einsatz alternativer Werbeformen. Steigende Bedeutung wird dabei Ambient-Medien beigemessen (FACHVERBAND AMBIENT MEDIA 2011).

Der Begriff Ambient-Media wurde von der britischen Agentur Concord geprägt, die 1995 damit erstmals nichttraditionelle Formen der Außenwerbung bezeichnete (SCHULTE 2007: 37). Heute versteht man unter Ambient-Media innovative, planbare Werbeträger, die im direkten Lebensumfeld der Zielgruppe eingesetzt werden (SCHULTE 2007: 84). Die Praxis zeigt, dass der Kreativität bei der Werbeträgerwahl kaum Grenzen gesetzt sind: Neben originellen 3D-Plakaten wurden u. a. bereits Golflöcher, Pizzakartons, Zebrastreifen von Fußgängerüberwegen, Statuen im öffentlichen Raum oder sogar Körperteile von Studenten als Werbeträger genutzt.

Ein besonderes Potenzial der Werbung mittels Ambient-Media wird in ihrer Fähigkeit gesehen, Touchpoints im Alltag der Zielgruppe zu schaffen, die ein besonders intensives und (im Sinne der Werbeziele) vorteilhaftes Erlebnis für die Zielgruppe ermöglichen (siehe bspw. SHANKAR/HORTON 1999; GAMBETTI 2010; JURCA 2012). In der Auswahl eines passenden Kontexts, d. h. eines guten Ambientes, wird deshalb auch der Schlüssel für effektive Ambient-Werbung gesehen. Man kann zwei Aspekte dieses Kontexts differenzieren: Einerseits die Umwelt bzw. den Alltagskontext, in der bzw. dem ein Werberezipient mit der Werbebotschaft konfrontiert wird. Andererseits ist der engste Kontext eines Werbeobjekts (z. B. einer Marke) immer das Werbemittel bzw. der Werbeträger. Dem Werbeträger wird im Rahmen von Ambient-Werbung persuasive Funktion zugeschrieben: Er soll dazu beitragen, dass mit Ambient-Werbung Zielgruppen nicht nur in ungewohnten und alltäglichen Kontexten erreicht werden, sondern dass sich der Werbekontakt darüber hinaus auch in einem positiven Eindruck vom Werbeobjekt (z. B. der werbenden Marke) niederschlägt (SHANKAR/HORTON 1999).

Für effektive Werbung mit Ambient-Medien ist die Werbeträgerauswahl also vermutlich von entscheidender Bedeutung. Doch was sind gute Werbeträger? Nach welchen Kriterien sollten sie ausgewählt werden? Die Werbewirkungsforschung (dazu überblickshalber WEBER/FAHR 2013) hat als Schlüsselfaktor effektiver Ambient-Werbung die *kreative Werbeträgerwahl* identifiziert. Nach Dahlén (2005) ist eine Werbeträgerwahl *kreativ*, wenn auf einem Objekt, das konventionell nicht als Werbeträger fungiert, nur das Logo der werbenden Marke und ein Slogan dargestellt werden und die Werbebotschaft implizit durch das gewählte Medium kommuniziert wird.

Wie funktioniert die implizite Kommunikation der Werbebotschaft durch den Werbeträger? Dahlén (2005) argumentiert, dass der Werbeträger (z. B. ein rohes Ei) mit bestimmten Attributen verknüpft ist (z. B. Leben, Schutz, Gesundheit), die beim Werbeträgerkontakt kognitiv aktiviert werden und die die Wahrnehmung der darauf werbenden Marke (z. B. einer Versicherung) beeinflussen (Priming). Weil die Ambient-Werbung keine explizite Werbebotschaft enthält, nutzen Werberezipienten die durch den Werbeträger aktivierten Wissensstrukturen zur Interpretation und assoziieren die aktivierten Attribute mit der Marke (Assimilation, s. a. DAHLÉN/FRIBERG/NILSSON 2009). Damit kommuniziert das Ambient-Medium implizit die Werbebotschaft (im Beispiel: Die Versicherung gewährleistet den Schutz von Leben und Gesundheit.).

Voraussetzung für diesen Effekt ist, dass die aktivierten Attribute auf die Marke anwendbar, dass also Werbeträger- und Markenassoziationen *kongruent* sind. Dahlén (2005) argumentiert, dass nur bei Vorhandensein *assoziativer Überschneidungen zwischen Werbeträger und Marke* der Werbeträger einen hinreichenden Hinweisreiz für die Interpretation der Werbebotschaft darstellt. Die Werbebotschaft kann dann beim Werbeträgerkontakt einfach verstanden und verarbeitet werden, sodass bei kongruenter Werbeträgerwahl eine positive Bewertung von Werbung und Marke resultiert.

Durch Vergleiche der Effektivität konventioneller Werbeträger (z.B. Marke und Slogan in einer Zeitungsanzeige oder auf einem Plakat) und unkonventioneller kongruenter Werbeträger (mit gleicher Marke und Slogan) konnte die Forschergruppe um Dahlén mehrfach zeigen, dass sowohl die Einstellung zur Marke als auch zum Werbeträger im Fall des unkonventionellen kongruenten Werbeträgers besser ist (DAHLÉN 2005; DAHLÉN/EDENIUS 2007; DAHLÉN/FRIBERG/NILSSON 2009; ROSENGREN/DAHLÉN 2012). Zudem wurden zentrale Randbedingungen dieses Effekts identifiziert (DAHLÉN 2009; DAHLÉN/GRANLUND/GRENROS 2009).

Der Forschungsstand stützt sich damit fast ausschließlich auf Vergleiche der Effektivität von hoch kongruenten unkonventionellen mit konventionellen Werbeträgern. Lediglich in einer Studie (DAHLÉN 2005) wurden auch *in*kongruente *un*konventionelle Werbeträger berücksichtigt. Inkongruente Ambient-Medien zeichnen sich dadurch aus, dass es überhaupt keine Überschneidungen zwischen den Assoziationen gibt, die einerseits mit dem Werbeträger und andererseits mit der Marke verbunden sind. Die Studie zeigte, dass inkongruente unkonventionelle Werbeträger nicht effektiver sind als konventionelle.

Für die Werbepraxis sind aus dieser Befundlage folgende Schlussfolgerungen zu ziehen: Damit Ambient-Werbung ihre spezifische Effektivität entfalten kann, müssen hoch kongruente Werbeträger ausgewählt werden. Ein Blick auf reale Ambient-Media-Kampagnen (z.B. bei SCHULTE 2007) zeigt aber, dass in der Werbepraxis Ambient-Medien meist weder hoch kongruent noch völlig inkongruent sind. Das ist auch ein Resultat von Standardisierungsbemühungen: In Deutschland hat beispielsweise der Fachverband Ambient-Media[1] eine Reihe standardisierter Ambient-Media-Formate definiert, für die Spezialmittler die gesamte Planung und Durchführung reali-

1 http://www.fachverband-ambientmedia.de/

sieren. Je nach beworbenem Produkt oder beworbener Marke können sich diese Ambient-Medien aber unterschiedlich gut eignen, die Werbebotschaft und konkret die Markenattribute zu kommunizieren. Meistens eignen sich einzelne Formate mehr oder weniger gut für die Anliegen einer Kampagne, das heißt sie sind mehr oder weniger kongruent, aber nicht zwangsläufig völlig inkongruent. Es stellt sich deshalb folgende *Forschungsfrage:* Kann man mit moderat (in-)kongruenten Werbeträgern genauso effektiv werben wie mit hoch kongruenten? Wenn ja – unter welchen Bedingungen?

2. Inkongruenz und Werbewirkung: Theoretische Grundlagen und Hypothesen

Unsere Fragestellung macht zunächst eine Differenzierung zwischen hoch kongruenten, moderat (in-)kongruenten und inkongruenten Werbeträgern notwendig. Wir betrachten einen Werbeträger als *hoch kongruent*, wenn es Überschneidungen in starken bzw. leicht zugänglichen Assoziationen zwischen Werbeträger und Werbeobjekt gibt. Ein Werbeträger ist *moderat (in-) kongruent*, wenn es Überschneidungen in Assoziationen gibt, die entweder beim Werbeträger oder Werbeobjekt oder beiden nicht die nächstliegenden sind, das heißt sie kommen nicht als erstes in den Sinn, sind weniger stark bzw. weniger leicht zugänglich. Ein Werbeträger ist *vollständig inkongruent*, wenn es gar keine assoziativen Überschneidungen gibt. Wir gehen davon aus, dass moderat inkongruente Werbeträger aus Sicht des Rezipienten zunächst uneindeutige, das heißt in ihrer Bedeutung nicht unmittelbar entschlüsselbare und somit *ambige Stimuli* darstellen.

Basierend auf der Forschung zur Wirkung von Ambiguität in der Werbekommunikation (PERACCHIO/MEYERS-LEVY 1994) und dem Integrierten Inkongruenz-Verarbeitungs-Modell (LEE/SCHUMANN 2004) gehen wir von folgenden *Annahmen* aus, um die Wirksamkeit moderat inkongruenter Werbeträger zu erklären: Damit inkongruente Werbung effektiv sein kann, muss die Inkongruenz aufgelöst werden, das heißt der Werberezipient muss die Stimulusinformationen zu einer für ihn sinnvollen Botschaft integrieren. Inkongruenzauflösung erfordert kognitive Ressourcen, das heißt der Rezipient muss sich gedanklich mit dem ambigen Stimulus auseinandersetzen, um die Informationen zu einer sinnvollen Werbebotschaft integrieren zu können. Inkongruenzauflösung wird positiv erlebt und ist unter Umständen mit positiven Gedanken und positivem Affekt verbunden. Dies wiederum schlägt sich zum einen in einer positiven Bewertung des Werbemittels/-trägers (Attitude towards the ad, A_{Ad}) nieder und wirkt sich zum anderen positiv auf die Einstellung zum Werbeobjekt (Attitude towards the brand, A_{Br}) aus. Weiterhin ist zu vermuten, dass dieser Effekt von zwei zentralen Randbedingungen abhängig ist: Einerseits davon, dass die Ambiguität tatsächlich auflösbar ist. Dies ist bei moderat (in-)kongruenten im Gegensatz zu inkongruenten Werbeträgern der Fall, weil bei ersteren ja assoziative Überschneidungen zwischen Werbeträger und Marke vorhanden sind. Sie sind nur weniger leicht zugänglich. Andererseits ist der Inkongruenzauflösungseffekt abhängig von der Motivation des Werberezipienten, das heißt davon, dass die zur Inkongruenzauflösung notwendigen kognitiven Ressourcen tatsächlich mobilisiert werden (s. a. ANAND/STERNTHAL 1989).

Für den positiven Effekt der Inkongruenzauflösung und die moderierende Rolle der Verarbeitungsmotivation gibt es *Evidenz* in verschiedenen Bereichen der Werbewirkungsforschung. Eine Studie zu Printanzeigen mit Bildern unvollständiger (das heißt ambiger) Objekte (PERACCHIO/MEYERS-LEVY 1994) zeigte zum Beispiel, dass Anzeigen mit unvollständigen Objekten zu besseren Markenbewertungen führten als Anzeigen mit vollständigen Objekten – allerdings nur bei hohem Involvement bzw. der sich daraus ergebenen Verarbeitungsmotivation. Eine Studie zum Einsatz rhetorischer Stilmittel, besonders Tropen, in Werbebotschaften (BRENNAN/BAHN 2006) zeigte, dass symbolische Botschaften zu besseren Markenbewertungen führen können als nur wörtlich verstehbare Botschaften – allerdings vornehmlich bei Personen, die motiviert sind und Freude daran haben, über Dinge nachzudenken und die Botschaft zu entschlüsseln.

Basierend auf den theoretischen Annahmen gehen wir davon aus, dass die Effektivität moderat inkongruenter Werbeträger von der Verarbeitungsmotivation abhängig ist und dass nur bei hoher Verarbeitungsmotivation kognitive Ressourcen in dem Ausmaß mobilisiert werden, das zur Auflösung der Ambiguität und damit für effektive Werbung mit moderat inkongruenten Ambient-Medien notwendig ist.

Ein wichtiger Einflussfaktor der Verarbeitungsmotivation ist Involvement (siehe zum Überblick WIRTH 2006), im Kontext von Wirtschaftswerbung besonders das *Konsumenten-Involvement*. Es beschreibt die wahrgenommene Wichtigkeit bzw. Relevanz eines Stimulus im Konsumkontext, sei dieser Stimulus nun ein bestimmtes Produkt bzw. eine Produktkategorie oder die Entscheidungs- bzw. Kaufsituation (MITTAL 1995). Studien zum Einfluss des Konsumenten-Involvements auf die Verarbeitung von Werbebotschaften (z. B. CELSI/OLSON 1988) zeigen, dass höheres Involvement zu mehr Aufmerksamkeit, stärkeren Verstehensanstrengungen und insgesamt intensiverer kognitiver Auseinandersetzung mit der Werbebotschaft führt. Wir gehen deshalb davon aus, dass das Konsumenten-Involvement auch beeinflusst, in welchem Ausmaß kognitive Ressourcen zur Auflösung von Inkongruenz mobilisiert werden, wenn ein Werberezipient mit moderat inkongruenten Ambient-Medien konfrontiert ist.

Insgesamt ist vor diesem theoretischen Hintergrund zu erwarten, dass der Einfluss der (In-)Kongruenz auf die Bewertung des Ambient-Mediums (A_{Ad}) vom Konsumenten-Involvement abhängt (H1). Konkret erwarten wir:

H1a: Bei niedrigem Involvement wird moderat inkongruente Ambient-Werbung schlechter bewertet als kongruente.

Bei hohem Involvement erwarten wir keinen Kongruenzeffekt, da wir vermuten, dass bei hohem Involvement die kognitiven Ressourcen zur Auflösung von Inkongruenzen mobilisiert werden. Das könnte dazu beitragen, dass die Werbung besser bewertet wird:

H1b: Bei hohem Involvement wird moderat inkongruente Ambient-Werbung genauso gut bewertet wie kongruente.

Weiterhin erwarten wir, dass auch der Effekt der Kongruenz auf die Einstellung zur werbenden Marke (A_{Br}) vom Konsumenten-Involvement abhängt (H2):

H2a: Bei niedrigem Involvement führt Werbung mit moderat inkongruenten Ambient-Medien zu schlechteren Markeneinstellungen als Werbung mit kongruenten Ambient-Medien.

H2b: Bei hohem Involvement führt Werbung mit moderat inkongruenten Ambient-Medien zu gleich guten Markeneinstellungen wie Werbung mit kongruenten Ambient-Medien.

Zum einen könnte Kongruenz (in Abhängigkeit vom Involvement) direkt auf die Einstellung zur Marke wirken: Nur wenn eine mögliche Inkongruenz aufgelöst wird, ist das Ambient-Medium als eine sinnvolle Werbebotschaft für die Marke interpretierbar, was sich positiv auf die Markenbewertung auswirken sollte. Zum zweiten könnte Kongruenz vermittelt über A_{Ad} die Einstellung zur Marke beeinflussen (BROWN/STAYMAN 1992).

3. Methodik

3.1 *Forschungsdesign*

Zur Hypothesenprüfung wurde ein Online-Experiment durchgeführt, in dem die Probanden entweder Werbung mit kongruenten oder moderat inkongruenten Ambient-Medien für hoch oder niedrig involvierende Produkte bewerten sollten. Es handelte sich um ein dreifaktorielles gemischtes Between-Within-Design. Als Zwischensubjektfaktoren fungierten Kongruenz und Involvement, die jeweils zweifach gestuft waren. Jede Bedingung wurde mit zwei Ambient-Medien für unterschiedliche Produkte realisiert (Innersubjektfaktor).

3.2 *Stimulusentwicklung*

Die Stimuli wurden in einem dreiphasigen Prozess entwickelt und optimiert. Die erste Phase war eine Vorstudie, für die zunächst je zwei hoch involvierende und zwei wenig involvierende Produktkategorien ermittelt wurden. Die Wahl fiel auf Milch und Kaugummis (niedriges Konsumenten-Involvement) sowie Fernsehgeräte und Reisedienstleistungen (hohes Konsumenten-Involvement). In einer qualitativen Face-to-Face-Befragung wurden insgesamt 21 Personen um freie, spontane Assoziationen zu diesen Produkten gebeten.

In einer zweiten Phase wurden die Ambient-Medien konzipiert. Dazu wurden für jedes der Produkte zwei Objekte/Werbeträger gesucht, einer auf Basis der am häufigsten genannten Assoziationen (kongruente Medienwahl) und ein weiterer auf Basis selten genannter Assoziationen (moderat inkongruente Medienwahl). Mit diesen Objekten haben wir Ambient-Medien gestaltet, indem pro Produkt ein fiktiver Markenname und kurzer Slogan auf dem jeweiligen Objekt platziert wurde. Die insgesamt acht Ambient-Medien wurden dann in je einer Alltagssituation fotografiert.

In der dritten Phase wurden die Ambient-Medien auf Basis von drei strukturierten Online-Befragungen ($n_{gesamt}=90$) hinsichtlich der Kongruenzwahrnehmung optimiert. Resultat waren folgende Stimuli:

- Für das niedrig involvierende Produkt Milch (häufige Assoziationen: weiß, Kuh; seltene Assoziationen: Brust) der fiktiven Marke ›Berghof Milch‹ wurde mit dem Slogan ›macht groß‹ bei kongruenter Medienwahl auf der lebensgroßen Statue einer weißen Kuh geworben, die anstelle des Kopfes einen Schnuller hatte und auf einem öffentlichen Platz aufgestellt war. Für den moderat inkongruenten Werbeträger wurden Marke und Slogan auf einem Frauenbusen platziert und die Frau auf einer Liegewiese in einem Freibad fotografiert.
- Für das zweite niedrig involvierende Produkt Kaugummi (häufige Assoziationen: ... auf Asphalt, klebrig; seltene Assoziationen: Mund) wurde auf der Unterseite eines Schuhs (kongruente Medienwahl) oder auf einer stilisierten Kaugummiblase in einem Lippenstiftregal (moderat inkongruente Medienwahl) geworben. Die fiktive Marke war ›Go Gum‹ mit dem Slogan ›... ich steh' drauf‹.
- Als fiktive Marke für das hoch involvierende Produkt Fernsehgerät (häufige Assoziationen: Sofa, chillen, essen in der Werbepause; seltene Assoziationen: Toilettenpause) fungierte ›Visio‹. Sie warb mit dem Slogan ›flach sehen war gestern‹ für einen 3D-Fernseher entweder auf einem Pizzakarton (kongruente Medienwahl) oder auf einem Urinal (moderat inkongruente Medienwahl). Der kongruente Werbeträger wurde im Kontext eines typischen ›Fernsehabends‹ fotografiert.
- Für das zweite hoch involvierende Produkt Reise(-dienstleistung) (häufige Assoziationen: Sonne, Strand; seltene Assoziationen: Heimat) der fiktiven Marke ›Sun Travel‹ wurde mit dem Slogan ›echte Sonnenstrahlen gefällig?‹ bei kongruenter Medienwahl mit einem Post-it auf der Eingangstür eines SB-Solariums geworben. Als moderat inkongruenter Werbeträger wurde ein (gelber) Zebrastreifen eines Fußgängerüberweges gewählt.

3.3 *Durchführung und Stichprobe der Hauptstudie*

Die Teilnehmer des Online-Experiments wurden rekrutiert durch den Versand von Teilnahmeeinladungen via zweier universitärer Mailinglisten und Facebook-Postings. Die Stichprobe besteht aus $n = 290$ Personen, die im Durchschnitt 29,6 Jahre alt waren ($SD = 10.0$). 61.7 Prozent der Probanden sind weiblich, 39 Prozent Hochschulabsolventen und 70 Prozent berufstätig.

Am Anfang des Fragebogens wurde zunächst für alle Produkte das Konsumenten-Involvement erhoben. Anschließend erfolgte eine zufällige Zuteilung der Probanden zu den Between-Subject-Bedingungen (kongruente Ambient-Medien und hohes Involvement vs. kongruente Ambient-Medien und niedriges Involvement vs. moderat inkongruente Ambient-Medien und hohes Involvement vs. moderat inkongruente Ambient-Medien und niedriges Involvement). Innerhalb der Bedingung wurde jedem Probanden dann das erste Foto des Ambient-Mediums unter einem kurzen Szenario präsentiert. Im Fall des kongruenten Werbeträgers für das hoch involvierende Produkt Reisedienstleistungen war das Szenario beispielsweise: »Stellen Sie sich vor, sie gehen zu Fuß die Straße entlang. Sie gehen an einem Solarium vorbei und sehen auf der Sonne des Solarium-Logos Folgendes:« Anschließend wurde die Bewertung der Werbung (A_{Ad}), die Einstellung zur Marke (A_{Br}) und die Kongruenzwahrnehmung erhoben. Daraufhin wurde jedem Probanden das zweite Ambient-Medium der Bedingung präsentiert. Die Präsentationsreihenfolge der Ambient-Medien in jeder Bedingung war randomisiert. Am Ende des Fragebogens wurden Angaben zur Soziodemografie erhoben.

3.4 *Messungen*

Das *Konsumenten-Involvement* für jedes Produkt wurde operationalisiert über die subjektive Relevanz der Kaufentscheidung für das entsprechende Produkt. Für jedes Produkt sollten die Probanden auf fünfstufigen Skalen (1 = trifft überhaupt nicht zu, 5 = trifft voll und ganz zu) ihre Zustimmung zu fünf Aussagen angeben (z. B. »Der Kauf von [Produkt] muss gut überlegt sein«). Aus den Antworten ($\alpha = .72$) wurde ein Mittelwertindex gebildet.

Um die *wahrgenommene Kongruenz von Werbeträger und -objekt* messen zu können, haben wir auf Basis eines vorhandenen Messinstruments (DAHLÉN 2005) eine erweiterte Fit-Skala entwickelt. Mithilfe von sieben Items in einem fünfstufigen semantischen Differenzial sollten die Probanden einschätzen, wie gut sich der Werbeträger jeweils für das Produkt eignet (z. B. 1 = ist nicht stimmig, 5 = ist stimmig). Die interne Konsistenz war hoch ($\alpha = .96$) und der Fit wurde durch einen einfachen Mittelwertindex abgebildet.

Die Bewertung jedes Ambient-Mediums (A_{Ad}) wurde mittels vier Items aus der A_{Ad}-Skala von MacKenzie und Lutz (1989) in einem fünfstufigen semantischen Differenzial erhoben (z. B. 1 = unangenehm, 5 = angenehm, $\alpha = .90$) und zu einem Mittelwertindex zusammengefasst.

Die Einstellung zur werbenden Marke (A_{Br}) wurde jeweils mit vier Items (aus DAHLÉN 2009) in einem fünfstufigen semantischen Differenzial erhoben (z. B. 1 = schlecht, 5 = gut, $\alpha = .95$) und zu einem Mittelwertindex zusammengefasst.

Als Kontrollvariablen wurden das *Geschlecht* und das *Alter* der Probanden erhoben.

4. Ergebnisse

4.1 *Manipulationscheck*

Bezüglich unserer Operationalisierung war zunächst von Interesse, ob sich die gewählten Produkte hinsichtlich des Involvements unterscheiden. Eine Varianzanalyse mit Messwiederholung zeigte einen signifikanten Effekt des Produkts auf das Konsumenten-Involvement, $F(2.65, 764.37) = 2185.64$, $p < .01$.[2] Demnach sind Kaugummis und Milch tatsächlich zwei Produkte mit vergleichbar niedrigem Konsumenten-Involvement ($M_{Kaugummi} = 1.35$, $SD_{Kaugummi} = .48$; $M_{Milch} = 1.45$, $SD_{Milch} = .63$) und der Fernseher (TV) und die Reisedienstleistung zwei Produkte mit vergleichbar hohem Involvement ($M_{TV} = 3.98$, $SD_{TV} = .79$; $M_{Reise} = 4.19$, $SD_{Reise} = .70$).

Um zu prüfen, ob die kongruenten Ambient-Medien als kongruenter wahrgenommen wurden als die moderat inkongruenten, haben wir pro Produkt die Unterschiede in den Fit-Indices der Ambient-Medien mittels Mann-Whitney U-Tests auf Signifikanz getestet.

- Der Fit des moderat inkongruenten Ambient-Mediums für Milch (Frauenbusen) war niedriger ($Mdn = 2.29$) als der des kongruenten Ambient-Mediums (Kuhstatue, $Mdn = 4.00$), $U = 883.5$, $z = -6.91$, $p < .01$.
- Beim Produkt Kaugummi war die wahrgenommene Kongruenz des moderat inkongruenten Ambient-Mediums (Lippenstiftregal) signifikant niedriger ($Mdn = 1.36$) als die des kongruenten Ambient-Mediums (Schuh, $Mdn = 3.57$), $U = 707.5$, $z = -7.64$, $p < .01$.

2 Da laut Maulchy's Test die Annahme der Sphärizität verletzt war ($\chi^2(5) = 63.37$, $p < .05$), wurden die Freiheitsgrade mithilfe der Huynh-Feldt-Schätzer der Sphärizität ($\varepsilon = .88$) korrigiert.

- Der Fit des moderat inkongruenten Ambient-Mediums für den Fernseher (Urinal) war niedriger ($Mdn = 1.71$) als der des kongruenten Ambient-Mediums (Pizzakarton, $Mdn = 2.43$), $U = 1877.5$, $z = -2.74$, $p < .01$. Absolut gesehen wurde aber auch das kongruente Ambient-Medium als wenig stimmig und passend wahrgenommen.
- Bei der Reise war die wahrgenommene Kongruenz des moderat inkongruenten Ambient-Mediums (Zebrastreifen) niedriger ($Mdn = 2.57$) als die des kongruenten Ambient-Mediums (Solariumtür, $Mdn = 4.00$), $U = 1219.0$, $z = -5.39$, $p < .01$.

4.2 *Hypothesentest*

Da die Manipulation des Konsumenten-Involvements über die Auswahl unterschiedlicher Produkte realisiert wurde, haben wir die Hypothesen separat für jede mögliche Kombination hoch- und niedrig involvierender Produkte mithilfe einer Kovarianzanalyse geprüft, in der das Geschlecht und das Alter jeweils als Kovariaten kontrolliert wurden. Tabelle 1 zeigt die Ergebnisse im Überblick.

4.2.1 *Bewertung der Werbung (A_{Ad})*

Wie erwartet, zeigte sich bei allen Produktpaarungen ein signifikant positiver Haupteffekt der Kongruenz auf die Bewertung der Ambient-Medien (s. Tab. 1). Dies impliziert, dass Werbung mit moderat inkongruenten Werbeträgern schlechter bewertet wurde als Werbung mit kongruenten Werbeträgern. Im Rahmen von H1 haben wir vermutet, dass dies nicht zwangsläufig so sein muss: Wenn bei hohem Konsumenten-Involvement Inkongruenz aufgelöst wird, sollte kein Kongruenzeffekt auftreten. Tatsächlich zeigte sich auf Basis der Produktpaare TV-Milch und TV-Kaugummi ein signifikanter Interaktionseffekt von Kongruenz und Involvement. Der Effekt der Kongruenz auf A_{Ad} war also vom Konsumenten-Involvement abhängig: Nur bei niedrigem Involvement ging moderate Inkongruenz mit einer schlechteren Bewertung der Werbung einher. Bei hohem Involvement war die Bewertung der Werbung unbeeinflusst vom Grad der Kongruenz; das heißt, moderat inkongruente und kongruente Werbung wurde gleich gut bewertet.

TABELLE 1

A_{Ad} und A_{Br} pro experimenteller Bedingung, geschätzte Randmittel (Standardfehler in Klammern)

	Experimentalbedingung				
	I-		I+		
	K-	K+	K-	K+	
	1	2	3	4	
A_{Ad}					
TV-Milch	2.54^{a} (.12)	3.27^{b} (.14)	2.81^{a} (.13)	2.91^{a} (.14)	$F_{Kongruenz}(1, 284) = 9.78$, $p < .01$ $F_{Involvement}(1, 284) = .12$, *ns* $F_{Kongruenz \times Involvement}(1, 284) = 5.80$, $p < .05$
TV-Kaugummi	2.05^{a} (.12)	2.77^{b} (.13)	2.80^{a} (.12)	2.90^{a} (.13)	$F_{Kongruenz}(1, 284) = 10.40$, $p < .01$ $F_{Involvement}(1, 284) = 11.98$, $p < .01$ $F_{Kongruenz \times Involvement}(1, 284) = 5.89$, $p < .05$
Reise-Milch	2.57^{a} (.12)	3.28^{b} (.14)	3.25^{a} (.13)	3.87^{b} (.14)	$F_{Kongruenz}(1, 284) = 25.54$, $p < .01$ $F_{Involvement}(1, 284) = 22.69$, $p < .01$ $F_{Kongruenz \times Involvement}(1, 284) = .12$, *ns*
Reise-Kaugummi	2.08^{a} (.12)	2.78^{b} (.13)	3.23^{a} (.12)	3.86^{b} (.13)	$F_{Kongruenz}(1, 284) = 28.27$, $p < .01$ $F_{Involvement}(1, 284) = 79.75$, $p < .01$ $F_{Kongruenz \times Involvement}(1, 284) = .08$, *ns*
A_{Br}					
TV-Milch	2.65^{a} (.12)	3.39^{b} (.13)	2.68^{a} (.12)	2.94^{a} (.12)	$F_{Kongruenz}(1, 284) = 16.37$, $p < .01$ $F_{Involvement}(1, 284) = 2.68$, *ns* $F_{Kongruenz \times Involvement}(1, 284) = 3.83$, $p = .05$
TV-Kaugummi	2.38^{a} (.11)	2.92^{b} (.13)	2.68^{a} (.12)	2.94^{a} (.11)	$F_{Kongruenz}(1, 284) = 11.74$, $p < .01$ $F_{Involvement}(1, 284) = 1.78$, *ns* $F_{Kongruenz \times Involvement}(1, 284) = 1.33$, *ns*
Reise-Milch	2.67^{a} (.12)	3.40^{b} (.14)	3.27^{a} (.13)	3.41^{a} (.13)	$F_{Kongruenz}(1, 284) = 11.38$, $p < .01$ $F_{Involvement}(1, 284) = 5.47$, $p < .05$ $F_{Kongruenz \times Involvement}(1, 284) = 5.25$, $p < .05$
Reise-Kaugummi	2.41^{a} (.12)	2.93^{b} (.13)	3.26^{a} (.12)	3.40^{a} (.12)	$F_{Kongruenz}(1, 284) = 7.59$, $p < .01$ $F_{Involvement}(1, 284) = 29.94$, $p < .01$ $F_{Kongruenz \times Involvement}(1, 284) = 2.40$, *ns*

Erläuterungen: I- = niedriges Involvement. I+ = hohes Involvement. K- = moderat inkongruente Ambient-Medien. K+ = kongruente Ambient-Medien. Unterschiedliche Superskripte zeigen signifikant unterschiedliche Randmittel ($p < .01$) bei moderat inkongruenten und kongruenten Ambient-Medien *pro Involvement-Bedingung*. Sie wurden auf Basis univariater Tests des Effekts der Kongruenz in den einzelnen Involvement-Bedingungen ermittelt.

Der Interaktionseffekt zeigte sich aber nur, wenn das Fernsehgerät als hoch involvierendes Vergleichsprodukt in die Analyse einging. Fungierten die Reisedienstleistungen als hoch involvierendes Vergleichsprodukt, gab es auch bei hohem Involvement einen Kongruenzeffekt. Die Befunde sprechen also weder klar für, noch klar gegen unsere Hypothesen.

4.2.2 *Einstellung zur werbenden Marke* (A_{Br})

Durchgehend signifikante Haupteffekte der Kongruenz auf A_{Br} (s. Tab. 1) zeigen, dass sich Inkongruenz auf die Einstellung zur werbenden Marke negativ auswirkte. In den Analysen zeigte sich ein knapp signifikanter und ein signifikanter Interaktionseffekt zwischen Kongruenz und Involvement. Immer wenn Milch als niedrig involvierendes Vergleichsprodukt fungierte, war der Einfluss der Kongruenz auf A_{Br} vom Involvement abhängig. Darüber hinaus zeigten univariate Vergleichstests in *allen* Analysen, dass bei hohem Involvement Werbung mit moderat inkongruenten Ambient-Medien *nicht* zu signifikant schlechteren Markeneinstellungen führte als Werbung mit kongruenten Ambient-Medien (vgl. Bedingungen 3 und 4 in Tab. 1). Bei niedrigem Involvement hingegen führte Inkongruenz immer zu schlechteren Markenbewertungen (vgl. Bedingungen 1 und 2 in Tab. 1). Tendenziell stützen diese Befunde H2a und H2b.

Wie effektiv kann Ambient-Werbung mit moderat inkongruenten Werbeträgern nun absolut gesehen sein? Wir beantworten diese Frage exemplarisch auf Basis des Produktpaares Reise-Milch, weil sich nur dort ein eindeutiger Interaktionseffekt zeigte (s. a. Abb. 1).

Die Grafik illustriert, dass sich bei Werbung mit *moderat inkongruenten Werbeträgern* das Involvement positiv auf die Markenbewertung auswirkt ($F(1, 284) = 11.83$, $p < .01$). Dieser Befund spiegelt den generellen deskriptiven Trend der Ergebnisse: Moderat inkongruente Ambient-Medien führen bei hohem Involvement immer zu besseren Markenbewertungen als bei niedrigem Involvement (vgl. Bedingungen 1 und 3 in Tab. 1). Wir nehmen an, dass bei hohem Involvement kognitive Ressourcen mobilisiert werden, um die Ambiguität aufzulösen, die der moderat inkongruente Werbeträger erzeugt. Bei *kongruenten Werbeträgern* gibt es keine Ambiguität, die aufgelöst werden müsste; deshalb resultieren unabhängig vom Involvement immer gleich gute Markenbewertungen (Abb. 1, rechte Seite, $F(1, 284) = .00$, *ns*). Gleichzeitig sind diese Markenbewertungen *nicht* signi-

ABBILDUNG 1
Effektivität moderat inkongruenter vs. kongruenter Ambient-Medien in Abhängigkeit vom Konsumenten-Involvement beim Produktpaar Reise-Milch

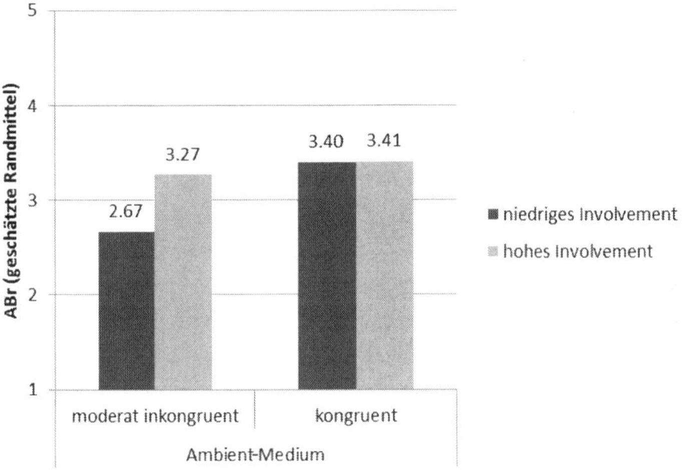

fikant besser als bei moderat inkongruenten Ambient-Medien und hohem Konsumenten-Involvement ($F(1, 284) = .58$, *ns*). Auch dieser Befund spiegelt den generellen Trend (vgl. Bedingungen 3 und 4 in Tab. 1). Man kann also mit moderat inkongruenten Ambient-Medien durchaus genauso effektiv werben wie mit hoch kongruenten. Voraussetzung ist allerdings, dass die Werberezipienten hoch involviert sind.

Da wir einen statistisch signifikanten Interaktionseffekt aber nur auf Basis einer Produktpaarung fanden, ist anzunehmen, dass der positive Effekt der Inkongruenzauflösung von weiteren Randbedingungen abhängig ist.

5. Fazit

Auf Basis der bisherigen Forschung zur Wirkung von Ambient-Media (DAHLÉN 2005) war davon auszugehen, dass Ambient-Medien ihre spezifische Effektivität nur entfalten, wenn die unkonventionellen Werbeträger sehr gut zu den werbenden Marken passen, wenn also Ambient-Medium und Werbeobjekt kongruent sind. Für Werbetreibende bedeutet das, dass je nach Werbeobjekt und zu kommunizierender Werbebotschaft Ambient-Medien am besten individuell und spezifisch entwickelt werden müssten. Gängige Praxis ist es aber, auf standardisierte Ambient-Media-Formate zurückzugreifen, die zwar nicht zwangsläufig völlig unpassend sind, aber dennoch nicht so hoch kongruent, dass der Werbeträger die Werbebotschaft ohne weiteres implizit kommuniziert.

Basierend auf einer Experimentalstudie sind wir deshalb der Frage nachgegangen, ob man mit solch moderat (in-)kongruenten Ambient-Medien unter Umständen genauso effektiv werben kann, wie mit hoch kongruenten. Wir haben vermutet, dass Inkongruenz in Abhängigkeit vom Konsumenten-Involvement sowohl die Bewertung der Werbung als auch die Einstellung zur werbenden Marke beeinflusst. Theoretisch war davon auszugehen, dass bei niedrigem Involvement ein negativer Inkongruenzeffekt auftritt, der bei hohem Involvement durch Inkongruenzauflösung aufgehoben wird. Hohes Involvement wäre damit eine Voraussetzung für effektive Werbung mittels moderat (in-)kongruenter Ambient-Medien.

Für die Bewertung der Werbung stützen unsere Befunde diese Vorhersagen nicht eindeutig. Zwar haben wir den postulierten Effekt zum Teil gefunden, er ist aber vermutlich dem gewählten Produkt bzw. Ambient-Medium zuzuschreiben: Inkongruenz führte bei hohem Involvement nur dann nicht zu einer schlechteren Bewertung, wenn das Fernsehgerät als hoch involvierendes Vergleichsprodukt fungierte. Der Manipulationscheck zeigte aber gleichzeitig, dass auch das hoch kongruente Ambient-Medium in diesem Fall als wenig passend wahrgenommen wurde. Vermutlich wurde es aus diesem Grund genauso bewertet wie das moderat inkongruente (und nicht etwa, weil die Inkongruenz aufgelöst wurde). Beim hoch involvierenden Vergleichsprodukt Reise dagegen haben wir ein klar hoch kongruentes und ein klar moderat (in-)kongruentes Ambient-Medium gestaltet. Auf Basis dieser Ambient-Medien konnte kein Inkongruenzauflösungseffekt bei hohem Involvement beobachtet werden. Legt man also die Bewertung der Werbung als Maß der Effektivität zugrunde, ist davon auszugehen, dass selbst bei hohem Involvement mit moderat (in-)kongruenten Ambient-Medien nicht so effektiv geworben werden kann wie mit hoch kongruenten.

Optimistischer ist das Fazit, wenn man die Einstellung zur werbenden Marke als Indikator der Effektivität betrachtet. Auch hier gab es zwar einen negativen Effekt der Inkongruenz, allerdings nur bei niedrigem Involvement. Bei hohem Involvement wurden Marken, die mit moderat (in-)

kongruenten Werbeträgern warben, genauso positiv bewertet wie Marken, die mit hoch kongruenten Ambient-Medien warben. Wir interpretieren dies als Inkongruenzauflösungseffekt: Bei hohem Involvement mobilisieren Werberezipienten die kognitiven Ressourcen, die zur Integration der ambigen Stimulusinformationen zu einer konsistenten Werbebotschaft notwendig sind. Inkongruenzauflösung resultiert dann in einer positiveren Einstellung zur Marke. Die Implikation dieses Befundes ist, dass man mit moderat (in-)kongruenten Ambient-Medien durchaus genauso effektiv werben kann wie mit hoch kongruenten.

Unsere Befunde legen nahe, dass es neben dem Konsumenten-Involvement weitere Faktoren gibt, von denen dieser Effekt abhängt (z. B. Aufmerksamkeit oder spezifische Gestaltungsaspekte des Ambient-Mediums). Künftige Forschung sollte sich deshalb der Exploration weiterer Randbedingungen widmen. Ein weiteres Ziel fortgesetzter Forschung sollte zudem darin bestehen, die Mechanismen aufzuklären, durch die Kongruenz in Abhängigkeit vom Involvement die Einstellung zur Marke beeinflusst. Unsere Befunde legen nahe, dass der Effekt nicht durch die Bewertung der Werbung vermittelt wird, da A_{Ad} nicht in gleicher Weise wie A_{Br} beeinflusst wurde. Es bleibt deshalb weiterhin offen, ob und wie Inkongruenz bei hohem und niedrigem Involvement das Erleben der Werberezipienten beeinflusst und durch welche Prozesse es dazu kommt, dass bei hohem Involvement Werbung mit moderat (in-)kongruenten Ambient-Medien der werbenden Marke nicht zum Nachteil gereicht.

Literatur

ANAND, P.; B. STERNTHAL: Strategies for Designing Persuasive Messages: Deductions from the Resource Matching Hypothesis. In: CAFFERATA, P.; A. M. TYBOUT (Hrsg.): *Cognitive and Affective Responses to Advertising*. Lexington, Mass [Lexington Books] 1989, S. 135-159

BRENNAN, I.; K. D. BAHN: Literal Versus Extended Symbolic Messages and Advertising Effectiveness: The Moderating Role of Need for Cognition. In: *Psychology and Marketing*, 4, 2006, S. 273-295

BROWN, S. P.; D. M. STAYMAN: Antecedents and Consequences of Attitude Toward the Ad: A Meta-Analysis. In: *Journal of Consumer Research*, 1992, S. 34-51

CELSI, R. L.; J. C. OLSON: The Role of Involvement in Attention and Comprehension Processes. In: Journal of Consumer Research, 2, 1988, S. 210 - 224

DAHLÉN, M.: The Medium as a Contextual Cue. In: *Journal of Advertising*, 3, 2005, S. 89 - 98

DAHLÉN, M.: A Rhetorical Question: What is the Impact of Nontraditional Media for Low- and High-Reputation Brands. In: *Journal of Current Issues and Research in Advertising*, 2, 2009, S. 13 - 23

DAHLÉN, M.; M. EDENIUS: When is Advertising Advertising? Comparing Responses to Non-Traditional and Traditional Media. In: *Journal of Current Issues & Research in Advertising*, 1, 2007, S. 33 - 42

DAHLÉN, M.; L. FRIBERG; E. NILSSON: Long Live Creative Media Choice. The Medium as a Persistent Brand Cue. In: *Journal of Advertising*, 2, 2009, S. 121 - 129

DAHLÉN, M.; A. GRANLUND; M. GRENROS: The Consumer-Perceived Value of Non-Traditional Media: Effects of Brand Reputation, Appropriateness and Expense. In: *Journal of Consumer Marketing*, 3, 2009, S. 155 - 163

FACHVERBAND AMBIENT MEDIA: *Ambient Media Trendbarometer Deutschland 2011*. http://www.fachverband-ambientmedia.de/fileadmin/Fachverband%20Ambient%20Media/Download/FAM_Trendbarometer_2011.pdf.2011

GAMBETTI, R. C.: Ambient Communication: How to Engage Consumers in Urban Touchpoints. In: *California Management Review*, 3, 2010, S. 34 - 51

JURCA, A. M.: What Is and Why Do We Need Ambient Advertising? A Theoretical Approach. In: *Marketing – from Information to Decision*, 2012, S. 210 - 221

LEE, E.-J.; D. W. SCHUMANN: Explaining the Special Case of Incongruity in Advertising: Combining Classic Theoretical Approaches. In: *Marketing Theory*, 1, 2004, S. 59 - 90

MACKENZIE, S. B.; R. J. LUTZ: An Empirical Examination of the Structural Antecedents of Attitude Toward the Ad in an Advertising Pretesting Context. In: *Journal of Marketing*, 2, 1989, S. 48 - 65

MITTAL, B.: A Comparative Analysis of Four Scales of Consumer Involvement. In: *Psychology and Marketing*, 7, 1995, S. 663 - 682

PERACCHIO, L. A.; J. MEYERS-LEVY: How Ambiguous Cropped Objects in Ad Photos Can Affect Product Evaluations. In: *Journal of Consumer Research*, 1, 1994, S. 190 - 204

ROSENGREN, S.; M. DAHLÉN: Creative Media Choice as a Marketing Signal. In: EISEND, M.; T. LANGNER; S. OKAZAKI (Hrsg.): *Advances in Advertising Research (Vol. III)*. Wiesbaden [Gabler Verlag] 2012, S. 343-351

SCHULTE, T.: *Guerilla-Marketing für Unternehmertypen. Das Kompendium*. Sternenfels [Verl. Wiss. & Praxis] 2007

SHANKAR, A.; B. HORTON: Ambient Media: Advertising's New Media Opportunity. In: *International Journal of Advertising*, 3, 1999, S. 305-322

WEBER, P.; A. FAHR: Werbekommunikation. Werbewirkungsforschung als angewandte Persuasionsforschung. In: SCHWEIGER, W.; A. FAHR (Hrsg.): *Handbuch Medienwirkungsforschung*. Wiesbaden [Springer] 2013, S. 333-352

WEBGUERILLAS; GFK: *Marktforschungsstudie zur Nutzung alternativer Werbeformen*. http://webguerillas.com/media/press/downloads/pdf/webguerillas_Gfk-Studie_2011.pdf. 2011

WIRTH, W.: Involvement. In: BRYANT, J.; P. VORDERER (Hrsg.): *Psychology of entertainment*. Mahwah, NJ [Erlbaum] 2006, S. 199-213

ANDREAS BAETZGEN / JÖRG TROPP

Markenmedien – Die Marke auf dem Weg zum Medium?

1. Einleitung

Es gibt Anzeichen, dass sich die Grenzen zwischen Marken und Medien auflösen. Marken übernehmen Medienfunktionen. Sie erfüllen typische Aufgaben und Leistungen von Medien wie Unterhaltung, Information und soziale Vernetzung. Die Folge ist ein neuartiges Phänomen der Werbekommunikation, das wir als *Markenmedien* bezeichnen. Der vorliegende Beitrag präsentiert die Ergebnisse einer zweistufigen Online-Delphi-Studie mit 26 Marken- und Medienexperten aus Praxis und Wissenschaft. Mittels des Grounded Theory-Ansatzes werden die Hauptkategorien für eine Theorie der Markenmedien entwickelt, die sich auf Print-, TV-, Mobile- und Online-Medien übertragen lassen. Die Studie zeigt, dass Markenmedien mehr sind als ein kurzfristiger Trend. Nach Ansicht der Experten gibt es Belege für eine grundlegende Innovation im Markenmanagement in Form einer allgemeinen Erweiterung der Markenfunktion um eine Medienfunktion.

2. Markenmedien: Entwicklung und Definition

Move on heißt der neue Spionagefilm von Starregisseur Asger Leth mit Bond-Bösewicht Mads Mikkelsen in der Hauptrolle. Was auf den ersten Blick wie eine Hollywood-Produktion klingt, ist in Wirklichkeit Werbung.

Hinter dem Film stehen nicht bekannte Produktionsfirmen wie Disney, Universal oder Time Warner, sondern die Deutsche Telekom, die mit dem Hollywoodstreifen für ihr mobiles Internet wirbt. Immer mehr Unternehmen entwickeln sich zu Content-Anbietern, die ähnlich wie Filmstudios, Fernsehsender oder Verlage hochwertige Medieninhalte produzieren und verbreiten. Ein besonders prominentes Beispiel ist die Marke Red Bull. Das Unternehmen betreibt mit dem Red Bull Media House eigene TV-Sender und TV-Fenster, Online-Foren, Mobilfunkangebote und Zeitschriften (*The Red Bulletin, Servus*) und hat mit einem vernetzten Angebot aus Events, Filmen, Dokumentationen, Serien, Games und Musik ein neues Geschäftsfeld für die Marke erschlossen, das aktiv vermarktet wird. Auch der US-Konsumgüterriese P&G betreibt zusammen mit dem Medienkonzern NBC Universal umfangreiche Themen- und Serviceportale im Netz und produziert zahlreiche TV-Filme für Familien. Devin Johnson von NBC Universal erläutert die Strategie dieser Partnerschaft: »We are basically enabling P&G to be in the media business. Instead of us going to a company and saying we have created a platform, and ›would you like to advertise on it‹, we are saying let's create content together – a platform that walks a fine line between the consumer's interests and brand need; that's our secret sauce: a property for the brand and also a distinct value for consumers« (JOHNSON/NBC UNIVERSAL, zitiert nach SHAYON 2011).

Diese Beispiele gehen über bekannte Formen des Corporate Publishing oder Branded Entertainment weit hinaus. Anders als bei Dauerwerbesendungen, Placements oder Sponsoring werben die Telekom, Red Bull und P&G nicht mehr über Medien wie RTL oder *Bild.de*, sondern die Marke selbst wird zum Medium, zum Markenmedium. Das Ergebnis ist ein neuer Typus der Markenkommunikation: Die Marke wird medialisiert und zum Initiator und Betreiber eigenständiger medialer Angebote (Tab. 1).

Um ein umfassenderes Verständnis für Markenmedien zu entwickeln, führen wir die folgende Definition ein: *Ein Markenmedium ist die von einer Marke, deren originäre Wertschöpfung nicht im Medienmarkt liegt, initiierte Produktion und der anschließende institutionalisierte Betrieb einer gebrandeten Kommunikationsplattform. Ihr Zweck ist die wirtschaftlich vorteilhafte Instrumentalisierung zentraler Funktionen der Medien (insbesondere Information, Unterhaltung, soziale Interaktion).* Typische Charakteristika von Markenmedien sind:

- Die Marke wird zum Initiator und Anbieter (Owner) eines Mediums. Häufig ist deshalb auch von ›Owned Media‹ die Rede, in Abgrenzung zu ›Paid Media‹ (Marken kaufen Werbezeiten und

TABELLE 1
Markenmedien als neuer Typus der Werbekommunikation

	Kommunikative Evolutionsstufen der Marke		
	Marke als selbstbezügliche Kommunikation	Marke in redaktionellen Kontext integriert	Marke als Medium für Kommunikation
Erscheinungsform	Trennung von werblicher und redaktioneller Kommunikation	Werbung als integraler Bestandteil des redaktionellen Kontexts	Redaktionell aufbereitetes Fernseh-/Online-/Print-Angebot
Beispielhafte Instrumente	Klassische Werbung (u. a. TV-Spot, Plakat, Banner)	Placement, Sponsoring, Produkt-PR	Corporate Publishing, Content Marketing
Verhältnis Marke – Medien	Paid Media	Paid Media, Earned Media	Owned Media
Ziele	Aufmerksamkeit, Werbeerinnerung, Imageaufbau	Imagetransfer, Involvement, Reaktanzvermeidung	Interaktion, Nutzwert der Kommunikations- und Medienangebote
Wahrnehmung	passives Reiz-Reaktionsmuster	aktive Zuwendung zum redaktionellen Kontext	aktive Zuwendung zum Kommunikations- und Medienangebot der Marke

Quelle: eigene Darstellung

-plätze in den Medien) und ›Earned Media‹ (Medien kommunizieren über Marken).

- Markenmedien werden vom Konsumenten als nicht primär werblich wahrgenommen. Auch wenn ihre Intention letztlich werblich ist, dominiert ihr redaktioneller Charakter.
- Markenmedien haben für die Rezipienten einen Eigenwert (Information, Unterhaltung, Vernetzung) und werden somit aktiv und freiwillig genutzt. Es sind *Angebote*. Reaktanzeffekte treten für gewöhnlich nicht auf.
- Meist sind nicht die Marke oder das Produkt selbst Inhalt der Kommunikation, sondern es geht um ein daraus abgeleitetes Spektrum von aufmerksamkeitsstarken Themen.
- Markenmedien sind deshalb häufig eigenständig gebrandet. Medienformate wie *Laviva* oder *The Red Bulletin*, die nur indirekt auf

die Herausgeber Rewe und Red Bull schließen lassen, sind hierfür Beispiele.

- Markenmedien schaffen für die Marke ein exklusives Umfeld, um deren Erlebniswelt zu inszenieren bzw. durch die Nutzer inszenieren zu lassen.
- Markenmedien verbinden meist professionellen und User-Generated Content, um den Rezipienten und die Community aktiv in die Kommunikation einzubeziehen.
- Markenmedien sind in aller Regel langfristig ausgerichtet, das heißt sie zielen auf die institutionalisierte und regelmäßige Produktion und Verbreitung von Inhalten. Mit wachsendem Angebot können spezialisierte Abteilungen oder Organisationseinheiten entstehen, die für die Produktion und die Vermarktung der Inhalte verantwortlich sind (z. B. Red Bull Media House, P&G Entertainment).
- Markenmedien können als Printmedien (z. B. Magazine), als elektronische Medien (z. B. TV-Sender) und als Online-Mediendienste (z. B. Facebook) implementiert werden.

Bislang existieren nach unserem Kenntnisstand keine belastbaren theoretischen Ansätze, die diese neue Medienfunktion von Marken erklären. Die aktuelle Diskussion ist geprägt von einer Vielzahl von Begriffen und Konzepten, die auf ähnliche Phänomene verweisen, wie das Corporate Publishing oder Content Marketing (Tab. 1). Meist sind diese unscharf und nicht eindeutig definiert. So ist mit Corporate Publishing gemeinhin die journalistisch aufbereitete, periodische Kommunikation eines Unternehmens mittels Printmedien (insbesondere Kundenzeitschriften) gemeint, wobei der Begriff in den letzten Jahren vermehrt ganzheitlich ausgelegt wird und auch die elektronischen Medien einschließt (MAST et al. 2005; WEICHLER 2007). Der Begriff ›Content Marketing‹ wird in der Literatur hingegen vornehmlich im Kontext von Studien zur Erforschung digitaler Medienumgebungen verwendet. Gemeint ist ein Managementprozess, der auf das ganzheitliche Identifizieren und Antizipieren von User-Bedürfnissen sowie die passgenaue Verbreitung von Content in digitalen Kontexten zielt (KOISO-KANTTILA 2004; LIEB 2012; ROWLEY 2008). Der theoretische Fokus liegt dabei auf digitalen Geschäftsmodellen und Wertschöpfungsprozessen, beispielsweise unter Verwendung von Co-Creation (GRÖNROOS 2006). Aspekte des Markenmanagements werden bislang nicht betrachtet.

Um Markenmedien besser einordnen und deren Effektivität verstehen zu können, hilft das Modell der *hybriden Werbeformen* von Balasubramanian (1994). Er bezieht sich auf Cohen (1988), der zwischen Werbung und Publicity unterscheidet. »(...) advertising refers to communications that are paid for, and which clearly identify the message sponsor, while publicity represents messages that are not paid for, and which do not identify the sponsor.« Laut Balasubramanian haben beide Beeinflussungsformen Vor- und Nachteile. Der Vorteil der Werbung ist, dass die volle Kontrolle über Inhalt und Form beim Werbetreibenden liegt. Der Nachteil ist, dass Rezipienten kommerziellen Absendern häufig mit Skepsis begegnen und deren Glaubwürdigkeit aufgrund ihrer Parteilichkeit infrage stellen. Für Publicity gilt das Gegenteil. Inhalt und Form der Botschaft können vom Unternehmen zwar nicht bzw. nur bedingt kontrolliert werden, allerdings ist die Botschaft frei vom Verdacht der Manipulation, weil sie nicht gekauft ist. Sie erscheint somit für die Rezipienten glaubwürdiger. Hybride Werbeformen, so Balasubramanian, verbinden die Vorteile der Werbung und Publicity. Die Marke behält die Kontrolle über Form und Inhalt. Gleichzeitig bleibt sie glaubwürdig, da sie als Absender anonym bleibt. Dies macht hybride Werbeformen so effektiv.

Markenmedien gehen hier noch einen Schritt weiter. In vielen Fällen wird nicht einmal versucht, die Marke als Urheber der Botschaft zu verbergen. Vielmehr präsentiert sich die Marke als Medium. Dennoch werden die Inhalte vom Rezipienten nicht als Werbung, sondern als alternative Informations- oder Unterhaltungsangebote wahrgenommen. Der Gebrauch von Markenmedien wird damit für immer mehr Menschen zur alltäglichen Routine. Ob und inwieweit die Rezipienten dabei in Zukunft zwischen ›neutralen‹ Medien und Markenmedien unterscheiden werden, bleibt abzuwarten.

Unsere bisherigen Überlegungen führen uns zu der Hypothese, dass sich Unternehmen durch den Einsatz von Markenmedien von den klassischen Funktionen des Kommunikationsinstrumentariums (vgl. BRUHN 2009) entfernen und ihre Kommunikation funktional der von professionellen Medienorganisationen anpassen. Dabei geht es nicht primär um das Bekanntmachen von Produkten (Darstellungsfunktion), das Ausloben von Produktvorteilen (Marketingfunktion) oder das Pflegen individueller Kundendialoge (Dialogfunktion), sondern um das Erfüllen einer Medienfunktion. Dies führt uns zu folgenden zwei Forschungsfragen:

1. Was sind die zentralen Kategorien einer Theorie der Markenmedien?

2. Inwieweit kann von einer Innovation im Markenwesen in Form einer grundsätzlichen Funktionserweiterung der Marke um eine Medienfunktion ausgegangen werden?

3. Empirisches Vorgehen

Da es in der Literatur bislang kein theoretisches Konzept gibt, um Markenmedien zu untersuchen, basiert unsere Studie auf dem Grounded-Theory-Ansatz. Dieses Verfahren dient speziell der Entwicklung einer gegenstandsbegründeten Theorie. Der Wissenschaftler definiert dafür vorab keine theoretischen Annahmen und Voraussetzungen, um möglichst unvoreingenommen aus der Kommunikation und dem Verhalten der untersuchten Individuen eine Theorie zu entwickeln (GOULDING 2005). Datenbasis sind meist nicht standardisierte Interviews. Der Fokus des Grounded Theory-Ansatzes liegt in der Entwicklung eines plausiblen Netzwerks von Kategorien, die das untersuchte Phänomen umfassend erklären. In einem iterativen Prozess werden hierfür die Daten kontinuierlich abgeglichen und angepasst, bis eine theoretische Sättigung entsteht und sich ein einheitliches System von Kategorien herausbildet (GLASER/STRAUSS 1999; STRAUSS/CORBIN 1998).

Im Mai/Juni 2012 wurden in einer zweistufigen Delphi-Studie 26 Marken- und Medienexperten online befragt. Die Struktur der Teilnehmer entsprach den Auswahlkriterien der Grounded Theory und einem theoretischen Sampling. Dieses zielt nicht auf Repräsentativität, sondern eben auf theoretische Sättigung (CHARMAZ 1995). Wir wählten die Teilnehmer deshalb entsprechend ihrer Profession (Marketing- und Medienmanagement) und Position (Geschäftsführung, Senior Management, Professoren) aus. Zudem wurde darauf geachtet, dass alle im Prozess involvierten Parteien (Werbungtreibende, Agenturen, Vermarkter, Produzenten, Medien) unter den Teilnehmern vertreten waren (Abb. 1).

In der ersten Stufe der Delphi-Studie wurden geschlossene und offene Fragen zu folgenden Themen gestellt:

- grundsätzliche Plausibilität der Annahme, dass Marken zukünftig zunehmend Funktionen von Medien übernehmen
- ob Markenmedien zukünftig bei der Entwicklung und Vermarktung von hochwertigem Content mit klassischen Medienanbietern konkurrieren und mit diesen in Wettbewerb treten

ABBILDUNG 1
Teilnehmerkreis der Delphi-Studie

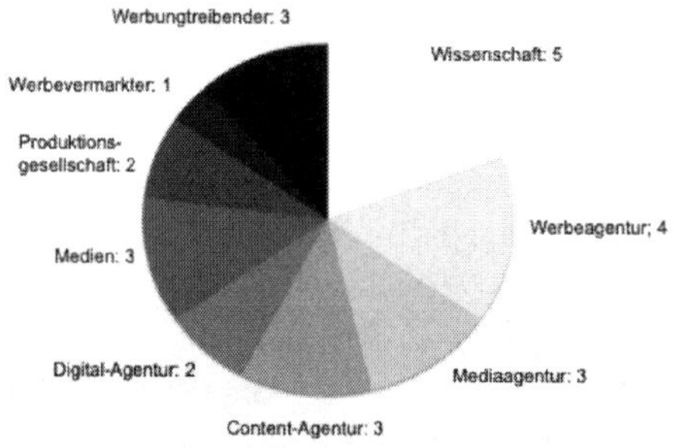

Quelle: eigene Darstellung

- ob eine Marke spezifische Voraussetzungen mitbringen muss, damit sie sich mit größerer Wahrscheinlichkeit zum Medium entwickeln kann
- die wichtigsten Ziele, die Unternehmen mit Markenmedien im Marketing-Mix/im Rahmen der Markenführung verfolgen können
- die Möglichkeit, mit Markenmedien neue Geschäftsfelder für ein Unternehmen zu erschließen und damit Geld zu verdienen (Content als Ware)

Nach Ablauf der ersten Phase erhielten die Teilnehmer eine Zusammenfassung der Ergebnisse und eine Volltextversion aller Antworten für weitere Ergänzungen und Kommentare. In dieser zweiten Phase der Delphi-Studie wurde eine theoretische Sättigung erreicht, das heißt der Punkt, an dem die Expertenaussagen und Kommentare keine neuen Ergebnisse mehr liefern konnten. Anschließend wurden die Aussagen ausgewertet. Für die Inhaltsanalyse der Aussagen wurde eine detaillierte Zeile-für-Zeile-Analyse durchgeführt. Wir verwendeten hierfür eine softwarebasierte offene Kodierung (MAXQDA 10), um Gemeinsamkeiten und Unterschiede in einem iterativen Vergleich festzustellen. Auf diese Weise wurden erste Codes abgeleitet, die dann in einem fortlaufenden Kodierungsprozess zu Kategorien zusammengefügt wurden. Im nächsten Schritt erfolgte ein axiales Kodieren. Hierbei wurden die Kategorien präzisiert und in Beziehung zueinander gesetzt. Auf diese Weise konnten die Hauptkategorien einer Theorie der Markenmedien identifiziert werden. Grundlage bildete dabei das Kodierungsparadigma des C-Modells (*causes, contexts, consequences, conditions*) (GLASER 1978; STRAUSS/CORBIN 1998).

4. Ergebnisse

Abbildung 2 zeigt das Kategorienmodell einer Theorie der Markenmedien:

- *Ursachen*: Medialisierung und Ökonomisierung der Gesellschaft, Digitalisierung und Online-Kommunikation
- *Kontexte/Bedingungen*: Logik von Massenmedien, Marken und Journalismus
- *Konsequenzen*: Medienökonomisches Markenmanagement, Kommunikationsqualität als Wirkungsmaxime
- *Strategie*: Kollaboration mit Medien

ABBILDUNG 2

Kategorienmodell der Theorie der Markenmedien

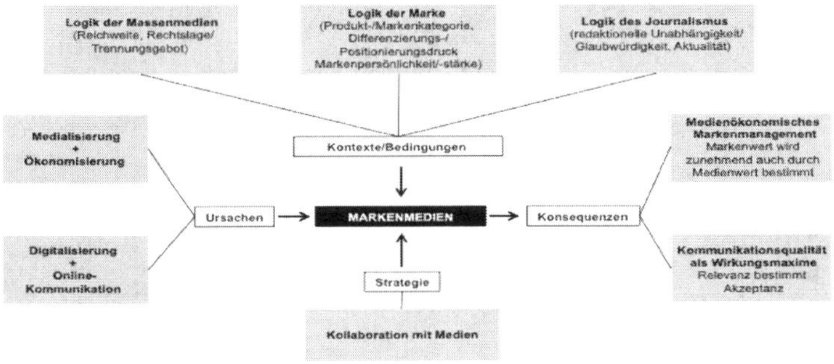

Quelle: eigene Darstellung

4.1 *Ursachen: Medialisierung und Ökonomisierung der Gesellschaft*

Um die Ursachen von Markenmedien und die Faktoren, die zu deren Entstehung geführt haben, zu erklären, beziehen wir uns auf den methodologischen Individualismus (COLEMAN 1994). Auf der Makroebene ist es der Metaprozess der Medialisierung (HEPP 2012; MEYEN 2009; SCHULZ 2004), der die Entstehung von Markenmedien befördert. Unternehmen richten ihr Handeln mehr und mehr an der Logik des Mediensystems (z. B. Inszenierungsformen, Nachrichtenfaktoren) und der Selektivität des Rezipienten aus (z. B. Motive und Muster der Mediennutzung). Auf diese Weise entstehen neue Formen der Inszenierung und Nutzung von persuasiver Kommunikation, die bislang ausschließlich der informierenden und unterhaltenden Kommunikation vorbehalten waren. Wirtschafts- und Medienwissenschaftler sprechen bereits von einer »kommunikativen Neukonstitution der Ökonomie« (IMHOF 2006: 206), einer Ökonomie der Aufmerksamkeit, in der Aufmerksamkeit zum Wert an sich wird (vgl. FRANCK 1998). Der spektakuläre Sprung von Felix Baumgartner aus 39 Kilometer Höhe für die Getränkemarke Red Bull ist der vorläufige Höhepunkt dieser Entwicklung. »Baumgartner brach mit seiner jahrelang vorbereiteten Aktion nicht nur Rekorde, er sorgte auch für einen globalen Medien-Event durch alle Generationen, wie es ihn seit der Mondlandung in den 1960er-Jahren nicht mehr gegeben hat«, so die Begründung der BAMBI-Jury, die Baumgartner mit dem ›Millennium‹-BAMBI 2012 auszeichnete.

Umgekehrt ist der Prozess der Medialisierung mit einer zunehmenden Ökonomisierung von Kultur und Gesellschaft verbunden, weil die Medien insgesamt – und Markenmedien ganz besonders – nach einer ökonomischen Logik operieren (SIEGERT et al. 2010).

4.2 *Ursachen: Digitalisierung und Online-Kommunikation*

Auf der Mesoebene sind es vor allem strukturelle Effekte des Internets (insbesondere Social Media), die die Entstehung immer neuer Markenmedien befördern. Mehr noch: Markenmedien sind ein unvermeidbarer mediumsinduzierter Effekt der Digitalisierung und Online-Kommunikation. Denn bekanntermaßen beeinflussen die Charakteristiken eines Mediums wesentlich die Struktur und Wirkung von Kommunikation, so McLuhans (1964) Credo »the medium is the message«. Unternehmen haben deshalb keine andere Wahl, als ständig neue, involvierende Online-Inhalte zu entwickeln, die für den User einen kommunikativen Mehrwert besitzen. Dieser Mehrwert ist entscheidend für die aktive Auseinandersetzung des Nutzers mit einer Marke und seiner Bereitschaft, Content mit Freunden und Bekannten aktiv zu teilen (Multiplikatoreffekte). Ein eigenständiges

Content-Profil ist auch deshalb zwingend erforderlich, um in den assoziativen Strukturen und Suchfunktionen des Internets gefunden zu werden.

Unternehmen sind infolge der Digitalisierung zudem nicht länger abhängig von bezahlten Medien. Klassische Intermediäre wie Fernsehsender und Verlage verlieren ihre Monopolstellung. Über Markenmedien können Unternehmen ohne formale, zeitliche oder technische Einschränkungen direkt mit ihrer Zielgruppe kommunizieren. Zudem können sie so wichtige Kundendaten und Insights gewinnen, um ihre Kundenansprache zukünftig zu optimieren. Auch dies befördert den Prozess der Medialisierung von Marken wesentlich, wie das folgende Experten-Statement aus unserer Studie unterstreicht: »Marken können heute kostengünstig (technische Einstiegshürden sind gering, die Distribution im Internet leicht) zielgruppenspezifischen Content produzieren und der Zielgruppe direkt (ohne Mehrkosten durch Mediaagentur) über das Internet zugänglich machen. Mit der rasant zunehmenden Zahl von Smartphones lässt sich der Content sogar künftig noch besser personalisieren.«

Auch auf der Mikroebene verstärken Internet und Social Media die Medienfunktion einer Marke. Die meisten Studien zur Social Media-Nutzung basieren auf dem »Uses and Gratification«-Ansatz (BLUMLER/KATZ 1974; RUBIN 2009) und gehen folglich der Frage nach, warum Menschen das Internet und Social Media nutzen. Danach lassen sich drei Hauptmotive identifizieren: Information, Unterhaltung und soziale Vernetzung, die in einem typischem Medienverhalten resultieren (HEINONEN 2011):

- *Information*: Informationen über Produkte, produktverwandte Themen und News
- *Unterhaltung*: Bedürfnis nach Spaß, Ablenkung und Entspannung
- *Soziale Vernetzung*: Aufbau und Pflege sozialer Kontakte, Austausch von Erfahrungen, Selbstbestätigung und Identifikation.

Diese Motive und die dazugehörigen Medienverhaltensmuster können über die herkömmlichen Kommunikationsinstrumente wie Sponsoring, Werbung, Sales Promotion oder Event Marketing nur teilweise befriedigt werden. Dies gilt insbesondere für die Bedürfnisse nach Unterhaltung und sozialer Vernetzung. »Konsumenten wollen immer mehr in Interaktion mit ihren Marken treten und durch sie unterhalten werden«, so ein Experte in unserer Studie. Markenmedien können diese Lücke schließen. Sie entsprechen einerseits den Mediennutzungsmotiven der Kunden und andererseits den ökonomischen Zielen der persuasiven Kommunikation (Markenfunktion).

Zusammenfassend ist zu sagen, dass die Entwicklung von Markenmedien mehr als nur ein kurzfristiger Marketing-Trend ist. Sie ist das Ergebnis struktureller Makro-, Meso- und Mikro-Entwicklungen, die auf einen fundamentalen Wandel der Marke hinweisen.

4.3 *Kontexte: Logik der Massenmedien*

Wir unterscheiden im Weiteren drei Kontextfaktoren von Markenmedien bzw. Bedingungen für deren Erfolg. Zunächst müssen Markenmedien einer *Logik der Massenmedien* folgen. Reichweite ist dabei eine entscheidende Größe. Exemplarisch hierfür steht das folgende Experten-Statement aus unserer Studie: »Die Reichweite von Markenmedien darf nicht unterschätzt werden. Ist diese erst groß genug, dann werden Markenmedien auch auf dem Werbemarkt zu ernsthaften Konkurrenten der traditionellen Medien.« Allerdings erfordert dies ein hohes Investment von Unternehmen, so die Experten weiter. Ein Medienvertreter aus unserer Studie meint: »Dagegen (Markenmedien) spricht der Aufwand zur Erstellung der Medienleistungen. Dieser wird nicht immer im Verhältnis zur Reichweite und Nutzung durch den Konsumenten stehen.« Ein weiterer Faktor, der aus der *Logik der Massenmedien* folgt, ist die rechtliche Trennung von werblichem und redaktionellem Content. Aufgrund unterschiedlicher nationaler Bestimmungen ist dieser Aspekt insbesondere bei international ausgerichteten Markenmedien zu berücksichtigen. Vor allem im Rundfunk bleibt der Handlungsspielraum nach Meinung unserer Experten begrenzt. »Zu sehr wird hier die strenge Trennung von redaktioneller Hoheit und Vermarktung postuliert. Dass sich das in den nächsten Jahren maßgeblich ändern wird, mag ich bezweifeln – zumal Bartering [Tauschhandel von Content und Werbezeiten, Anmerkung der Verfasser], etc. von den Sendergruppen nicht gewollt ist«, so ein weiterer Experte unserer Studie.

4.4 *Kontexte: Logik der Marke*

Der Erfolg eines Markenmediums hängt weiterhin davon ab, inwieweit es der *Logik der Marke* entspringt. Markenmedien sind ein effektives Instrument, um eine Marke von Wettbewerbern zu unterscheiden und mit dem bestehenden Positionierungsdruck umzugehen. Aber nicht jede Marke hat gleichsam das Potenzial zum Markenmedium. Jede Marke sollte deshalb prüfen, ob und inwieweit sich Markt und Produktkategorie für Markenmedien eignen. Ein Teilnehmer in unserer Studie merkte hierzu stellvertretend an: »Natürlich haben es Marken einfacher, die an sich Unterhaltung versprechen. Wegweisend sind hier Spielzeugunternehmen wie Hasbro.«

Daneben spielt die Markenpersönlichkeit und -stärke eine wichtige Rolle. Grundsätzlich ist es für eine etablierte Marke einfacher, mittels Markenmedien zu kommunizieren, als für unbekannte Marken. »Über ein Markenmedium kann ich nur schwer die Marke selbst aufbauen. Aber eine starke Marke, die attraktiv ist und Glaubwürdigkeit für eine quantitativ *relevante Zielgruppe mitbringt, kann so noch greifbarer und spannender werden*«, so ein Teilnehmer der Studie. Weitere Erfolgsvoraussetzungen sind nach Meinung der Experten eine ausgeprägte, assoziationsreiche und die Fantasie anregende Markengeschichte oder eine hohe Informationskompetenz. Auch eine stark involvierte Anhängerschaft wie bei Apple und Harley-Davidson oder inhaltliche Anknüpfungspunkte zu Themen, Inhalten oder Personen aus den Medien sind hilfreich. Im Vorteil sind zudem Marken, die bereits Überlappungen mit der Medienbranche aufweisen, wie im Bereich der Unterhaltungselektronik. Aber auch Mode- und Sportmarken, die immer schon Teil des Showbusiness sind, haben es leichter. »Die Beautytipps von L'Oréal sind für manche Konsumenten relevanter als die neuesten Trends der *Vogue*«, so eine weitere Expertin der Studie.

Grundsätzlich aber hat jede Marke das Potenzial zum Medium. Entscheidend ist der Content. »Ist der Content wirklich King, ein ›Must-see‹, dann kann es jede Marke«, so ein Experte aus dem Teilnehmerkreis.

4.5 *Kontexte: Die Logik des Journalismus*

Markenmedien sind redaktionell aufbereitete Angebote, die vom Rezipienten nach ihrer Glaubwürdigkeit, Qualität und Aktualität bewertet werden. Es ist daher erforderlich, einige journalistische Grundsätze zu berücksichtigen. Glaubwürdigkeit bedeutet, dass ein Markenmedium inhaltlich zu einer Marke passt. Zudem sollte die Marke nach Auffassung der Experten offensichtlich und eindeutig als Absender der Kommunikation für den Rezipienten zu erkennen sein. »Die Marke muss Themen für sich definieren, die sie glaubwürdig besetzen kann. Und sie muss als Marke, als Absender für Menschen glaubwürdig sein«, so ein Experte der Studie. Markenmedien haben dabei einen entscheidenden Vorteil gegenüber redaktionell integrierten Werbeformen wie dem Product Placement, das häufig unter dem Generalverdacht der Manipulation steht. »Markenmedien können hier mit Transparenz punkten, das heißt, oft geben sie gar nicht vor, von unabhängigen Redaktionen zu kommen«, so eine interessante Erkenntnis der Studie. Unter den Teilnehmern der Delphi-Studie herrschte Konsens darüber, dass Marken den Content ihrer Markenmedien nicht nach dem Nachrichtenfaktor Aktualität auswählen sollten, z.B. indem sie politische Ereignisse zum Thema machen. Dies würde nach Meinung der Experten dem Wunsch vieler Menschen nach redaktioneller Unabhängigkeit der Medien zuwiderlaufen. Markenmedien sind keine Nachrichtenmedien. Sie sind eben ein primär ökonomisches und kein journalistisches Phänomen. »In allen inhaltlichen Bereichen, die jedoch nicht auf die tagesaktuelle Ereignislage Rücksicht nehmen müssen, können Markenmedien gleichwertig mitspielen«, so die Quintessenz der Experten.

4.6 *Konsequenzen: Medienökonomisches Markenmanagement*

Markenmedien sind eine strategische Investition in die Marke, mit denen sich nach Meinung der Experten drei Ziele verfolgen lassen:

- *Markenbezogene Ziele:* Emotionalisierung der Marke, Stärkung des Images, Vermittlung produktspezifischer Informationen, Erhöhung des Brand Involvements, Markenerweiterung
- *Konsumentenbezogene Ziele:* Stärkung der Kundenbeziehungen und Loyalität, Gewinnung von Konsumentendaten und Insights
- *Kommunikationsbezogene Ziele:* Erhöhung des Involvements, Vermeidung von Reaktanz und Streuverlusten, Multiplikatoreffekte (Earned Media, Word-of-Mouth)

Dabei ergibt sich ein Zielkonflikt, der aus zwei gegensätzlichen Einflüssen resultiert: der Logik der Marke und der Logik des Journalismus. Ein Teilnehmer der Studie bringt diesen Zielkonflikt auf den Punkt: »Die Aufgabe des Marketings ist nicht die Produktion eines Mediums, sondern die Steigerung von Absatz oder der Aufbau eines starken Images. Und dies funktioniert eben nur über markengefärbte Inhalte, die dann meist aber kein ›Must-see‹ sind.« Eine Konsequenz dieses Zielkonflikts ist es, Markenmanagement als Medienmanagement zu begreifen und damit an den grundlegenden Prinzipien der Medienökonomie auszurichten (im Überblick: ALTMEPPEN 2013). Das bedeutet, dass journalistische, redaktionelle und verlegerische Kompetenzen mit den Anforderungen eines professionellen Markenmanagements kombiniert werden müssen. Der Wert einer Marke bemisst sich folglich auch an ihrem Wert als Medium. Marken, die die Autorität haben, Menschen zu unterhalten und glaubwürdig zu informieren, werden langfristig einen Vorteil haben. Es ist der Wert einer Marke als Medium, und daher die Qualität des Contents, die Menschen anzieht und ihre Loyalität gegenüber einer Marke stärkt. Dieser Aspekt geht Hand in Hand mit der zweiten Konsequenz für das Management von Marken.

4.7 *Konsequenzen: Kommunikationsqualität als Wirkungsmaxime*

»Markenmedien benötigen professionellen Content, der die gleiche Qualität wie die eigenen Produkte haben muss«, so die Experten. Kommunikationsqualität wird somit zur entscheidenden Wirkungsmaxime von Markenmedien. Bestätigt wird dieses Ergebnis von einer Studie des Content Marketing Instituts (2011), demzufolge die größte Herausforderung darin besteht, Content zu produzieren, der Kunden bewegt. Marken müssen Menschen dabei immer als Verbraucher und als Rezipienten gleichzeitig ansprechen. Das heißt, Markenmedien müssen sowohl konsumenten- als auch kommunikationsbezogenen Zielen gerecht werden. Um dies zu gewährleisten, sollten Markenmedien folgende Anforderungen erfüllen, die von den Experten der Studie genannt wurden:

- *Qualität*: Der Content sollte die gleiche hohe Qualität wie das Markenprodukt haben.
- *Exklusivität*: Markenmedien sollten exklusive, neuartige Inhalte bieten.
- *Relevanz*: Der Content sollte für die Zielgruppe (als Rezipient und Konsument) einen Mehrwert bieten, der zum Verweilen oder Wiederkommen anregt.
- *Inhaltsfülle*: Der Content sollte ausreichend Stoff für eine interessierte Zielgruppe und eine intensive Beschäftigung mit dem Medium bieten.

- *Interaktivität*: Der Content sollte dem Rezipienten die Möglichkeit bieten, sich selbst in die Inhalte einzubringen und diese mit Freunden teilen zu können.
- *Spontanität*: Der Content sollte überraschend sein, um die Zielgruppe zu einem impulsiven Liken, Mitmachen und Weitersagen zu bewegen.

4.8 *Strategie: Kollaboration mit Medien*

Als Strategie für ein erfolgreiches Markenmedien-Management wurde von den Experten die Zusammenarbeit mit erfahrenen Medienpartnern identifiziert. Grund hierfür sind die bereits erwähnten hohen qualitativen Anforderungen sowie die geringen Erfahrungen des Marketings in der Erstellung und Distribution von Content. Ein Teilnehmer der Studie meint stellvertretend: »Markenartikler [haben] wenig Erfahrung mit der Erstellung und Distribution von Content. Sie brauchen deshalb das Know-how erfahrener Medienhäuser und sollten dieses nutzen, um hochwertigen Content zu entwickeln. Kommunikationsagenturen sind hingegen meist die verkehrten Partner, weil diese mit der Entwicklung eigenständiger Inhalte wenig Erfahrung haben.« In einer fragmentierten Medienlandschaft müssen relevante Inhalte zudem nicht nur erstellt und verbreitet, sondern auch gefunden werden. Eingebunden in starke existierende Medienkanäle kann dies einfacher gelingen als alleine, so eine weitere Auffassung der Experten. »Ergänzung statt Verdrängung. Kollaboration statt Konfrontation«, lautet deshalb deren Fazit. Zusammenfassend lässt sich sagen, dass Markenmedien vermutlich weniger zu einer Verdrängung, sondern zu einer *Ergänzung* etablierter Medien führen und für diese in Zukunft ein wachstumsstarkes Geschäftsfeld bilden.

5. Fazit

Unsere Studie bestätigt, dass Markenmedien weit mehr sind als nur ein kurzfristiger Marketing-Trend. Sie sind das Ergebnis einer anhaltenden Medialisierung und Digitalisierung unserer Kultur und Gesellschaft, in der Marken und Medien zunehmend miteinander verbunden und voneinander abhängig sind. Dieser Meta-Prozess erfordert einen grundlegenden Paradigmenwechsel im Marken- und Medienmanagement. Denn mit der Erweiterung des Funktionenspektrums der Marke um eine Medienfunktion sind erhebliche Herausforderungen verbunden, nicht nur für das Marketing und die Medien, sondern auch für Produktionsfirmen, digitale Content-Provider, Medienvermarkter, Media- und Kreativagenturen. Sie alle müssen sich auf neue Formen der Zusammenarbeit und Kooperation einstellen, neue Geschäftsfelder, Prozesse und Erlösmodelle entwickeln. Das hier identifizierte Kategorienmodell schafft eine erste Grundlage für diese erforderliche Neuorientierung. Zudem bildet es den Ausgangspunkt für weitere Forschung.

Die Studienergebnisse zeigen auch, dass Markenmedien ein klar definiertes und ausgewogenes Zielsystem erfordern. Demnach müssen Unternehmen ökonomische und redaktionelle Ziele in Einklang bringen, um einen Mehrwert zu schaffen – nicht nur für die Marke, sondern auch für die Menschen als Verbraucher *und* Rezipienten. Die Qualität und Glaubwürdigkeit des Contents sind dabei ebenso ausschlaggebend wie die Passung zur Marke sowie zum Medienkontext.

Nach Meinung der Experten haben Markenmedien ein enormes Wachstumspotenzial, insbesondere im Bereich der digitalen Medien. Allerdings fehlt es in der Unternehmenspraxis bislang an verbindlichen Leistungskennzahlen, um die sehr unterschiedlichen Kontaktqualitäten von Markenmedien messen und mit herkömmlichen Währungen der Mediaplanung (TKP, GRP etc.) vergleichen zu können. Dieser verbindliche Erfolgsnachweis ist für das Strategische Management jedoch unerlässlich und die Voraussetzung für weitere Budgetverschiebungen zugunsten von Markenmedien. Weiterhin ist es erforderlich, das hier identifizierte Kategorienmodell zu quantifizieren und die Hauptkategorien zu operationalisieren und zu überprüfen. Eine entsprechende Studie von den Autoren ist derzeit in Vorbereitung.

Die erwähnten Markenmedien von Red Bull, Deutsche Telekom und P&G sind nicht nur ihrer Konkurrenz voraus, sondern auch dem gegenwärtigen wissenschaftlichen und theoretischen Diskurs. Es ist Aufgabe der Werbeforschung, diese Lücke zwischen Theorie und Praxis zu schließen und damit dem Stellenwert von Markenmedien auch wissenschaftlich gerecht zu werden. Markenmedien sind eine grundlegende Innovation der Werbekommunikation und Markentheorie. Die Erweiterung der Marke um eine Medienfunktion stellt einen Paradigmenwechsel dar und ist für die Kommunikations- und Medienwissenschaft eine große Chance. Wenn die Marke tatsächlich auf dem Weg zum Medium ist, und vieles spricht dafür, sollten sich Kommunikations- und Medienwissenschaft umgekehrt ebenso auf den Weg machen und eine noch stärkere inhaltliche Auseinandersetzung mit der Marke suchen.

Literatur

ALTMEPPEN, KLAUS-DIETER: Medienökonomie. In: BENTELE, GÜNTER; HANS-BERND BROSIUS; OTFRIED JARREN (Hrsg.): *Lexikon Kommunikations- und Medienwissenschaft*. Wiesbaden [Springer VS] 2013, S. 217-218

BALASUBRAMANIAN, SIVA K.: Beyond Advertising and Publicity: Hybrid Messages and Public Policy Issues. In: *The Journal of Advertising*, 57(4), 1994, S. 29-46

BLUMLER, JAY GEORGE; ELIHU KATZ (Hrsg.): *The Uses of Mass Communications: Current Perspectives on Gratifications Research*. Beverly Hills, CA [Sage Publications] 1974

BRUHN, MANFRED: Das kommunikationspolitische Instrumentarium. In: BRUHN, MANFRED; FRANZ-RUDOLF ESCH; TOBIAS LANGNER (Hrsg.): *Handbuch Kommunikation: Grundlagen – Innovative Ansätze – Praktische Umsetzungen*. Wiesbaden [Gabler] 2009, S. 23-43

CHARMAZ, KATHY: Grounded Theory. In: SMITH, JONATHAN A. ; ROM HARRE; LUK VAN LANGENHOVE (Hrsg.): *Rethinking Methods in Psychology*. London [Sage Publications] 1995, S. 27-49

COHEN, DOROTHY: *Advertising*. Glenview [Scott, Foresman and Company] 1988

COLEMAN, JAMES S.: *Foundations of Social Theory*. Cambridge, London [Harvard University Press] 1994

CONTENT MARKETING INSTITUTE: *2012 B2B Content Marketing Benchmarks, Budgets and Trends*. http://www.contentmarketinginstitute.com/wp-content/uploads/2011/12/B2B_Content_Marketing_2012.pdf. 2011

FRANCK, GEORG: *Ökonomie der Aufmerksamkeit. Ein Entwurf.* München/ Wien [Carl Hanser-Verlag] 1998

GLASER, BARNEY G.: *Theoretical Sensitivity: Advances in the Methodology of Grounded Theory*. Mill Valley [Sociology Press] 1978

GLASER, BARNEY G.; ANSELM L. STRAUSS: *The Discovery of Grounded Theory: Strategies for Qualitative Research*. London [Aldine] 1999

GOULDING, CHRISTINA: Grounded Theory, Ethnography and Phenomenology: A Comparative Analysis of Three Qualitative Strategies for

Marketing Research. In: *European Journal of Marketing*, 39(3/4), 2005, S. 294-308

GRÖNROOS, CHRISTIAN: On defining Marketing: finding a new roadmap for marketing. In: *Marketing Theory*, 6(4), 2006, S. 395-417

HEINONEN, KRISTINA: Consumer Activity in Social Media: Managerial Approaches to Consumers' Social Media Behavior. In: *Journal of Consumer Behaviour*, 10(6), 2011, S. 356-364

HEPP, ANDREAS: *Cultures of Mediatization*. Hoboken, NJ [John Wiley & Sons] 2012

IMHOF, KURT: Mediengesellschaft und Medialisierung. In: *Medien und Kommunikationswissenschaft*, 54. Jg., 2, 2006, S. 191-215

KOISO-KANTTILA, NINA: Digital Content Marketing: A Literature Synthesis. In: *Journal of Marketing Management*, 20, 2004, S. 45-65

LIEB, REBECCA: *Content Marketing, Think like a publisher – how to use content to market online and in social media*. Indianapolis [Que Publishing] 2012

MAST, CLAUDIA; SIMONE HUCK; KAROLINE GÜLLER: *Kundenkommunikation*. Stuttgart [UTB] 2005

MCLUHAN, MARSHALL: *Understanding Media: The Extensions of Man*. New York [McGraw-Hill] 1964

MEYEN, MICHAEL: Medialisierung. In: *Medien und Kommunikationswissenschaft*, 57. Jg., 1, 2009, S. 23-38

RUBIN, ALAN M.: Uses and Gratification: An Evolving Perspective of Media Effects. In: NABI, ROBIN L.; MARY BETH OLIVER (Hrsg.): *The Sage Handbook of Media Processes and Effects*. London [Sage Publications] 2009, S. 147-160

ROWLEY, JENNIFER: Understanding Digital Content Marketing. In: *Journal of Marketing Management*, 24(5-6), 2008, S. 517-540

SCHULZ, WINFRIED: Reconstructing Mediatization as an Analytical Concept. In: *European Journal of Communication*, 19(1), 2004, S. 87-101

SHAYON, SHEILA: *P&G Expands Digital Branded Content as Soap Operas Fade to Black. Brandchannel.* http://www.brandchannel.com/home/post/PG-Evolves-Branded-Content-Strategy.aspx. 2011

SIEGERT, GABRIELE; WERNER A. MEIER; JOSEF TRAPPEL: Auswirkungen der Ökonomisierung auf Medien und Inhalte. In: Bonfadelli, Heinz; Otfried Jarren; Gabriele Siegert (Hrsg.): *Einführung in die Publizistikwissenschaft*. Bern u. a. [UTB] 2010, S. 519-545

STRAUSS, ANSELM; JULIET CORBIN: *Basics Of Qualitative Research*. Thousand Oaks, CA [Sage] 1998

WEICHLER, KURT: Corporate Publishing: Publikationen für Kunden und Multiplikatoren. In: PIWINGER, MANFRED; ANSGAR ZERFASS (Hrsg.): *Handbuch Unternehmenskommunikation*. Wiesbaden [Gabler] 2007, S. 441-451

JÖRG TROPP / SIMONE HUCK-SANDHU / ROBERT FRANZKE

Innovationen und Diffusion in der Persuasionsforschung. Eine Metaperspektive

1. Einleitung

Interaktive Online-Medienangebote sind heute fester Bestandteil im Media-Mix von Marketing-treibenden Unternehmen. Mit der Diffusion des multimedialen Dienstes World Wide Web (www) ab Mitte der 1990er-Jahre wurden Internetanwendungen immer häufiger genutzt. Sie haben die Gesellschaft und damit auch die Werbewirtschaft nachhaltig beeinflusst: Im Jahr 2011 beliefen sich die Netto-Werbeeinnahmen von Online-Angeboten in Deutschland auf 990 Millionen Euro. Dies entspricht gegenüber 2010 einem Zuwachs von 15 Prozent, womit die Online-Medien im Vergleich zu anderen Werbeträgern erneut mit Abstand die größten Zuwächse verbuchen konnten (2008: +9,4 %, 2009: +1,3 %, 2010: +12,7 %, 2011: +15 %; vgl. ZAW o. D.). Während die Werbeausgaben von Marketing treibenden Unternehmen für Online-Angebote in den letzten Jahren deutlich gestiegen sind, gingen die Ausgaben für andere Werbeträger stark zurück und scheinen sich derzeit zu verstetigen.

Mit der Diffusion der Innovation Internet im Marketingkommunikationssystem hat sich auch das Feld für die Werbeforschung verändert. Aber wie intensiv befasst sich die Forschung im Kontext der Marketingkommunikation bereits mit dem fundamentalen Wandel, der sich in der Praxis beobachten lässt? Konkreter: Hat die Innovation Internet Einfluss auf die Entwicklung des Themen-Mix der Persuasionsforschung genommen? Der vorliegende Beitrag geht dieser Frage anhand einer Inhaltsanalyse von internationalen Fachzeitschriften in den Jahren von 2000 bis 2011 nach. Es wird untersucht, inwiefern sich die gravierenden kommunikationstechnologischen und medialen Veränderungen durch das Internet und seine Dienste in der Forschung zur persuasiven Kommunikation niedergeschlagen haben.

Ziel ist es, Erkenntnisse über die Entwicklung der Persuasionsforschung im Kontext der Marketing- und Werbekommunikation seit Beginn der Durchdringung der Gesellschaft mit dem Internet zu gewinnen. Die im Rahmen dieses Beitrags präsentierten Ergebnisse stellen erste Ergebnisse des Projektes ›Innovationen in der Persuasionsforschung‹ dar, das von der Forschungsgruppe Persuasionsforschung der Hochschule Pforzheim durchgeführt wird. Insofern handelt es sich hier um einen Zwischenbericht eines längerfristig angelegten Forschungsprojekts.

2. Konzeptioneller Rahmen und Anlage der Untersuchung

Als theoretischer Zugang dienen die vorliegenden Forschungsergebnisse zur Diffusion von Innovationen (vgl. ROGERS 2003). Demnach kann davon ausgegangen werden, dass im Falle einer erfolgten Adoption der Innovation Internet in der Persuasionsforschung seit Ende der 1990er-Jahre zunächst eine kleine Gruppe von Innovatoren das Internet thematisch in ihren Forschungsarbeiten berücksichtigt. Das Thema Internet diffundiert dann in der Persuasionsforschung, indem eine zunehmende Anzahl von Wissenschaftlern es in ihren Arbeiten aufgreift (Early Adopters, Early Majority). In Abhängigkeit vom Stand des Diffusionsprozesses verliert das Thema Internet dann seinen innovativen Charakter in der Persuasionsforschung und wird auch von weniger innovationsaffinen Wissenschaftlern in ihren Arbeiten berücksichtigt (Late Majority, Laggards) (vgl. Abb. 1).

Im Rahmen der hier vorgestellten Studie steht vor allem die Frage im Vordergrund, ob die Innovation Internet in der Persuasionsforschung bereits die Majority-Phase erreicht hat. Dabei geht es nicht nur um die Frage, inwiefern und mit welchen Schwerpunkten das Thema Internet in der Breite der Persuasionsforschung bereits behandelt wird, sondern es geht auch um dessen Anteil und Rolle in der Persuasionsforschung insgesamt. Somit ergeben sich zwei Forschungsfragen:

ABBILDUNG 1

Adopterkategorien im Diffusionsprozess

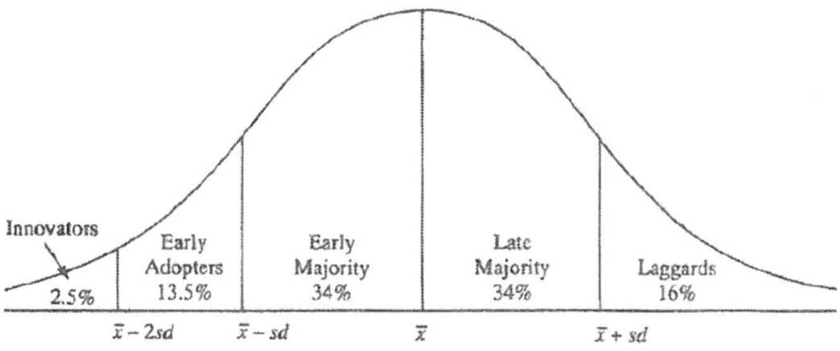

Quelle: Rogers 2003: 281

- *Forschungsfrage 1:* Wie hat sich die Persuasionsforschung vom Jahr 2000 bis heute entwickelt?
- *Forschungsfrage 2:* Welchen thematischen Einfluss hat die Innovation Internet auf die Persuasionsforschung vom Jahr 2000 bis heute genommen?

Um die Diffusion des Themas Internet in der Persuasionsforschung empirisch erfassen zu können, wurde eine Inhaltsanalyse von Publikationen in wissenschaftlichen Journals (peer reviewed) durchgeführt. Dabei wurden entsprechend des oben dargestellten theoretischen Zugangs bewusst nicht jene Fachzeitschriften herangezogen, die sich auf Fragen der Online-Kommunikation spezialisieren, sondern etablierte, thematisch breit ausgerichtete Marketing-Journals. Ausgewählt wurden jeweils die Top-50-Journals des VHB JOURQUAL-Teilrankings Marketing 2008 (vgl. HENNIG-THURAU et al. 2004) und des GeMark-Rankings 2011 (vgl. VOETH et al. 2011). Untersuchungseinheit war die einzelne Publikation. Für die Analyse herangezogen wurden sämtliche Aufsätze, die in den relevanten Zeitschriften im Zeitraum zwischen dem 01.01.2000 und dem 31.12.2011 erschienen sind und den Persuasionssuchbegriff in trunkierter Form als ›Persua‹ im Aufsatztitel, Abstract und/oder unter den Schlagwörtern führen. Daraus resultiert eine Stichprobe von 199 Publikationen.

Das Kategoriensystem der Inhaltsanalyse umfasst neun formale und 14 inhaltliche Kategorien. Die formalen Kategorien umfassen Autor/en, Titel der Veröffentlichung, Zeitschrift, Erscheinungsjahr, Jahrgang,

Heftnummer, Seiten, Sprache der Veröffentlichung sowie die Suchwortstelle. Mit den Inhaltskategorien werden die Publikationen untersucht hinsichtlich

- ihres Bezugs zu digitalen Medien (Internet-, www-, Social Media-, Mobile-, E-Mail-, sonstiger ›E‹- Bezug),
- der Art der Veröffentlichung,
- der Datenerhebungsmethode (falls es sich um einen empirischen Forschungsbeitrag handelt) sowie
- ihrer behandelten Themen.

Die Festlegung der Themenkategorien orientiert sich dabei an der Lasswell-Formel (LASSWELL 1948), was zu folgenden Kategorien führt: Kommunikatortyp und Kommunikatoreigenschaft/en (›Who‹), Inhalt (›What‹), Rezipienten-/Konsumententyp (›To Whom‹), Medium (›In Which Channel‹), intervenierender oder resultierender Effekt (›With What Effect‹). Im Codebuch sind die Kategorien und ihre Variablen definiert und mit Beispielen versehen.

Die Inhaltsvalidität in Form der Vollständigkeit und Trennschärfe der Kategorien wurde durch Probecodierungen empirisch überprüft und verbessert (vgl. BROSIUS/KOSCHEL 2009; FRÜH 2011; RÖSSLER 2010). Grundlage für die Codierung bildete jeweils der Volltext der Journal-Beiträge. Um die Güte des entwickelten Kategoriensystems zu überprüfen, wurde der Intercoder-Reliabilitätskoeffizient nach Holsti (1969) mittels einer jeweils unabhängigen Codierung von 20 Aufsätzen durch vier Codierer[1] getestet. Er weist über alle Kategorien hinweg einen sehr guten Wert von 0.86 auf[2], sodass davon ausgegangen werden kann, dass ein verlässliches Instrument zur inhaltsanalytischen Erfassung von wissenschaftlichen Veröffentlichungen aus dem Bereich der Persuasionsforschung entwickelt worden ist. Aufgrund der begrenzten Fallzahl, die diesem Zwischenbericht zugrunde liegt, können die im Folgenden dargestellten Ergebnisse zurzeit allerdings lediglich erste Hinweise zu den Forschungsfragen liefern.

1 Die Erhebung fand im Rahmen eines Lehrprojekts an der Hochschule Pforzheim statt. Die Aufsätze wurden von Master-Studierenden codiert.

2 formale Kategorien: *CR* = 0.99, Inhaltskategorien: *CR* = 0.79.

3. Gegenstandsbereich der Persuasionsforschung ab 2000

Die erste Forschungsfrage richtet sich auf die thematische Entwicklung der Persuasionsforschung im Zeitraum zwischen 1. Januar 2000 und 31. Dezember 2011. Für die Auswertung werden die entlang der Lasswell-Formel festgelegten Themenkategorien – im Sinne von Gegenstandsbereichen der Persuasionsforschung – im Zeitverlauf betrachtet. Dieser Themenfrequenzanalyse liegt die Annahme zugrunde, dass sich die Gewichtung bzw. Bedeutung des jeweiligen Themas in der Häufigkeit seiner Behandlung zeigt (vgl. BONFADELLI 2002: 81; GLÄSER/LAUDEL 2010: 198).

Für jeden Artikel wurde erhoben, welche Themen behandelt werden. Aufgrund der vergleichsweise geringen Fallzahlen werden für die nachfolgende Ergebnisdarstellung die Ausprägungen eines Themas auf Beitragsebene zusammengefasst, sodass pro Thema und Beitrag eine binäre Aussage im Sinne von ›thematisch behandelt‹ bzw. ›thematisch nicht behandelt‹ möglich wird. Als ›thematisch nicht behandelt‹ wurde auch gewertet, wenn eine Kategorie implizit oder explizit beiläufig in einem Artikel erschien, jedoch im weiteren Verlauf der Veröffentlichung nicht mehr angesprochen wurde. Für die Prüfung von Zusammenhängen wird der Chi-Quadrat-Test eingesetzt.

Behandlung der Themenkategorien im Zeitverlauf

Die Untersuchung des Zusammenhanges zwischen behandelten Themen und Veröffentlichungsjahr zeigt im Jahresvergleich starke Schwankungen: Effekte, Inhalte und Rezipiententyp werden in zwischen 80 Prozent und 100 Prozent der untersuchten Artikel zur Persuasionsforschung am häufigsten behandelt, Kommunikatoreigenschaft/en hingegen am seltensten (vgl. Abb. 2).

ABBILDUNG 2

Themenkategorien im Zeitverlauf

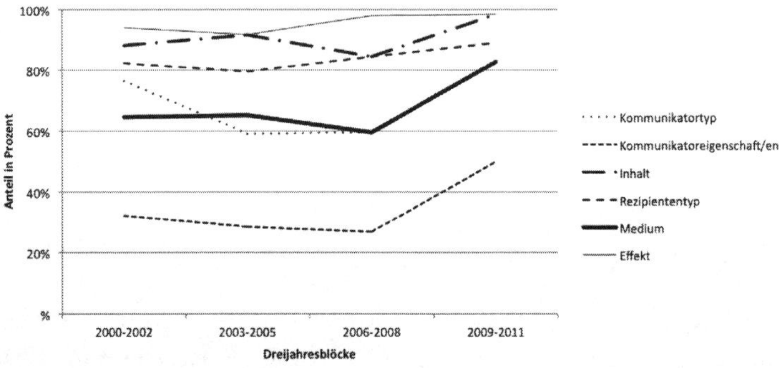

$n = 195$, Mehrfachzuordnungen möglich

Fasst man die Ergebnisse zu Mehrjahresblöcken zusammen, erfüllen vier der sechs Themenkategorien die geforderten Voraussetzungen für die Anwendung des Chi-Quadrat-Tests. Diese Themenkategorien sind Kommunikatortyp, Kommunikatoreigenschaft/en, Rezipiententyp und Medium. Für die Themenkategorie Rezipiententyp kann jedoch keine signifikante Abhängigkeit vom Erscheinungszeitraum festgestellt werden ($p > 0{,}05$), weswegen sie in Tabelle 1 nicht ausgewiesen wird.

TABELLE 1

Zusammenhänge von Themenkategorien und Erscheinungsterminen von Veröffentlichungen in Dreijahresblöcken

Themenkategorie	Asymptotische Signifikanz (2-seitig)	χ^2
Kommunikatortyp	0,011	11,047
Kommunikatoreigenschaft/en	0,034	8,699
Medium	0,037	8,497

Die folgende nähere Betrachtung der relativen Häufigkeiten soll genaueren Aufschluss über die Entwicklung des sich andeutenden Themenwandels der Persuasionsforschung bringen.

Kommunikatortyp

Betrachtet man die Ergebnisse zu Kommunikatortypen, die in den Beiträgen behandelt werden, zeigen sich im Vergleich nach Dreijahresblöcken deutliche Forschungsschwerpunkte (vgl. Abb. 3). Zunächst fällt auf, dass sich die Persuasionsforschung am häufigsten mit For-Profit-Organisationen beschäftigt. Am zweithäufigsten sind Non-Profit-Unternehmen Gegenstand der analysierten Publikationen, gefolgt von Parteien, Staat und Behörden, natürlichen Personen sowie Medienorganisationen.

ABBILDUNG 3
Thematisierte Kommunikatortypen

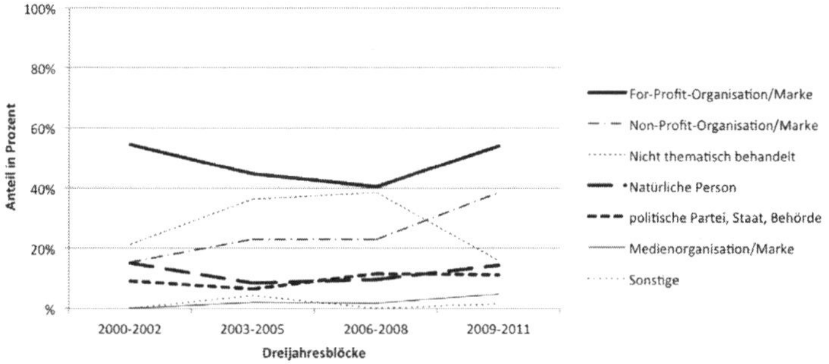

n = 195, Mehrfachzuordnungen möglich

Die Betrachtung der thematisierten Kommunikatortypen zeigt besonders bei der Behandlung von For-Profit- und Non-Profit-Organisationen einen deutlichen Anstieg im letzten Dreijahresblock. Die Zahl der Veröffentlichungen ohne Bezug zu einem spezifischen Kommunikatortyp ist im selben Zeitraum stark gesunken.

Kommunikatoreigenschaft/en

Für die Behandlung von Kommunikatoreigenschaft/en zeigen die Daten ab dem Dreijahresblock 2006 - 2008 eine Veränderung (vgl. Abb. 4). Während im vorangegangen Zeitraum 2003-2005 rund 30 Prozent ($n=14$) der untersuchten Beiträge Kommunikatoreigenschaft/en behandelten und rund 70 Prozent ($n=35$) nicht, nähern sich die Prozentwerte seither an. Im Dreijahresblock 2009-2011 thematisiert exakt die Hälfte ($n=32$) der Beiträge Kommunikatoreigenschaft/en.

ABBILDUNG 4

Thematisierung der Kommunikatoreigenschaft/en

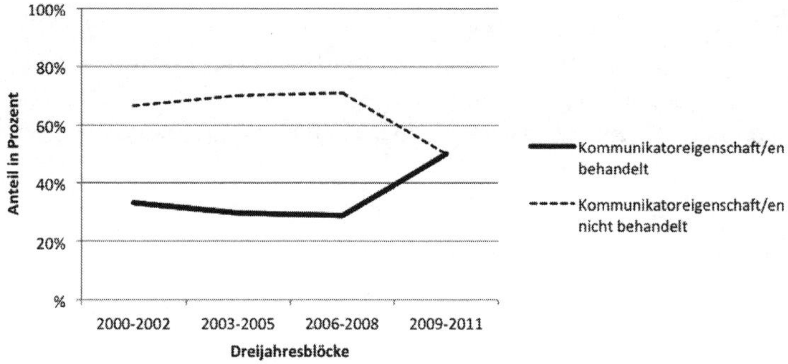

$n=196$

Zur näheren Analyse dieses Zusammenhangs kann unter Berücksichtigung des nominalen Skalenniveaus der dichotomen Variablen Kommunikatoreigenschaft/en und des metrischen Niveaus der Variable Erscheinungsjahr eine punktbiseriale Korrelation gerechnet werden, die zu einem signifikanten Ergebnis führt ($r_{pb}=0{,}147$, $p \leq 0{,}05$) (vgl. BORTZ/SCHUSTER 2010: 173).

Die Thematisierung von Kommunikatoreigenschaften korreliert demnach positiv, aber schwach mit dem Erscheinungsjahr von Aufsätzen in der Persuasionsforschung.

Behandelte Medien

Die Kategorie ›Behandelte Medien‹ besitzt mit 20 Ausprägungen den größten Umfang. Um auch hier zu Aussagen zu gelangen, die eine Korrelation mit dem Erscheinungsjahr einer Veröffentlichung betreffen, haben wir die Variable in eine nominalskalierte dichotome Dummy-Variable (Medium thematisiert / Medium nicht thematisiert) transformiert. Die Berechnung der punktbiserialen Korrelation führt zu einem signifikanten Ergebnis, wenngleich auch hier die Stärke der Korrelation sehr gering ist (r_{pb} = 0,143, $p \leqslant 0{,}05$). Es lässt sich also sagen, dass persuasionsthematische wissenschaftliche Veröffentlichungen, die zwischen 2000 und 2011 erschienen und jüngeren Datums sind, sich tendenziell thematisch eher mit Medien befassen als ältere Veröffentlichungen dieses Zeitraums.

Vor dem Hintergrund des Forschungsinteresses, aber auch mit Blick auf die geringen Fallzahlen und eine bessere Übersichtlichkeit, haben wir des Weiteren die 20 Ausprägungen der Kategorie behandelte Medien nach ihrer Zugehörigkeit zu ›internetbezogenen‹ Medien einerseits und ›klassischen‹ Medien der Massenkommunikation andererseits zusammengefasst. Die Variable ›internetbezogene Kommunikationsmedien‹ umfasst die Medien E-Mail, Website und Social Media. Klassische Medien der Massenkommunikation beinhalten TV, Funk und Print (Zeitung, Zeitschrift). Eine Einordnung mobiler Kommunikationsmedien ist nicht nötig, da diese im Untersuchungszeitraum nicht behandelt wurden.

ABBILDUNG 5
Klassische und internetbezogene Medien

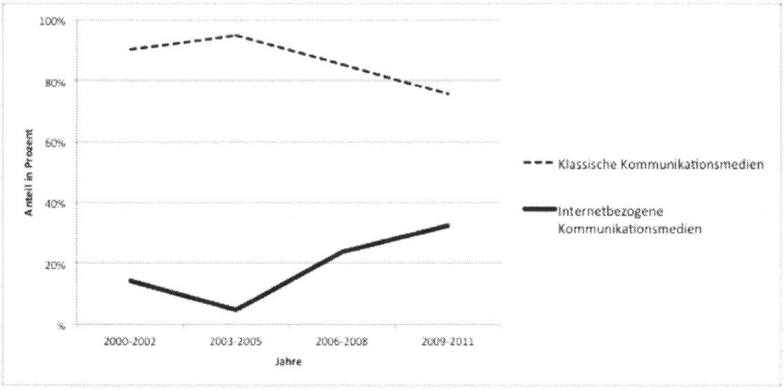

n = 199, Mehrfachzuordnungen möglich

Abbildung 5 zeigt ab dem Dreijahresblock 2006-2008 eine deutliche Abnahme des Anteils von Beiträgen, die sich mit klassischen Kommunikationsmedien beschäftigen, bei gleichzeitiger Zunahme von Beiträgen, die internetbezogene Kommunikationsmedien thematisieren. Der Chi-Quadrat-Test zeigt einen signifikanten Zusammenhang aber nur zwischen den Dreijahresblöcken und der Thematisierung internetbezogener Kommunikationsmedien auf ($\chi^2 = 8{,}473$, $p \leq 0{,}05$). Die nähere Analyse dieser Entwicklung zeigt, dass die Abnahme aufseiten der klassischen Medien hauptsächlich der sinkenden Beschäftigung mit dem Medium Print geschuldet ist (relative Häufigkeit 2000-2002: 48,5 %, $n = 16$; 2009-2011: 32,8 %, $n = 21$). Der Anstieg der relativen Häufigkeit bei der wissenschaftlichen Auseinandersetzung mit den modernen Medien ist auf die Zunahme im Bereich des Mediums Website zurückzuführen (relative Häufigkeit 2003-2005: 2,1 %, $n = 3$; 2009-2011: 15,6 %, $n = 10$).

Empirische Methoden

Um einen möglichen Themenwandel auch entlang der eingesetzten Methoden nachzeichnen zu können, wurden die Art der Veröffentlichung und – bei empirischen Veröffentlichungen – die Datenerhebungsmethode erfasst. Ein klares Ergebnis zeigt sich für diese beiden Kategorien allerdings nicht. Deutlich wird lediglich, dass bei den in der Persuasionsforschung verwendeten Datenerhebungsmethoden empirisch quantitative Studien im untersuchen Zeitraum anteilig dominieren. Als Einzelmethode kommt das Experiment am häufigsten zum Einsatz. Ein statistisch signifikanter Methodenwandel im untersuchten Zeitraum kann aber nicht festgestellt werden.

Zusammenfassung der Ergebnisse

Mit der inhaltsanalytischen Untersuchung der Veröffentlichungen können Hinweise auf einen Themenwandel innerhalb der Persuasionsforschung im Zeitraum 2000 bis 2011 gefunden werden. Dies betrifft die Themenkategorien Kommunikatortyp, Kommunikatoreigenschaft/en und Medium. Für die Thematisierung von Kommunikatoreigenschaft/en und Medien kann eine positive, geringe Korrelation mit dem Erscheinungsjahr festgestellt werden.

4. Thematische Entwicklung der Persuasionsforschung: Schwerpunkt Internet und seine Dienste

Die zweite Forschungsfrage beschäftigt sich mit dem Einfluss der Innovation Internet und seiner diversen Dienste auf die thematische Entwicklung der Persuasionsforschung im Zeitraum vom 1. Januar 2000 bis 31. Dezember 2011. Eine Veröffentlichung wird dann als auf das Internet und seine diversen Dienste bezogen behandelt, wenn ein Bezug zu diesen im Titel, im Abstract bzw. in den Schlagworten hergestellt wird. Für eine weitere Differenzierung wird bei den Ausprägungen zwischen Internet-, www-, Social Media-, Mobile-, E-Mail- und ›Sonstiger E‹-Bezug unterschieden.

Zahl der Beiträge mit Bezug zum Internet und seinen Diensten

Im Untersuchungszeitraum weisen insgesamt 40 der untersuchten 199 Veröffentlichungen einen Bezug zum Internet und einen oder mehrere seiner Dienste auf. Aufgrund der geringen Fallzahlen pro Ausprägung ist keine konstante Entwicklung der absoluten oder relativen Häufigkeit der Behandlung erkennbar. Die zu Beginn der Untersuchung angestrebte Feintrennung ist unter diesen Bedingungen nicht zielführend, sodass die sechs Kategorien zur Hilfsvariable ›Publikation behandelt internetbezogene Kommunikationsmedien‹ zusammengefasst werden. Im Folgenden werden die für Forschungsfrage 2 relevanten Ergebnisse jeweils im Gruppenvergleich nach Veröffentlichungen mit und ohne Bezug zu Internetkommunikationsmedien dargestellt.

Abbildung 6 zeigt die Verteilung der Beiträge in absoluten Zahlen nach Jahren. Sie legt einerseits starke Schwankungen offen, andererseits scheint sich seit 2009 ein leichter Zuwachs von Beiträgen, die sich mit dem Internet und seinen Diensten auseinandersetzen, anzudeuten. Bedingt durch geringe Fallzahlen sind an dieser Stelle tiefergehende statistische Auswertungen nicht möglich.

Behandlung der Themenkategorien im Gruppenvergleich

Die Themenkategorien lassen sich erneut entlang der Lasswell-Formel darstellen und nach Gruppen vergleichen. Abbildung 7 zeigt die prozentuale Verteilung für die 40 Publikationen mit thematischem Bezug zum Internet und seinen Diensten im Vergleich zu den 156 Publikationen ohne einen solchen Bezug.

Der Kommunikatortyp wird in insgesamt 139 Veröffentlichungen thematisiert. Mit einem Anteil von 75 Prozent bei Publikationen, in denen moderne Medien behandelt werden ($n = 30$), und 70 Prozent bei Publikationen, die internetbezogene Medien nicht thematisieren ($n = 109$), ist die

ABBILDUNG 6
Thematisierung von internetbezogenen Kommunikationsmedien

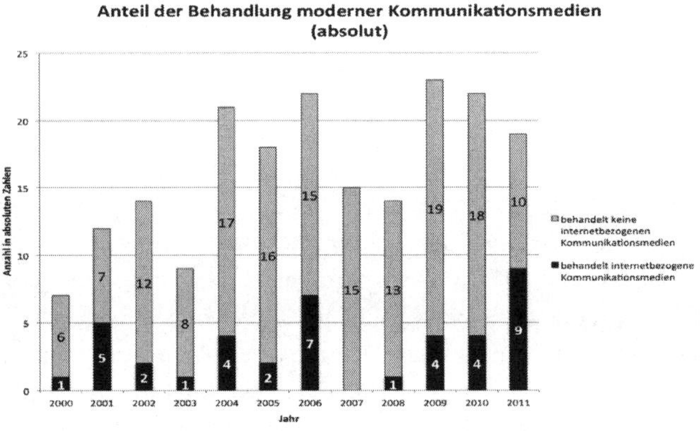

n = 196

ABBILDUNG 7
Themenbezüge der Beiträge

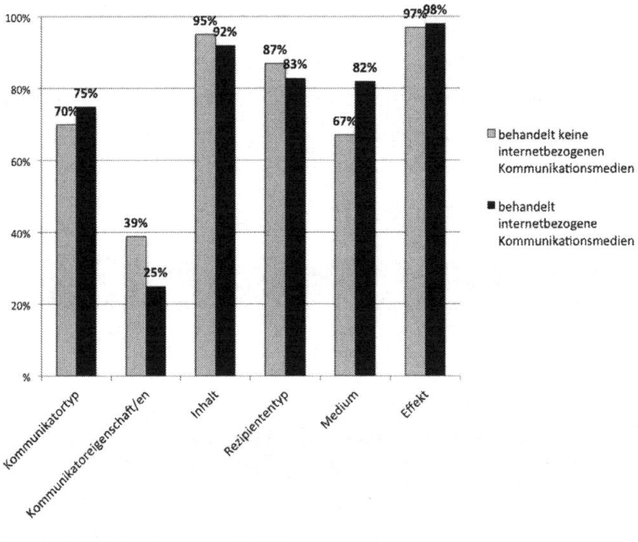

n = 71-196; Mehrfachzuordnungen möglich

Verteilung der Ausprägungen relativ ähnlich. Dies lässt darauf schließen, dass der Kommunikatortyp in der Persuasionsforschung von Fragen des Medientyps unabhängig ist.

Die Kommunikatoreigenschaft/en werden in 71 Veröffentlichungen thematisiert: in 25 Prozent der Beiträge, die internetbezogene Medien behandeln ($n=10$), und in 39 Prozent der Beiträge, die internetbezogene Medien nicht behandeln ($n=61$). Der Unterschied ist hier zwar deutlich größer, aber statistisch nicht signifikant. Es kann allenfalls vorsichtig festgehalten werden, dass Kommunikatoreigenschaft/en in der Persuasionsforschung, die sich mit internetbezogenen Kommunikationsmedien befasst, eine leicht geringere Bedeutung zukommt.

Kommunikationsinhalte sind Gegenstand von insgesamt 182 Veröffentlichungen. Sie werden in 92 Prozent der internetbezogenen Publikationen ($n=36$) und in 95 Prozent der nicht internetbezogenen Publikationen ($n=146$) behandelt. Die Verteilung auf Veröffentlichungen mit klar marketingkommunikativem bzw. werblichem Inhalt sowie auf Veröffentlichungen, in denen diese eher in den Hintergrund treten, ist nahezu gleich. Ein Bedeutungsunterschied kann auch hier nicht festgestellt werden.

Der Rezipiententyp wird in 168 Veröffentlichungen thematisiert, davon in 83 Prozent der internetbezogenen ($n=33$) und in 87 Prozent der nicht internetbezogenen Veröffentlichungen ($n=135$).

Das Medium wird mit einer Behandlung in 138 Veröffentlichungen am häufigsten thematisiert. Auffallend ist, dass Printmedien (internetbezogene Beiträge: 30 %, $n=12$ / nicht internetbezogene Beiträge 36 %, $n=56$) in beiden Forschungsfeldern relativ quasi gleich gewichtet sind.

Effekte der persuasiven Kommunikation werden in insgesamt 191 Veröffentlichungen thematisiert, in 98 Prozent der internetbezogenen ($n=39$) und 97 Prozent der nicht internetbezogenen Publikationen ($n=152$).

Empirische Methoden

Abhängig vom Gegenstand eines Beitrags lassen sich Unterschiede bei den gewählten Datenerhebungsmethoden ausmachen: Empirische Forschung, die sich auf das Internet bezieht, scheint deutlich häufiger auch mit internetbasierten Methoden, wie beispielsweise der Online-Befragung, durchgeführt zu werden (vgl. Abb. 8).

Bei den 164 empirischen Beiträgen, die Teil der Untersuchung waren, handelt es sich vorwiegend um empirisch-quantitative Studien ($n=125$).

ABBILDUNG 8
Datenerhebungsmethode bei empirischer Veröffentlichung

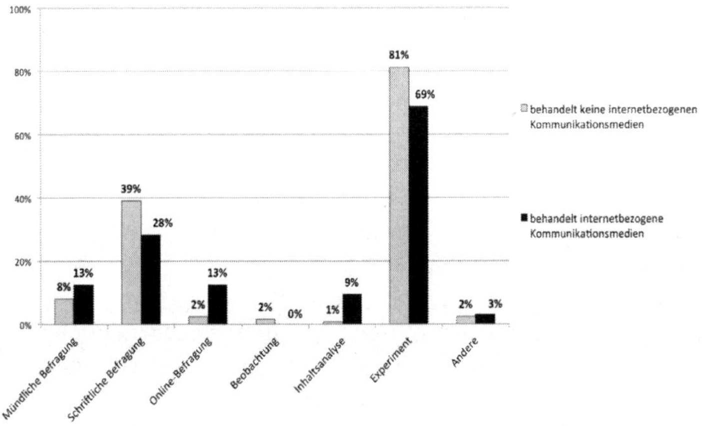

n = 210; Mehrfachzuordnungen möglich

32 Veröffentlichungen weisen einen Internet-Bezug auf. Davon sind 21 quantitativ ausgerichtet und elf qualitativ.

Die schriftliche Befragung wurde in 28 Prozent der Beiträge, die internetbezogene Medien thematisieren ($n=9$) und in 39 Prozent der Beiträge, die internetbezogene Medien nicht thematisieren ($n=48$), als Methode verwendet. Ein ähnliches Verhältnis zeigt sich bei der Methode Experiment (69 %, $n=22$ / 81 %, $n=100$). Die Online-Befragung als Erhebungsmethode kommt relativ gesehen zwar häufiger in internetbezogenen Veröffentlichungen, absolut gesehen jedoch nur sehr selten vor (13 %, $n=4$ / 2 %, $n=3$). Im Untersuchungszeitraum der zwölf Jahre kommt dieser Erhebungsmethode somit grundsätzlich kein bedeutsames Gewicht zu.

Zusammenfassung der Ergebnisse

Beim inhaltsanalytischen Vergleich der modernen, internetbezogenen bzw. klassischen, nicht internetbezogenen Veröffentlichungen konnten keine Hinweise auf die unterschiedliche Bedeutung einzelner Themenkategorien festgestellt werden. Dies lässt darauf schließen, dass die Innovation Internet und seine diversen Dienste keinen thematischen Einfluss auf die inhaltliche Ausrichtung der Persuasionsforschung genommen hat. Es kann allenfalls festgehalten werden, dass einige wenige Aspekte mit unterschiedlicher Gewichtung behandelt werden. Dies bewegt sich allerdings nicht in einem statistisch signifikanten Rahmen und kann daher vernachlässigt werden.

Auch ist kein signifikanter Methodenwandel erkennbar, wenngleich in Abhängigkeit vom (nicht) gegebenen Internetbezug einer Veröffentlichung Unterschiede bei den Datenerhebungsmethoden festgestellt werden können.

5. Kritische Reflexion der Ergebnisse

Der Zusammenhang zwischen Wirtschafts- und Wissenschaftssystem, der im Hinblick auf die steigende Bedeutung des Internets und seiner diversen Dienste im Rahmen der zwei Forschungsfragen erwartet wurde, konnte im Rahmen der Inhaltsanalyse nicht bestätigt werden.

Das liegt einerseits an den bereits erwähnten Limitationen, die sich durch die vergleichsweise kleine Datenbasis ergeben, die diesem Zwischenbericht zugrunde liegt. Vorstellbar ist zudem, dass die Selektionskriterien, die für die Auswahl der Journalartikel angewendet worden sind, zu eng gefasst waren und die Breite der internetbezogenen Persuasionsforschung nur unzulänglich abzubilden vermögen. Durch das Suchwort ›persua‹ und die Konzentration auf dessen Nennung in Titel, Abstract und/oder Schlagworten könnten Beiträge herausgefallen sein, die thematisch relevant gewesen wären. Zudem ist die Persuasionsforschung nicht der einzige Ansatz zur Erforschung marktgerichteter, beeinflussender Kommunikation. So ist nicht auszuschließen, dass das Internet zwar im Kontext derartiger Kommunikation thematisiert wird, dies allerdings nicht unter dem Begriff der Persuasionsforschung geschieht. Hinzu kommt die Orientierung an den Rankings: Die zugrunde liegenden zwei Journal-Rankings bilden nur einen Teil der Publikationen ab, die persuasive Kommunikation behandeln. Sie haben zudem einen klaren Marketingfokus. Da sich das hier untersuchte Forschungsfeld an der Schnittstelle von Marketing und Kommunikationswissenschaft und damit zweier verschiedener Disziplinen befindet, sollen im weiteren Verlauf der Studie zusätzlich auch Journals mit Fokus auf Kommunikationswissenschaft oder Fachzeitschriften aus dem Bereich Psychologie einbezogen werden. Die bewusste Ausblendung von Journals, die sich auf Online-Forschung konzentrieren, sollte überdacht werden, denn die vorgelegte Untersuchung hat klar gezeigt, dass das Internet und seine Dienste im Kontext der Persuasionsforschung noch nicht breit in der allgemeinen Marketing-Literatur angekommen sind.

Andererseits lassen sich für das Ergebnis, dass die Persuasionsforschung in allgemeinen Marketing-Journals bis dato noch wenig zum Internet und seinen Diensten publiziert hat, auch formale und inhaltliche Erklärungsansätze finden. Ein formaler Grund kann in der Art und Dauer von Peer-Review-basierten Auswahlprozessen von internationalen Journals liegen. Ihnen wird vorgeworfen, langsam (ELLISON 2002) und gegenüber Innovationen (zu) wenig aufgeschlossen zu sein (ARMSTRONG 1982; FREY 2003). Zudem ist von einem Publikationsdruck auf Wissenschaftler die Rede (vgl. FREY 2003), der eher zur Orientierung am Mainstream führt. Der Review-Prozess kann von der Einreichung bis zur Veröffentlichung bis zu zwei Jahre betragen (vgl. FREY 2003). Hinzu kommt die Zeit für den Forschungsprozess, der einer Einreichung vorausgeht. Vergleichsweise langen Erhebungs- und Publikationsprozessen in der Wissenschaft steht auf der anderen Seite eine hohe Innovationsgeschwindigkeit des Wirtschaftssystems gegenüber. Zu Beginn eines Forschungsprojekts kann also kaum abgeschätzt werden, welche Relevanz das untersuchte Thema bei Einreichung, geschweige denn bei eventueller Veröffentlichung einige Jahre später noch haben wird. Im Hinblick auf Veröffentlichungschancen kann das dazu führen, dass Wissenschaftler ihre Forschung auf etablierte und besser vorhersehbare Themen richten. Dies birgt außerdem weniger Risiken für die eigene Veröffentlichungsstatistik und akademische Reputation. Als ein Indikator hierfür kann die weitestgehend gleich verteilte Behandlung von Themen im Kontext internetbezogener und klassischer Kommunikationsmedien gesehen werden, die sich im Rahmen der Inhaltsanalyse zeigte.

Die im Rahmen unserer Studie vorgenommene Konzentration auf Journalartikel ist doppelt von der Kritik am Peer-Review-Verfahren betroffen. Zum einen werden die Untersuchungseinheiten in diesem Prozess zur Veröffentlichung ausgewählt. Zum anderen geschieht die Erstellung der beiden Rankings auf der Grundlage von Expertenurteilen (vgl. HENNIG-THURAU et al. 2004; VOETH et al. 2011). Diese Einschränkung wirkt sich wiederum unmittelbar auf das Forschungsinteresse von Wissenschaftlern aus (vgl. FREY 2003: 207). Analog zum Erklärungsansatz der relativen Gleichverteilung der Themenbedeutung kann sich Innovation hier eher schwer durchsetzen. Dies führt wiederum zu einer Vergrößerung des *time lag* zwischen wirtschaftlicher Entwicklung und wissenschaftlicher Berücksichtigung. Ein weiterer Grund für ein *time lag* zwischen dem anfänglichen Forschungsinteresse und der Veröffentlichung kann auch im Forschungsprozess selbst liegen. Durch die Neuheit von Medien ist denkbar, dass zunächst verlässliche Forschungsinstrumente entwickelt werden müssen, bevor publikationsreife Forschung betrieben werden kann. Die Nichtbehandlung der mobilen Online-Kommunikation, die die Inhaltsanalyse ergab, könnte hierdurch sowie durch Publikationszeiträume erklärt werden. Mobile Kommunikation hat sich erst in den letzten fünf Jahren des Untersuchungszeitraums durchgesetzt. Diese Lesart würde bedeuten, dass die Innovation Internet von der Persuasionsforschung nicht vernachlässigt wird, sondern aufgrund der Dauer von Forschungs- und Publikationszyklen sowie durch die mangelnde Aufgeschlossenheit vieler Journals gegenüber innovativen Themen in thematisch breit ausgerichteten Marketing-Fachzeitschriften derzeit noch wenig sichtbar ist. Diese Erklärung kann für neuere Internetdienste durchaus gelten, für etablierte multimediale Dienste, die bereits seit Ende der 1990er-Jahre im Media-Mix eingesetzt werden, erscheint sie aber wenig plausibel.

6. Zusammenfassung und Ausblick

Zusammenfassend lässt sich im Rückbezug zur ersten Forschungsfrage festhalten: Für den untersuchten Zeitraum konnten Hinweise auf einen Themenwandel innerhalb der Persuasionsforschung gefunden werden. Er betrifft, wenn auch in sehr geringer Ausprägung, die Auseinandersetzung der Persuasionsforschung mit den Themenkategorien Kommunikatortyp, Kommunikatoreigenschaft/en sowie Medium. Dabei kann aber nur für die Kategorien Kommunikatoreigenschaft/en und Medium jeweils eine positive, geringe Korrelation mit dem Erscheinungsjahr der Veröffentlichung postuliert werden.

Eine Diffusion der Themainnovation Internet und seiner diversen Dienste konnte jedoch für das Wissenschaftssystem nicht nachgewiesen werden. Die vor dem Hintergrund der zweiten Forschungsfrage angestrebte Einordnung der internetbezogenen Persuasionsforschung in den Diffusionsprozess von Innovationen nach Rogers lässt sich somit nicht verlässlich vornehmen. Die laut Expertenurteil 50 wichtigsten Marketingjournals haben Forschungsergebnisse zur ›Innovation Internet‹ im Zeitraum 2000 bis 2011 noch vergleichsweise wenig aufgegriffen.

Literatur

ARMSTRONG, J. SCOTT: Is Review by Peers as Fair as it Appears? In: *Interfaces*, 5, 1982, S. 62-74

BONFADELLI, HEINZ: *Medieninhaltsforschung: Grundlagen, Methoden, Anwendungen*. Konstanz [UVK] 2002

BORTZ, JÜRGEN; CHRISTOF SCHUSTER: *Statistik für Human- und Sozialwissenschaftler*. 7. Aufl. Berlin, Heidelberg [Springer] 2010

BROSIUS, HANS-BERND; FRIEDERIKE KOSCHEL: *Methoden der empirischen Kommunikationsforschung*. Wiesbaden [VS Verlag für Sozialwissenschaften] 2009

ELLISON, GLENN: The Slowdown of the Economics Publishing Process. In: *Journal of Political Economy*, 5, 2002, S. 947-993

FREY, BRUNO S.: Publishing as Prostitution? – Choosing between one's own ideas and academic success. In: *Public Choice*, 116, 2003, S. 205-223

FRÜH, WERNER: *Inhaltsanalyse*. Stuttgart [UTB] 2011

GLÄSER, JOCHEN; GRIT LAUDEL: *Experteninterviews und Qualitative Inhaltsanalyse*. Wiesbaden [VS Verlag für Sozialwissenschaften] 2010

HENNIG-THURAU, THORSTEN; GIANFRANCO WALSH; ULF SCHRADER: VHB-JOURQUAL: Ein Ranking von betriebswirtschaftlich-relevanten Zeitschriften auf der Grundlage von Expertenurteilen. In: *Zeitschrift für betriebswirtschaftliche Forschung zfbf*, 56, 2004, S. 520-545

HOLSTI, OLE RUDOLF: *Content Analysis for The Social Sciences and Humanities*. Reading [Addison-Wesley] 1969

LASSWELL, HAROLD D.: The Structure and Function of Communication in Society. In: BRYSON, LYMAN (Hrsg.): *The Communication of Ideas*. New York [Harper & Row] 1948, S. 37-52

ROGERS, EVERETT M.: *Diffusion of Innovations*, 5. Aufl., New York u. a. [The Free Press] 2003

RÖSSLER, PATRICK: *Inhaltsanalyse*. Konstanz [UVK] 2010

VOETH, MARKUS; JEANETTE LOOS; UTA HERBST: GeMark: Ein bibliometrisches Ranking für Marketing-Zeitschriften. In: *Marketing ZFP – Journal of Research and Management*, 4, 2001, S. 329-344

ZAW ZENTRALVERBAND DER DEUTSCHEN WERBEWIRTSCHAFT E. V.: Netto-Werbeeinahmen erfassbarer Werbeträger in Deutschland. In: ZAW *Online*, http://www.zaw.de/index.php?menuid=119 [03.06.2013]

MAREN KLEPPER / BURKARD MICHEL

Innovation der Persuasion, Persistenz der Impertinenz? Werbung aus der Sicht der VerbraucherInnen

1. Problemstellung und Untersuchungsperspektive

Die Innovationen im Bereich der Medientechnologien, die mit den Begriffen ›Digitalisierung‹ und ›Vernetzung‹ nur unzureichend beschrieben sind, und ihre Auswirkungen auf die werbliche Kommunikation bilden die Klammer der hier versammelten Beiträge. Doch trotz der Faszination für neuartige Kommunikationsmöglichkeiten, die durch den Technologieschub ausgelöst wurden, bildet der User als die marketingstrategisch anvisierte Zielperson den Dreh- und Angelpunkt aller Überlegungen im Bereich der Werbe- und Markenkommunikation. Auch Fragen nach Innovationen im Bereich der Medientechnologien sind daher auf die Adressaten der ›Innovation der Persuasion‹ zu beziehen und aus ihrer Perspektive zu beleuchten. Statt vor dem Hintergrund einer Zunahme intelligenter und interaktiver Medienanwendungen »einen aktiv handelnden, kommunizierenden oder gar produzierenden Medien-User« schlichtweg ›vorauszusetzen‹, stellt sich nicht nur die Frage, inwieweit reale Rezipienten und Konsumenten die genannten Anforderungen tatsächlich erfüllen können und wollen, sondern noch grundlegender die Frage, wie Konsumentinnen und Konsumenten die kommunikative Gattung ›Werbung‹ in ihrem Alltag rahmen: Welchen Stellenwert hat Werbung in ihren Relevanzsystemen, was nehmen sie überhaupt als Werbung wahr, stehen sie ihr eher kritisch gegenüber, gleichgültig oder positiv? Zwar vermelden die Interessensverbände der Werbeindustrie eine »absolute Mehrheit pro Werbung« (ZAW 2012: 38) und untermauern dies durch Auftragsstudien großer Werbeträgerkonzerne (BAUER VERLAGSGRUPPE; AXEL SPRINGER AG; ebd.: 39). Diese auf expliziten Befragungen beruhenden Untersuchungen berücksichtigen jedoch weder die impliziten Sinngehalte, die die Konsumenten mit dem Thema ›Werbung‹ verbinden, noch deren Relevanzsetzungen, die deutlich von denen der Auftraggeber abweichen können. Vor dem Hintergrund einer Perspektivierung auf die ›Innovation der Persuasion‹ in ›neuen Medienwelten‹ stellt sich überdies die weitergehende Frage, ob die Faszination für neue technologische Kommunikationsmöglichkeiten nicht eher die Sicht von Medien- und Kommunikationsfachleuten wiedergibt und weniger die Perspektive der Adressaten von Werbung (genauso wie die konstatierte Wertschätzung von Werbung eher der Perspektive der werbetreibenden Unternehmen zu entsprechen scheint als die der Verbraucher). Mit anderen Worten: Haben die Medieninnovationen der letzten Jahre das grundlegende Vorstellungsbild von Werbung in der Wahrnehmung der Konsumenten beeinflusst? Die Vermutung ist naheliegend, dass erlernte, d. h. in der Mediensozialisationsgeschichte erworbene Erfahrungen mit Medien und Werbung, jüngere Erfahrungen mit neu hinzugekommenen Medieninnovationen vorstrukturieren und in veränderten Medienumgebungen fortbestehen. Je nach Mediennutzungsgeneration waren unterschiedliche Medien- und Werbeformen prägend und bestehen möglicherweise trotz erheblicher Veränderungen der Medienumgebung fort. Die Haltung zur Werbung dürfte somit durch generationenspezifische Erfahrungen gerahmt sein. Im Vergleich von Vertreterinnen und Vertretern von vier unterschiedlichen Altersgruppen rekonstruiert der vorliegende Beitrag die subjektiven Konstruktionen zum Thema ›Werbung‹.

2. Theoretischer Hintergrund und begriffliche Grundlagen

In feuilletonistischen Betrachtungen wird oftmals der Generationenbegriff bemüht, um besondere Gemeinsamkeiten Gleichaltriger plakativ zu benennen (›Generation Praktikum‹, ›Generation Y‹). Auch zur Charakterisierung altersspezifischen Medienkonsums wird bisweilen mit dem Begriff der Generation gearbeitet (bspw. »Net Generation«; TAPSCOTT 1998), der dabei jedoch nicht immer präzise verwendet wird (vgl. SCHÄFFER 2009: 31).

Oftmals handele es sich dabei allenfalls um schlaglichtartige Beschreibungen bestimmter Alters*kohorten*, die gerade alters*gruppen*spezifische Erfahrungen durchlaufen (vgl. ebd.: 33). Um tatsächlich von *generationen*spezifischen Erfahrungen und Verhaltensweisen sprechen zu können, empfiehlt sich daher eine genauere Betrachtung des Begriffs der Generation. Eine theoretische Fundierung hat der Begriff in der Wissenssoziologie Karl Mannheims erfahren (Erstausgabe 1928, hier 1964). Ein wesentlicher Gedanke von Mannheims Konzeption des Generationenbegriffs ist der der »Erlebnisschichtung« (ders. 1964: 536): Im Gegensatz zu Alterskohorten, die rein statistisch benachbarte Geburtsjahrgänge zusammenfassen, zeichnen sich Generationen durch eine über die bloße chronologische Gleichzeitigkeit (vgl. ebd.) hinausgehende »verwandte Lagerung« (ebd.: 535f.) aus, durch die sie nicht nur »am selben Abschnitt des kollektiven Geschehens parallel« teilnehmen (ebd.), sondern dies auch noch »von derselben Art der Bewusstseinsschichtung aus« (ebd.: 536) tun. Die jeweilige »Art der Bewusstseinsschichtung« stattet das Individuum mit einem »Lebensfond« an vorbewussten und unreflektierten Wissensgehalten, Normalitätserwartungen, Einstellungen und Kompetenzen aus (vgl. ebd.: 538), auf dessen Grundlage weitere, neue Erfahrungen strukturiert werden (vgl. ebd.: 546). Nach Ansicht Mannheims ist es nämlich »entscheidend für die Formierung des Bewusstseins, welche Erlebnisse als ›erste Eindrücke‹, ›Jugenderlebnisse‹ sich niederschlagen, und welche als zweite, dritte Schicht usw. hinzukommen. [...] Die ersten Eindrücke haben die Tendenz, sich als *natürliches Weltbild* festzusetzen« (ebd.: 536; Herv. i. Orig.). Die für eine bestimmte Generation charakteristische Sichtweise und ›Weltanschauung‹ führt dazu, »dass durch sie auch räumlich getrennte Individuen, die niemals in persönliche Berührung miteinander geraten, verbunden werden können« (ebd.: 546f.). An anderer Stelle bezeichnet Mannheim jenen Fond an vorbegrifflichen Erfahrungen, »der unser Weltbild ausmacht« (ders. 1980: 207) als wesentliche Basis des *konjunktiven Erkennens* (ebd.: 211; vgl. Schäffer 2009: 42). Unter konjunktivem Erkennen versteht Mannheim eine vorbewusste, implizite, vorbegriffliche, intuitive und atheoretische Form des Erkennens (vgl. MANNHEIM 1980: 211ff., sowie 217ff.). Er grenzt sie ab von der »naturwissenschaftlichen Denklehre« (ebd.: 205), die »zum Erkennen überhaupt hypostasiert« (ebd.) worden sei und entsprechend als bewusst, explizit, begrifflich, prädikativ und theoretisch charakterisiert werden kann. Ein rationalistisches Individuum tritt hier unvoreingenommen dem Erkenntnisgegenstand gegenüber. Das konjunktive Erkennen ist dagegen kollektiv geprägt und hat seine Basis in der gemeinsamen Handlungspraxis eines Milieus bzw. in der Diktion Mannheims eines »konjunktiven Erfahrungsraums« (vgl. ebd.: 214), in den der Erkenntnisgegenstand hereingenommen wird. Auch Generationen können als »konjunktive Erfahrungsräume« betrachtet werden, die jene konjunktive Art des Erkennens unter ihren Angehörigen ermöglichen.

Diese Gedanken Mannheims fortführend und auf den Umgang mit Medien anwendend, entwickelt Burkhard Schäffer das Konzept generationenspezifischer »Medienpraxiskulturen« (vgl. ders. 2003) und geht davon aus, »dass sich auf der Grundlage der Medienerfahrungen und -praxen zu einer gegebenen Zeit für die jeweiligen Kohorten in ihrer Jugendzeit eigenständige Muster, Formen und Stile des Handelns mit den zeitgeschichtlich zur Verfügung stehenden Medien ausbildeten. Diese Handlungsstile verdichten sich in *Medienpraxiskulturen* und erscheinen den Handelnden in ihrer Jugendzeit als quasi ›natürliche‹ Form des Handelns mit Medien schlechthin« (SCHÄFFER 2009: 42; Herv. i. Orig.). Als Charakteristikum generationenspezifischer Medienpraxiskulturen postuliert Schäffer, dass ihre spezifischen Handlungsstile dauerhaft fortbestehen und auch im fortgeschrittenen Lebensalter das Handeln mit den dann neuen und aktuellen Medien prägen (ebd.) – und zwar ganz im Sinne des Mannheim'schen konjunktiven Erkennens »auf Ebenen, die den Handelnden bewusstseinsmäßig nicht oder nur mühsam zugänglich sind« (ebd.). Interessiert man sich in diesem Sinne für generationenspezifische Konstruktionen von Werbung, indem man Generationen als Medienpraxiskulturen begreift, dann ist ein methodischer Ansatz nötig, der einen empirischen Zugang zum konjunktiven Erfahrungsraum von Angehörigen unterschiedlicher Generationen ermöglicht.

3. Methodologie und Methode

Eine Rekonstruktion und Explikation jener impliziten Sinngehalte, die in den konjunktiven Erfahrungsräumen unterschiedlicher Milieus wurzeln und ihren Angehörigen selbst nur eingeschränkt reflexiv verfügbar und sprachlich explizierbar sind, verspricht die Dokumentarische Methode, die Ralf Bohnsack im Anschluss an die Wissenssoziologie Karl Mannheims seit den 1970er-Jahren entwickelt hat (im Überblick: BOHNSACK 2007). Als probates Erhebungsinstrument hat sich eine besondere Art des

Gruppendiskussionsverfahrens erwiesen, bei dem sogenannte ›Realgruppen‹ miteinander diskutieren, das heißt Gruppen die nicht eigens für die Gruppendiskussion zusammengestellt wurden, sondern auch im Alltag eine Gruppe bilden und über einen konjunktiven Erfahrungsraum miteinander verbunden sind. In selbstläufigen Diskussionen dieser Realgruppen gelangen die zugrundeliegenden Orientierungen des konjunktiven Erfahrungsraums – also beispielsweise der Generation – zur Artikulation (vgl. BOHNSACK 2000: 377f.). Bei der Analyse und Interpretation dieser (transkribierten) Gruppendiskussionen kommt als Leitdifferenz die Unterscheidung von explizitem und implizitem Wissen zum Tragen, wobei die Implizitheit und Vorbegrifflichkeit als Merkmal konjunktiver Wissensbestände betrachtet wird (vgl. BOHNSACK/NENTWIG-GESEMANN/NOHL 2007: 11f.). Während explizite Wissensbestände sprachlich codifiziert sind und milieuübergreifend geteilt werden, sind implizite Wissensbestände atheoretisch und in ihrer Verbreitung auf ihr jeweiliges Milieu begrenzt – dies können soziokulturelle, bildungsspezifische, gendertypische oder auch generationenspezifische Milieus bzw. Medienpraxiskulturen sein. Analytisch löst die Dokumentarische Methode diese Differenzierung im Wechsel der Perspektiven ein: Das explizite Wissen zeigt sich in der Betrachtung des inhaltlich-thematischen »Was« von Äußerungen, das implizite Wissen dokumentiert sich dagegen eher in der Art und Weise, im charakteristischen Stil bzw. im »Wie« einer Handlung (vgl. ebd.: 12f.). Augenfällig wird das jeweilige »Wie« im Vergleich unterschiedlicher Gruppen, die sich zum gleichen inhaltlich-thematischen »Was« äußern. Die komparative Analyse ist daher konstitutiv für die Dokumentarische Methode.

Für die vorliegende Untersuchung wurden vier Gruppendiskussionen mit Realgruppen aus vier Altersgruppen geführt (Schüler, Studierende, Berufstätige, Ruheständler).

- Schülerinnen: Vier Schülerinnen im Alter von 16 und 17 Jahren, die die 11. Klasse eines Gymnasiums in einer Kleinstadt besuchen und eine ›Clique‹ von Freundinnen bilden.
- Studenten: Zwei Pärchen im Alter von 24 und 25 Jahren, die im 11. Semester Geografie, Anglistik und Sport studieren und sich im Studium als Realgruppe konstituiert haben.
- Berufstätige: Drei Männer und eine Frau, alle kinderlos, zwischen 26 und 34 Jahren alt. Alle Gruppenmitglieder haben Abitur, zwei haben ein abgeschlossenes Studium, eine Person studiert gerade berufsbegleitend. Die Gruppenmitglieder sind tätig in den Bereichen

Controlling, Key Account Management und im Strahlenschutz. Die Gruppenmitglieder sind seit ihrer Grundschulzeit befreundet und bilden dadurch eine Realgruppe.
- Rentner: Drei Männer und zwei Frauen, darunter zwei Ehepaare im Alter zwischen 63 und 75 Jahren. Die Bildungsabschlüsse reichen vom Hauptschulabschluss über die Mittlere Reife und die Technische Abendschule bis hin zur Promotion. Sie kennen sich seit über 35 Jahren durch einen religiösen Familienkreis.

Den vier Gruppen wurde jeweils der gleiche Initialstimulus vorgelegt (ein werbekritisches Zitat von Kalle Lasn), ansonsten wurde die Selbstläufigkeit der Diskussionen nicht weiter beeinflusst.[1]

> »Werbung [ist] unter den geistigen Verschmutzungen die verbreitetste und giftigste. Vom ersten Klang des Radioweckers am Morgen bis zu den frühen Morgenstunden des Nachtprogramms im Fernsehen fluten Mikrostöße kommerzieller Verschmutzung in Ihr Gehirn« (LASN 2006: 27).

4. Ergebnisse

Explizite Äußerungen – gruppenübergreifend

»Werbung will das Kaufverhalten beeinflussen« so könnte man das gruppen- und damit generationenübergreifend geteilte explizite Wissen zum Thema ›Werbung‹ zusammenfassen. Exemplarisch sei die Äußerung der Schülerinnen wiedergegeben: »Hä ich find Werbung beeinflusst übel die Menschen« (Z 17). Die Explizitheit und der Common Sense zwischen den Gruppen in diesem Punkt deuten jedoch daraufhin, dass es sich dabei eher um ein theoretisch-abstraktes, ›gelerntes‹ Wissen über die Intentionen von Werbung handelt und weniger um ein im eigenen Erleben verankertes Wissen. So sind die Rentner skeptisch, ob sich diese Intention der Werbung bei ihnen tatsächlich erfüllt: »Man kriegt etwas offeriert, meint wege Coca Cola,

1 Rückblickend wäre zu diskutieren, inwieweit ein werbekritisches Zitat als Initialstimulus die Diskussionen in eine bestimmte Richtung gelenkt hat. Entscheidend für eine generationenvergleichende Perspektive ist jedoch, dass alle Gruppen den gleichen Reiz bekamen und sich in der Auseinandersetzung mit dem Reiz ihre generationenspezifischen Orientierungsmuster dokumentieren konnten. Im Übrigen wurde der Reiz vom weiteren Fortgang der Diskussionen relativ schnell absorbiert.

mach ma Pause Coca Cola, und dann kanns sein, ich bin mir aber unsicher ob ich dann im Laden wenn ich da jetz Pepsi hab und Cola ob ich dann zu Cola greif weiß net« (Z 16 - 18). Die Berufstätigen schließen kategorisch aus, dass sich die beabsichtigte Wirkung von Werbung einstellt: »es beeinflusst dich nicht zum Kaufen« (Z 131). Auch die Studierenden sind sich in diesem Punkt zunächst sicher, führen dann aber eine Hilfskonstruktion ein, die zwischen dem theoretischen und dem erlebten Wissen über Werbung vermittelt: »Also mich beeinflusst des jetz net so in meim Kaufverhalten./ Echt net? / Also zumindescht net bewusst« (Z 145 - 148). Und auch die Schülerinnen schicken ihrer Überzeugung, wonach Werbung die Menschen »übel beeinflusst« (s. o.) eine Relativierung hinterher: »Also ich weiss nich ... ich glaub des passiert voll unterbewusst« (Z 17 - 18).

Auch dies scheint zum theoretisch-explizierbaren Wissen aller Gruppen zum Thema Werbung zu gehören, dass sie nämlich allenfalls ›unbewusst‹ bzw. ›unterbewusst‹ wirkt. Gleichzeitig dient diese Relativierung der Überwindung einer Diskrepanz zwischen explizitem Wissen (Werbung will »manipulieren«, Rentner Z 22) und dem eigenen Erleben, dass ihr dies bei einem selbst nicht gelingt. Indem die Wirkweise der Werbung in einen per definitionem erlebnismäßig nicht zugänglichen Bereich – das Unterbewusstsein – verlagert wird, können beide einander eigentlich ausschließende Erfahrungseinheiten ›gerettet‹ werden und nebeneinander bestehen bleiben.

Exemplarisch soll dies anhand der Gruppe der Rentner gezeigt werden. Sie unterhalten sich gerade über Erotik in der Werbung (Z 203 - 214):

203 204	Bw:	Aber meinsch es isch wirklich so, dass die Männer so doof sin un mit sowas äh äh sich ahsprech lasse und dann den un den Artikel kaufe?
205 206	Dw:	Nein. die sin nich- die sind nicht doof in dem Sinne aber dieses Unterbewusstsein, wieviel war des 20 % von von unserm ganzen Potenzial is Bewusstsein, ne? [Blick zu Am]
207	Am:	((mit Dw↓)) Ja, ganz wenig, un der Rescht is Unterbewusstsein. Jaja, jaja.
208	Dw:	((mit Am↑))* Un der Rest is- un der rest is Unterbewusstsein, ____
209	Dw:	und das Unterbewusstsein is soo stark, da is so viel __ und-
210	Am:	Aja, des glaub ich auch.
211	Dw:	Und die Werbung legts drauf an, dieses Unterbewusstsein anzusprechen.

* Überlappende Redebeiträge. Die Pfeile geben an, mit welcher Äußerung die Überlappung stattfindet.

Nicht einmal die Männer sind »so doof«, so könnte man diese Passage etwas überspitzt zusammenfassen, sich durch erotische Reize zum Kauf eines Artikels animieren zu lassen, aber »das Unterbewusstsein is soo stark«, dass sich entgegen der eigenen, bewussten Erfahrung doch eine Wirkung einstellt. Mit dieser Argumentationsfigur wird das eigene Selbst von einer Anfälligkeit für werbliche Reize quasi ›entlastet‹ und die Verantwortung für eine etwaige Werbewirkung dem Unterbewusstsein zugeschoben. Auf diese Weise lässt sich die Common-Sense-Annahme (»Werbung wirkt«) und die eigene Erfahrung (»Werbung wirkt nicht«) miteinander in Einklang bringen. Eine weitere ›Entlastungsstrategie‹ findet sich bei allen Gruppen – jedoch in unterschiedlichen Ausprägungen.

Implizite Äußerungen – generationenübergreifend: ›Die Anderen‹

Die zweite Entlastungsstrategie nimmt die eigene Bevölkerungsgruppe von der Anfälligkeit für Werbung aus – ›andere‹ dagegen sind der Manipulationsmacht der Werbung hilflos ausgeliefert. Wer diese anderen sind – diese Frage wird von den Gruppen in unterschiedlicher Weise beantwortet.

Für die Schülerinnen sind die gefährdeten ›anderen‹ zunächst unspezifisch ›viele‹ und ›manche‹, schließlich ›ältere Leute‹. So würden die Schülerinnen selbst nie anhand eines Politikerbildes entscheiden, welche Partei sie wählen würden – jedoch:

294	Dw:	((mit Aw↓)) Ja abers gibt viele, ja
295	Aw:	((mit Dw↑)) Ja aber machen manche, ja
296	Bw:	Wenn du wenn du kuksch ah der lächelt schön @(.)@
297	Alle:	@(.)@
298	Bw:	@ganz bestimmt oder so.@ Weiss nich.
299	Aw:	Ne isch echt so, also __ kein, also viele ältere Leute nehm ich an, würden niemanden wählen der __
300	Aw:	so böse irgendwie __ auf nem Plakat kuckt oder

Neben den älteren Leuten gilt die Sorge der Schülerinnen implizit aber auch jüngeren Menschen. Die Wirkungsweise von Werbung ist prinzipiell »jedem klar. Also zumindest ab unserem Alter« (Z 593) – ›*vor*‹ diesem Alter, so lässt sich dieser Gedanke eventuell vervollständigen, sind die Menschen aber durchaus anfällig für die Manipulationsversuche der Werbung. Das eigene Alter zeichnet sich offenbar durch einen gewissen Grad an Reife aus: »Ich glaub in unserem Alter isch schon klar, dass die _ durch die Werbung voll die Leute manipulieren irgendwie. _ oder wollen halt. (3) Weisch?« (Z 593-594). Bemerkenswert an der letzten Passage und ihrem ›nachklappernden‹ »oder wollen halt« ist auch, dass die Manipulation der Werbung wiederum nicht als sich ›erfüllende‹, sondern lediglich als ›angestrebte‹ (und im Erleben der Gruppe wohl ausbleibende) Wirkung empfunden wird. Schließlich werden auch die eigenen Eltern von der Schülerinnengruppe als anfällig für die Verlockungen der Werbung gesehen: »Ja aber, zum Beispiel meine Mutter [...] die hat auf jeden Fall mal irgendwas gekauft obwohl wirs nicht gebraucht haben, aber es war im Angebot« (Z 237-240). Und auch der Vater ist nicht resistent: »Zum Beispiel mein Vater _ früher als ich mit dem einkaufen gegangen bin, nur weils im Angebot war hat der mir voll viele Klamotten gekauft« (Z 240-242). Nur die eigene Altersgruppe scheint in der Wahrnehmung der Schülerinnen clever genug, um sich nicht von Werbung manipulieren zu lassen.

Die Studierenden schlossen eine Beeinflussung durch Werbung bei sich aus – »auf jeden Fall net bewusst« (Z 149). Aber auch hier gibt es andere, die ›super empfänglich‹ sind für Werbung: »Ähm un als Kind isch denk ich des wema so vorm Fernseh sitzt, aber deswegen darf ma wahrscheinlich au net soll ma ja au seine Kinder net so früh vorn Fernseh sitztn _ setzten weil die dann ähm __ die wollen halt irgendwann nurnoch Milka, wenn nur Milkawerbung kommt, weil die halt so super empfänglich sind für schöne Farben und Jingles und was weiß ich« (Z 286-290). Erst mit zunehmendem Alter, so könnte man die implizite Wirkungstheorie zusammenfassen, nimmt die Empfänglichkeit für Werbung ab.

Die Berufstätigen postulieren normativ einen »gewissen freien Willen« (Z 24), den man gegen die werblichen Beeinflussungsversuche haben »sollte« (Z 23). Dieser »freie Wille« scheint in der Perspektive der Gruppe jedoch ungleich verteilt zu sein, wobei sie selbst »eher« (Z 25) darüber verfügen als »manch andere« (Z 25):

25 Dm: Ich denk halt dass wir _ eher n freien Willen haben als
26 manch andere, die sich halt von allem beeinflussen lassen nur weil's im Fernsehn kommt, oder weil's irgendwo
27 gedruckt ist oder aus ner offiziellen Quelle wie im Radio kommt.

In einer weiteren Passage ist von »bestimmte(n) Gruppen« die Rede, »die anfällig sind« (Z 216). Die Gruppe der Berufstätigen selbst ist dagegen aufgrund ihres »Alters« (Z 218), ihres »gesicherten Lebensstils« (Z 219) und ihres grundsoliden Stehens »mit beiden Beinen auf dem Boden« (Z 219) nicht »ganz so anfällig« (Z 219) für die Wirkung von Werbung:

215 Cm: Nja, also verbreitet ist es schon ziemlich. Also um nochmal auf den Satz zurückzukommen.

216 Bm: Verbreitet ja verschmutzen tut's _ vielleicht bestimmte Gruppen, die anfällig sind,...

217 Dm: Richtig, Ja.

218 Bm: ...das denk ich schon, aber ich würde mal behaupten,
219 dass grade in unserm Alter _ so n gewissen gesicherten Lebensstil und äh _ mit beiden Beinen auf m Boden sind nicht ganz so anfällig für solche Dinge.

220 Bm: Außer man sucht grad was.

Einer Wirkungstheorie der Berufstätigen zufolge »zielt« Werbung »auf die niederen Zentren im Gehirn« (Z 515/516) – entsprechend seien es »leichtgläubigere Leute« (Z 518), bei denen Werbung wirkt. Sich selbst bezeichnen die Berufstätigen dagegen als »Elite« (Z 520) mit »höherem Bildungsgrad« (Z 521/522):

515 Bm: Hmm, achso genau. ___ Natürlich ähm _ denke, dass
516 äh _ wenn Werbung zielt auch vielleicht n bisschen auf die niederen Zentren im Gehirn an,

517 Dm: Mhm ´[zustimmend]

518 Bm: Und spricht dann auch vielleicht _ entsprechend ich sag mal _ leichtgläubigere Leute an,

519 Dm: Ja

520 Bm: un deswegen behaupte ich, dass Leute, __ wie wir, __ die Elite,

521 Cm: höherer Bildungsgrad

522 Bm: höherer Bildungsgrad, __ wir sind so toll, dass wir auf sowas nich reinfallen.

523 Cm: Mhm [zustimmend]

Die Selbststilisierung der Berufstätigen mündet in den Satz »wir sind so toll, dass wir auf sowas nich reinfallen« (Z 522). Inwiefern dieser recht selbstbewusste Satz ironisch grundiert oder gebrochen ist, lässt sich an dieser Passage nicht feststellen – »Ironiesignale« (vgl. WEINRICH 1966: 60) lassen sich jedoch nicht nachweisen. Bemerkenswert ist jedoch der despektierliche Blick auf Werbung, die als »sowas« (Z 522) bezeichnet wird, auf deren Absichten man allenfalls wie auf einen Betrugsversuch »reinfallen« (ebd.) würde. Die ›Anderen‹ sind in der Perspektive der Berufstätigen somit nicht Angehörige einer anderen Altersgruppe, sondern sozial anders: Vom Lebensstil, vom Bildungsgrad, vom Intellekt – eben nicht Elite.

Während die Rentner Gegenstand der Sorge der Schülerinnengruppe waren, sind die Rentner der Meinung, dass insbesondere die Altersgruppe ihrer Enkel – also in etwa die der Schülerinnengruppe – sich den Imperativen der Werbung nicht entziehen kann:

520 521	Dw:	Un dann find ich noch, was eben- was grad Werbung für solche technischen Sachen, diese neuen Sachen die jeder ja haben muss, äh...
522	Cm:	Wieso haben muss?
523	Em:	((mit Dw↓)) Doch haben musst.
524	Dw:	((mit Em↑)) ...Die sin nich nur die
525 526 527	Dw:	jüngeren Leute, aber bei denen mein ich is es verstärkt, äh _ du hast dieses Gefühl, wenn du des nich hast gehörst du nich dazu. Jeder kuckt dich an un sagt wer isn des? _ Du bist der Niemand, wenn du des alles nicht hast.
528	Cm:	Da musste offensiv sein. Da musste gleich vorneweg sage ich hab so n Schwachsinn nich.
529	Bw:	Des kenne Junge net.
530	Bw:	((mit Dw↓)) Des kenne die net. ___ mm [verneinend] _
531	Bw:	((mit Dw↓ u. Am↓)) jaja, des kenne die net.
532	Dw:	((mit Bw↑)) Aber des können Junge- die können sich ja so nich
533	Dw:	((mit Bw↑ u. Am↓)) von ner Gruppe abgrenzen. Diese- diese- dieses-
534	Am:	((mit Dw↑ u. Bw↑)) Da isch der Gruppedruck- da isch der Gruppedruck zu hoch.

Werbung für »solche technischen Sachen, diese neuen Sachen« (Z 520) übt einen normativen Druck aus, diese Dinge besitzen zu »müssen« – wie mehrfach, leicht kontrovers bekräftigt wird. Dem begegnen die Rentner mit einer entgegengesetzten Norm: »Da musste offensiv sein. Da musste gleich vorneweg sage ich hab so n Schwachsinn nich« (Z 528). Wie bei der Gruppe der Berufstätigen fällt die Heftigkeit auf, mit der die werblichen Angebote abgelehnt werden (»Schwachsinn«). Mit hoher Übereinstimmung kommt die Gruppe der Rentner jedoch zu dem Ergebnis, dass sich die »jungen« diesem Druck nicht entziehen können: »Des kenne die net« (Z 529-532; Anm.: »kenne« = badisch »können«).

Obwohl alle Gruppen darin übereinstimmen, dass Werbung auf die Manipulation und die Beeinflussung des Kaufverhaltens zielt, scheinen alle Gruppen nicht an den Erfolg dieser Absicht zu glauben. Um aber dieses explizite Common-Sense-Wissen über Werbung trotz seiner fehlender Verankerung im eigenen Erleben aufrechtzuerhalten, werden zwei Entlastungsstrategien aufgeboten: Zum einen wird die Manipulationsmacht der Werbung ins ›Unterbewusstsein‹ verlagert, was offenbar zufriedenstellend erklärt, dass niemand sich ›bewusst‹ manipuliert fühlt. Zum anderen wird die Wirksamkeit der Werbung auf ›andere‹ projiziert – auch damit wird erklärlich, dass man sich selbst nicht beeinflusst fühlt. Dieser Befund kann evtl. als Beleg für den ›Third-Person-Effekt‹ angesehen werden, demzufolge »individuals who are members of an audience that is exposed to a persuasive communication (...) will expect the communication to have a greater effect on others than on themselves.« (DAVISON 1983: 3). Bei diesen Entlastungsstrategien handelt es sich vermutlich um Strategien ohne bewusste Absicht im Sinne Bourdieus (vgl. ders. 1993: 115f.), die dem ›impliziten‹ Wissen zuzurechnen sind: Keine der Gruppen hat es sich vermutlich *explizit* zum Ziel gesetzt, die Common-Sense-Vorstellung über Werbung wider aller selbst empfundener Evidenzen am Leben zu halten.

Implizite Äußerungen – generationenspezifisch

Neben dieser Auseinandersetzung mit dem (›gewussten‹) Wissen um die Manipulationsabsicht von Werbung und dem (›erlebten‹) Wissen, dass sich diese Absicht nicht erfüllt, lassen sich weitere Konstruktionen des Gegenstandsbereichs ›Werbung‹ aus den Gruppendiskussionen rekonstruieren, die sich auf ihre generationenspezifischen Ausprägungen befragen lassen.

Für die Schülerinnen ist Werbung selbstverständlicher Bestandteil des Alltags und insofern nicht nur dem expliziten Nachdenken entzogen, sondern sogar der Wahrnehmung.

Dw: Also ich find ich nehm die Werbung garnich mehr soo
wahr, __ weil die wirklich überall is auf m Bus oder _
im Schaufenst- Schaufenster is jetz doof aber, __ in
der- __ im Fernsehn und so im Internet in Facebook
kommt ja auch so an der Seite immer Werbung. (2) Ich
nehm die gar nicht mehr eigentlich so wahr __ also-

Werbung scheint ein permanentes, nicht mehr wahrgenommenes, nicht problematisiertes und insofern auch unproblematisches Hintergrundrauschen zu sein, das den gesamten Alltag grundiert.

384 Cw: Mir fällt- mir fällt zu Werbung eigentlich nur ein, ma guckt
385 se an im Fernseh oder im Radio oder sonscht wo und __ öh
lässt sich beeinflussen. Mehr fällt mir dazu irgendwie net ein.

386 Dw: Wenn ich an Werbung denk, hab ich grad irgendwie so n Bild,
387 Fernseher läuft, ich mach irgendwas anderes und Werbung
388 läuft halt irgendwie, wenn ich dann merk ah Desperate
Housewives fängt an, leg ich irgendwas was ich grad gemacht
hab zur Seite und kuck mir Desperate Housewives an.

Lediglich wenn Werbung (bspw. im Schulunterricht) zum fremdinitiierten, ›von außen aufgedrückten‹ Thema gemacht wird, fangen die Schülerinnen an, sich über Werbung Gedanken zu machen – aber selbst dann ist es als Thema »scheiße«.

369 Dw: Wir hatten doch mal in Deutsch Thema Werbung

370 Cw: Mir fällt garnet so viel zu Werbung ein irgendwie

371 Dw: Ich fand das schon in Deutsch scheiße des Thema.

372 Bw: @(.)@

Für die Studierenden ist Werbung ebenfalls ein selbstverständlicher Bestandteil des Lebens. Sie sind mit Werbung groß geworden und blicken auf eine fast lebenslange »Werbeschaukarriere« (Z 144) – so eine Formulierung der Gruppe – zurück.

108 Cm: Aber ich liebe Werbung im Fernsehn und hab des als
109 Kind, bin au nich mit direkt damit groß geworden, aber
110 als wir dann äh Kabelfernseh irgendwann hatten, äh
konnte ich alle Werbesequenzen auswendig und hab
dann mit meinen Geschwistern Werberaten gespielt.
Wer das Produkt am ehesten erkennt (und so)

111 Aw: Ja.

112 Dw: @(.)@ Er kuckt Werbefernsehn. Werbekanäle, genau
113 wie sein Bruder, ja? @Er kann mir sagen was für tol-
le Küchengeräte und Staubsauger er gibt.@

114 Aw: Nicerlicer.

115 Bm: Des hab ich hab ich au schon gmacht.

116 Cm: Den Nicerlicer kenn ich auch.

117 Aw: Ja aber, ähm des hab ich als Kind ö fand ichs au cool. Also
118 als ich d- wenn ich dann wo war wos Werbung gab (fand ichs)
119 super und au weil ja alle, is ja schon so, dass es, also isch
120 ja jetz __ sowas wie Wetter im Smalltalk. Also da redet also
121 über Werbung kama sich ja schon unterhalten, wie man hier
sieht, aber ähm, sagt ma ja schon oh Gott äh die Werbung
isch ja irgendwie nervig, oder hasch du die Werbung oder
gsehn, oder __ des isch doch der aus der Werbung oder so.

122 Dw: Ja ich mein dem, also als als wir n Abifilm gmacht ham,
123 ham wir mämlich zum Beispiel auch Werbeclips gemacht
un da war aber des n Beispiel der Drei Wetter Taft.

124 Aw: (Ja gut) macht ja Spass, ja

125 Dw: () ich mein der isch ja jahrzehnteübergreifend, generationenübergreifend.

126 Aw: Ja

127 Dw: Oder ich weiß noch als Kind hamer mal Fehrnsehn gemacht
128 un da musst ich nämlich des Seitenbacherkind des @lecker
lecker lecker sagt nachmachen@ des sin halt diese- ja-

129 Aw: Ja sei froh, dass de nich jetz Abi machsch
__ un sagen musch @__ @

Die Gruppe ›liebt‹ Werbung und hat sie seit Kindertagen in vielfältiger Weise praktisch in ihr Leben integriert – als Ratespiel, nachspielend, persiflierend, parodierend oder als Gegenstand von Small Talk. Die Allgegenwart der Werbung führt bei der Gruppe der Studierenden demnach nicht dazu, dass sie nicht mehr wahrgenommen wird (wie bei den Schülerinnen). Neben der erlebnisgesättigten Einbettung in vielfältige Handlungsbezüge wird sie vielmehr auch wie ein Kulturgut rezipiert.

970 Bm: Ja ich find halt also ___ was ich halt, ich find so Fernsehwer-
971 bung un so des find ich eigentlich nervig un au diese __ die also
972 diese ohnen irgendwiiie lokalen Bezug des find ich irgend-
wie __ net so toll. Aber so grad so wema in H-Stadt rumfährt
oder so Werb- irgendwie Werbung für Z-Location oder so

973 Bm: ((mit Dw↓)) die Werbung die Plakate

974 Bm: die warn einfach die warn einfach cool,

975 Bm: die warn kreativ die war- hatten loka- warn irgendwie lokal (ma wusst wos) hingeht,

976 Dw: ((mit Bm↑)) Ja die warn super.

977 Aw: ((mit Bm↑)) Die zum Beispiel, ja. Desch ja aus so

978 ?? total genial.

979 Dw: Un die warn soo simpel,

980 Dw: ((mit Bm↓)) ich mein da stand ja einfach drauf ir-
981 gendwie was stand da drauf? Für mehr Sonne, für
mehr Kinder, füür mehr Freiheit un sowas __

982 Dw: da stand eben nicht mehr drauf und des war so effektiv, ich mein
983 so viele WGs ham die daheim hängen weil die einfach geil sin, ja.

984 Bm: ((mit Dw↑)) Un die warn echt einfach aber die warn
985 irgendwie mit Idee dahinter un warn cool (2) für
mehr- (2) ja und des fand einfach- desch halt-

986 Bm: Ja un des war halt, weiß net des hat halt
mich halt direkt betroffen un desw-

987 Dw: Und du kansch bei da au irgendwiie ähm sicher gehn, dass
988 der Z-Location, also was au immer für ne Werbeagen-
989 tur die am Haken ham, nägschtes Jahr die ganu coole
also genauso coole Werbung ham. Des find ich au, ja.

In sehr hoher interaktiver Dichte und in einer für den Außenstehenden nicht vollständig nachvollziehbaren Weise begeistert sich die Gruppe für die Werbung des lokalen Veranstaltungsortes Z: Im Anschluss an Karl Mannheim kann man hier vom »konjunktiven Modus« sprechen, in dem sich die Gruppe auf Basis ihres gemeinsam geteilten, impliziten Wissens verständigt. Charakteristisch dafür ist auch ein begrenzter »Mitteilbarkeitsbereich« (MANNHEIM 1980: 214), der »auf jene beschränkt [ist], die an der gesamtexistentiellen Beziehung, in der und aus der diese Erkenntnis aufsteigt, *teilhaben*« (ebd. Herv. i. Orig.). Die Gruppe versteht sich unmittelbar durch Andeutungen und Anspielungen auf Basis ihrer gemeinsam geteilten Erfahrung, zu der Außenstehende sich einen Zugang erst interpretativ erarbeiten müssen.

Trotz dieser Begeisterung ›für‹ und der lebenslangen Verstrickung ›mit‹ Werbung stehen die Studierenden ihr doch ambivalent gegenüber – denn eigentlich ist Werbung »nervig« (Z 970). Aus dieser Ambivalenz entsteht eine bemerkenswerte Orientierungsfigur der Studierenden im Umgang mit Werbung: Der Wunsch nach Kontrolle. Er wird in mehreren Passagen wiederholt geäußert: »Aber unabhängig davon find ich glaub ich solche Werbung am coolschten, weil du die eben au glaub ich am einfachsten wieder los wirsch« (Z 390-391). Die Studierenden wollen entscheiden, ob sie sich der Werbung zuwenden oder nicht. »Während so n too much einfach ganz schnell too much is. Aber ich glaub es geht glaub ich schon drum, dass es Werbung isch die man wie ma irgendwie jetz schon a paar Mal gsagt ham eben ausschalten kann oder halt nich« (Z 406-408). »Bescheuert« (Z 1043) und »nervig« (Z 1044) ist dagegen alles, was »so ungefiltert auf mich einströmt« (Z 1042) und dem man sich nicht entziehen kann, weil es – wie bspw. Kinowerbung – »erzwungen« (Z 1045) ist. Die Gruppe der Studierenden nimmt Werbung aus der Rezipientenperspektive wahr – dies scheint eine triviale Feststellung zu sein, gewinnt aber an Relevanz, wenn man die Auseinandersetzung der Gruppe der Berufstätigen mit dem Thema ›Werbung‹ vergleichend hinzuzieht.

Die Berufstätigen nehmen Werbung zunächst anscheinend ebenfalls aus Rezipientensicht in den Blick – allerdings sehr distanziert und abgeklärt, ganz so, wie man es von einer »Elite« erwartet, die über den Dingen, der Werbung und »den Deutschen« steht:

140 Bm: Ne ansonsten ist Werbung ähm, ich kucke mir ger-
ne manchmal an wenns gute Werbung ist...
141 Cm: Ja
142 Bm: ...aber in Deutschland gibts halt keine kaum gute
143 Werbung. Also relativ wenig, weil die Deutschen
des net verstehen, __ die guten Werbungen.
144 Cm: Außer AutoWerbungn. Aber die kommen dann
auch meistens, _ oder sin oft aus m Ausland.
145 Bm: Ja.
146 Cm: Oder von ausländischen, amerikanischen Produzenten oder so.
147 Cm: [Räusper]

»Die Deutschen« – von denen sich die Gruppe hier distanziert – verstehen »gute Werbungen« nicht, weshalb es sie hierzulande auch kaum gibt. Mit der Distanzierung von den »Deutschen« geht eine weitere Distanzierung einher, durch die sich die besondere Perspektive der Berufstätigen auszeichnet: Sie blicken nicht wie normale Zuschauer auf Werbung, sondern haben den Kennerblick des Connaisseurs, der um die ›Gemachtheit‹ von Werbung weiß, der weiß aus welchem Land sie stammt und wer der Produzent ist. Damit distanziert sich die Gruppe doppelt – zum einen von den »Deutschen« und zum anderen von normalen Zuschauern, indem sie auf die Seite der Hersteller ›überläuft‹ und sich quasi einen privilegierten Blick ›hinter‹ die Kulissen zubilligt. Als »Hinter-die-Kulissen-Gucker« und diejenigen, die wissen wie's ›gemacht‹ bzw. ›konzipiert‹ wird, präsentiert sich die Gruppe der Berufstätigen auch beim Umgang mit Online-Werbung und Pop-Ups: »die sin ja so konzipiert dass du au noch kucken musst wo du hinklickst« (Z 177). Die Distanz von den »Deutschen« dokumentiert sich auch in einer weiteren Passage, in der sich die Gruppe betont kosmopolitisch gibt:

561 Bm: Ja ich mein, wenn ma so irgendwo is ähm ich sag ma New
562 York Times Square oder sowas da is es schon bisschen
563 viel so. Als Tourist is es schon ganz nett, aber so dauerhaft
is es dann schon too much, aber des ham wir in Deutsch-
land ja eigentlich nich, deswegen find ich des jetz-

564 Dm: Wir ham des kaum, wenn de aber jetz in die ganzen Ostblock-
565 staaten fährst in die neuen Städte also in die neu- neuen
566 größeren Städte die da sind oder die die halt renoviert sind
da haste die elektronische Werbung und diese Billboards
genauso wie des in Tokio oder in n USA vermuten würdest.

567 Bm: Echt?

568 Cm: Ja gut, in Japan is es ja echt extrem un in n USA ja gut, klar.

569 Dm: Da is es nich überall.

570 Cm: New York Time Square oder sowas ich mein da äh ähm dafür
571 is er ja auch bekannt ja, da, des muss ma auch ma dazu sagen
572 ja, also wenn am Times Square nich diese riesige Colawer-
bung wär un un un was weiß ich was ja, dann ähm wär der
Times Square auch nich so bekannt ja, also des is ähm ja.

573 Cm: Oder im in London hier __ ähm Piccadilly Circus is des
574 glaub ich is auch ähnlich ja. Ähm (3) ja, des sin halt dann
zwei drei Plätze wo sich des konzentriert, da gehst du
ja auch deswegen hin ähm un dann wars des, ja

575 Bm: Ja, und dann störts auch nicht.

Abgeklärt wird der New Yorker Times Square aus einer Art Insider-Perspektive betrachtet (»Als Tourist is es schon ganz nett, aber so dauerhaft ...«) und pauschalisierend mit den »ganzen Ostblockstaaten« verglichen, wobei Deutschland nur im Vorübergehen gestreift und als defizitär abgetan wird (»des ham wir in Deutschland ja eigentlich nich«), um dann noch Japan und London mit leichter Herablassung (»Ja gut, in Japan is es ja echt extrem«) in die globale Perspektive mit hineinzunehmen. Wer so über den Dingen steht und hinter die Kulissen blickt, so lässt sich diese Haltung vielleicht zusammenfassen, wird von der provinziellen Werbung in Deutschland weder beeindruckt noch beeinflusst, sondern allenfalls gestört.

Auch die Rentner thematisieren die Machart von Werbung, allerdings nicht in der distanziert-gelangweilten Art der Berufstätigen, sondern mit einer eher moralischen Grundierung:

104 Bw: Und was ma halt sage muss, an der Werbung isch äh wie die
105 uffgmacht isch. Äh bringet se Kinder irgendwie ins Spiel,...

106 Am: Ahja, ahja

107 Bw: ...dann wird die Sach schon wieder ne ganz annere, oder
108 äh äh äh- (kommt jetz) ne Werbung über Zahnpasch-
ta. wenn ich die seh die isch dermaße ekelhaft.

109 Am: Die Werbung?

110 Em: ((mit Bw↓)) Ja.

111 Bw: ((mit Em↑)) Ja,

112 Bw: also wiirkliich ekelhaft. Un ich die werd- des
113 isch ne Andiwerbung für mich. Ich werde die
nie kaufe und wenn se noch so gut isch.
114 Am: ((mit Dw,)) Was isch- was isch des- was isch des für ne Marke?
115 Dw: ((mit Am‹)) Also ich find in letzter Zeit werden die Werbun-
116 gen zum Teil die- grade die Körperhygiene werden wirk-
117 lich ekelhaft. Da hat einer dann für son GELO irgendwas,
118 also für Erkältung, gegen Erkältung natürlich, und _ des
war jetz erst die Tage und dann hat der mit einem (2) von
Herzen un dann in der Gegend rumgenossen aber so
119 Em: Un aus tiefster Lunge.
120 Alle: @(.)@
121 Dw: Aber so ekelhaft, dass dir vorm Fernseher schlecht wurde.
122 Ja, s- des Gefühl du kriegst die jetz alle ab. Un diese ekelhaf-
te Werbung ich mein die hat in letzter Zeit zugenommen.

Werbung ist für die Rentner keine mediale Inszenierung, sondern eher eine parasoziale Interaktion: Kinder wecken die Sympathie der Rentner, allzu explizite Darstellungen von Maßnahmen der Körperhygiene wirken dagegen »ekelhaft« genauso wie exzessives Niesen »von Herzen« und »aus tiefster Lunge«. Die Rentner bewerten Werbung nach ihren moralischen Maßstäben und tragen ihre außermedialen Vorstellungen von gutem bzw. schlechtem Benehmen an die mediale Darstellung heran. Im Gegensatz zur Gruppe der Berufstätigen kommt es dabei gerade nicht zu einer Distanzierung: Die Rentner haben vielmehr das Gefühl, sie »kriegen« die dargestellte Erkältung direkt ab.

5. Diskussion und Fazit

Resümierend lässt sich festhalten, dass gruppenübergreifend eine Diskrepanz zwischen dem expliziten Wissen und dem impliziten Wissen zum Thema Werbung vorliegt. Explizites Common-Sense-Wissen ist, dass Werbung das Kaufverhalten manipuliert. Zum impliziten Wissen der Gruppen gehört, dass dies nicht stimmt. Sollte es also ›Innovationen der Persuasion‹ geben, so sind sie nicht ins Alltagsbewusstsein der untersuchten Gruppen eingedrungen. Um die Diskrepanz zwischen explizitem und implizitem Wissen zu überwinden, verfolgen alle vier Gruppen zwei Strategien: Die Verlagerung der Werbewirkung ins Unterbewusstsein und auf andere Personen. Unterschiede zwischen den Gruppen gibt es, was die Spezifizierung der ›anderen‹ und die Betrachtung von Werbung allgemein angeht: Sie reichen von einem nicht mehr wahrgenommenen Hintergrundrauschen bei den Schülerinnen, über eine Ambivalenz gegenüber einem ästhetisch erlebbaren Kulturgut, das aber auch stören kann bei den Studierenden, einer abgeklärten Perspektive aus Macher- bzw. Produzentenperspektive bei den Berufstätigen bis hin zu einer parasozialen und moralisch grundierten Betrachtungsweise bei den Rentnern. Dem etwas vollmundigen Befund der Interessensverbände der Werbeindustrie (»absolute Mehrheit pro Werbung«, s. o.) lässt sich demnach eine etwas differenziertere Betrachtung gegenüberstellen. Trotz vielfältiger »Innovationen der Persuasion« scheint aufseiten der Nutzerinnen und Nutzer eine skeptische Haltung der Werbung gegenüber fortzubestehen, die man als »Persistenz der Impertinenz« bezeichnen kann – denn: »Werbung nervt« (alle Gruppen).

Damit stellt sich die Frage nach der Generalisierbarkeit der Befunde: Stehen die untersuchten Gruppen nur für sich oder weisen sie über sich hinaus? In der Methodologie der Dokumentarischen Methode werden die in selbstläufigen Diskussionen von Realgruppen sich äußernden Sinngehalte nicht als lediglich situativ emergent angesehen, sondern als Artikulationen jener zugrundeliegenden, kollektiven Erlebnisschichtungen, deren Repräsentationen und Epi-Phänomene die jeweiligen Gruppen sind (vgl. BOHNSACK 2000: 377f.). Dabei geht die Dokumentarische Methode jedoch von sich überlagernden Milieutypiken aus, das heißt von sich überlagernden konjunktiven Erfahrungsräumen wie zum Beispiel der Generation, des Geschlechts, der Bildung u. a. Auch damit schließt die Dokumentarische Methode an Karl Mannheim an, der innerhalb eines Generationen*zusammenhangs* verschiedene Generations*einheiten* unterscheidet, die die gleiche, eine Generation betreffende historische Problemstellung je nach ihren sonstigen Hintergründen *unterschiedlich* verarbeiten (vgl. MANNHEIM 1964: 544). Generationseinheiten bilden somit ›Fraktionen‹ innerhalb eines Generationenzusammenhangs. Auch für die hier untersuchten Gruppen wäre zu fragen, welche Generationseinheiten (der Bildung, des Geschlechts, der sozialräumlichen Herkunft u. a. m.) sie innerhalb ihrer Generationenzusammenhänge repräsentieren, wodurch genau sich die jeweiligen Medienpraxiskulturen konstituieren. Ob also beispielsweise die charakteristischen Sinngehalte der Schülerinnen auf ihre spezifische Generationenlagerung zurückzuführen sind oder vielmehr bildungs- oder geschlechtsspezifische Ausprägungen aufweisen. Empirisch wäre dies durch weitere Vergleichsgruppenbildungen einzulösen, bei denen die jeweiligen Gruppen mit Vertretern anderer Generationseinheiten des gleichen Generationszusammenhangs zu kontrastieren wären – also beispielsweise würde man die Gruppe der Gymnasiastinnen zum einen mit männlichen Gymnasiasten und zum anderen mit weiblichen Haupt- oder Realschülerinnen kontrastieren, um das Spezifische der (weiblichen, gymnasialen) Generationseinheit innerhalb des umfassenderen Generationszusammenhangs zu rekonstruieren. Eine solche »soziogenetische« Analyse (vgl. MANNHEIM 1980: 86f.; BOHNSACK 2007: 152ff.), die die Sinngehalte auf ihren jeweiligen Entstehungshintergrund zurückführen würde, konnte im Rahmen der hier vorgestellten »sinngenetischen« Interpretation (vgl. ebd.), die die unterschiedlichen Sinngehalte lediglich vergleichend nebeneinanderstellt, nicht geleistet werden.

Literatur

BOHNSACK, RALF: *Rekonstruktive Sozialforschung*. Opladen [Barbara Budrich] 2007

BOHNSACK, RALF: Gruppendiskussion. In: FLICK, UWE; KARDORFF, ERNST V.; STEINKE, INES (Hrsg.): *Qualitative Forschung. Ein Handbuch*. Reinbek b. Hamburg [Rowohlt] 2000, S. 369-384

BOHNSACK, RALF; , IRIS NENTWIG-GESEMANN; ARND-MICHAEL NOHL: Einleitung: Die dokumentarische Methode und ihre Forschungspraxis. In: BOHNSACK, RALF; IRIS NENTWIG-GESEMANN; ARND-MICHAEL NOHL(Hrsg.): *Die dokumentarische Methode und ihre Forschungspraxis. Grundlagen qualitativer Sozialforschung*. Wiesbaden [vs-Verlag] 2007, S. 9-27

BOURDIEU, PIERRE: Sozialer Sinn. Frankfurt/M. [Suhrkamp] 1993

DAVISON, PHILLIPS W.: The Third-Person Effect in Communication. In: *The Public Opinion Quarterly*, Vol. 47, No 1, 1983, S. 1-15

LASN, KALLE: *Culture Jamming. Das Manifest der Anti-Werbung*. Freiburg [Orange Press] 2006

MANNHEIM, KARL: Das Problem der Generation. In: MANNHEIM, KARL: *Wissenssoziologie*. Berlin/Neuwied [Luchterhand] 1964, S. 509-565

MANNHEIM, KARL: *Strukturen des Denkens*. Frankfurt/M. [Suhrkamp] 1980

SCHÄFFER, BURKHARD: *Generation, Medien, Bildung. Medienpraxiskulturen im Generationenvergleich*. Opladen [Leske & Budrich] 2003

SCHÄFFER, BURKHARD: Mediengenerationen, Medienkohorten und generationsspezifische Medienpraxiskulturen. Zum Generationenansatz in der Medienforschung. In: SCHORB, BERND; HARTUNG, ANJA; REISSMANN, WOLFGANG (Hrsg.): *Medien und höheres Lebensalter. Theorie, Forschung, Praxis*. Wiesbaden [VS-Verlag] 2009, S. 31-50

TAPSCOTT, DON: *Growing up Digital. The Rise of the Net Generation*. New York [McGraw-Hill] 1998

WEINRICH, HARALD: *Linguistik der Lüge*. Heidelberg [Lambert Schneider] 1966

ZAW (= Zentralverband der deutschen Werbewirtschaft): *Werbung in Deutschland 2012*. Berlin [edition zaw] 2012

SILKE FÜRST

Werbeperspektiven in der Krise der Printmedien – Zur Inszenierung von Verbreitung und Wirkungsmacht der Presse

1. Einführung

Die ›Innovation der Persuasion‹ bringt derzeit in der Medienbranche paradoxe Phänomene hervor. Wie die meisten Printmedien sieht sich das Nachrichtenmagazin *Der Spiegel* seit Jahren mit einem kontinuierlichen Sinken der Auflagen- und Abonnementzahlen konfrontiert. Zugleich lancierte der Verlag im Mai 2012 allerdings eine neue Werbekampagne, die mit dem Slogan »Meist gelesen. Meist zitiert. Meist gefürchtet« den Status des *Spiegels* als Leitmedium untermauern sollte. Bemerkenswert ist auch das Agieren des Axel Springer Verlags, dessen *Bild-Zeitung* seit Jahren einen Rückgang der Verkaufszahlen erlebt, dem mit der seit März 2009 laufenden ›Bild-Bekenner-Kampagne‹ begegnet werden soll. Im Rahmen dieser Kampagne wird mit zahlreichen Motiven unterstrichen, dass die *Bild* von Millionen Menschen gelesen wird, breite Akzeptanz in der Gesellschaft findet und eine Meinungsmacht in Deutschland ist (vgl. FÜRST 2013a). Werbung für Presseprodukte spielt offenbar – trotz oder gerade angesichts des allerorts diskutierten ›Sterbens der Printmedien‹ – verstärkt mit Vorstellungen von der Verbreitung und angenommenen Wirksamkeit des beworbenen Angebotes. Das Publikum wird so selbst zu einer Konstruktion, die Publikum anlocken und binden soll – ein Phänomen, das die Kommunikationsforschung bislang nicht im Blick hat.

Die in Werbung dargebotene Konstruktion kollektiven Konsum zwecks Konsumsteigerung ist auch für Rundfunk- und Online-Produkte sowie für andere Branchen feststellbar und sie ist nicht ausschließlich an die Entwicklungen der letzten Jahre gebunden (vgl. ebd.). Gleichwohl ist feststellbar, dass insbesondere die an Rezipienten gerichtete Werbung für Printmedien in jüngster Zeit mit Verweisen auf die eigene Leserschaft arbeitet. Dies ist vor dem Hintergrund des Medienwandels, dem Hinzutreten einer Vielzahl von attraktiven und kostenlosen Angeboten und der viel diskutierten Fragmentierung des Publikums zu betrachten (vgl. NAPOLI 2011; THEIS-BERGLMAIR 2000). Die schon vor etlichen Jahren einsetzende, »schleichende Auflagen- und Reichweitenerosion« (ARNOLD 2006: 415) der Tageszeitungen hat sich zu einer strukturellen »Krise der Printmedien« (PÖTTKER 2013: 29) entwickelt, die sich auf zwei Ebenen zeigt. Weite Teile der Pressebranche sind nicht nur von einem kontinuierlichen Auflagenrückgang betroffen, sondern auch von starken Einbußen im Anzeigenbereich (vgl. ebd.). Da Auflagen- und Leserzahlen die Anzeigenpreise und die Attraktivität der Werbeplätze entscheidend mitbestimmen, sind diese Probleme in einer sich selbst verstärkenden Entwicklung aneinander gekoppelt. Obschon die Presse diese wirtschaftliche Bedrohung zunächst nur zurückhaltend in ihrer Berichterstattung thematisierte (vgl. POINTNER 2010), hat sich inzwischen »bis in die entlegensten Winkel der gesellschaftlichen Öffentlichkeit herumgesprochen« (PÖTTKER 2013: 29), dass die Printmedien in einer ernst zu nehmenden Krise stecken. Dazu tragen in jüngster Zeit insbesondere jene Meldungen bei, die von der Produktionseinstellung traditionsreicher Zeitungen berichten (vgl. MÖHRING 2012).

Im Kontext der Krise der Printmedien wird gemeinhin argumentiert, dass eine Reflexion und Restabilisierung von Qualitätsstandards stattfinden müsse, um die Leser zukünftig (wieder) zu binden (vgl. ARNOLD 2006). In der an Rezipienten orientierten Werbung für Printangebote spielen unterschiedliche Aspekte der Qualität seit jeher eine Rolle. So preisen Medienorganisationen ihre journalistischen Produkte auch mit jenen Charakteristika an, die für die Zuweisung journalistischer Qualität entscheidend sind, werben also zum Beispiel mit dem Ideal der Faktenbasiertheit und Unparteilichkeit (›Fakten, Fakten, Fakten‹) und mit dem Leitbild höchster Aktualität (›brandaktuell‹). Entsprechend geht man in der Forschung gemeinhin davon aus, dass die werbende Darstellung von Reichweiten und Zielgruppen sich lediglich an den Werbemarkt richtet und potenzielle Werbekunden ansprechen soll – aber im Grunde nicht für den Rezipientenmarkt gedacht ist (vgl. SCHUMANN/HESS 2006: 77f.; SIEGERT 2001: 125). Wie Arnold (2008) herausgestellt hat, gehört zur Qualität des Journalismus aber nicht nur die sachliche und zeitliche, sondern auch die soziale Relevanz. Je stärker Printmedien vom Image eines gestrigen, durch den Medienwandel überholten Kommunikationsangebotes geprägt werden, umso mehr droht diese soziale Relevanz brüchig zu werden. Insofern wird nachvollziehbarer, dass Printmedien sich der Krise auf dem Lesermarkt ausgerechnet damit erwehren, mit spezifischen Konstruktionen des (Mit-)Publikums zu werben.

Dieser Beitrag hat zum Ziel, die Werbestrategie der Konstruktion des Publikums in ihrem Kalkül zu identifizieren und vor dem Hintergrund des Medienwandels (Abschnitt 2) sowie der Spezifika von werbender Kommunikation (Abschnitt 3) zu reflektieren. Im Anschluss werden die unterschiedlichen Formen dieser Konstruktionen differenziert und vor dem Hintergrund der Forschung zu Funktionen und Wirkungsweisen von Medien analysiert (Abschnitt 4), bevor eine resümierende Schlussbetrachtung erfolgt (Abschnitt 5).

2. Wachsende Aufmerksamkeitskonkurrenz und steigende Nutzertransparenz

In den letzten Jahren ist offen zu Tage getreten, was sich bereits gegen Ende der 1990er-Jahre abgezeichnet hat: Nicht Geld, sondern Aufmerksamkeit kann als am stärksten begrenzte gesellschaftliche Ressource gelten (vgl. FRANCK 1998). In Anschluss an Theis-Berglmair ist festzuhalten, dass die Kommunikations- und Mediengesellschaft »wesentlich dadurch gekennzeichnet [ist], *dass eine wichtige Voraussetzung von Kommunikation nicht länger als selbstverständlich gegeben ist*, sondern als zunehmend kontingent erfahren wird. Mit dem Knapperwerden von Aufmerksamkeit gestaltet es sich nämlich als immer schwieriger, die Grundlage von Kommunikation überhaupt sicherzustellen« (THEIS-BERGLMAIR 2000: 324, Herv. i. O.). Bereits vor der Ausbreitung des Internets konnte eine zunehmende Konkurrenz auf dem Medienmarkt und eine Fragmentierung des Medienpublikums festgestellt werden (vgl. HASEBRINK 1997; HOLTZ-BACHA 1997). Mit den beständig wachsenden Kommunikationsofferten im Internet und insbesondere mit der kostenlosen Online-Präsenz der redaktionellen Inhalte von Tageszeitungsverlagen sind Printmedien zunehmend vor enorme Absatz- und Aufmerksamkeitsprobleme gestellt. Damit wird zugleich die vormals etablierte Fiktion problematisch, dass der Rezipient mit der Kenntnis von Aussagen traditioneller Massenmedien »zugleich auch die Kenntnis hat, dass andere diese Aussage[n] kennen« (MERTEN 1977: 150). Aufmerksamkeit kann also tendenziell weniger als gesellschaftlich geteilt vorausgesetzt werden.

Allerdings nehmen mit der Vervielfältigung des Medienangebots auch die metakommunikativen Formen zu, die die gestiegene Komplexität zu bewältigen erlauben. In der journalistischen Berichterstattung ist etwa zu beobachten, dass verstärkt über Nutzungszahlen berichtet wird und insbesondere jene Medienangebote thematisiert werden, die eine hohe Publikumsresonanz erzeugt haben (vgl. FÜRST 2013b). Während es sich hier um fremdreferenzielle Hinweise handelt, ist das Internet ein anschauliches Beispiel für die selbstreferenziellen Verweise auf Resonanz. Im World Wide Web, das wie kein anderes Medium für unüberschaubare Datenmengen steht (vgl. NEUBERGER 2008: 50f.), gehört der Rückbezug auf die Nutzung und ihre Transparenz vielfach zur eigentümlichen Strukturierung des Angebots. Zahlreiche Portale steuern die Aufmerksamkeit der Nutzer durch Aufrufzahlen, Nutzungsrankings und einer Auswahl von ›meistgelesenen‹ und ›meistkommentierten‹ Beiträgen (vgl. WEHNER et al. 2012: insb. 75ff.; SZABO/HUBERMAN 2010). So sind einzelne Beiträge bereits mit der Information ausgestattet, wie viel Aufmerksamkeit sie aktuell generiert haben. Diese Formen der verstärkten »Transparenz« (WENDELIN 2013) im Netz tragen dazu bei, dass viele Angebote wenig Aufmerksamkeit und nur wenige Angebote viel Aufmerksamkeit erhalten (vgl. SZABO/HUBERMAN 2010: 80; WEBSTER 2011: 56ff.).

Printmedien können dieser im Medium strukturell verankerten Form der sozialen Reflexivität nicht nachkommen. Sie können die mit ihnen erzielte Aufmerksamkeit erst durch Verkaufszahlen und Mediaforschung nachweisen, aber nicht laufend mitzählen und ausweisen lassen. Da sich bezüglich des Internets und seiner sehr unterschiedlichen Angebotsformen keine generalisierte Publikumsunterstellung etablieren konnte, gelten Printmedien im Vergleich zu Online-Medien pauschal sicher noch eher als Garanten von kollektiver Aufmerksamkeit. Allerdings dürfte die Unterstellung von Aufmerksamkeit inzwischen je nach Medientitel deutlich differieren, sowohl bei Online- als auch bei Printmedien. Medienunternehmen, die sich mit der Wettbewerbsfähigkeit ihrer traditionellen Medienprodukte beschäftigen, können beobachten, dass Aufmerksamkeit weitere Aufmerksamkeit erzeugt (vgl. FRANCK 1998) und umgekehrt gilt: »Zur Attraktion von Aufmerksamkeit reicht es schon lange nicht mehr, Inhalte und Programme nur anzubieten« (THEIS-BERGLMAIR 2000: 324). Im Buchmarkt ist das bereits seit Jahrzehnten augenfällig.[1] Mit der Expansion des Buchmarktes hat sich eine spezifische Vermarktungsstrategie entwickelt, die mit dem Kalkül des Erfolgs durch Erfolg arbeitet, namentlich: der ›Bestseller‹ (vgl. FISCHER 1999: 770ff.; FAULSTICH 1983). Der auf Bestsellerlisten aufgeführte oder mit einem Bestselleretikett versehene Buchtitel ist das Produkt einer Vermarktung, die auf selbstverstärkende Effekte setzt und unterstellt, dass Menschen sich am Verhalten anderer orientieren. Der amerikanische Marketingforscher Cialdini (2001) hat diese Orientierung mit dem Begriff ›soziale Bewährtheit‹ (*social proof*) belegt und geht davon aus, dass es sich hierbei um einen wirksamen Persuasionsmechanismus handelt: »Appeals based on the principle of social proof tend to convey that a product is a top seller or is particularly popular. Each week, for example, there is a barrage of new advertisements indicating which movie is the top-grossing film because people are more likely to engage in a behavior if they are made aware that many others are already doing it« (GRISKEVICIUS et al. 2009: 385).

Online-Angebote haben sich dieses Strukturierungsprinzip vielfach zu eigen gemacht und tragen so dazu bei, dass sich Nutzer mehr und mehr daran gewöhnen, in Nutzungszahlen und -mehrheiten zu denken. Insofern steigt auch bei Printmedien der Druck, im Zuge einer allgemein steigenden Nutzertransparenz und verschärften Angebotskonkurrenz Möglichkeiten der stärkeren Einbindung von Publikumsresonanz zu finden. Damit sind hier nicht zusätzliche Aktivierungen einzelner Rezipienten zwecks Suggestion von Interaktivität gemeint (Mitmach-Aktionen u. ä.), sondern strategische Aktivierungen von »Publikumsvorstellungen« (HARTMANN/DOHLE 2005). Auf Basis der Rezeptions- und Wirkungsforschung kann vermutet werden, dass die Vorstellung vom medialen (Mit-)Publikum die Auswahl und Deutung von Medienangeboten beeinflusst, zu Gemeinschaftsgefühlen und sozialen Vergleichsprozessen führen und letztlich Annahmen darüber leiten kann, was in interpersonaler Kommu-

1 Das Nachrichtenmagazin *Der Spiegel* begann 1971 mit der Veröffentlichung von Hardcover-Rankings. Seither haben sich die Bestsellerlisten stark ausdifferenziert, zuletzt wurden eigene Hörbuch- und DVD-Bestsellerlisten eingeführt. Dazu die Informationen von *buchreport* unter http://www.buchreport.de/bestseller.htm (Abruf vom 30.05.2013).

nikation anschlussfähig ist (vgl. FÜRST 2013b). Wenn also journalistische Medien nicht nur als Orientierungsmittel über Dinge und Geschehnisse in der Welt genutzt werden, sondern zugleich als Projektionsfläche für das, was erwartbar ›in aller Munde‹ ist oder in spezifischen Kreisen als Anschluss- und Integrationsmerkmal genutzt werden kann, nimmt die Attraktivität zu, durch den Einsatz von Werbung spezifische Aktivierungen von Publikumsvorstellungen zu beeinflussen.

3. Charakteristika, Möglichkeiten und Grenzen von (Medien-)Werbung

Aus den bisherigen Überlegungen geht hervor, dass es für Medienunternehmen attraktiv sein kann, die Publikumsvorstellungen von (potenziellen) Rezipienten im Sinne der eigenen Vermarktungsstrategien zu beeinflussen. In einem nächsten Schritt ist zu sondieren, inwieweit und aufgrund welcher Charakteristika der Einsatz von Werbung ein erfolgversprechendes Mittel sein kann.

Da die Medienbranche auf zwei Märkten operiert, auf dem Rezipientenmarkt und auf dem Markt der werbetreibenden Wirtschaft, und wie keine andere Branche Aufmerksamkeit erzeugt und zugleich auf sie angewiesen ist, erweist sie sich seit etlichen Jahren als die größte werbetreibende Branche in Deutschland (vgl. MÖBUS/HEFFLER 2012: 301). Im Zuge des intensivierten Wettbewerbs wird regelrecht zur Notwendigkeit erklärt, dass sich Medienorganisationen zwecks marktlicher Positionierung und Profilierung am Aufbau und Management von Medienmarken betätigen müssen (vgl. SIEGERT 2001; BODE 2010). In einer Überfülle von Medienangeboten, mit denen der Rezipient in seinen Auswahlentscheidungen umgehen muss, wird Medienmarken ein Einfluss auf die längerfristige Bindung von Aufmerksamkeit zugeschrieben (vgl. SCHWEIGER 2007: 195, 254f.; BODE 2010: 45ff.). Seit einigen Jahren erstrecken sich viele Medienmarken über mehrere Mediengattungen (vgl. BODE 2010: 93, 213f.); insofern können Printmedium und Online-Angebot voneinander profitieren. Allerdings wird das kostenlose Online-Angebot auch als Aufmerksamkeitskonkurrenz zur Muttermarke erlebt. Insofern liegt es nahe, dass Medienunternehmen bestrebt sind, die jeweiligen Printmedien als Kernmarken zu stärken.

Aus der Mediaforschung wissen wir, dass Medienunternehmen die erhobenen Publikumsdaten nicht nur zu internen Zwecken verwenden, sondern auf deren Basis auch PR betreiben. So werden eigene Markterfolge für Pressemitteilungen genutzt, etwa in Form des Hervorhebens erzielter Auflagenzahlen, Reichweiten und Marktanteile (vgl. FREY-VOR et al. 2008: 350f.). Auf diese Weise können Medienunternehmen potenziell öffentliche Aufmerksamkeit erzeugen; allerdings unterliegen sie hier dem Zwang, einen spezifischen Nachrichtenwert generieren zu müssen, der die Meldung für Journalisten interessant macht. Im Vergleich dazu ist die Werbung in der Wahl ihrer Mittel relativ frei und kann gezielt eingesetzt werden. In der kommunikationswissenschaftlichen und soziologischen Forschung wird vergleichsweise einhellig festgestellt, dass Werbung – im Unterschied zu anderen Formen öffentlicher Kommunikation – lügt und lügen darf, gerade weil dies auch jeder grundsätzlich unterstelle (vgl. LUHMANN 1996: 85f.; SCHMIDT 2002). Zurstiege (2003) spricht daher pointiert von »Kunst und Können der aufrichtigen Lüge«. Werbung teile nicht mit, »was ist, sondern was man sich wünschen soll« (SCHMIDT 2002: 102). Sie setze dabei das Versprechen auf »baldige Erfüllung unserer dringendsten Bedürfnisse« (ZURSTIEGE 2003: 156) ein, die stets aufs Neue in die Zukunft gelegt und verschoben werde. Auf den ersten Blick mögen diese allgemeinen Charakterisierungen von Werbung den hier interessierenden Gegenstand nur wenig treffen. Wirbt ein Medienunternehmen mit der Verbreitung seiner Medienangebote, so werden nicht spezifische Produktmerkmale beschönigt, sondern es wird das erreichte oder adressierte Publikum als strategisches Konstrukt verwendet. Diese spezifische Werbeform fordert nicht direkt zum Kauf auf und inszeniert kein persönliches Kauferlebnis, sondern geht den Umweg über die Konstruktion kollektiven Konsums – im Kalkül, dass genau jener Weg erfolgreicher auf das zu erreichende Ziel hinwirken wird.

Hat Werbung auch hier den Spielraum »zwischen Fakten und Fiktionen zu vermitteln« (ZURSTIEGE 2003: 156)? Zunächst wird man einlenken müssen, dass auch die Kommunikation der ›schönen Welt und der Superlative‹ (vgl. RÖMER 1980) ihre Grenzen hat. »Wer von sich behauptet, der einzige, der beste, der größte, der billigste Anbieter auf dem Markt zu sein, der muss sich dann wohl oder übel von seinen Mitbewerbern oder von den Verbrauchern an dieser Behauptung auch messen lassen« (ZURSTIEGE 2007: 59). Das Gesetz gegen unlauteren Wettbewerb (UWG) regelt, dass irreführende Werbung im Sinne einer Täuschung über Merkmale, Verfügbarkeit oder Preis des Beworbenen verboten ist. Prinzipiell sind die für Werbung typischen Übertreibungen und Versprechen dann zulässig, wenn es sich um als solche erkennbare »marktschreierische Anpreisungen« (§ 2 UWG) handelt. Sobald aber konkrete Aussagen gemacht werden, die aus der eingenommenen Perspektive des »unbefangenen Durchschnittsleser[s]« (SCHUHMACHER 2011: 108) einen bestimmten Gesamteindruck entstehen lassen, zum Beispiel eine Marktführerschaft, müssen diese Aussagen nachweisbar und stimmig sein. Gerade in der Medienbranche liegen aufgrund des notwendigen Resonanznachweises für Anzeigenkunden ausreichend Fakten vor, außerhalb derer kaum mit konkreten Verbreitungszahlen geworben werden darf. Zuletzt hat ein Rechtsfall demonstriert, wie empfindlich die Branche reagieren kann, wenn die Nutzerzahlen nicht transparent und richtig angegeben werden (vgl. ebd.).

4. Typen der Publikumskonstruktion – Strategien der Aufmerksamkeitserzeugung

Sondiert man gängige Slogans werbender Kommunikation für Printmedien, stößt man auf unterschiedliche Typen sozialdynamischer Werbung, die sowohl mit nachprüfbaren als auch mit ›marktschreierischen‹ Aussagen operieren. Unter sozialdynamischer Werbung sollen allgemein solche Formen strategischer Werbekommunikation verstanden werden, die mit einer spezifischen Konstruktion kollektiven Konsums die Stimulation von Konsum erreichen wollen. Im Fall der Werbung für Printmedien basiert dies auf dem Kalkül, dass mit einer spezifischen Konstruktion der kollektiven Rezeption eine Restabilisierung und Erweiterung der Leserschaft erreicht werden kann. Dieses Werben mit dem Publikum ist nicht nur für traditionelle Produkte gängig, sondern auch bei der Etablierung neuer Angebote zu beobachten, wie die Kampagnen vieler Gratiszeitungen zeigen. Dabei werden graduell – wie für Strategien typisch – Täuschungen eingesetzt, die jedoch umso mehr verdeckt werden, je stärker die Strategie aufgeht. Am Beispiel der ›Bild-Bekenner-Kampagne‹: Die Kampagne sollte nicht nur das Image der *Bild-Zeitung* aufwerten, sondern sich »auch positiv auf den Verkauf und die Nutzung der Angebote der Marke BILD auswirken«; dabei ging man vom status quo aus, dass das Lesen der *Bild* »nicht gesellschaftsfähig« ist.[2] Je glaubwürdiger die Kampagne nun vermitteln kann, dass ›Bild-Leser‹ keinen Imageschaden zu befürchten haben und dadurch vor-

2 Diese Aussagen sind der Broschüre zur Kampagne entnommen: http://www.gwa.de/images/effie_db/2010/BILD.pdf [27.05.2013].

handene Hemmschwellen und Peinlichkeitsgefühle abbaut (vgl. BRICHTA 2010), umso mehr bewahrheitet sich der Slogan und umso glaubwürdiger kann er langfristig mit weiteren Zahlen und Generalisierungen kommuniziert werden (»Bildungsbürger glaubten früher aus Imagegründen Bild nicht lesen zu können. Heute lesen alle Bild – ohne Imageschaden«, siehe Tab. 1). Prinzipiell trägt also sozialdynamische Werbung das Potenzial zu Optimierung schon in sich selbst. Solche positiven Rückkopplungseffekte sind in der Soziologie als Matthäus-Effekt bekannt (›Denn wer da hat, dem wird gegeben‹, vgl. MERTON 1968) und sind charakteristisch für die von Franck (1998) beobachtete »Ökonomie der Aufmerksamkeit«.

Auf Basis einer explorativen Recherche von an Leser gerichteten Werbeanzeigen für Printmedien können insgesamt acht verschiedene Typen der Publikumskonstruktion identifiziert werden (vgl. Tab. 1).[3] Beachtet werden muss, dass es sich bei den hier eingeführten Typen um analytische Unterscheidungen handelt. Wie an den Beispielen deutlich wird, bedienen sich die Werbeslogans häufig mehrerer Strategien zugleich.

TABELLE 1

Publikumskonstruktionen in sozialdynamischer Werbung für Printmedien

TYPUS	BEISPIELE
Generalisiertes Publikum	»Das will eben keiner verpassen« *(Kleine Zeitung)* »Volksstimme – Muss man hier haben!« *(Burger Volksstimme)* »Woman ist gefragt.« *(Woman)*
Dominierendes Publikum	»Bielefeld hat sich entschieden. Für uns.«* *(Neue Westfälische)* »Lesen Sie die Nr. 1! Die Süddeutsche Zeitung ist Deutschlands größte überregionale Qualitäts-Tageszeitung« *(SZ)* »Fast drei Mio. Leser! Österreichs meistgelesene Tageszeitung« *(Kronen Zeitung)*
Zahlenbasiertes Publikum	»Zweihundertsiebenundvierzigtausendeinhundertneunundsiebzig verkaufte Auflage. Leser entdecken den Unterschied« *(Kleine Zeitung)* »Fast 700.000 Abonnenten [...] beweisen: Die Krone gehört einfach zum Frühstück dazu« *(Kronen Zeitung)* »Schon gehört? Schon gelesen! 710.000 Leser« *(NÖN)*

3 Es handelt sich hier um die Erweiterung einer Typologie, die in einer vorangegangenen Studie entwickelt wurde (FÜRST 2013a: 287, Tab. 2).

Wachsendes Publikum	»500.000 Exemplare. Immer mehr Österreicher lesen Heute.« *(Heute)* »Die Zeit feiert eine Rekordauflage von über 500.000« *(Zeit)* »Bildungsbürger glaubten früher aus Imagegründen Bild nicht lesen zu können. Heute lesen alle Bild – ohne Imageschaden.« *(Bild)*
Interagierendes Publikum	»Mehr als Lesestoff: Gesprächsstoff« *(Salzburger Nachrichten)* »Lesen – Wissen – Mitreden« *(Heilbronner Stimme)* »20 Minuten und du kannst mitreden. Alles Wichtige [...] in der meistgelesenen Zeitung der Schweiz.« *(20 Minuten)*
Beeinflusstes Publikum	»Meist gelesen. Meist zitiert. Meist gefürchtet« *(Der Spiegel)* »Das Hauptinteresse für mich an Bild ist, dass sie die großen Meinungstrends widerspiegelt – und manchmal sogar in Bewegung setzt.« *(Bild)* »Die Bild-Zeitung ist Deutschlands größter Lieferant für emotionale Energie.« *(Bild)*
Zielgruppenspezifisches Publikum	»Frauenpower. Es heißt zwar ›der‹ Kurier. Aber es ist die Tageszeitung für Frauen, die besser informiert sein wollen.« *(Kurier)* »VDI Nachrichten ist nun mal die aufregendste Wochenzeitung Deutschlands. Zumindest für das technische Management.« *(VDI Nachrichten)* »Ein ›Must Have‹ für jeden Entscheider« *(Wirtschaftsblatt)*
Exklusives Publikum	»taz ist nicht für jeden. Das ist ok so.« *(taz)* »Tageszeitung für Fortgeschrittene« *(Wiener Zeitung)* »Dahinter steckt immer ein kluger Kopf« *(FAZ)*

Die ausgewählten Beispiele sind Werbeslogans aus den Jahren 2000 bis 2013 und sind dem Online-Portal ›ADSandBRANDS‹ sowie Anzeigen in den entsprechenden Printmedien und öffentlich ausgehängten Plakaten entnommen.

* In der Werbeanzeige sieht man ungleich verteilte Stapel verkaufter Zeitungen, die symbolisieren, dass die *Neue Westfälische* weit besser als die Konkurrenzblätter verkauft wird.

Die Konstruktion eines *generalisierten Publikums* zeichnet sich dadurch aus, dass die Nachfrage verallgemeinert oder die Voll-Inklusion einer sozialen Gemeinschaft zum Ausdruck gebracht wird. Dies wird mit Begriffen wie ›man‹ oder der Negation von ›keiner‹ unterstrichen. Damit soll die Erwartungserwartung etabliert werden, dass man Bescheid wissen oder etwas gesehen haben muss (vgl. SCHWEIGER 2007: 292). »Diese Formel – ›für alle‹ – lässt sich als ein die Massen- bzw. Verbreitungsmedien definierendes Merkmal bestimmen« (SCHNEIDER 2008: 23). Angesichts der gesellschaftlichen Fragmentierung der Mediennutzung zielt diese Konstruktion offenkundig darauf, die Vorstellung einer sozialen Rezeptionsnorm zu reaktualisieren. Sie ist nicht faktenbasiert, sondern gründet auf einer

›marktschreierischen Anpreisung‹, die von Glaubwürdigkeit lebt. Im Unterschied dazu laden Konstruktionen eines *dominierenden* und *zahlenbasierten Publikums* auf nachprüfbarer Basis »zur Identifikation mit der Mehrheit der Menschen« (RÖMER 1980: 161) bzw. einer Vielzahl von Menschen ein. Dazu können entweder die Auflagenzahlen, die Zahl der Abonnements oder die Leser pro Ausgabe zur Grundlage genommen werden. Mit dem Typus des ›dominierenden Publikums‹ wird in einem bestimmten Bereich eine Marktführerschaft behauptet. Mit dieser relativen Konstruktion können sich einzelne Angebote also selbst dann noch profilieren, wenn die Nachfrage in der gesamten Branche sinkt.

Das ›zahlenbasierte Publikum‹ geht im Unterschied zum ›dominierenden Publikum‹ nicht per se mit einer behaupteten Marktführerschaft einher. Aber auch dieser Typus stellt – auf Basis von eindrücklichen Zahlen – darauf ab, die kollektiv zugewiesene Qualität des Produkts zu untermauern. Die Konstruktion des *wachsenden Publikums* setzt nicht nur auf die Orientierung an anderen, sondern nutzt zugleich die Attraktivität, die Trends und Versprechen auf entstehende Mehrheiten gemeinhin auf sich ziehen (vgl. die Beiträge in PRIDDAT/SEELE 2008; MERTEN 2007: 125, 236). Der gezogene Vergleichszeitpunkt ist dabei der freien Wahl überlassen und wird zumeist nicht explizit benannt. Impliziert wird aber zumeist eine langfristige Entwicklung.

Bei diesen vier genannten Typen wird also auf den – in Abschnitt 2 bereits genannten – Einfluss des »social proof« (CIALDINI 2001) abgezielt. Die Entscheidungen und das Vertrauen einer Mehrzahl bzw. Vielzahl von Lesern sollen demonstrieren, dass man in die Funktionserfüllung vertrauen kann. Schließlich ergibt sich durch vielfachen Konsum parallel auch die vielfache Möglichkeit des Scheiterns bzw. der Erwartungsenttäuschung. Da mediale Angebote »Erfahrungs- und Vertrauensgüter« (SIEGERT 2001: 109) sind, spielt auch hier der allgemeine Mechanismus eine Rolle, dass Vertrauen »zusätzlich über die Beobachtung kontrolliert [wird], ob auch andere vertrauen« (KOHRING 2004: 127).

Des Weiteren ist bei der Relevanz dieser Typen zu berücksichtigen, dass mediale Kommunikation durch Orientierungs- und Integrationsleistungen charakterisiert ist (vgl. SCHÖNHAGEN 2000; JARREN 2008). Genau diese Leistungen werden mit den genannten Typen insofern impliziert, als mit ihnen ein Versprechen auf soziale Anschlussfähigkeit zum Ausdruck gebracht wird. Aus der Nutzen- und Rezeptionsforschung ist bekannt, dass die Vorstellung des ›Mitreden Könnens‹ eine zentrale Gratifikation bei der

Nutzung von Medienangeboten ist (vgl. REITZE/RIDDER 2011); »Gespräche über Medien« (GEHRAU/GOERTZ 2010) prägen den gesellschaftlichen Alltag und das soziale Miteinander. Während das Nutzungsmotiv des ›Mitreden Könnens‹ in den obigen Beispielen impliziert wird, hebt die Konstruktion des *interagierenden Publikums* explizit auf die Anschlussfähigkeit ab (»20 Minuten und du kannst mitreden«).

Als weiterer Typus lässt sich das *beeinflusste Publikum* identifizieren. Diese Konstruktion zielt nicht direkt auf die eigene Anschlussfähigkeit ab, wohl aber auch auf die soziale Orientierungsleistung von journalistischen Medienangeboten. Mit dieser Konstruktion wird auf die Fiktion der Beobachtung dritter Ordnung abgestellt, also der Vorstellung, dass die Wahrnehmung der journalistischen Beobachtungen auf gesellschaftliche Beobachtungen schließen lässt (›durch die Medien sehen, was andere sehen‹). Öffentliche Meinungsbildung ist mit der Vorstellung verknüpft, dass verschiedene Medienangebote und Akteure einen unterschiedlichen Einfluss ausüben und unterschiedlich gute Aussichten auf Handlungs- und Entscheidungsrelevanz mit sich bringen (vgl. MERTEN 2007: 236-242). Können Presseprodukte ihr Image mit der Vorstellung von öffentlicher Breitenwirksamkeit verknüpfen, ziehen sie solche Beobachter an, die sich darüber orientieren wollen, was ›man‹ meint und denkt und was mutmaßlich nicht ohne Konsequenzen bleiben wird. Genau dieses Inferenzprinzip ist auch aus der Forschung zum »third-person effect« bekannt (ebd.: 377f.; begründend DAVISON 1983). Menschen beziehen die potenziellen Wirkungen von Medien weniger auf sich als auf andere. Aus der Beobachtung spezifischer Medienangebote werden Schlüsse auf öffentliche Meinungsbildung und gesellschaftliche Folgen gezogen; entsprechend attraktiv erscheint das Image, als Leitmedium und Meinungsmacht zu gelten.

Alle bisher angesprochenen Typen zielen auf die Vorstellung eines breiten Publikums. Im Unterschied dazu versucht die Konstruktion des *zielgruppenspezifischen Publikums* einen ausgewählten Nutzerkreis vor Augen zu stellen. Dabei kann es sich, wie an den obigen Beispielen erkennbar, tatsächlich um Special-Interest-Angebote handeln. Allerdings wird diese Konstruktion auch für Tageszeitungen genutzt, die genuin auf ein allgemeines Publikum zielen. Dadurch entsteht das paradoxe Moment, dass zugleich breite und spezifische Leserkreise angesprochen werden sollen. Es werden bestimmte Nutzer hervorgehoben, die – dem Slogan nach – einen besonderen Mehrwert aus dem Angebot gewinnen können sollen. Eine solche Strategie kann als Reaktion auf Fragmentierungs- und Individualisierungsprozesse gelesen werden (vgl. SCHWEIGER 2007: 305f.). Die Konstruktion des *exklusiven Publikums* macht ebenfalls keine breite Leserschaft explizit (Wert durch ›soziale Bewährtheit‹), sondern setzt auf Wert durch elitären Gebrauch. Luhmann macht die Paradoxie dieser Werbestrategie deutlich: »Artikel werden als ›exklusiv‹ bezeichnet in einer Werbung, die offensichtlich für jedermann bestimmt ist« (LUHMANN 1996: 87; vgl. auch RÖMER 1980: 161). Gerade weil ein Produkt – der Werbung nach – nicht für jeden gemacht ist, entsteht der Eindruck individuell-persönlichen Konsums, hoher Wertigkeit und großen Distinktionspotenzials. Die Paradoxie ist auch bei den obigen Beispielen nicht zu verkennen: Zwar sind die hier genannten Zeitungen im politischen Spektrum unterschiedlich anzusiedeln, allerdings richten sie sich als Tageszeitungen faktisch an eine möglichst breite Leserschaft und nicht an eine spezifische Zielgruppe (vgl. BECK 2011: 107). Medienmarken können aber in einem langfristigen Prozess zu kulturellen Symbolen werden, mit denen Lebensstile inszeniert bzw. eigener Status und spezifische Zugehörigkeit demonstriert werden können (vgl. SIEGERT 2001: 239; HESS 2013). Voraussetzung dafür ist die »Ordnung der Medien«, die wichtige und weniger wichtige Medien unterscheidet und zum kollektiv geteilten Wissen einer Gesellschaft gehört (vgl. JARREN 2008: 332, Anm. 5). Die Werbung für Printmedien kann bestrebt sein, auf diese Ordnung Einfluss zu nehmen oder sie sich zunutze zu machen. Die Konstruktion des ›exklusiven Publikums‹ umgeht die direkte Aufladung von Produkteigenschaften und bekräftigt stattdessen die Eigenwilligkeit (*taz*) oder Bildung (FAZ) ihrer Leserschaft.

Der angesprochene Aspekt der unterschiedlichen Faktenbasiertheit dieser verschiedenen Konstruktionen ist nicht nur für die Identifizierung von graduellen Täuschungen relevant, sondern auch für die Frage, welche Printprodukte für welche Art von sozialdynamischer Werbung prädestiniert sind. Für die Konstruktion eines ›dominierenden‹ und ›zahlenbasierten Publikums‹ müssen nachweisbare Fakten vorliegen; dies ist tendenziell auch beim ›wachsenden Publikum‹ der Fall. Dabei ist auch eine Spezifikation der Aussagen erforderlich: bei der Behauptung einer wettbewerblichen Vorrangstellung muss bspw. hinreichend klar sein, um welchen sozio-geografischen Raum und um welchen Markt es sich handelt. So dürfte die *SZ* sich nicht als größte Tageszeitung anpreisen, wohl aber als »Deutschlands größte überregionale Qualitäts-Tageszeitung«

(Tab. 1). Im Unterschied dazu machen die Konstruktionen eines ›generalisierten‹, ›interagierenden‹, ›beeinflussten‹, ›zielgruppenspezifischen‹ und ›exklusiven Publikums‹ im Prinzip keinen Nachweis notwendig. Allerdings ist kaum vorstellbar, dass werbende Kommunikation allein Auslöser von neuartigen und in diesem Sinne künstlichen Erwartungsstrukturen sein kann. Sie kann aber möglichst starke Evidenzen nutzen (vgl. ZURSTIEGE 2007: 157f.) und an bestehende Schemata sowie aktuelle Kommunikationen anknüpfen, diese stabilisieren oder ggf. spielerisch variieren. Auch wenn sich hierdurch eine Reihe von Möglichkeiten ergeben, müssen die Slogans dennoch an das anknüpfen, was gemeinhin mit dem Produkt verbunden wird bzw. daran glaubwürdig angeschlossen werden kann.

5. Schlussbetrachtung

Die hier beschriebenen Werbestrategien zielen auf sozialdynamische Effekte und basieren auf der Annahme, dass Printangebote, deren Kauf und Nutzung sich nicht nur über ihnen zugewiesene inhaltliche Qualitäten, sondern auch über die Vorstellungen vom (Mit-)Publikum definieren. Diese Konstruktionen bauen zum Teil stark auf Publikumsmessungen sowie auf kulturell gewachsenen Medienimages auf, die nicht unveränderlich sind, aber den Kern von Anschlussmöglichkeiten bilden. Fakten und Images bilden daher den Raum, die Möglichkeiten und Grenzen, in dem sich sozialdynamische Medienwerbung bewegt. Sie schränken ein, was kommuniziert werden darf und was glaubwürdig und mit Irritationspotenzial kommuniziert werden kann. Es wurden insgesamt acht verschiedene Publikumskonstruktionen identifiziert, die mitunter zusammenspielend genutzt werden. Sie verfolgen das Ziel, bestimmte Printangebote als sozial bewährt und vertrauenswürdig darzustellen oder mit der Vorstellung von gewichtiger Publizität und Wirkungsmacht, mit sozialer Anschlussfähigkeit, Prestige oder Distinktionspotenzial aufzuladen.

Die Eigenwerbung von Printmedien ist Teil einer Kommunikationskultur, in der das Konstrukt des Publikums sich nicht mehr nur im Hintergrund bewegt oder als generalisierte Unterstellung fungiert, sondern beständig öffentlich adressiert, thematisiert und inszeniert sowie als Selektions- und Strukturierungskriterium genutzt wird (vgl. FÜRST 2013b). Es steht außer Frage, dass sich Medienangebote nach inhaltlichen Kriterien und nach Qualitätsmaßstäben differenzieren lassen. Allerdings liegt die unterschiedliche Bedeutsamkeit von Medienangeboten noch unabhängig von ihren Inhalten bereits darin, welches Publikum angesprochen, erreicht und (mutmaßlich) beeinflusst wird. Im Zuge des Medienwandels ist die gesellschaftsweite Erzeugung von Aufmerksamkeit fragiler und schwieriger geworden. In der Diskussion um die ›Krise der Printmedien‹ und der offenen Frage, in welcher Distributionsform journalistische Leistungen zukünftig erbracht und genutzt werden, zeigt sich, dass etablierte soziale Erwartungsstrukturen brüchig werden. Angesichts der Bedeutung von sozialer Anschlussfähigkeit und sozialer Orientierung leben Printmedien nicht nur von ihren Lesern, sondern auch von den mit ihnen einhergehenden Publikumsvorstellungen. Daher werden Medienunternehmen mutmaßlich verstärkt ihren Spielraum in der Werbung nutzen, ihre Printangebote als Ort gesellschaftsweiter oder spezifischer Aufmerksamkeitsproduktion erscheinen zu lassen, um damit zur Stabilisierung und Vergrößerung der Leserschaft beizutragen.

Literatur

ARNOLD, KLAUS: Publikumsorientierte Qualität – ein Weg aus der Zeitungskrise? In: WEISCHENBERG, SIEGFRIED; WIEBKE LOOSEN; MICHAEL BEUTHNER (Hrsg.): *Medien-Qualitäten. Öffentliche Kommunikation zwischen ökonomischem Kalkül und Sozialverantwortung*. Konstanz [UVK] 2006, S. 415-434

ARNOLD, KLAUS: Qualität im Journalismus – ein integratives Konzept. In: *Publizistik*, 53, 2008, S. 488-508

BECK, HANNO: *Medienökonomie. Print, Fernsehen und Multimedia*. Heidelberg [Springer] 2011

BODE, PHILIPP: *Markenmanagement in Medienunternehmen. Ansatzpunkte zur Professionalisierung der strategischen Führung von Medienmarken*. Wiesbaden [Gabler] 2010

BRICHTA, MASCHA: Zwischen Popularität und Abwertung: Zur Bedeutung der »Bild-Zeitung« im Alltag ihres Publikums. In: RÖSER, JUTTA; TANJA THOMAS; CORINNA PEIL (Hrsg.): *Alltag in den Medien – Medien im Alltag*. Wiesbaden [VS] 2010, S. 202-219

CIALDINI, ROBERT B.: *Influence. Science and Practice*. Boston [Allyn and Bacon] 2001

DAVISON, PHILLIPS W.: The Third-Person Effect in Communication. In: *Public Opinion Quarterly*, 47, 1983, S. 1-15

FAULSTICH, WERNER: *Bestandsaufnahme Bestseller-Forschung. Ansätze – Methoden – Erträge*. Wiesbaden [Otto Harrassowitz] 1983

FISCHER, ERNST: Bestseller in Geschichte und Gegenwart. In: LEONHARD, JOACHIM-FELIX; HANS-WERNER LUDWIG; DIETRICH SCHWARZE; ERICH STRASSNER (Hrsg.): *Medienwissenschaft. Ein Handbuch zur Entwicklung der Medien und Kommunikationsformen*. Berlin [Walter de Gruyter] 1999, S. 764-776

FRANCK, GEORG: *Ökonomie der Aufmerksamkeit. Ein Entwurf*. München [Carl Hanser] 1998

FREY-VOR, GERLINDE; GABRIELE SIEGERT; HANS-JÖRG STIEHLER: *Mediaforschung*. Konstanz [UVK] 2008

FÜRST, SILKE: The audience is the message – Werbendes und umworbenes Publikum. In: RÖTTGER, ULRIKE; VOLKER GEHRAU; JOACHIM PREUSSE (Hrsg.): *Strategische Kommunikation. Umrisse und Perspektiven eines Forschungsfeldes*. Wiesbaden [VS] 2013a, S. 273-299

FÜRST, SILKE: »The audience is the message«. Die journalistische Berichterstattung über Publikumsresonanz. In: LOOSEN, WIEBKE; MARCO DOHLE (Hrsg.): *Journalismus und (sein) Publikum. Schnittstellen zwischen Journalismusforschung und Rezeptions- und Wirkungsforschung*. Wiesbaden [Springer] 2013b, im Druck

GEHRAU, VOLKER; LUTZ GOERTZ: Gespräche über Medien unter veränderten medialen Bedingungen. In: *Publizistik*, 55, 2010, S. 153-172

GRISKEVICIUS, VLADAS; NOAH J. GOLDSTEIN; CHAD R. MORTENSON; JILL M. SUNDIE; ROBERT B. CIALDINI; DOUGLAS T. KENRICK: Fear and Loving in Las Vegas: Evolution, Emotion, and Persuasion. In: *Journal of Marketing Research*, 46, 2009, S. 384-395

HARTMANN, TILO; MARCO DOHLE: Publikumsvorstellungen im Rezeptionsprozess. In: *Publizistik*, 50, 2005, S. 287-303

HASEBRINK, UWE: »Ich bin viele Zielgruppen«. Anmerkungen zur Debatte um die Fragmentierung des Publikums aus kommunikationswissenschaftlicher Sicht. In: SCHERER, HELMUT; HANS-BERND BROSIUS (Hrsg.): *Zielgruppen, Publikumssegmente, Nutzergruppen. Beiträge aus der Rezeptionsforschung*. München [Reinhard Fischer] 1997, S. 262-280

HESS, KRISTY: Tertius Tactics: ›Mediated Social Capital‹ as a Resource of Power for Traditional Commercial News Media. In: *Communication Theory*, 23, 2013, S. 112-130

HOLTZ-BACHA, CHRISTINA: Das fragmentierte Medien-Publikum. Folgen für das politische System. In: *Aus Politik und Zeitgeschichte*, 42/97, 1997, S. 13-21

JARREN, OTFRIED: Massenmedien als Intermediäre. In: *M & K*, 56, 2008, S. 329-346

KOHRING, MATTHIAS: *Vertrauen in Journalismus. Theorie und Empirie*. Konstanz [UVK] 2004

LUHMANN, NIKLAS: *Die Realität der Massenmedien*. Opladen [Westdeutscher Verlag] 1996

MERTEN, KLAUS: *Kommunikation. Eine Begriffs- und Prozeßanalyse*. Opladen [Westdeutscher Verlag] 1977

MERTEN, KLAUS: *Einführung in die Kommunikationswissenschaft*. Berlin [LIT] 2007

MERTON, ROBERT K.: The Matthew Effect in Science. In: *Science*, 159, 1968, S. 56-63

MÖBUS, PAMELA; MICHAEL HEFFLER: Moderates Wachstum. Der Werbemarkt 2011. In: *Media Perspektiven*, 6, 2012, S. 298-307

MÖHRING, RUBINA: Massensterben im Blätterwald. In: *der standard.at*, 2.12.2012. http://derstandard.at/1353207936738/Massensterben-im-Blaetterwald [30.05.2013]

NAPOLI, PHILIP M.: *Audience Evolution. New Technologies and the Transformation of Media Audiences*. New York [Columbia University Press] 2011

NEUBERGER, CHRISTOPH: Die Allgegenwart des Widerspruchs. Paradoxien der Kommunikation, Rezeption und Vermittlung im Medienwandel. In: PÖRKSEN, BERNHARD; WIEBKE LOOSEN; ARMIN SCHOLL (Hrsg.): *Paradoxien des Journalismus. Theorie – Empirie – Praxis*. Wiesbaden [VS] 2008, S. 37-61

POINTNER, NICOLA: *In den Fängen der Ökonomie? Ein kritischer Blick auf die Berichterstattung über Medienunternehmen in der deutschen Tagespresse*. Wiesbaden [VS] 2010

PÖTTKER, HORST: Journalismus in der Krise. Ein differenzierungstheoretischer Erklärungsversuch. In: IMHOF, KURT; ROGER BLUM; HEINZ BONFADELLI; OTFRIED JARREN (Hrsg.): *Stratifizierte und segmentierte Öffentlichkeit*. Wiesbaden [Springer VS] 2013, S. 29-45

PRIDDAT, BIRGER P.; PETER SEELE (Hrsg.): *Das Neue in Ökonomie und Management. Grundlagen, Methoden, Beispiele*. Wiesbaden [Gabler] 2008

REITZE, HELMUT; CHRISTA-MARIA RIDDER (Hrsg.): *Massenkommunikation VIII. Eine Langzeitstudie zur Mediennutzung und Medienbewertung 1964-2010*. Baden-Baden [Nomos] 2011

RÖMER, RUTH: *Die Sprache der Anzeigenwerbung*. Düsseldorf [Schwann] 1980

SCHMIDT, SIEGFRIED J.: Werbung oder die ersehnte Verführung. In: WILLEMS, HERBERT (Hrsg.): *Die Gesellschaft der Werbung. Kontexte und Texte. Produktionen und Rezeptionen. Entwicklungen und Perspektiven*. Opladen [Westdeutscher Verlag] 2002, S. 101-119

SCHNEIDER, IRMELA: Rundfunk »für alle«. Verbreitungsmedien und Paradoxien der All-Inklusion. In: WISCHERMANN, ULLA; TANJA THOMAS (Hrsg.): *Medien – Diversität – Ungleichheit. Zur medialen Konstruktion sozialer Differenz*. Wiesbaden [VS] 2008, S. 23-46

SCHÖNHAGEN, PHILOMEN: Evaluation des Integrationspotenzials von Massenmedien – theoretische und methodische Überlegungen. In: *M & K*, 48, 2000, S. 554-570

SCHUHMACHER, WOLFGANG: Irreführende Werbung mit Leserzahlen. Wettbewerbs- und Markenrecht. In: *Wirtschaftsrechtliche Blätter*, 25, 2011, S. 108-109

SCHUMANN, MATTHIAS; THOMAS HESS: *Grundfragen der Medienwirtschaft. Eine betriebswirtschaftliche Einführung*. Berlin [Springer] 2006

SCHWEIGER, WOLFGANG: *Theorien der Mediennutzung. Eine Einführung*. Wiesbaden [VS] 2007

SIEGERT, GABRIELE: *Medien Marken Management. Relevanz, Spezifika und Implikationen einer medienökonomischen Profilierungsstrategie*. München [Verlag Reinhard Fischer] 2001

SZABO, GABOR; BERNARDO A. HUBERMAN: Predicting the Popularity of Online Content. In: *Communications of the ACM*, 53, 2010, S. 80-88

THEIS-BERGLMAIR, ANNA MARIA: Aufmerksamkeit und Geld, schenken und zahlen. Zum Verhältnis von Publizistik und Wirtschaft in einer Kommunikationsgesellschaft – Konsequenzen für die Medienökonomie. In: *Publizistik* 45, 2000, S. 310-329

WEBSTER, JAMES G.: The Duality of Media: A Structurational Theory of Public Attention. In: *Communication Theory*, 21, 2011, S. 43-66

WEHNER, JOSEF; JAN-HENDRIK PASSOTH; TILMANN SUTTER: Gesellschaft im Spiegel der Zahlen – Die Rolle der Medien. In: KROTZ, FRIEDRICH; ANDREAS HEPP (Hrsg.): *Mediatisierte Welten. Forschungsfelder und Beschreibungsansätze*. Wiesbaden [VS] 2012, S. 59-85

WENDELIN, MANUEL: Transparenz von Rezeptions- und Kommunikationsverhalten im Internet. Theoretische Überlegungen zur Veränderung der Öffentlichkeitsdynamiken zwischen Journalismus und Publikum. In: LOOSEN, WIEBKE; MARCO DOHLE (Hrsg.): *Journalismus und (sein) Publikum. Schnittstellen zwischen Journalismusforschung und Rezeptions- und Wirkungsforschung.* Wiesbaden [VS] 2013, im Druck

ZURSTIEGE, GUIDO: Werbung – Kunst und Können der aufrichtigen Lüge. In: SCHMIDT, SIEGFRIED J.; JOACHIM WESTERBARKEY; GUIDO ZURSTIEGE (Hrsg.): *A/effektive Kommunikation: Unterhaltung und Werbung.* Münster [LIT] 2003, S. 147-160

ZURSTIEGE, GUIDO: *Werbeforschung.* Konstanz [UVK] 2007

FRANK SCHWAB / ASTRID CAROLUS

»... Alles ist neu und doch immer das Alte« – Eine Darwin'sche Perspektive auf werbende Kommunikation in neuen Medienwelten

1. EINLEITUNG

»Natur! [...] Wir sind von ihr umgeben und umschlungen – unvermögend aus ihr herauszutreten, und unvermögend tiefer in sie hineinzukommen. [...] Sie schafft ewig neue Gestalten, was da ist, war noch nie, was war, kommt nicht wieder – alles ist neu, und doch immer das Alte. Wir leben mitten in ihr und sind ihr fremde. Sie spricht unaufhörlich mit uns und verrät uns ihr Geheimnis nicht. Wir wirken beständig auf sie und haben doch keine Gewalt über sie.«

Wir steigen ein mit einem Zitat von 1784, das meist Johann Wolfgang von Goethe zugeschrieben wird, wohl aber eher von Georg Christoph Tobler stammt. Was diese Aussage mit der »Innovation der Persuasion« und mit der »Werbe- und Markenkommunikation in neuen Medienwelten« zu tun hat? Auf den ersten Blick nicht viel: Weder Innovation noch der Bezug zu Werbung sind in dieser Charakterisierung der Natur direkt ersichtlich. Auf den zweiten Blick aber, so hoffen wir in diesem Beitrag darzulegen, führt Tobler unseren Blickwinkel auf Werbekommunikation und Persuasion passend ein. Dieser ist geprägt von evolutionären Annahmen, die diesen zweiten Blick auf vermeintlich allbekannte oder gänzlich neue Phänomene gestatten. Und auch wenn evolutionäre Gedanken in der Psychologie und der Kommunikationswissenschaft noch immer ein Nischendasein führen: Dass es sich lohnen kann, die Sicht auf den Menschen um diese Perspektive zu erweitern, wollen wir im Folgenden aufzeigen. Dazu gehen wir in drei Schritten vor: Zuerst führen wir in das evolutionäre Denken ein, klären erste Begriffe und skizzieren knapp die wesentlichen Aspekte (Abschnitt 2). Anschließend lassen wir den Blick weit in die Entwicklungsgeschichte des Menschen zurückschweifen (Abschnitt 3). Da das Thema Evolution oft mit Missverständnissen und Fehlannahmen verbunden ist (SCHWAB 2007), werden wir die evolutionspsychologische Denkstrategie möglichst ausführlich erläutern. Darauf aufbauend stellen wir ausgewählte, eher beispielhafte Studien vor, die eine Verbindung zwischen Persuasion und Evolution aufzeigen (Abschnitt 4). Unser Kapitel schließt mit der Ableitung von Ansatzpunkten für zukünftige Forschung und einem Ausblick (Abschnitt 5).

2. Unser Blickwinkel: Evolutionäres Denken

Die Evolutionspsychologie versteht sich als eine neue Sicht auf die verschiedenen Disziplinen der Psychologie (vgl. zum Folgenden COSMIDES/TOOBY 1997; SCHWAB 2010). Sie ist keine weitere Teildisziplin der Psychologie, sondern kann vielmehr als integrative Kraft verstanden werden, die die verschiedenen Disziplinen, ihre Ansätze und Befunde zusammenführt. Darwins Theorie der Evolution gehört neben der Relativitätstheorie Einsteins zu den großen und massiv evidenzuntermauerten Theoriegebäuden der modernen Wissenschaften. Nur eine Minderheit lehnt sie ab, zumeist religiös oder ideologisch motiviert. Stattdessen halten diese Gruppen lieber an der kreationistischen Sicht auf die Entstehung und Entwicklung des Menschen fest. Aus wissenschaftlicher Sicht haben sie es allerdings schwer, empirisch belastbare Daten und wissenschaftliche Argumente zu finden, die ihre Thesen stützen (DENNETT 1997). In der Psychologie gehörte die evolutionäre Perspektive aber trotzdem keineswegs zu den etablierten Ansätzen des 20. Jahrhunderts: Neobehaviorismus, Soziale Lerntheorie, kognitive Ansätze, moderne Psychoanalyse sowie postmoderne radikal konstruktivistische Ansätze dominierten hier weite Bereiche der akademischen Psychologie. Theorienbildung und Forschung waren geprägt von Versuchen, die Psychologie zu entbiologisieren (CRAWFORD/KREBS 1998), sodass Cosmides und Tooby (1994: 43) zusammenfassen: »...cognitive psychology has been conducted as if Darwin never lived«. Auch wenn in jüngerer Vergangenheit ein Bedeutungszuwachs der evolutionären Perspektive zu verzeichnen ist, argumentiert doch nur eine Minderheit von Forschungsarbeiten explizit evolutionspsychologisch. In der Mehrheit fokussieren Anthropologie, Soziologie, Kommunikationswissenschaft und Psychologie rein auf die aktuelle und ontogenetische Umwelt sowie das soziale Milieu als Determinanten menschlichen Erlebens und Verhaltens (SHERRY 2004). Zwar wird der menschliche Körper meist implizit als Produkt der Natur akzeptiert, unsere Psyche hingegen wird als alleiniges Produkt der Kultur oder Umwelt untersucht. Das menschliche Gehirn wird dabei als eine Art neutrale Hardware fantasiert, auf der die von der jeweiligen Kultur zur Verfügung gestellte Software läuft (HAGEN 2005). Als Forschungsheuristik dienen dabei in erster Linie *learning-only approaches*, die die Natur des Menschen marginalisieren bzw. die evolvierte Natur nahezu vollständig ausblenden und zu einer Art *nature blindness* führen (SHERRY 2004). Aus dem Bereich der Biologie werden fast ausschließlich physiologische Mechanismen betrachtet (Genetik, Neurologie, peripherphysiologische Aspekte). Dass mit diesem Ansatz aber die wichtige Frage nach dem Zweck mentaler Funktionen ausgeblendet wird und damit der forschungsheuristische Gewinn einer evolutionären Perspektive ausbleibt, wird im nächsten Kapitel erläutert. Denn eins ist klar: Natürlich kann man mit einem menschlichen Gehirn lange Zahlenketten oder sinnlose Silben lernen. Man kann ja auch mit einem Feuerzeug Bierflaschen öffnen. Auf diese Weise kann man dann auch etwas über Gehirne und Feuerzeuge erfahren. Berücksichtigt man jedoch den Zweck und die Gestaltung der zu untersuchenden Strukturen, könnte die Idee entstehen, mit einem Feuerzeug Dinge zu entflammen und möglicherweise würden andere Fragen an den Forschungsgegenstand herantragen werden. Um im Bild zu bleiben: Man könnte sich die Finger verbrennen, es könnte einem aber auch ein Licht aufgehen!

3. Blick zurück – sehr weit zurück

Die Idee der evolutionären Denkstrategie ist im Kern leicht erklärt: Der menschliche Körper ist ein Produkt der Evolution. Seine Organe sind Produkte der natürlichen und sexuellen Selektion, brachten also unseren Vorfahren Vorteile im Hinblick auf Probleme des Überlebens und der Reproduktion. Da auch das Gehirn ein Organ ist, wird angenommen, dass auch das Gehirn und seine Funktionsweise Produkte der Selektion sind und damit angepasst sind an Überlebens-und Fortpflanzungsprobleme der (vergangenen) Umwelt (BARKOW/COSMIDES/TOOBY 1992).

Wie ist das Gehirn nun zu dem geworden, was es heute ist? Oder: Wie kann man sich den evolutionären Gestaltungsprozess vorstellen? Wesentlich für das Verständnis ist die Annahme, dass sich der Mensch im Laufe der Evolution mit spezifischen Anpassungsproblemen konfrontiert sah: Um zu überleben, musste er beispielsweise um knappe Ressourcen (z.B. Nahrung) konkurrieren oder sich gegen Feinde wehren. Genauso musste er Probleme der Paarung bzw. der Fortpflanzung lösen. In den Begrifflichkeiten der Evolutionstheorie generierten diese Probleme *Selektionsdruck*, wobei die Lösung mit einem *Anpassungsvorteil* und mit einer Erhöhung der *Fitness* verbunden war. Diese *Anpassungsprobleme* waren nicht zuletzt persuasive Probleme, die entsprechend durch persuasive Kommunikation gelöst werden konnten. Im Kontext der Partnerschaft: z.B. einen Partner verführen, ihn binden und die Partnerschaft pflegen. Im Kontext des Lebens in sozialen Verbänden: eigene Machtansprüche durchsetzen und verteidigen. Ansehen, Status und soziale Dominanz waren also ebenfalls Problemfelder und generierten weiteren (sozialen) Selektionsdruck. Dieser Selektionsdruck, ganz spezifische Probleme aus den unterschiedlichen Themenfeldern lösen zu müssen – so die Theorie weiter – gestaltet nun entsprechende mentale Mechanismen aus. Und während die herkömmliche Kognitionspsychologie zur Lösung aller menschlichen Probleme wenige Allzweckmechanismen annimmt, geht die Evolutionspsychologie von passgenauen, spezifischen Lösungen für die (beispielhaft genannten) spezifischen Probleme aus. Sie nimmt informationsverarbeitende Strukturen an, die sogenannten evolvierten psychologischen Mechanismen (EPM), die in der Umwelt unserer Vorfahren (environment of evolutionary adaptedness) ein (domain-) spezifisches Anpassungsproblem effizient lösen konnten. Und obwohl diese Mechanismen entsprechend ›uralt‹ sind, reagieren sie noch heute auf Reizkonfigurationen, die auf eines der spezifischen Anpassungsprobleme hinweisen (BUSS 2004). Versuchen wir diesen Gedanken an Beispielen zu konkretisieren: Das Leben in sozialen Gemeinschaften verlangte von unseren Vorfahren einerseits mit anderen Gruppenmitgliedern zu kooperieren (um z.B. Ressourcen zu sparen), andererseits drohte die Gefahr, dass Hilfsbereitschaft von betrügerischen Mitgliedern ausgenutzt wird. Evolutionspsychologen vermuten nun, dass bestimmtes kommunikatives und persuasives Verhalten dieses spezifische Problem lösen konnte. Indem Gruppenmitglieder darüber ›tratschen‹, wer andere ausnutzt oder sich nicht an die Regeln hält, enttarnen sie die Betrüger im System und bewahren sich selbst, aber auch andere davor, auf sie reinzufallen. Vermeintlich nutzloses Klatsch-und-Tratsch-Verhalten ist somit aus einer evolutionären Perspektive durchaus funktional (vgl. CAROLUS 2013). Im Bereich der *sexuellen Selektion* spielt die Persuasion ebenfalls eine wichtige Rolle. Auf der einen Seite neigen Männer dazu, genau die Merkmale des äußeren Erscheinungsbildes einer Frau als besonders salient zu erleben, die auf ihre Gesundheit und – evolutionär formuliert – auch auf ihre Fruchtbarkeit hinweisen. ›Sex sells‹ nennen das die Werbepraktiker extrem verkürzt. Frauen interessieren sich bei Männern auf der anderen Seite besonders für solche charakterlichen und körperlichen Merkmale, die versprechen, die weiblichen Investitionen in die gemeinsame Fortpflanzung zu sichern. Da dieses Investment für Frauen mit Schwangerschaft und Aufzucht um ein Vielfaches höher ist als das der Männer, sind für sie beim Partner – evolutionär gedacht – die Merkmale Treue, Durchsetzungskraft, Einfühlungsvermögen oder Humor besonders wichtig. Dass Frauen und Männern gerade diese spezifischen fortpflanzungskritischen Merkmale besonders auffallen, ist auf die zugrundeliegenden mentalen Mechanismen zurückzuführen. Sie ›sorgten‹ dafür, dass vorzugsweise in solche Paarungspartnerschaften investiert wird, die auch gesunde, überlebens- und fortpflanzungsfähige Nachkommen versprachen. Einen potenziell geeigneten Partner überhaupt zu erkennen, war der erste Schritt. Der zweite Schritt war, diesen kommunikativ und persuasiv zu adressieren. Wie dies funktionieren konnte, zeigen die Werbe- und Konsumwelt noch heute: Hier findet man zum einen Lippenstifte, Push-Up-BHs und ›gephotoshopte‹ jugendliche Schönheiten, zum anderen Sportwagen, edle Business-Anzüge, markante Düfte und distinguierte George Clooneys.

Schaut man sich die Spezifität und Komplexität der Problemstellungen an, mit denen unsere Vorfahren konfrontiert waren, erscheint es Psychologen, die Darwins Perspektive berücksichtigen, extrem unwahrscheinlich, dass es zu ihrer Lösung lediglich einer kleinen Menge – Lebensbereiche übergreifender – Allzweckmechanismen bedurfte. Der menschliche Geist ist demnach kein ›unbeschriebenes Blatt‹, keine Art Allzweck-Computer mit einem universalen (speziesunspezifischen) Betriebssystem, der bei Bedarf persuasiv, kostengünstig und einfach ›upzugraden‹ ist (PINKER 2002). Ein Forschungsfokus, der ausschließlich die aktuelle und ontogenetische Umwelt sowie das soziale Milieu als Determinanten menschlichen Erlebens und Verhaltens berücksichtigt, blendet weite Bereiche der evolvierten menschlichen Natur aus. Für eine innovative Perspektive auf menschliche persuasive Kommunikation ist das im Extremfall beinahe so, als würde man ein iPhone – mit einem recht spezifischen Betriebssystem – besitzen und sich wundern, dass eine Android App einfach (persuasiv) nicht durchstarten kann.

3.1 *Proximat und ultimat*

Psychologie als empirische Sozial- oder Humanwissenschaft zielt darauf ab, das menschliche Denken, Fühlen und Handeln nachzuvollziehen und dahinterliegende Gründe und Ursachen zu verstehen. Gefragt wird danach, *wie* es zu einem bestimmten Verhalten kommen konnte bzw. was das Verhalten verursacht haben könnte. Diese sozialwissenschaftliche Analyseebene fokussiert damit fast ausschließlich Wirkursachen (proximate Ursachen). Der evolutionäre Ansatz erweitert den Blickwinkel um die Zweckursachen (ultimate Ursachen) und fragt auch, *warum* es zu bestimmten Verhaltensweisen kommt, *wozu* das Phänomen existiert. Damit werden auch Zweck bzw. adaptiver Nutzen des Verhaltens analysiert. Die Frage nach den unmittelbaren Ursachen wird also um die Frage nach den stammesgeschichtlichen Ursachen ergänzt (vgl. MAYR 2000).

Wonach fragt nun die Persuasionsforschung? Kurz gesagt: Fast ausschließlich nach proximaten Erklärungen, im Wesentlichen nach den aktuellen Ursachen von Verhalten, zum Beispiel physiologischen, neurophysiologischen, chemisch-hormonellen, vor allem aber psychischen Bedingungen, meist im Zusammenhang mit äußeren Stimuli oder Reizen und sozialen Bedingungen. Seltener wird über die Ontogenese des Individuums nachgedacht, etwa über bestimmte Vorerfahrungen (Lernen, Sozialisation), noch seltener über bestimmte Reifungsprozesse. Dass der ultimate Ansatz tatsächlich auch im Kontext der Werbekommunikation sinnvoll ist, zeigt sich, wenn man beispielhaft einmal die neuesten interaktiven Medienangebote, etwa Web 2.0 und Social Networks, im Hinblick auf die ultimaten Funktionen hinterfragt. Beispielsweise: *Wieso* kommunizieren Organismen überhaupt? Wie sieht die Evolution persuasiver Kommunikation aus? Wann tauchte sie erstmals auf? *Wozu* hat sie sich (und: unter welchen Selektionsbedingungen) gerade so ausgeformt, wie man sie aktuell und in der Vergangenheit beobachten kann und konnte? Zuletzt ist immer auch nach der *ultima ratio*, dem Fortpflanzungserfolg, zu fragen: Trug persuasive Kommunikation in der Vergangenheit der Spezies zu ihrem Reproduktionserfolg bei? Tut sie dies noch heute, vielleicht sogar unter medialen Bedingungen? Dabei ist auch zu fragen, ob es sich um noch immer fitnesssteigernde *Anpassungen* handelt. Unsere sexuelle Erregung während der Interaktion mit einem Sexualpartner ist sicher eine Anpassung. Aber was ist mit der Erregung während der Rezeption von Pornografie? Ob diese noch fitnesssteigernd sein kann, ist fraglich. Evolutionär denkende Wissenschaftler würden überlegen, ob es sich dabei vielleicht doch eher um ein *Nebenprodukt* einer Anpassung handelt und wir vor einem ›mismatch‹ zwischen dem archaischen EPM und der aktuellen (Medien-) Umwelt stehen.

3.2 *Anpassungen und Nebenprodukte*

Evolutionspsychologen sehen sich immer wieder mit augenscheinlich dysfunktionalen menschlichen Verhaltensweisen konfrontiert. Gemeint ist Verhalten, das extrem ressourcenintensiv ist, dabei aber keinen erkennbaren Nutzen für Überleben oder Reproduktion mit sich bringt. Gerade im Kontext von Mediennutzung und -produktion scheint dies nicht selten der Fall. Denken wir nur an die Produktion von Werbung, sei es nun als kunstvoller, kostenintensiver Spot oder als aufwendige ›cross-media‹-Strategie der Persuasion. Unter Aufwendung hoher Kosten werden hier (lediglich) emotionale und ästhetische Bedürfnisse der Rezipienten angesprochen. Nun geschieht dies nicht grundlos: Menschen scheinen sich für ästhetische und kunstvolle Medienangebote zu interessieren – und das über verschiedene Epochen und Kulturen hinweg. Aber warum? Kunstvolle und ästhetische Artefakte dürften doch kaum etwas mit der *ultima ratio*, also dem Reproduktionserfolg, zu tun haben. Aus evolutionärer Sicht sollte es sich daher um (1) Nebenprodukte der Evolution handeln. Oder lassen sich doch auch (2) biologisch zweckmäßige Aspekte (Anpassungen) erkennen?

(1) Einige evolutionäre Ansätze erkennen in Werbung (als besondere Formen der Unterhaltung und Kunst) ein evolutionäres *Nebenprodukt:* Pinker (1997, 2002) nimmt an, dass Werbeinszenierungen bestimmte Anpassungen (EPMs) aktivieren, die eigentlich zu anderen Zwecken evolvierten. Dieser sogenannte »pleasure button«-Ansatz vermutet, dass Werbung mentale Vorlieben des Menschen zwar tangiert, dass diese Vorlieben aber nicht für das Erleben ästhetischer Gefühle evolvierten (SCHWAB 2004;

SCHWENDER 2006). Die persuasive Kommunikation parasitiert hier sozusagen archaische, mentale Mechanismen. Werbung ist damit eine Art Käsekuchen für unser Gehirn, sie stimuliert zwar die evolvierten Lustzentren im Gehirn, allerdings ohne echten (evolutionären) Nutzen.

Aber wenn dem so ist, sollte sich dann nicht ein Selektionsdruck entwickelt haben, der dieser Art von Kommunikation entgegenwirkt? Oder wirken die medialen persuasiven Inhalte wie ›lebensechte‹ Attrappen, auf die wir hereinfallen müssen (SCHWENDER 2006)? Reeves und Nass (1996) argumentieren in diese Richtung und zeigen, dass sich Menschen im Umgang mit technischen Geräten, zum Beispiel dem Computer, unwillkürlich so verhalten, als haben sie es mit einem menschlichen Gegenüber zu tun (KRÄMER 2008): Sie gehen mit dem PC höflich um und es scheint fast so, als wollen sie seine Gefühle nicht verletzen. Bemerkenswert ist: Dieser Effekt tritt nicht nur bei Kindern oder unerfahrenen Anwendern auf, sondern dieses Verhalten ist für jeden von uns nur schwer kontrollierbar. Reeves und Nass bezeichnen es als »fundamentally human« (1996: 8) und erklären dies mit der evolutionären *Mismatch Hypothese*: Während der Evolution des menschlichen Gehirns konnte soziales Interaktionsverhalten nur von anderen Menschen gezeigt werden. Der entsprechende EPM – interaktive Verhaltensweisen automatisch als real zu behandeln und sozial auf diese zu reagieren – ist mit der Verfügbarkeit von Medien in Teilen dysfunktional geworden. Dass unser Gehirn trotzdem so reagiert, liegt daran, dass es an die Welt unserer Vorfahren, nicht aber an heutige Technologien angepasst ist.

(2) Andere Ansätze verstehen Unterhaltung und Kunst als *Anpassung* und würden wohl auch die Werbung als solche verstehen. Miller (2000) beschreibt die *sexuelle Selektion* als wichtigen Motor der Phylogenese der mentalen Architektur des Menschen. Dieser Motor trieb die Entwicklung komplexer Fähigkeiten (Intelligenz, Kreativität, Ästhetik auch Humor) an – und damit die Evolution persuasiv gemeinter künstlerischer oder unterhaltender Kreationen. Künstlerisches Schaffen ermöglichte uns, (Persuasions-)Botschaften ästhetisch darzubieten (vgl. u. a. OHLER/NIEDING 2006; SCHWAB 2004). Wie angesprochen, war diese Form der Botschaften vor allem im Kontext der Paarung relevant. Und hier sagt die Theorie weiter, dass unsere komplexen mentalen Fähigkeiten auch dazu dienen, potenzielle Sexualpartner von uns zu überzeugen bzw. deren Darbietungen angemessen einzuschätzen. Kunst als Persuasionsbotschaft an die Auserwählte? Wie kann das funktionieren? Denken Sie an den Pfau! Er trägt ein Federkleid und dieses scheint ausschließlich mit Nachtei-

len verbunden: übertrieben, unnötig, zudem extrem pflegeintensiv. Der Besitz dieses Rades mag schmücken, erfordert aber viel Energie und erschwert das Überleben. Aufgrund seiner Überdimensioniertheit fällt es Fressfeinden schnell auf und behindert zudem die Flucht. Wäre Pfauen sowohl das Überleben als auch die Reproduktion ohne das Rad nicht viel leichter gefallen? Eine mögliche Antwort liefert Darwin ([1871/1874], 2003) in seiner *Theorie der sexuellen Selektion*: Das Rad bedient die Vorlieben der Weibchen und da diese zufälligen sensorischen Vorlieben über lange evolutionäre Zeiträume hinweg Erscheinung und Verhalten der Männchen formen können, hat die sexuelle Selektion zu beeindruckenden Farben und Formen beigetragen. Neben dem Pfauenschwanz finden sich auch kunstvolle Verhaltensmuster wie Gesang (Singvögel) oder Tanz (Lekking bei Vögeln). Und beim Menschen verhält es sich ganz ähnlich: Er inszeniert sich laut Miller (2000) als »ornamental mind«, zum Beispiel in dem er Musik macht, tanzt, Kunst herstellt oder Körperschmuck trägt. All diese ästhetischen Werbemaßnahmen in eigener Sache haben einen Zweck: Die Attraktivität als Sexualpartner zu erhöhen. Der Kommunikator zeigt, dass er dieses Verhalten beherrscht, dass er es sich leisten kann und es weder zu kostenintensiv noch zu aufwendig oder zu gefährlich für ihn ist. Darwin war überzeugt: Vermeintlich Unnützes (das zudem mit hohen Kosten verbunden ist), aber eben auch Schönheit können auf eine versteckte Funktion für die Werbung um einen Partner hinweisen.

4. Der Blick auf die Daten: Studien

Wie kann dieser Blickwinkel nun ganz konkret in der empirischen Forschung aussehen? Aus dem bisher Dargestellten wurde klar: Persuasive Kommunikation ist ein Produkt der natürlichen, aber auch der sexuellen Selektion und damit ein uraltes Phänomen, das nicht nur beim Menschen zu finden ist. Das Design der zugrundeliegenden mentalen Mechanismen sollte noch immer diese Herkunft erkennen lassen. Untersucht man also persuasive Kommunikation – und sei sie noch so modern und innovativ – ist es ratsam dem Label ›Made by Nature‹ forschungsheuristisch Beachtung zu schenken. Wir werden also im Folgenden evolutionär proximate Überlegungen durch ultimate Erklärungen ergänzen. Ausgewählt haben wir dazu Studien zu (1) Kontaktanzeigen (vgl. BORDIN 2009), (2) Sozialen Netzwerkseiten (ebd.) und (3) Handykonsum (vgl. HELFGEN 2009).

4.1 *Eigenwerbung – Kontaktanzeigen*

In Studie 1 haben wir Kontaktanzeigen untersucht, die wir als eine Form der Eigenwerbung mit persuasiver Absicht begreifen, evolutionär formuliert: als Courtship- bzw. Paarungs-Kommunikation (BORDIN 2009). Wie zuvor erläutert, handelt es sich hier wohl um das älteste persuasive Thema, sodass sich gerade hier Spuren evolutionärer Gestaltung finden lassen sollten. Ebenso wurde ausgeführt, dass der Homo sapiens in diesem Kontext schon sehr lange unterschiedlichste Medien einsetzt: Körpermalerei, Kunstwerke, Kleidung, Schmuck, aber auch direkte oder indirekte Werbetexte (etwa Minnegesang) werden seit jeher in der Werbung um einen Partner eingesetzt. Und da zumeist die Männer um das weibliche Geschlecht werben, schauen wir uns im Folgenden einen potenziellen Einflussfaktor für ihre Attraktivität an. Ausgehend von der *ornamental-mind*-Theorie nehmen wir an, dass ein Mann seine Attraktivität als Sexualpartner durch Hinweise auf seine künstlerischen Fähigkeiten erhöhen kann (MILLER 2000). Musikalische Fertigkeiten als kunstvolles, unterhaltsames oder verschwenderisches Verhalten sollten demnach Ausdruck des »ornamental minds«, ihres Produzenten sein und damit als Indikator für die Fitness des Merkmalträgers wirken. Eigenwerbung sollte so ihre persuasive Wirkung entfalten können.

Dazu wurden zwei unterschiedliche Varianten einer Kontaktanzeige eines Mannes erstellt und Frauen ($N = 175$) zur Beurteilung vorgelegt. Diese Selbstwerbeanzeigen waren (etwa bzgl. Einkommen, Status, Bildung) bis auf ein einziges Merkmal komplett identisch: die musikalischen Fertigkeiten des männlichen Werbenden (UV). Die eine Version beschrieb einen mittelmäßigen, die andere einen exzellenten Musiker. Hierzu wurde lediglich ein Satz in der Textanzeige verändert. Die Probandinnen schätzten dann nur aufgrund dieser Anzeige ein, inwiefern sich der Werbende als Lang- oder Kurzzeitpartner eignet (AV). Die Unterscheidung dieser beiden Beziehungsformen ist aus einer evolutionären Perspektive wichtig, da die Auswahlkriterien für einen geeigneten Partner unterschiedlich gewichtet werden. Zudem beschreibt die Evolutionspsychologie eine Verschiebung der präferierten Beziehungsform in Abhängigkeit vom Fertilitätsstatus (Zyklus) der Frau (sog. ›Dual Mating Strategy‹, z. B. GANGESTAD/SIMPSON 2000). Gerade im fertilen Fenster bevorzugen Frauen Merkmale bei Männern, die diese für eine Kurzzeitbeziehung prädestinieren. Des Weiteren nimmt die Evolutionspsychologie die grundsätzliche Bereitschaft zu Lang- oder Kurzzeitbeziehungen bzw. Affären (Soziosexualität, SIMPSON/GANGESTAD 1991) als einen Trait bei unterschiedlichen Personen an. Deshalb wurden außerdem drei weitere Variablen erhoben: Die sozio-sexuelle Orientierung (PENKE/ASENDORPF 2008), der aktuelle Fertilitätsstatus (Menstruationszyklus) sowie die Anwendung hormoneller Verhütung.

Die Ergebnisse in den Abbildungen 1 und 2 zeigen, dass exzellente Musiker von den befragten Frauen erwartungskonform bevorzugt werden. Allerdings nur, wenn es um eine potenzielle Kurzzeitpartnerschaft geht ($t(173) = -3.11$; $p = .01$). Den Vorhersagen aus der Dual Mating Strategy folgend, erscheinen exzellente Musiker vor allem während des fertilen Fensters als Kurzzeitpartner attraktiver ($F(1,156) = 3.683$; $p < .05$).

ABBILDUNG 1

Eignung für eine Kurzzeit- bzw. Langzeitbeziehung

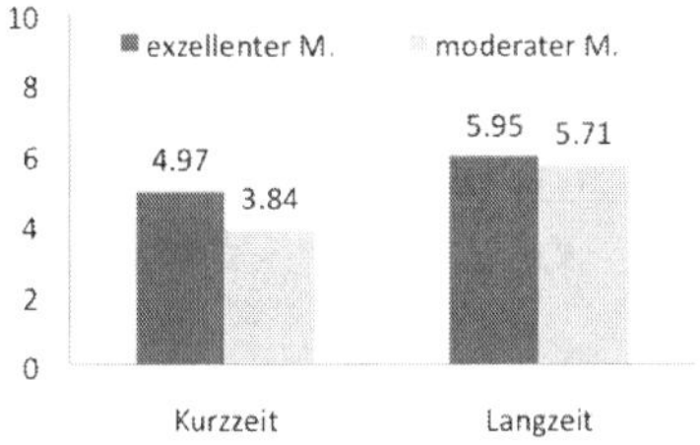

Quelle: eigene Darstellung

ABBILDUNG 2

Eignung für eine Kurzzeitbeziehung in Abhängigkeit von der Fertilität

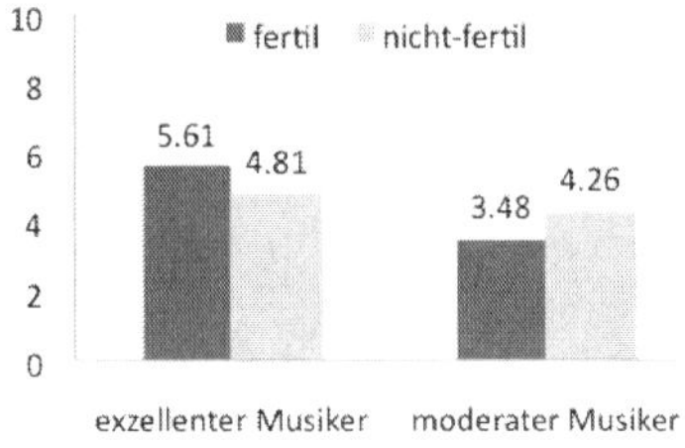

Quelle: eigene Darstellung

Der Hinweis auf die musikalischen Fähigkeiten scheint tatsächlich die Fitness des Werbenden zu erhöhen: Frauen finden die so beschriebenen

Männer anziehender! Wobei zu beachten ist, dass sich dieser Effekt gerade dann besonders deutlich zeigt, wenn die Fortpflanzungsstrategien der Adressatinnen aufgrund des Fertilitätsstatus – und den damit einhergehenden veränderten Partnerwahlkriterien – entsprechend ausgerichtet sind. Der persuasive Appell der Männer fällt gerade dann auf besonders fruchtbaren Boden. Um diesem Effekt weiter auf den Grund zu gehen, analysieren wir aktuell Daten zu anderen Kunstfertigkeiten und untersuchen wenig kunstvolle Tätigkeiten als Kontrollbedingung. Weiter unten in der Diskussion wird dieser Gedanke noch einmal aufgegriffen.

4.2 *Eigenwerbung – Soziale Netzwerkseiten*

Während Kontaktanzeigen ja noch eine recht eindeutige persuasive Kommunikation in Sachen eigener Person darstellen, sehen wir auch die Profile in Sozialen Netzwerkseiten (SNS) als ›Werbeträger‹ (vgl. BORDIN 2009). In Studie 2 haben wir daher, vergleichbar mit dem Vorgehen zuvor, SNS-Profile erstellt und diese ähnlich manipuliert: In einem Textfeld wurde die Beschreibung der eigenen künstlerischen Fähigkeiten manipuliert, wobei diesmal (a) die musikalischen Fähigkeiten und (b) die Expertise als Fotograf in zwei Qualitätsvarianten (mittelmäßig – exzellent) beschrieben wurde. Im Unterschied zu Studie 1 wurden neben den fiktiven männlichen Stimuluspersonen auch Profile für weibliche Personen erstellt. Diese Profile zeigten auch ein Foto, wobei die beiden abgebildeten Personen (ein Mann, eine Frau) auf allen Profilen die gleichen waren. Allerdings wurde ihre Attraktivität durch digitale Retuschen manipuliert. Es resultierten zwei Bildvariationen, sowohl für den männlichen als auch den weiblichen Profilinhaber: physiognomisch attraktiv vs. unattraktiv. Bei der Auswahl der zu manipulierenden Merkmale orientierten wir uns an ebenfalls evolutionären Theorien der Attraktivität (HENSS 1998; SAMSON/FINK/MATTS 2010). Insgesamt lagen damit zwei Aspekt der Attraktivität in je zwei Ausprägungen vor: äußere (Physiognomie des Gesichts) und ›innere‹ (künstlerische Fähigkeiten). In einer Online-Erhebung beurteilten dann 104 weibliche und diesmal außerdem 85 männliche Teilnehmende diese Profile. Die Manipulation der Kreativität zeigte keinen Effekt, jedoch findet man, dass je kreativer die Person wahrgenommen wurde, desto eher erschien sie für eine kurze Affäre geeignet ($r=0.393$; $p<.01$). Interessanterweise ist hierbei der Einfluss der (inneren/mentalen) Kreativität – des *ornamental minds* – deutlicher als jener der (äußeren/körperlichen) Attraktivität. Wir finden aber auch einen positiven (allerdings weniger deutlichen) Zusammenhang zwischen wahrgenommener Kreativität und Langzeitbeziehungen: Je kreativer die Person wahrgenommen wird, desto eher scheint sie für eine längerfristige Partnerschaft geeignet ($r = 0.173$; $p < .05$).

Studie 1 und 2 weisen darauf hin, dass die Kommunikation bestimmter Hinweisreize persuasive Effekte erzielen kann. Körperliche Attraktivität, aber eben auch Kreativität scheinen im Kontext der Eigenwerbung zentrale Merkmale zu sein, die persuasiv wirken können. Nun könnte der Werbepraktiker sagen: ›Sex und Schönheit sind verkaufsfördernd, das ist doch ein alter Hut und eben kulturell angeeignet.‹ Wie kann es sich also um einen innovativen Erklärungsansatz handeln? In unseren Augen innovativ ist, dass evolutionär denkende Psychologen an diesem Punkt mit ihren Forschungsfragen erst ansetzen: Was ist Schönheit? Wenn es eine mentale und eine körperliche Schönheit gibt, lässt sich beides als *fitness indicator* verstehen? Welche Aspekte der Schönheit lassen sich unterscheiden? Werden diese in Abhängigkeit von Geschlecht oder der biologischen *life history* (prä-reproduktiv, reproduktiv, post-reproduktives Alter) unterschiedlich gewichtet? Weist Schönheit – seien es nun Körper, Landschaften oder Charakterzüge – nicht am Ende einer langen Erklärungskette stets auf optimale Fortpflanzungschancen hin? Das Erklärungsmoment der kulturellen Vermittlung von Schönheit (allgemeiner das *arbitrary-culture*-Argument des sogenannten ›Standard Social Science Model‹) dreht sich zudem schnell im Kreis und entwickelt kaum fundierte prädiktive Kraft (TOOBY/COSMIDES 1992).

Während in Studie 1 aufscheint, wie mentale Schönheit (Kreativität) rein textbasiert persuasiv wirkt, zeigen wir in Studie 2, dass auch in modernen Medienumwelten evolutionär begründbare Effekte erzielt werden. Und das, obwohl das SNS-Profil ja nun nicht explizit der Eigenwerbung bzw. der Suche nach einem Partner dient. In beiden Studien handelte es sich um Eigenwerbung, der Kommunikator ist sozusagen selbst die Marke. Kann man eine evolutionäre Perspektive denn auch dann anwenden, wenn es sich um Produkte bzw. Artefakte handelt?

4.3 *Demonstrativer Handykonsum*

In Studie 3 haben wie untersucht, inwiefern sich Konsumgüter aus einer evolutionären Perspektive als kostbare Signale verstehen lassen, deren

Zurschaustellung als eine Art ›kostenintensives Signal‹ verstanden werden kann (GRISKEVICIUS/TYBUR/SUNDIE/CIALDINI/MILLER/KENRICK 2007; SUNDIE/KENRICK/GRISKEVICIUS/TYBUR/VOHS/BEAL 2011). Die *costly-signaling*-Theorie thematisiert das Problem der Glaubwürdigkeit eines kommunikativen Signals in der Natur: Wie kann ich glaubwürdig zum Beispiel meine Partnerqualitäten signalisieren bzw. die eines potenziellen Partners ablesen? Die Theorie wertet nun solche Verhaltensweisen als verlässliche Signale, die nur schwer zu produzieren (also: teuer) sind und die Qualitäten des Senders täuschungssicher anzeigen. Pfauenhähnen gelingt dieses Signal durch ihr prächtiges – kaum zu fälschendes – Federkleid. Wer ein solch überdimensioniertes Federrad mit sich herumträgt, muss es sich leisten können, also tatsächlich herausragende (genetische) Qualitätsmerkmale besitzen. Ähnliches gilt für energiezehrende Tänze der Auerhähne, mit Steinchen und Federn dekorierte Nester von Laubvögeln oder das Nachahmen von Geräuschen der Leiervögel. Für den Menschen nehmen Lycett und Dunbar (2000) ebenfalls kostenintensive Signale an, beispielsweise auch teure Konsumgüter. Denn auch hier zeigt der Träger an: Ich kann es mir leisten! Mobiltelefone sollten ein Beispiel für ein solches kostenintensives Signal darstellen. Wir fragen also: Inwiefern funktioniert der Besitz und der Gebrauch von Handys als sexuelles *costly signaling*? Anders formuliert: Inwieweit dient uns unser Mobiltelefon nicht nur als Kommunikationswerkzeug, sondern darüber hinaus auch als Signal der eigenen paarungsrelevanten Qualitäten?

Dazu haben wir Jugendliche ($N = 210$; ausgeglichenes Geschlechterverhältnis) im Alter von 12 bis 20 Jahren ($M = 15.92$) befragt, inwiefern sie Handys als Möglichkeit zum demonstrativen Konsum begreifen, also als Form des *costly signalings* (AV). Vor der Befragung erfolgte allerdings ein Priming: In einer Imaginationsaufgabe sollten sich die Teilnehmenden in eine von drei Situationen (UV) hineinversetzen, sodass sich drei Bedingungen ergaben (vgl. HELFGEN 2010):

- Kontrolltreatment: »Stell Dir vor, Du verbringst einen schönen und aufregenden Tag allein. Du möchtest Dir persönlich etwas Gutes tun und den Tag genießen. Wie verbringst Du den Tag?«
- Paarungsthematik: »Stell Dir das erste Date mit Deiner Traumfrau/Deinem Traummann vor. Ihr verbringt einen romantischen Nachmittag oder Abend zusammen. Wie wäre dieses perfekte erste Date?«
- Statusthematik: »Stell Dir einen Erfolg unter Deinen Freunden vor. Jeder sieht zu Dir auf. Wie könnte ein solcher Erfolg aussehen?«

Evolutionär gesehen ist der Besitz oder Zugriff auf Ressourcen für Männer ein wesentliches Merkmal, um Frauen im Paarungskontext von sich überzeugen zu können. Entsprechend sollten Jungen am demonstrativen Konsum (»costly signal«) von (immensen) Ressourcen interessiert sein, besonders wenn die Paarungsthematik salient ist. Wie erwartet, zeigen Jungen über alle Primes hinweg zwar tendenziell mehr demonstrativen Konsum als Mädchen ($F(1{,}204) = 3.539$, *ns*), aber diese zeigen unter dem Paarungs-Prime (erstes Date) im Vergleich zu den Jungen einen ähnlich hohen demonstrativen Handykonsum (vgl. Abb. 3).

ABBILDUNG 3

Demonstrativer Konsum von Jungen und Mädchen in drei Priming-Bedingungen

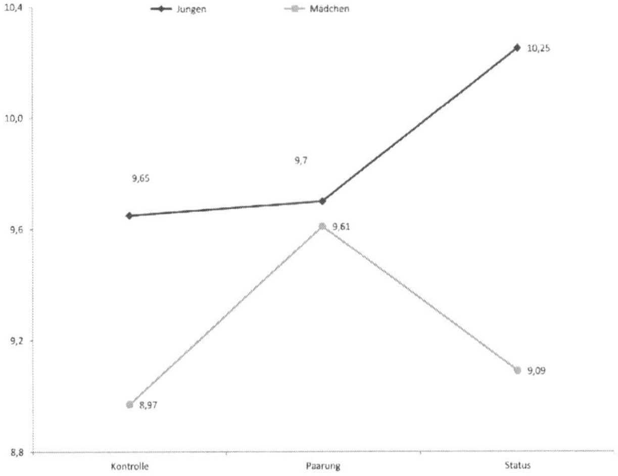

Quelle: eigene Darstellung

Wobei sich eine Frage stellt: Wem gilt der demonstrative Konsum? An wen werden die *costly signals* gesendet? Die Analyse der Subskalen zum demonstrativen Handykonsum liefert hier Hinweise: Überraschenderweise wollen die Jungen mit ihren Handys wohl weniger die Mädchen, sondern eher ihre Geschlechtsgenossen und damit potenzielle Konkurrenz beeindrucken (intrasexueller Wettbewerb). Mädchen hingegen nutzen ihre Mobiltelefone wohl eher für den intersexuellen Wettbewerb, also um Jungen, nicht aber anderen Mädchen zu imponieren (Subskalen- und Einzelitem-

Betrachtungen machen diese Vermutung plausibel). Zumindest in der von uns untersuchten jugendlichen Stichprobe (im Durchschnitt 16 Jahre alt) dient die Botschaft »Ich kann's mir leisten« den Jungen wohl eher im Kontext des intrasexuellen Imponierens. Junge Mädchen hingegen zeigen nach einer ›Traummann‹-Imagination auch eine Neigung, Handys als demonstrative Konsumgüter zu verstehen.

Insgesamt zeigt der Einblick in die Empirie fruchtbare Ansätze, eine evolutionäre Perspektive auf Phänomene der persuasiven Kommunikation anzuwenden. Dies gilt nicht nur für Eigenwerbung im Kontext der Partnerwahl, sondern auch für den Konsum prestigeträchtiger (Marken-)Artikel. Zudem wird deutlich, dass man auch hinter innovativen und modernen Kommunikationsmedien stets einen archaischen Kern vermuten darf.

5. Der Blick nach vorn – Diskussion

»...alles ist neu, und doch immer das Alte«. Mit dieser Aussage haben wir begonnen. Evolutionspsychologen sind davon überzeugt, dass wir auch die Nutzung der neuesten Technologie stets nur dann angemessen erklären und verstehen können, wenn wir auch die Vorgeschichte des Phänomens berücksichtigen. Forschungsheuristisch bedeutet dieser Blick zurück in die Welt unserer Vorfahren scheinbar mehr Arbeit und lädt damit geradezu ein, das wissenschaftliche Sparsamkeitsprinzip (*lex parsimoniae*) einzufordern. Wir halten dagegen: Evolutionäre Erklärungen sind meist über verschiedene Spezies generalisierbar und unter Berücksichtigung ihres Geltungsbereichs somit sparsamer (SCHWAB 2010). Die epistemologische Forderung nach Sparsamkeit beim Theoretisieren – auch als Ockhams Rasiermesser versinnbildlicht – sollte erst dann laut werden, wenn mehrere Theorien die gewünschte Erklärung auch für einen vergleichbaren Geltungsbereich liefern (vgl. auch CRICK 1988). Eine kompliziertere Theorie, die ein Phänomen besser erklärt oder einen deutlich größeren Geltungsbereich hat, sollte dann einer einfacheren vorgezogen werden. Die Relativitätstheorie etwa ist komplizierter als die klassische Mechanik, kann aber auch mehr erklären.

Wieso lohnt es sich, die Evolutionstheorie auch im Hinblick auf Innovationen in der Persuasion zu berücksichtigen? Kurz gefasst wollen wir antworten: Theoretische Überlegungen zum menschlichen Verhalten – als zentraler Bestandteil sowohl der Kommunikationswissenschaften als auch der Medien- und Werbepsychologie – sollten evolutionäre Erklärungen beinhalten, da sonst die Gefahr sogenannter ›warp-drive‹-Theorien besteht.[1] Damit bezeichnen Evolutionspsychologen (etwas polemisch) solche theoretischen Erklärungen, die mit der Evolutionstheorie inkompatibel und damit ähnlich problematisch sind, wie Erklärungen physikalischer Phänomene, die Einsteins Relativitätstheorie widersprechen. Natürlich müssen Erklärungen menschlichen Konsum- und Medienverhaltens keine evolutionären Aspekte berücksichtigen! Wir vermuten jedoch, dass eine Integration dieser Ansätze die Güte der Erklärung persuasiver Phänomene steigern würde. So kann man versucht sein, einfach alle persuasiven Phänomene mit dem gut etablierten Elaboration-Likelihood-Modell (PETTY/CACIOPPO 1979) zu erklären und es gar als Gegenentwurf zu einem EPM heranzuziehen. Das ELM ist tatsächlich dort evolutionär wenig überzeugend, wo es domainunspezifisch alles über einen Kamm zu scheren scheint und – überspitzt formuliert – nicht zwischen den persuasiven Effekten von Toilettenpapier, Pizza oder einem Ehepartner zu unterscheiden scheint. Kompatibel (zumindest teilweise) ist das ELM immer da, wo es als Prozesstheorie eben gar nichts über Inhalte aussagt bzw. mit dem ›Issue Involvement‹ seine Erklärungen einstellt. Im Hinblick auf die Inhalte jedoch bietet die Evolutionspsychologie einen reichen Fundus an inspirierenden Überlegungen und einen heuristisch fruchtbaren Stachel des Zweifels an universalen mentalen Prozessen der Verarbeitung. Aus unserer Sicht können evolutionäre Überlegungen auf diese Weise Fehler und Müßiggang beim Theoretisieren über Persuasions-Phänomene und über zugrunde liegende Mechanismen verhindern oder doch zumindest zur kritischen Reflexion einladen.

Fassen wir zusammen: Die Evolutionspsychologie ist eine der wichtigsten Schulen Darwin'schen Denkens und bietet nützliche und vielversprechende wissenschaftliche Werkzeuge und Strategien, die auch dazu dienen können, die Kommunikationswissenschaft und die Psychologie mit den anderen »life sciences« zu verbinden. Dabei ist die junge Evolutionspsychologie noch keine reife Wissenschaft – wie etwa die Physik – mit einem lange erprobten Regelwerk hinsichtlich der Legitimierung ihrer theoretischen Annahme durch Daten. In Teilen befindet sie sich (noch) in einem explorativen Zustand (Protoscience, HOLCOMB 1998), sodass man

1 In der TV-Serie *Star Trek* bezeichnet der ›warp drive‹ einen phantasievollen Raumschiffantrieb.

ihr sicher unrecht täte, würde man sie an den Kriterien einer ausgereiften Wissenschaft messen. Aber Darwins Blick auf die Dinge erlaubt es Wissenschaftlern, die sich mit der Spezies Mensch beschäftigen, genauer hinzusehen. Dieser zweite (evolutionäre) Blick hilft gegen mögliche Voreingenommenheit und lässt nicht selten neue Facetten eines scheinbar bekannten Gegenstandbereiches aufscheinen.

»Natur! ...Wir sind von ihr umgeben und umschlungen – unvermögend aus ihr herauszutreten,...« das trifft die Sache recht genau. Unser Vermögen, sie zu verstehen und zu erklären haben Goethe und Tobler noch gering geschätzt. Mit Darwin scheint dieses Vermögen jedoch immer weiter anzuwachsen.

Literatur

BARKOW, J. H.; L. COSMIDES; J. TOOBY: *The Adapted Mind. Evolutionary Psychology and the Generation of Culture.* New York [Oxford University Press] 1992

BORDIN, I.: *Musical Seduction: Musik als evolvierter Fitnessindikator.* Unveröffentlichte Diplomarbeit an der Universität des Saarlandes, 2009

BUSS, D. M.: *Evolutionary Psychology. The New Science of the Mind.* Boston [Pearson Education] 2004

CAROLUS, A.: *Gossip 2.0 – Mediale Kommunikation in Sozialen Netzwerkseiten.* Stuttgart [Kohlhammer Verlag] 2013

COSMIDES, L.; J. TOOBY: Beyond Intuition and Instinct Blindness: Toward an Evolutionarily Rigorous Cognitive Science. In: *Cognition*, 50, 1994, S. 41-77

COSMIDES, L.; J.TOOBY: Evolutionary Psychology. A Primer. In: *Center for Evolutionary Psychology*. University of California, 13.01.1997. http://www.psych.ucsb.edu/research/cep/primer.html [01.06.2013]

CRAWFORD, C.; D. L. KREBS (Hrsg.): *Handbook of Evolutionary Psychology.* Mahwah/NJ [Lawrence Erlbaum Associates] 1998

CRICK, F. H. C.: *What Mad Pursuit: A Personal View of Scientific Discovery*. New York [Basic Books] 1988

DARWIN, C.: *The Descent of Man and Selection in Relation to Sex.* London [Gibson Square] 1871/1874/2003

DENNETT, D. C.: *Darwins gefährliches Erbe.* Hamburg [Hoffmann und Campe] 1997

GANGESTAD, S. W.; J. A. SIMPSON: The Evolution of Human Mating. Trade-Offs and Strategic Pluralism. In: *Behavioral and Brain Sciences*, 23, 2000, S. 573-644

GRISKEVICIUS, V.; J. M. TYBUR; J. M. SUNDIE; R. B. CIALDINI; G. F. MILLER; D. T. KENRICK: Blatant Benevolence and Conspicuous Consumption. When Romantic Motives Elicit Strategic Costly Signals. In: *Journal of Personality and Social Psychology*, 93(1), 2007, S. 85-102

HAGEN, E. H.: Controversies Surrounding Evolutionary Psychology. In: D. M. BUSS. (Hrsg.): *The Handbook of Evolutionary Psychology*. Hoboken, NJ [Wiley & Sons] 2005, S. 145-174

HELFGEN, J.: *Hand(y)cap? Mobilfunknutzung Jugendlicher aus evolutionärer Perspektive*. Unveröffentlichte Diplomarbeit an der Universität des Saarlandes, 2010

HENSS, R.: *Spieglein, Spieglein an der Wand. Geschlecht, Alter und physische Attraktivität*. München [Beltz PVU] 1998

HOLCOMB, H. R.: Testing Evolutionary Hypotheses. In: CRAWFORD, C.; D. L. KREBS (Hrsg.): *Handbook of Evolutionary Psychology*. Mahwah, NJ [Lawrence Erlbaum Associates] 1998, S. 303-334

KRÄMER, N. C.: Media Equation. In: KRÄMER, N. C.; S. SCHWAN; D. UNZ; M. SUCKFÜLL (Hrsg.): *Medienpsychologie. Schlüsselbegriffe und Konzepte*. Stuttgart [Kohlhammer] 2008, S. 342-346

LYCETT, J. E.; R. I. M. DUNBAR: Mobile Phones as Lekking Devices Among Human Males. In: *Human Nature*, 11(1), 2000, S. 93-104

MAYR, E.: *Das ist Biologie. Die Wissenschaft des Lebens*. Heidelberg [Spektrum] 2000

MILLER, G. F.: *The Mating Mind. How Sexual Choice Shaped the Evolution of Human Nature*. New York [Doubleday] 2000

OHLER, P.; G. NIEDING: An Evolutionary Perspective on Entertainment. In: J. BRYANT; P. VORDERER (Hrsg.): *Psychology of Entertainment*. Mahwah/NJ [Lawrence Erlbaum Associates] 2006, S. 423-434

PENKE, L.; J. B. ASENDORPF: Beyond Global Sociosexual Orientations. A More Differentiated Look at Sociosexuality and its Effects on Courtship and Romantic Relationships. In: *Journal of Personality and Social Psychology*, 95, 2008, S. 1113-1135

PETTY, R.E; J. T. CACIOPPO: Issue Involvement Can Increase or Decrease Persuasion by Enhancing Message-Relevant Cognitive Responses. In: *Journal of Personality and Social Psychology*, 37, 1979, S. 1915-1926

PINKER, S.: *How the Mind Works*. New York [Norton] 1997

PINKER, S.: *The Blank Slate. The Modern Denial of Human Nature*. New York [Viking] 2002

REEVES, B.; C. I. NASS: *The Media Equation. How People Treat Computers, Television, and New Media Like Real People and Places*. New York [Cambridge University Press] 1996

SAMSON, N.; B. FINK; P. J. MATTS: Visible Skin Condition and Perception of Human Facial Appearance. In: *International Journal of Cosmetic Science*, 32, 2010, S. 167-184

SCHWAB, F.: *Evolution und Emotion. Evolutionäre Perspektiven in der Emotionsforschung und der angewandten Psychologie*. Stuttgart [Kohlhammer] 2004

SCHWAB, F.: Evolutionäres Denken: Missverständnisse, Trugschlüsse und Richtigstellungen. In: *Zeitschrift für Medienpsychologie. Themenheft*, 19(4), 2007, S. 140-144

SCHWAB, F.: *Lichtspiele. Eine Evolutionäre Medienpsychologie der Unterhaltung*. Stuttgart [Kohlhammer] 2010

SCHWENDER, C.: *Medien und Emotionen. Evolutionspsychologische Bausteine zu einer Medientheorie* (2. überarbeitete Aufl.). Wiesbaden [Deutscher Universitätsverlag] 2006

SHERRY, J. L.: Media Effects Theory and the Nature/Nurture Debate. A Historical Overview and Directions for Future Research. In: *Media Psychology*, 6, 2004, S. 83-109

SIMPSON, J. A.; GANGESTAD, S. W.: Individual Differences in Sociosexuality. Evidence for Convergent and Discriminant Validity. In: *Journal of Personality and Social Psychology*, 60, 1991, S. 870-883

SUNDIE, J. M.; D.T KENRICK; V. GRISKEVICIUS; J. M. TYBUR; K. D. VOHS; D. J. BEAL: Peacocks, Porsches, and Thorstein Veblen. Conspicuous Consumption as a Sexual Signaling System. In: *Journal of Personality and Social Psychology*, 100(4), 2011, S. 664-680

TOBLER, G. C.: Die Natur. In: *Tierfurter Journal*, 32, 1784

TOOBY, J.; L. COSMIDES: The Psychological Foundations of Culture. In: BARKOW, J. H.; L. COSMIDES; J. TOOBY (Hrsg.): *The Adapted Mind. Evolutionary Psychology and the Generation of Culture*. New York [Oxford University Press] 1992, S. 19-136

Autorinnen und Autoren

ANDREAS BAETZGEN, Jg. 1975, Prof. Dr. phil., Dipl.-Kommunikationswirt; Studium der Gesellschafts- und Wirtschaftskommunikation an der Universität der Künste Berlin. 2007 Promotion an der Hochschule für Film und Fernsehen Potsdam-Babelsberg. 2001-2010 Marken- und Strategieberater bei Scholz & Friends und MetaDesign. Seit 2010 Professor für Strategische Kommunikation und Branding an der Hochschule der Medien in Stuttgart. Arbeitsgebiet: Strategische Markenkommunikation in dynamischen Medienwelten.

SIMONE BUCHMANN, Jg. 1982, lic. phil., Studium der Publizistikwissenschaft am Institut für Publizistikwissenschaft und Medienforschung der Universität Zürich sowie der Filmwissenschaft und der Wirtschafts- und Sozialgeschichte (UZH).

ASTRID CAROLUS, Jg. 1982, Dr. phil., Studium der Psychologie an der Universität des Saarlandes, Mitarbeiterin in einer Personal- und Unternehmensberatung, wissenschaftliche Mitarbeiterin in der Medien- und Organisationspsychologie an der Universität des Saarlandes. Promotion zum Dr. phil. an der Universität Würzburg; Thema: Gossip 2.0 – Mediale Kommunikation in Sozialen Netzwerkseiten. Derzeit als wissenschaftliche Mitarbeiterin am Lehrstuhl Medienpsychologie der Universität Würzburg tätig, zudem freiberuflich als Trainerin und Beraterin. Forschungsinteressen: Kommunikation im Web 2.0; Sexualität in den Medien; Personaldiagnostik und -entwicklung.

BASTIAN DINTER, Jg. 1986, M. A., wirtschaftswissenschaftliches Studium mit den Schwerpunkten Medien- und Kommunikationsmanagement in Düsseldorf und Köln. Seit März 2012 wissenschaftlicher Mitarbeiter am Forschungsschwerpunkt Kommunikationsforschung der Fachhochschule

Düsseldorf. Forschungsinteressen: digitale Medien- und Marketingkommunikation sowie Verbraucher- und Konsumentenverhaltensforschung.

JULIA EBERT, Jg. 1987, Masterstudentin Gesellschafts- und Wirtschaftskommunikation an der Universität der Künste Berlin. Studium Kommunikationswissenschaft und Wirtschaftswissenschaft an der Universität Erfurt (B. A.). Forschungsinteressen: Online-Kommunikation sowie Rezeption und Wirkung von persuasiver Kommunikation, insbesondere (Präventions-)Kampagnen über Soziale Netzwerke.

JUTTA EMES, geb. Müschen, Jg. 1969, Prof. Dr. rer. pol., Dipl.-Kffr.; seit 2010 Inhaberin der Professur Marketing und Medien an der Bauhaus-Universität Weimar; Studium der Betriebswirtschaftslehre, Promotion und Habilitation an der Bayerischen Julius-Maximilians-Universität Würzburg; Vertretungsprofessuren an der Universität Kassel und der Universität der Bundeswehr München; Hochschuldozentin an der Universität Liechtenstein; Professorin für Marketing-Management an der Steinbeis Hochschule Berlin; Forschungsinteressen: Medieninnovationen, Medienkonsum, Unternehmens- und Markenkommunikation, Soziale Netzwerke, Entrepreneurial Marketing, internationale Markteintrittsstrategien, Vermarktungsstrategien für digitale Güter.

ROBERT FRANZKE, Jg. 1987, B. A., Bachelorstudium Kommunikations- und Multimediamanagement an der Fachhochschule Düsseldorf sowie Masterstudium Creative Communication and Brand Management an der Hochschule Pforzheim und am Institut Teknologi Bandung (Indonesien). Forschungsinteressen: Persuasive Markenkommunikation, Creative Industry and Economy in Indonesien.

SILKE FÜRST, Jg. 1983, M. A., Studium der Kommunikationswissenschaft, N. u. N. Geschichte und Germanistik an der WWU Münster. Von 2009 bis 2012 wissenschaftliche Mitarbeiterin im Forschungsprojekt »Organisation und Öffentlichkeit von Hochschulen« am IfK Münster. Seit Oktober 2012 wissenschaftliche Mitarbeiterin am Departement für Medien- und Kommunikationswissenschaft der Universität Fribourg, Schweiz. Forschungsschwerpunkte: Publikumsvorstellungen und Kommunikation über Publikumsresonanz, Journalismus- und Kommunikationstheorie, Wissenschaftskommunikation, Öffentlichkeitsorientierung von Hochschulen.

VOLKER GEHRAU, Jg. 1966, Prof. Dr., Studium der Kommunikationswissenschaft, Informationswissenschaft und Betriebswirtschaftslehre an der Freien Universität Berlin. 2000 Promotion an der Freien Universität Berlin. Seit 2006 Professor für Kommunikationswissenschaft an der Universität Münster. Hauptarbeitsgebiete: Mediennutzung und Medienwirkung, Medien und öffentliche Meinung, Medien und interpersonale Kommunikation, Strategische Kommunikation, Forschungs- und Analysemethoden.

SABINE GRUSCHWITZ, Jg. 1981, M.A., Ausbildung zur Mediengestalterin (2001 - 2004), Bachelorstudium der Kommunikationswissenschaft und Wirtschaftswissenschaft an der Universität Erfurt (2004 - 2007), Masterstudium Medienmanagement an der Bauhaus-Universität Weimar (2007 - 2010). Seit 2010 wissenschaftliche Mitarbeiterin an der Professur Marketing und Medien der Fakultät Medien der Bauhaus-Universität Weimar. Forschungsinteressen: Werbewirkungsforschung, Markenmanagement, Medienkonsum und Medieninnovationen.

SIMONE HUCK-SANDHU, Jg. 1977, Prof. Dr. rer. soc., Dipl. rer. com.; Studium der Kommunikationswissenschaft. 2004 Promotion. 2010 Habilitation an der Universität Hohenheim. Seit 2011 Professorin für Marketing-Kommunikation und Public Relations an der Hochschule Pforzheim. Hauptarbeitsgebiete: Fragen der strategischen Kommunikation, v.a. Kommunikationsmanagement, Interne Unternehmenskommunikation und Innovationskommunikation.

MAREN KLEPPER, Jg. 1985, B.A., Studium der Werbung und Marktkommunikation an der Hochschule der Medien Stuttgart. Projektleiterin in einer Full-Service Werbeagentur. Seit Februar 2013 tätig im Marketing einer Non-Profit-Organisation. Forschungsinteresse: Werbung aus Sicht des Rezipienten.

JOHANNES KNOLL, Jg. 1984, M.A., Studium der Kommunikations- und Medienwissenschaft sowie der Psychologie und Soziologie an der Universität Leipzig und der Auckland University of Technology (Neuseeland). Seit Dezember 2010 wissenschaftlicher Mitarbeiter am Institut für Mensch-Computer-Medien der Universität Würzburg im Bereich Medien- und Wirtschaftskommunikation. Forschungsinteressen: Rezeption und Wirkung von persuasiver Kommunikation sowie von Online- und Sportkommunikation.

INGO KNUTH, Jg. 1980, Dr. rer. pol., Magister Artium; Studium der Politikwissenschaft, Kommunikationswissenschaft und Betriebswirtschaftslehre an den Universitäten Greifswald und Göteborg. 2012 Promotion an der Universität Hamburg, Fachbereich Betriebswirtschaftslehre (Arbeitsbereich Medienmanagement) zum Thema »Mediadienstleistungen in der Werbebranche«. Weitere Forschungsinteressen: Strategien in der Werbevermarktung, Werbewirkungsforschung und Mediennutzungsforschung.

THOMAS KOCH, Jg. 1980, Dr. rer. pol., M. A.; 2000 - 2005 Studium der Kommunikationswissenschaft, Psychologie und Rechtswissenschaft an der Friedrich-Schiller-Universität Jena. 2006 - 2009 wissenschaftlicher Mitarbeiter am Lehrstuhl für Kommunikationswissenschaft der Friedrich-Alexander-Universität Erlangen-Nürnberg. Seit 2009 wissenschaftlicher Mitarbeiter am Institut für Kommunikationswissenschaft und Medienforschung der Ludwig-Maximilians-Universität München. 2010 Promotion zum Dr. rer. pol. und Ernennung zum akademischen Rat auf Zeit. Hauptarbeitsgebiete: Medienwirkung und -nutzung, persuasive Kommunikation, politische Kommunikation.

SARAH KOHLER, Jg. 1981, M. A., nach Ausbildung und Berufstätigkeit als Buchhändlerin Studium der Kommunikationswissenschaft mit Schwerpunkt »Strategische Kommunikation« an der Westfälischen Wilhelms-Universität Münster. Seit September 2012 Doktorandin am Institut für Kommunikationswissenschaft der WWU Münster. Forschungsschwerpunkte: Rezeptions- und Wirkungsforschung, (sozial-)psychologische Ansätze in der Kommunikationswissenschaft, Methoden der empirischen Sozialforschung, Werbekommunikation.

JÖRG MATTHES, Jg. 1977, Prof. Dr. phil., Studium der Psychologie sowie der Medienwissenschaft, Philosophie und Interkulturellen Wirtschaftskommunikation an der Friedrich-Schiller-Universität (FSU) Jena. 2002 - 2003 wissenschaftlicher Mitarbeiter an der FSU Jena; 2003 - 2009 wissenschaftlicher Assistent und Post-Doc am Institut für Publizistikwissenschaft und Medienforschung der Universität Zürich (IPMZ). Forschungsaufenthalte an der Ohio State University und der George Washington University; 2009 Ruf auf die Assistenzprofessur für politische Kommunikation/politisches Verhalten, 2009 - 2011 Assistenzprofessor an der Universität Zürich; 2011: Ruf an die Universität Wien sowie an drei weitere Universitäten. Seit Oktober 2011 Professor für Werbeforschung an der Universität Wien. Sprecher der Fachgruppe Methoden in der SGKM (2005 - 2010) und der DGPuK (2009-andauernd). Mitherausgeber der Fachzeitschriften Journal of Communication sowie Communication Methods & Measures. Forschungsschwerpunkte: Inhalts-, Rezeptions- und Wirkungsforschung, Werbeforschung, Erhebungs- und Auswertungsmethoden.

BURKARD MICHEL, Jg. 1968, Prof. Dr. phil., Dipl.-Kommunikationswirt; Studium der Gesellschafts- und Wirtschaftskommunikation an der Hochschule der Künste Berlin (heute Universität der Künste). Promotion im Rahmen des Bildwissenschaftlichen Kolloquiums der Universität Magdeburg. Berufliche Tätigkeit in internationalen Werbeagenturen, zahlreiche Preise und Auszeichnungen bei Kreativwettbewerben. Seit 2004 Professor im Studiengang Werbung und Marktkommunikation an der Hochschule der Medien Stuttgart, seit 2010 Dekan der Fakultät Electronic Media. Forschungsgebiete: Qualitative Methoden der Sozialforschung, Bildkommunikation, Milieutheorie.

BRIGITTE NADERER, Jg. 1988, Mag.phil, Bakk.phil., B.A., Studium der Publizistik- und Kommunikationswissenschaft, sowie Politikwissenschaft an der Universität Wien. Seit September 2013 Wissenschaftliche Mitarbeiterin (Prae-Doc) am Institut für Publizistik- und Kommunikationswissenschaft an der Universität Wien. Forschungsschwerpunkte: Rezeptions- und Wirkungsforschung, Werbeforschung.

MAGDALENA OBERMAIER, Jg. 1988, M. A., 2008 bis 2013 Studium der Kommunikationswissenschaft und Soziologie an der Ludwig-Maximilians-Universität München. Seit Oktober 2013 Wissenschaftliche Mitarbeiterin am Lehrstuhl von Prof. Reinemann am Institut für Kommunikationswissenschaft und Medienforschung der Ludwig-Maximilians-Universität München.

SVEN PAGEL, Jg. 1973, Prof. Dr. phil., Dipl.-Kfm.; Studium der Betriebswirtschaftslehre (Wirtschaftsinformatik, Controlling und Internationale Unternehmen) an der Justus-Liebig-Universität Gießen. 2003 Promotion am Institut für Journalistik der Universität Dortmund. Von 2004 bis 2013

Professor für BWL, insbesondere Kommunikation und Multimedia an der Fachhochschule Düsseldorf sowie Sprecher des Forschungsschwerpunkts Kommunikationsforschung. Seit 2013 Professor für Wirtschaftsinformatik und Medienmanagement an der Fachhochschule Mainz. Hauptarbeitsgebiete: Bewegtbildkommunikation, Web-Usability sowie Medien- und Marketingkommunikation.

CHRISTINA PETER, Jg. 1985, M. A., 2004 bis 2009 Studium der Kommunikationswissenschaft und Politischen Wissenschaft an der Ludwig-Maximilians-Universität München. Seit Oktober 2009 wissenschaftliche Mitarbeiterin am Lehrstuhl von Prof. Brosius am Institut für Kommunikationswissenschaft und Medienforschung der Ludwig-Maximilians-Universität München. Forschungsschwerpunkte: Rezeptions- und Wirkungsforschung, Medienpsychologie.

CHRISTIANA SCHALLHORN M. A., Jg. 1983, Studium der Medien- und Kommunikationswissenschaft an der Universität Augsburg und Universidad de Sevilla (Spanien). Von Juli 2011 bis März 2012 wissenschaftliche Mitarbeiterin am Institut für Medien und Bildungstechnologie an der Universität Augsburg. Seit April 2012 wissenschaftliche Mitarbeiterin am Institut für Mensch-Computer-Medien im Bereich Medien- und Wirtschaftskommunikation an der Julius Maximilians-Universität Würzburg. Forschungsinteressen: Rezeption und Wirkung von Fernsehgroßereignissen, Sportkommunikation sowie Werbe- und Wirtschaftskommunikation.

JULIA SCHMIDT, Jg. 1987, Masterstudium der Gesellschafts- und Wirtschaftskommunikation an der Universität der Künste Berlin; Studium der Kommunikations- und Medienwissenschaften und Philosophie an der Universität Leipzig (B. A.). Forschungsinteressen: emotionale Faktoren bei der Wirkung von (Präventions-)Kampagnen sowie Wirkung von Präventionskampagnen über Soziale Netzwerke.

HOLGER SCHRAMM, Jg. 1973, Prof. Dr. phil., Dipl.-Medienwiss.; Studium Medienmanagement (Medienwissenschaft, Kommunikationsforschung, Rechtswissenschaft) an der Hochschule für Musik, Theater und Medien Hannover. 2003 Promotion an der HMTM Hannover. 2010 Habilitation an der Universität Zürich. Seit 2010 Universitätsprofessor für Medien- und Wirtschaftskommunikation am Institut Mensch-Computer-Medien der Ju-